U0597549

中华人民共和国成立70周年
The 70th Anniversary of the Founding of
The People's Republic of China

谨以此书献给中华人民共和国成立70周年

# 编 委 会

# 新蜀商

## 四川省民营企业领军人物（第三卷）

### XINSHUSHANG

四川省工商业联合会◎编

陈泉◎主编

中华工商联合出版社

图书在版编目（CIP）数据

新蜀商：四川民营企业领军人物 / 四川省工商业联合会编；
陈泉主编 .—北京：中华工商联合出版社，2019.10
ISBN 978-7-5158-2554-0

Ⅰ.①新… Ⅱ.①四… ②陈… Ⅲ.①私营企业—企
业家—生平事迹—四川 Ⅳ.① K825.38

中国版本图书馆 CIP 数据核字（2019）第 184461 号

**新蜀商：四川民营企业领军人物**

| | | | |
|---|---|---|---|
| 编　　者：四川省工商业联合会 | | 印　　刷：成都市金牛区方正彩印有限公司 |
| 主　　编：陈　泉 | | 项目统筹：成都中时文化传播有限公司 |
| 总 策 划：陈　建 | | 版　　次：2019 年 10 月第 1 版 |
| 策划编辑：张晓蓉　陈　明 | | 印　　次：2019 年 10 月第 1 次印刷 |
| 责任编辑：吴建新 | | 开　　本：787mm×1092mm　1/16 |
| 特约编辑：苏显中 | | 字　　数：491 千字 |
| 营销企划：王　静 | | 印　　张：27.5 |
| 封面设计：张合涛 | | 书　　号：ISBN 978-7-5158-2554-0 |
| 责任印制：迈致红 | | 定　　价：298.00 元 |
| 出　　版：中华工商联合出版社有限责任公司 | | |
| 发　　行：中华工商联合出版社有限责任公司 | | |

服务热线：010-58301130　　　　　　　工商联版图书
团购热线：010-58302813　　　　　　　版权所有　盗版必究
地址邮编：北京市西城区西环广场 A 座
　　　　　 19-20 层，100044
Http://www.chgslcbs.cn　　　　凡本社图书出现印装质量问题，
E-mail: cicap1202@sina.com（营销中心）请与印务部联系。
E-mail: gslzbs@sina.com（总编室）　　联系电话：010-58302915

新中国成立 70 年来，特别是改革开放 40 年以来，我国在经济、政治、文化、生态、社会等各个领域，取得了举世瞩目的成就。民营经济经历了从无到有、从小到大，由弱到强，从涓涓细流到波澜壮阔，已成为了国家稳定经济的重要基础、税收的重要来源、技术创新的重要主体、金融发展的重要依托、经济持续稳定健康发展的重要力量。

2018 年 11 月 1 日，习近平总书记在民营企业座谈会上发表讲话，充分肯定了我国民营经济的重要地位和作用，强调坚持"毫不动摇地发展公有制经济，毫不动摇地鼓励、支持、引导、保护民营经济发展"的坚定立场。11 月 20 日，四川省委省政府高规格召开了民营经济健康发展大会，并出台了加快民营经济发展的"民营经济 20 条"，为民营经济健康发展指明了前进方向、营造了良好氛围、提供了强大动力。

当前，民营经济在四川经济社会发展中已支撑起了半壁江山，民营经济在四川国民生产总值占比超过 56%，税收贡献超过 60%，技术创新和新产品研发占比超过 70%，吸收就业和新增就业超过 80%，民营企业数量占比超过 90%。广大的四川民营企业家，扎根巴蜀大地为四川发展建功立业，在重大自然灾害面前挺身而出，在脱贫攻坚战场上倾力而为，在社会公益事业中奉献爱心，展示着时代精神和企业家风采。

历史需要记录，时代需要书写，人生需要纪念。

每位新蜀商都是一部创业兴业教科书，每位新蜀商都是一座商业智慧宝库。为展现四川民营经济取得的辉煌成绩，塑造川商形象，唱响川商品牌，凝聚川商力量，由四川省工商联牵头，中华工商时报社四川记者站组织资深财经记者、优秀采编力量，联合中华工商联合出版社编撰出版《新蜀商——四川民营企业领军人物（第三卷）》（以下简称《新蜀商第三卷》）。

　　《新蜀商第三卷》按新时代川商精神，由"执着果敢、百折不回""明礼诚信、厚德务实""开拓创新、义行天下"三部分内容组成。内容涵盖了"改革开放 40 年四川百名杰出民营企业家"和"2018 四川民营企业 100 强"代表，以及在改革开放早期创业、知识分子下海、留学生归国创业、大众创业和万众创新等不同历史阶段中涌现出的优秀民营企业家；涉及老中青三代优秀企业家，有已是古稀之年还奋斗不止，有初出茅庐就建功立业的生力军，更有强基固业的常青树。本书以记实的笔调，再现他们创业的心路历程、开拓创新勇争第一的豪迈、致富思源回报桑梓的社会担当。

　　《新蜀商第三卷》编写工作离不开各市（州）区（县）工商联的大力支持和积极推荐，特别是企业家们在百忙之中亲自把关文稿质量，几易其稿，得以如期出版。

　　希望《新蜀商第三卷》的出版，能给准备创业或者正在创业的读者带来启迪、激励和借鉴，这将是我们编者最大的欣慰。

　　谨以此书向中华人民共和国成立 70 周年献礼。

编委会

2019 年 9 月

# 勇担新时代使命　励精图治求发展（代序）

## 陈　泉

党的十八大以来，习近平总书记对民营经济发展作出一系列重要论述，为做好新时代民营经济工作提供了根本指引和遵循。当前，我国经济发展的不确定因素增多，民营企业遇到市场、融资、转型等诸多困难。这些困难是发展中的困难、前进中的问题、成长中的烦恼，还要在发展中加以解决。广大民营企业要认真学习领会习近平总书记重要讲话精神，牢记总书记嘱托，勇担新时代使命，把求发展作为应对经济形势变化的战略选择、破解企业发展困境的现实出路、弘扬企业家精神的时代主题，脚踏实地求发展，奋力开创更加辉煌的光明未来。

### 一、从心理层面破除障碍，坚定信心求发展

信心比黄金更重要。习近平总书记指出"保持定力，增强信心，集中精力办好自己的事情，是我们应对各种风险挑战的关键"。民营企业要保持战略定力，扫除心理雾霾，增强发展信心，坚定不移谋求更大发展。

一是全面总结历史成绩，在肯定成绩中强信心。改革开放40年来，四川民营经济从鹌鹑蛋、猪饲料、鱼饲料起步，从无到有、由小到大。2018年全省民营经济增加值达2.29万亿元，创造了50%以上的GDP，60%以上的税收，70%以上的技术创新成果，80%以上的城镇劳动就业，90%以上的企业数量。可以说，四川的改革开放发展史就是一部风云激荡的民营经济成长史，坚持发展民营经济不动摇，是四川最重要的改革开放经验之一。要倍加珍惜成绩，再接再厉谋求更大发展。

二是正确看待当前形势，在提升预期中强信心。当前，经济发展形势总体是稳的。就全国而言，经济保持"总体平稳、稳中有进"的发展态势，今年国内生产总值增速锚定6%~6.5%区间，仍居全球主要经济体前列。就四川来看，GDP增长目标确定为7.5%，预期主要经济指标快于、好于全国平均水平。可以说，全国和四川经济健康稳定发展的基本面没有变，长期稳中向好的总体势头没有变。要乐观看待经

济发展形势，在把握"稳"这一主基调中提振信心，用"稳中求进"应对"稳中有变"，实现稳中向好。

三是主动顺应发展趋势，在参与变革中强信心。当前，新一代信息技术风起云涌，数字经济、共享经济蓬勃发展，为民营企业转型升级、塑造竞争新优势提供了历史性机遇；市场需求迭代跃升，国内消费规模扩张与结构升级并存，为民营企业挖掘新的增长点提供了创富空间。要深刻把握这一时代变革特征，在顺应大势、洞察趋势中增强信心、主动作为，借势而为、乘势而上，不断掌握竞争主动权。

### 二、从政策层面对标切入，把握机遇求发展

机遇转瞬即逝，抓住了就是良机。习近平总书记在民营企业座谈会上明确提出6个方面政策举措，指出"只要我们坚持基本经济制度，落实好党和国家方针政策，民营经济就一定能够实现更大发展"。民营企业要善于把握机遇、用好政策，不断做强做优做大。

一是在把握宏观政策走向中抢抓机遇。党的十九大报告提出要大力实施乡村振兴等七大发展战略，中央深入推进脱贫攻坚战、新一轮西部大开发等国家重大战略，中央经济工作会议明确强调"要推动更大规模减税降费，着力优化营商环境，坚决破除民营企业发展障碍"；四川省委作出"一干多支、五区协同"战略部署，加快构建"5+1"现代产业体系，这些都为民营经济发展提供了巨大空间。民营企业要具备战略眼光和前瞻意识，把握宏观政策蕴含的新机遇，变压力为推动发展的强大动力。

二是在用好专项支持政策中抢抓机遇。围绕贯彻落实习近平总书记重要讲话精神，中央各部委相继出台了一系列专项支持政策，着力破解"三座山""三扇门"等问题；四川省委、省政府出台《关于促进民营经济健康发展的意见》，拿出20条"真金白银"支持政策；同时，省级各部门、各市州、县市区也相应出台了配套支持政策，共同织密了民营经济发展的政策网。民营企业要及时了解研究各类专项政策，争取用活用足，充分享受政策带来的阳光雨露。

三是在紧跟扩大开放政策中抢抓机遇。习近平总书记指出"中国开放的大门不会关闭，只会越开越大"。当前，我国对外开放进入新阶段，中央大力推进"一带一路"等对外开放重大举措，四川省委深入实施"四向拓展、全域开放"战略部署。可以说，这是四川民营企业"走出去"的最好时机。民营企业要抢抓中央和省委对外开放系列政策机遇，在更深层次、更宽领域、更大范围整合资源、优化配置，推动川企、川货更多更好"走出去"，加快打造"两个四川"。

### 三、从路径层面寻找出路，转型升级求发展

转型升级是实现经济持续健康发展的必由之路。习近平总书记指出"推动经济高质量发展，要把重点放在推动产业结构转型升级上"。民营企业要主动适应高质量发展新要求，找方法、谋出路、求发展，坚决迈过转型升级这道坎。

一是突出科技赋能，走改造升级之路。主动与大数据、云计算、人工智能等数字经济有效嫁接，加快实现数据化、网络化、智能化。充分运用新材料、新工艺、新流程改造现有生产经营环节，提高生产、技术和管理水平。持续加强技术创新，加大对核心技术、关键技术的联合攻关，促进产业提档升级。

二是强化资源整合，走并购重组之路。通过开展并购重组，利用市场手段盘活存量资源、引入战略投资者，实现市场、技术、人才等优质资源的充分对接和有效整合，提升和扩大综合竞争力。抓住混合所有制改革机遇，通过与国企双向持股，最大限度规避风险。

三是专注优势领域，走瘦身健体之路。摒弃盲目扩张理念，根据产业生命周期，以壮士断腕的精神，及时从夕阳产业、落后产能中退出。聚焦优势领域，通过剥离非主业核心业务，甩掉包袱，轻装上阵，把优势做足、长板拉长，提升核心竞争力。

四是摒弃单打独斗，走协同发展之路。联合构建产学研、校地企相结合的协同创新模式，建立对接合作关系，整合共享相关资源。组建行业产业联盟和商（协）会，牵头制定行业标准，共享共用内部资源，实现抱团发展。大中小型民营企业之间、民企与跨国企业之间，要通过采取合资合作等多种方式，实现共赢发展。

### 四、从价值层面回归本真，不忘初心求发展

不忘初心、方得始终。习近平总书记指出民营企业家要"践行社会主义核心价值观，弘扬企业家精神，做爱国敬业、守法经营、创业创新、回报社会的典范"。民营企业要谨记习近平总书记教诲，矢志不渝谋求更大发展，坚守初心赢得美好未来。

一是坚守产业报国初心。民营企业家要树立崇高理想，坚定"产业报国、实业强国"信念，聚焦主业、做精实业、深耕专业，以"咬定青山不放松"的韧劲，打造更多的"四川品牌""百年老店"。

二是坚守改革创新初心。面对当前低迷的市场环境，民营企业要回归初心，静下心来挖掘客户需求、挖潜市场空间，创造更多高质量的产品，在不断满足人民对美好生活向往的过程中发展壮大自己。要勇于创新、锐意改革，积极探索股权制改革，导入合伙人管理制度，不断增强企业发展活力。

三是坚守诚信经营初心。诚信是企业持续发展的灵魂和生命。越是困难的时候，

越要讲诚信。民营企业家要把诚信作为安身立命之本，牢固树立法治思维、诚信意识，遵纪守法办企业、光明正大搞经营。要始终讲正气、走正道，自觉维护健康有序的市场秩序，在依法诚信经营中赢得更多合作机遇和发展空间。

四是坚守回馈社会初心。民营企业家要不忘"先富帮后富、实现共同富裕"的初心和承诺，积极参与"万企帮万村"精准扶贫行动、光彩事业和公益慈善事业，探索产业扶贫、教育扶贫、消费扶贫等多种扶贫模式，在义利兼顾中不断发展壮大，做建设美好生活的生力军。

（作者系中共四川省委统战部副部长、四川省工商联党组书记）

# 目 录
## CONTENTS

## 第二篇　明礼诚信　厚德务实（以姓氏笔画为序）

## 第三篇　开拓创新　义行天下（以姓氏笔画为序）

# 第一篇

## 执着果敢 百折不回

新蜀商

XINSHUSHANG

## 人物名片

马天琛，1981 年出生，山东青岛人。在全国性股票转让市场挂牌上市的高校第一股——成都泰聚泰科技股份有限公司创始人，全国高校全职在校生创业挂牌上市第一人，"面聊"创始人。

# 马天琛：

## 梦想，让美好发生

　　下午两点半的移动互联网创业大厦 1901 室，已经进入工作状态。门口"成都泰聚泰科技股份有限公司"的招牌很低调，和老板的风格一脉相承。

　　马天琛今天还没来得及吃一顿饭，早上在成都市人民政府参加了国务院的调研会，中午接待了客户的拜访。他很精神，语速很快，也很谦逊，平易近人。脖子上还贴着纱布，昨天才做了一个手术，今天还是照常上班。

　　海归、学霸、博士生、青年创业家、蓉漂、高端人才、科技领头羊、上市公司CEO……马天琛身上的标签太多了，真正的正能量选手。他说："我很高兴，和其他创业者一样都是逐梦者，我更庆幸，我是新时代青年的一名圆梦者！"

### ▶ 太多的溢美之词中，马天琛最喜欢的是"奋斗者"

　　在同行眼里，马天琛是"大神"，但对更多的人来说，要认识他还得从带着光环的简历开始：毕业于英国中央兰开夏大学，六年奖学金本硕连读，海外求学期间就是全球公共关系协会的见习会员；回国曾在世界名企毕马威担任高级管理人员，2012 年年底成为成都国家高新区海外高层次创业人才，同时拿到电子科技大学的博士毕业证，一边读书一边创业。

　　2013 年，马天琛创办的"泰聚泰"获选国家高新区创新基金；2014 年，企业与知名高校全面开展产学研合作；2015 年，成为首家在校大学生创办的在全国性股票交易市场上挂牌上市的双创企业；2016 年，企业斩获第八届"中国移动互联网最具影响力企业和产品奖"；2017 年，企业获得"国家级高新技术企业"和"双软企业"。

　　5 年间，马天琛获得了"中国大学生年度人物""全国向上向善好青年""四川省五四青年奖章"和"四川省千人计划特聘专家"等诸多荣誉。

　　越来越多的人开始认识马天琛，他的称谓也越来越多，但他最喜欢称谓的始终只有一个——奋斗者。

就好像大家羡慕他在国外的大学享受国际教育，却忘了他也曾每天做四份兼职，有时一天工作 10 多个小时，还做过洗碗工。就好像人们只记得他是运气很好的高材生，却忘了他也是个脚踏实地的实习生，放弃国外高薪工作，回国在一家小公司做搬运工，为了体会基层和一线工作，重新审视自己。就好像媒体总是提"泰聚泰"的两个产品"面聊"和"皆知阅读"，却忘了他们的发展和扎根是以科技服务为主，他们所做的事情远远不止研发上述两个产品。

采访中，马天琛多次用"爬山"做比喻。"我喜欢一步一个脚印地从山脚攀登，喜欢攻克一个又一个山头。别人的掌声和赞扬，都不能动摇我的初心——不断攀登，让自己看得更高更远。如果有人因为我的带动，而加入了攀登的队伍，那才是真的有意义。"

当年同学的一句"好男儿志在四方"，马天琛背上行囊出国深造；当年一首《故乡的云》，他毅然决然背着书包回到祖国；当年在川参加一次会议，他放弃高薪当了"蓉漂"；当年和伙伴的上市之约，也已经如期完成……

当梦想照进现实，马天琛的生活越来越忙。每年春节的初四，他都会准时打开办公室的大门，他来上班了。"我并非天赋异禀，也没有特异功能，就只剩勤奋可以取之不竭，而且作为公司的管理者，必须身先士卒，才有跟随者。"

## ▶ 时代和机遇很重要，但只有梦想才能让美好持续发生

创业其实算得上是一种偶然发生的必然。当《第三次浪潮》这本书被马天琛翻得起了毛边时，他知道自己不能再等待了。互联网、科技、政策，这些都是当年创业的关键词，为了给自己更多的知识支持和信心支持，他选择一边读博一边创业。

"跟上新时代节奏"是马天琛创业成功的重要原因，这也是他为什么要选择思想政治专业博士的原因。"我是打心眼里觉得祖国好、祖国强，给我们这一代提供了这么好的创新创业环境。"当习总书记提出"文化自信"的理论后，马天琛激动了，作为"海归"，他太理解民族文化的重要性，同时也萌生了用信息科技做文化产品的念头。

2017 年年底，马天琛和他的团队打造了一款名为"皆知阅读"的马克思主义经典著作移动数字阅读平台。这款被称为"思政小书包"的阅读产品，融合了《马克思主义概论》《中共党史十讲》《共和国的黎明西柏坡》《建党的故事》《毛泽东中南海外交风云》《革命圣地在延安》等系列书籍，致力于打造数字移动板块的思想政治教育平台，同时书架上还有丰富的时尚、生活、科学、故事、旅行、摄影等杂志，配以有声读物、视频等形式，加入互动环节，掀起了一股"全民阅读文化"的风潮。

通过近一年的运营，"皆知阅读"已经为各大高校、政府和军队定制了多款数

字文化阅读平台，成为市场上广受好评的产品。"泰聚泰"的前台就摆放着一台"皆知阅读"数字文化大屏机，不少专家都在这里体验、试用过。马天琛给记者演示界面操作，介绍着目前的运营情况，也述说着公司发展的愿景。

新时代和机遇给了马天琛创业的激情，让创业落脚的是梦想。"泰聚泰"的官网上有这样一句话——梦想，让美好发生，这是马天琛最想表达和分享的。

"创业没有门槛，每天想创业的人太多了，但能被称为'成功者'的人却不多。包括我，也还在路上，还没有成功。"马天琛笑称，现在的"互联网+"热潮和100多年前的"造飞机"热潮很像，但成功者不是那个拿着国家经费研究造飞机的人，而是一边修理自行车一边试错改进的莱特兄弟。他认为创业能否成功和学历并无多大关系，眼界、平台、主动性才是关键因素，而最重要的只有两个字——梦想。

## ▶ 他的创业故事里并没有悲壮的英雄主义

刚刚做产品推广的时候，马天琛也像小商小贩一样在校园里发传单，有些人视而不见，有些人匆忙拿了传单再扔掉。每当这时，他都会赶紧把丢掉的传单捡回来，小心翼翼地展开收好。几分钱的印刷品而已，但对于创业公司来说，一厘钱都要精打细算。

刚刚搬进这间办公室的时候，马天琛和创业伙伴跪在地上擦地板。在这之后1142天后，"泰聚泰"在新三板挂牌上市了。直到现在，除了一台电视机，公司里所有的固定办公用品都是5年前买的二手货。让人惊讶的是，除了办公用品之外，办公环境也被保护得很好，墙上没有一条划痕、一处印记，马天琛告诉自己的伙伴们："如果有一天我们失败了，也要漂漂亮亮、干干净净地撤退。"

你看，已经预想过"失败"的人，怎么会没遇到过困难呢？

也许马天琛是一个优秀的倾听者，却不是一个合格的倾诉者，至少他从来没有哭过穷、喊过苦。"政府已经给了我们很多支持，我们就不要再去添麻烦了。"他十分诚恳，对于成都给予的创业平台，他心有感激，而更重要的原因还是骨子里那份倔强。"遇到困难，哭有什么用呢？别人递给你纸巾，说安慰体贴的话，只是一时的缓解，回来还得哭，因为困难还在那里。遇到困难，咱就得面对问题解决问题，这才是正道。"

马天琛显然不是悲观主义者，他释放压力的方式也很特别——读书。经济、政治、科技、法学、管理、艺术，各类书籍都喜欢，各种手艺也都掌握了一点。公司的会议室里放着《习近平的七年知青岁月》，马天琛翻来覆去地看了几十次，回味无穷。他说自己为什么能逐步成为一个心境淡泊的追梦人，也是受到总书记的故事启发。他真诚地推荐："习总书记的这本书，青年们都应该好好反复看看，一定会受益良多。"

## 人物名片

　　王麒，女，汉族，致公党成员，1971年6月出生，第十一、十二、十三届全国人大代表，全国工商联执委，四川省工商联副主席，全球川商总会常务副会长，成都天府新区商会会长，四川启阳汽车集团董事长。

　　她带领企业以优质服务和骄人业绩在四川省汽车销售行业处于领先地位，荣获"全国十佳汽车服务商""全国汽车维修行业诚信企业"。她积极履行社会责任，累计捐款捐物1200万元，提供就业岗位1400个，荣获致公党中央授予的"汶川地震抗震救灾先进个人"。

# 王　麒：
## 家国情怀报国心

出生于华侨世家的王麒，祖籍广东潮州，爷爷和父亲都是归国华侨。在留美毕业前夕，她接到一封父亲的来信："麒麒女儿，我在国内大学毕业时三个志愿填的都是'服从分配'，我也希望你毕业时唯一的'志愿'就是回国。报效祖国，这是我们广东祖宅"源德居"留下的祖训，也是我们王家矢志不渝的家国情怀。"遵从家训，王麒毅然放弃了美国居留权。

2000 年年初，王麒回到成都。祖国改革开放、生机勃勃的景象，点燃了王麒自主创业的理想和勇气。虽然当时她也有在政府、国企就业的机会，但是她仍然选择了创业。

2001 年，中国经过 14 年的漫长谈判加入 WTO，适逢日本丰田汽车集团在成都投资建成四川一汽丰田工厂，这是丰田汽车公司在中国的第一个汽车整车项目。王麒通过美国同学的引荐，接受了丰田汽车邀请，协助他们完成四川市场调研，并在汽车零售业务方面进行合作。

在大半年的市场调研中，王麒几乎踏遍了成都每一个繁华路口、每一个大型停车场和收费站。在上下班高峰期，她一个人站在路口计算车流量，记录不同的汽车品牌，200 多个烈日炎炎和寒风刺骨的日子里，她独自坚持完成了这项调研工作。正是通过这段踏实深入的调研，王麒从一个完全不懂汽车的外行人，变成对这个行业有独到见解的专业人士，并深深地爱上了这一行。当然，她更看到了国内汽车市场发展的巨大潜力和商机。

后来，由王麒执笔的可行性分析报告，得到日本丰田投资小组的高度认可，于是王麒代表合资人团队参加了北京一汽丰田公司的面试，并以优异的成绩获得了一汽丰田特许经销权。从此，王麒开启了她与丰田汽车长达 12 年的合作伙伴关系，她的汽车创业生涯也由此拉开帷幕。

同年，由启阳独立投资申请日本日产品牌，王麒又以优异的成绩获得厂家授权。王麒深有感触地说："直到今天我依然记得，2005 年，我们用不到 100 天的时间完成两个品牌的建店，这个速度在今天也是汽车行业的建店奇迹。"

经过12年的发展，今天，启阳汽车集团旗下已拥有雷克萨斯、丰田、大众等多个知名品牌经销店，形成了以成都为中心、覆盖全川的销售网络布局。2017年，启阳集团再次抓住了"一带一路"的发展机会，获得了四川自贸区成都国际铁路港汽车平行进口试点企业的资格。

为了贯彻落实习主席提出的"绿水青山就是金山银山"的发展要求，启阳集团在王麒的带领下，致力于环保和绿色经济，投资参股了中国最大报废机动车拆解基地及可利用零部件销售基地，开拓汽车循环经济的发展。

同时，企业还参股了四川首家民营银行——新网银行，积极开启海外投资，实现了以品牌汽车销售服务为核心，覆盖金融科技、清洁能源、循环经济、跨境电商、海外投资等众多领域的多元化发展格局。至今集团已拥有员工1600人，年销售服务额超过50亿元，十余年累计纳税近8亿元，累计发放员工薪酬超过12亿元。

"这一切，实现了我创业报国的初衷。我庆幸在人生进程的节点上，我作出了归国创业的正确选择，我参与国家的改革开放，亲历并见证，付出并受益。我得以当选担任第十一、十二、十三届全国人大代表，是国家给予我一个报效祖国、服务民众的平台，可以更好地体现人生的价值。"王麒感恩地说。

王麒先后在全国"两会"上提出了"加大力度促进民营企业健康发展""加强对民营企业和民营企业家司法保护""大力促进新能源汽车的推广应用"等近百余件高质量建议、议案，得到了中央、省、市等有关部门重视和采纳，出色地履行了人大代表的职责。

伴随着企业的发展，王麒及她的企业也在公益事业之路上铿锵前行。"知情重义，怀恩报德，是我家的家训。致富思源，回馈社会，是我们企业家义不容辞的责任。"王麒说。

启阳集团自创建以来，先后出资百万元设立启阳爱心基金，开展爱心助学、扶贫济困活动。2008年汶川大地震后，由启阳集团发起的爱心捐款捐物达1400多万元。同时，还捐赠百万元支持"光彩事业凉山行"精准扶贫项目，主动为对口扶贫的凉山州木里县夺卡村实施多样化帮扶活动。

## 人物名片

王启刚，先后当选内江市工商联副主席、内江市政协常委、四川省工商联常委、四川省市青联常委。

他曾获国务院表彰的"全国优秀农民工"、内江市"优秀外出务工人士"、内江市东兴区优秀返乡企业家，获得北京市劳务业最高信誉奖"AAA级标杆施工队"及"施工队长"，入选四川省"创新型企业家"培养计划首批培养对象，获得改革开放40年四川省百名杰出民营企业家称号。

# 王启刚：
## 知识改变命运，勤奋铸就人生

　　成功，对于不同的人来说，有着不同的定义和意义。对于创业者王启刚来说，则意味着要承担更多的责任。从最初的艰辛创业，到有所成就之后回报社会，王启刚用实际行动，一点一滴诠释着自己所感悟的成功意义。

　　从 16 岁到建筑工地当小工，到如今统领 1000 多名员工的杰出企业家，王启刚用 20 多年的奋斗，改写自己的命运，也改写了很多人的命运。2015 年，王启刚被国务院表彰为"全国优秀农民工"；2017 年当选全国工商联代表，两次受到李克强总理接见；2018 年 12 月，在四川省委统战部、省工商联举办的改革开放 40 年庆祝大会上，王启刚被评选为"改革开放 40 年四川百名杰出民营企业家"。

### ▶ 当小工，吃苦耐劳勤奋上进

　　1979 年 8 月，王启刚出生在内江市东兴区一个农民家庭。由于家里经济条件不好，为了能让弟弟妹妹继续上学，王启刚初中毕业就辍学外出打工。当时，内江到成都的路费是 25 元，临行前，王启刚向家里要了 37.5 元钱，除了车费，王启刚兜里只剩下 12.5 元。那一年，他年仅 16 岁。

　　因为囊中羞涩，亦或是由于农民家庭的节约习惯，在刚出去的前两年，王启刚的节省几乎体现在生活的方方面面。口渴时他舍不得买水喝，工地上的自来水就是他的"凉白开"，为了节省车费，他一年只有春节才回一次家。很多时候，因为累和想家，他只能偷偷藏在被窝里一个人流泪，而且还不能哭出声音。

　　在工地的日子，王启刚抓住一切机会学技术，1998 年，王启刚从一个学徒升级为技工。当了技工的王启刚，所做的工作更加辛苦了。高空作业是建筑工地的高危岗位，而王启刚就有一次让他永生难忘的高空作业经历。王启刚说，90 年代的高空作业安全防护非常简易，接近 30 层楼的外墙作业，除了几根钢绳支撑吊蓝外，没有其他任何安全支撑。有一次，他在 25 楼上从事高空作业时，因吊篮的卡扣突然发生故障，吊篮的一边极速下滑，王启刚被安全绳悬挂在半空中摇摇欲坠，幸好有安全绳的保护才被工友们拽了上来，吓得他一身冷汗。"如果掉下去，铁定是粉身碎骨啊！"

那一次，王启刚才算切身体会到，工地的安全问题有多么重要。当几年之后有了自己的建筑劳务公司，他对于安全设施和施工质量的投入从不含糊，始终把民工兄弟的安全放在第一位，因为那一次惊险的遭遇让他印象太深刻了。

## ▶ 开公司，脚踏实地渐入佳境

1999年，可谓是王启刚人生的一个转折点。这一年农历正月，王启刚成立了自己的建筑施工队伍，带着10余名工人开启了自己的创业之路。

刚承包工程时，王启刚和他的团队工作都十分卖力，力争用最好的口碑来赢得客户的信赖，这群勤奋、能吃苦的年轻人得到了客户和建筑老板的称赞，每干完一个工程，他们都能够收获良好的口碑。因此，一个又一个的工程订单纷至沓来。

2005年，他的施工队伍进入了快速发展时期，他与人合伙一起成立了建筑劳务公司，所带领的施工队伍从最初的10多人发展到300余人。2010年，王启刚先后注册成立了自己的劳务公司、建设工程公司，组织成立了投资公司、置业公司等数家多元化公司，并且稳步发展。

发展才是硬道理，如何才能带领公司走得更远呢？深知自己"短板"的王启刚，选择了"充电提能"。他先后报读了四川大学总裁班、广电专修学院房地产班、北大汇丰商学院钻石班等各种专修学院，还自费到清华大学、北京大学、剑桥大学、哈佛大学等国内外高等院校进修学习，充实有关企业管理、经济形势分析、行业创新模式等方面的专业知识。经过孜孜不倦地学习，王启刚自身能力不断得到提高，公司也实现了从无到有、从小到大的一次次华丽转身。

## ▶ 做公益，反哺社会尽心竭力

作为一名成功的创业者，在企业步入正轨、逐步壮大的同时，王启刚没有忘记承担社会责任，回报社会。

2011年8月王启刚回乡时，偶然得知同村的两个凌姓小姐妹因母亲意外离世，父亲和爷爷几乎丧失劳动能力，家里全凭年迈的奶奶支撑。王启刚立即与村干部来到小姐妹家，拿出2000元钱给奶奶补贴家用，并承诺帮助两姐妹完成学业。8年来，王启刚每年都会抽出时间去关心姐妹俩的生活和学习情况，为她们带去学习和生活用品。

王启刚说，自己也是农村出生的穷苦孩子，能亲身体会到他们的辛酸。从资助凌姓两姐妹至今，王启刚把资助贫困学生的人数逐年增加到了 42 名，从小学到高中的孩子都有。所有受助贫困学生从开始资助起，到目前从未间断过一次。每年王启刚用于资助贫困学生和留守儿童的总费用就达到了 20 余万元，他表示今后此举将会继续坚持下去，用爱心善举帮扶贫困学童。

不仅是学童，对于年迈的老人和农村的贫困户，王启刚同样也献出一份爱心。每年，王启刚都参与内江市"栋梁工程"扶贫助学和"内江春风志愿者"行动，关爱留守儿童、孤寡老人，抽出时间做志愿服务，为内江市东兴区特殊教育学校、敬老院等捐资捐物。近年来，在王启刚的资助下，近 100 户贫困户实现了脱贫，其个人参加各类爱心活动捐资累计近 500 万元。

在爱心扶贫路上，王启刚积极参与精准扶贫，获得四川省委统战部、四川省工商业联合会、四川省光彩事业促进会表彰，两次受到国务院李克强总理的亲切接见，2018 年 12 月被评选为改革开放 40 年四川省百名杰出民营企业家。

## ▶ 谋未来，力争成为行业标杆

经过孜孜不倦的学习，王启刚自身能力不断提高，公司实力也逐步增强。他带领的施工队伍参与了万科地产、龙湖地产、恒大地产等知名地产公司的建设项目，他负责的多个施工工程项目获得"四川省建筑工程天府杯奖"和"成都市建筑工程芙蓉杯奖"，公司曾获得中建一局集团有限公司颁发的优秀合作单位银奖，北京市用工市场资信评审委员会颁发的最高信誉奖"AAA 级标杆施工队"。

2018 年 11 月，王启刚在北京丰台区设立公司分部，并成立中煌智慧都市建设发展有限公司，着力将各子公司业务拓展到现代农业、节能新材料、装配式建筑、健康养老产业等领域，努力探索在金融投资、现代基础设施建设等更广泛的领域施展才华，为家乡发展多作贡献。目前，王启刚正带领企业员工奋力拼搏，抓住返乡创业和民营企业发展的大好时机，将企业创新、创业、创富的活力和创造力，转化为推动民营企业实现健康持续高质量发展的动力。

每当别人介绍他是做建筑行业时，王启刚都会不由自主的说"我做的是建设"。新时代新时期为人民创建节能环保、宜居优质的居住生活环境，这是他人生事业的终极目标。王启刚说，伟大的时代赋予了他广阔的天地，让一个农村孩子也能追梦，也能成功。如今的他，即便身居城市繁华之处，却依然不忘初心。对未来的发展，王启刚充满信心，这是一个凝聚力量、资源整合的时代，能整合更多优质资源的企业，才能长盛不衰、做强做大。

## 人物名片

　　王宏玮，男，汉族，1973年4月出生，四川省政协委员、达州市人大常委、达州市工商联副主席、四川省天渠盐化有限公司董事长。王宏玮先后获得"首届达州杰出民营企业家杰出贡献奖"、首届达商大会"十大杰出达商"、"改革开放40周年四川省百名杰出民营企业家"、"第三届四川省优秀中国特色社会主义事业建设者"、"四川省优秀民营企业家"、"达州市优秀民营企业家"、"渠县优秀民营企业家"。

# 王宏玮：

## 艰难困苦玉汝成，励精图治谋发展

在董事长王宏玮带领下，四川省天渠盐化有限公司成为国家食盐定点生产企业和定点批发企业。天渠盐化拥有对流井盐矿 4 座，面积 0.48 平方公里，矿产保有储量 4110.79 万吨，可开采储量 1150 万吨，是全国罕见的巨型岩盐矿藏。

2017 年荣获由中国盐业协会及北京国富泰信用管理有限公司颁发的"AAA"企业信用等级证书。2017 年，荣获四川省达州市工商行政管理局颁发的"达州市知名商标"，荣获中国绿色食品发展中心颁发"绿色食品"证书。

### ▶ 不忘初心，牢记使命

在经营过程中，王宏玮始终坚持"发展才是硬道理"的理念，不忘创业初心，牢记发展使命，以"党建兴企业、工会助发展"为依托，带领企业开拓创新、追求卓越，先后获得了省级"质量信誉信得过单位""质量管理先进企业""四川省优秀民营企业""诚信企业""达州市再就业先进企业""达州市优秀民营企业""渠县优秀民营企业"等称号，目前公司正在申报高新技术企业认证。他本人还先后获得了"首届达州杰出民营企业家杰出贡献奖"、首届达商大会"十大杰出达商"、"改革开放 40 周年四川百名杰出民营企业家"、"第三届四川省优秀中国特色社会主义事业建设者"、"四川省优秀民营企业家"、"达州市优秀民营企业家"、"渠县优秀民营企业家"等荣誉称号。

### ▶ 艰苦兴业，转型发展

其实王宏玮创业的路，并非一帆风顺，作为时代的弄潮儿，他于 1995 年开始创业，主要经营煤矿、能源等，先后创立 5 家公司。期间，遇到无数的困难与挫折，经历了煤炭行业的大起大落，新建煤矿 5 座，关停煤矿 5 座。

2011 年，王宏玮毅然放弃正在发展中的煤矿产业，以敏锐的眼光、卓越的思维、矫健的步伐投身实体企业，投资 2 亿元收购并重组四川省天渠盐化有限公司，当时的四川省天渠盐化有限公司是由渠县盐厂（县属国有企业）于 2004 改制组建而成，破旧的设备、落后的工艺严重影响企业的发展。经过几年的摸索，他对制盐生产、工艺技术有了详细的了解，盐行业的巨大潜力和市场促使他必须将企业做大做强。2015 年 12 月，随着盐业体制的改革和盐业政策的出台，他毅然决定对原有制盐生产线进行升级改造，先后投资近 3 亿元，于 2017 年竣工，建成了一条年产量 30 万吨的绿色多品种食用盐生产线。

王宏玮带领下的四川省天渠盐化有限公司，现已是一家专业从事食用盐和工业盐制品研发、生产与销售的现代企业，占地 125 亩，现有员工 300 余人，是达州、巴中、广安地区唯一国家食盐定点生产企业。公司拥有 15 项实用新型专利，其六效真空制盐分效排盐技术、卤水深度净化技术、DCS 全自动工艺控制技术国内一流，包装生产线自动化控制技术国内一流，10 万级洁净厂房环境包装小袋盐、立式袋全自动包装技术在盐行业首次应用，填补了行业空白。公司通过了 ISO9001 — 2015 和 HACCP 质量管理体系认证，产品质量达到 GB ／ T5461 — 2016 国家标准，创建的"巴渠""天渠"品牌还获得了"达州市知名商标"。他带领公司诚信经营，创新发展，2018 年实现营业收入 10 亿元，利税 3 亿元。

## ▶ 勇于担当，奉献爱心

在发展过程中，王宏玮致富思源，积极承担社会责任，积极参加非公有制经济人士理想信念教育实践活动，积极参与脱贫攻坚事业、光彩事业和公益事业，先后向贫困地区、困难群众捐款捐物共计 300 余万元。

在参加"万企帮万村"精准扶贫工作方面，王宏玮于 2013 年，为宣汉县渡口乡、通川区双龙镇贫困村捐款 200 余万元，修建道路 20 公里，帮助解决村民出行难问题。2016 年，先后捐款 5 万元，对口帮扶渠县鲜渡镇米坡村 5 户贫困户和土溪镇万家村一社贫困户。在参与"深度贫困村"的帮扶工作中，2018 年，他多次率领公司职工深入万源市柳黄乡张家山村开展对口帮扶工作，现场捐赠现金 10 万元和价值 25 万元的物资，帮助该村修建道路、卫生室、宣传室等。在奉献爱心、光彩助学中，王宏玮分别在 2008 年，向汶川地震灾区捐款 28 万元；2010 年，向玉树地震灾区捐款 10 万元；2012 年，向达州抗洪救灾捐款 26 万元；2016 年，向达州市慈善总会捐赠 10 万元爱心助学金，先后共资助了 20 名贫困大学生，帮助他们顺利完成了学业。

## 人物名片

　　毛熠，四川巴中平昌人，毕业于西南财经大学，现任四川省第十三届人大常委、预算委员会委员，全国工商联法律服务和劳动关系委员会委员，中国注册税务师西部培训基地主任，四川省工商联常委、参政议政智库专家组成员、财税金融服务中心主任，四川省中小企业财税服务中心主任，四川省注册税务师协会副会长，四川省光彩事业促进会副会长，四川省新的阶层与社会人士联谊会副会长，四川财政学会副会长，成都巴中商会会长，西南财经大学等多所高校客座教授，四川万和润沣（中国）财税服务集团董事长、众智联邦财税金融大数据服务平台创始人。

# 毛 熠:

## 创建财税金融服务独角兽企业

　　2019 年 1 月的成都，在四川省"两会"现场，代表们建言献策，气氛浓烈而不失庄严。财税界人大代表毛熠履职人大常委会委员、预算委员会委员已近一年时间，在 2019 年四川省十三届人大二次会议上，他被推举为主席团成员。

　　作为连任的省级人大代表，毛熠深知组织的信任和肩上的责任。因为每年议案颇多，且都很具有影响力，毛熠收获了"高产代表"这一美誉。

　　2019 年，毛熠再次将目光聚焦在企业经营大数据平台、发布四川营商环境指数等方面，这与他从 2016 年开始的企业财税金融大数据平台同根同源。他坦言，随着个人所得税、金税三期、国税地税合并等改革的推进，财税行业的机遇来了。

### ▶ 初出茅庐，首单业务坚定从业信心

　　全国有 5600 个税务师事务所，10 万名从业人员，他们是四川省唯一独立运营的 4A 税务师事务所，累计服务大中型企业达 6000 余家，毛熠能够脱口而出这一连串的数字。

　　毛熠所在的中国注册税务师协会西部培训基地、四川省税务干部继续教育培训中心，近 10 年累计培训税务干部近 5 万名，而他就是税务干部心中的"毛校长"。

　　天下万和，百业润沣，现在的万和润沣的确很美好，但 1997 年毛熠从一家成都主流媒体离职时，就没有那么美好了。因为没有资源，没有取得税务师资质，年轻没经验，几个月来下来，毛熠路跑了不少，茶喝过了不少，办公经费花了不少，业务却一单没成。

　　机会终是留给有准备的人，1997 年年末，毛熠在税务申报大厅"守株待兔"，就遇到了这样一家企业的会计人员。因为他对办税流程不熟悉，资料准备不全，征管员便把他的申报材料退了回去，后来毛熠打听到这家企业地址，主动找到这家企业去，把企业的财务报表和相关资料进行了细致查看，承诺办成后再谈服务费。毛

熠在专家指导下，提出了解决办法，企业的难题解决了。企业很高兴，支付了 7000 元服务费，这对之前在报社拿一两千元工资的毛熠，的确称得上一笔"巨款"。

## ▶ 华丽转身，从万豪到万和成就行业标杆

2004 年，毛熠创立了万豪税务所（后更名为万和润沣），也许是早期在主流媒体工作的从业经历，他在成都商报登广告，8 万元年薪招聘税务师（当时税务师的年薪一般也就五六万元），一下招来了 5 名优秀的税务师，这些人成为后来不离不弃，伴随他创业至今的元老班底。后来，他们推行合伙人制，这在封闭的税务师事务所行业，无疑都是开先河之举，引来巨大关注。

之后的事业如同中国经济的黄金十年，毛熠带领万和润沣上演了"激情燃烧的岁月"。2005 年，与西南财经大学建立税务干部培训中心，2008 年，横向发展建立万和会计师事务所，2009 年，成立万和润沣财税服务集团，及至成立税务干部培训中心第二校区、中国注册税务师协会西部培训基地，万和润沣用一张张漂亮的答卷、一串串坚实的足音在波澜不惊的行业投下了一块巨石，溅起水花阵阵，成就了川内财税行业的标杆企业。

## ▶ 开放聚合，他有一个"独角兽"的梦想

毛熠创办众智联邦财税金融互联网平台其实也是缘于一段经历，在服务大中型企业时，很多人问："你做财税服务认识的人多，能否帮我解决商标注册、工商注销这些问题？"特别是担任四川省十二届人大代表期间，在调研过程中，很多中小微企业都希望多关注他们。毛熠想，既然财税领域我们已经做到领先位置，也知道很多企业的痛点，再加上很多数据躺在企业里"睡大觉"，银行对中小微企业信息掌握不全，用固定资产抵押很不适合中小微企业，能否以财税为主体，从长度向中小微企业延伸，从宽度向企业全生命周期延展，用大数据来打造一个即时、动态、全面、系统的平台。为此，他参加了正和岛组织的考察，参观了阿里巴巴集团，参加了行动教育中国校长汇的学习，于 2016 年正式推出中国首家财税金融互联网大数据服务平台——众智联邦。

近年来，智能记账的入口市场规模就有 8000 亿元之多，随着国家金税三期实施倒计时，企业需求的规模增长出现了，内控、税收服务、政府补贴等 13 大类产品

的市场规模达到 8 万亿元之多。因此，与企业一起成长，如何打造企业诚信、健康、持续的平台，是时代赋予财税行业向"互联网 +"转型的的历史责任。

很多人问毛熠："您的众智联邦对标企业是什么？是顶呱呱、猪八戒网，还是 E 税客、税来宝等垂直类平台？"毛熠表示，众智联邦平台有"增收入、节成本、助决策、防风险、解难题、代事务、链信用"7 大核心功能，年度及单次产品涉及 25 大类、300 多项。我们有自营服务商、外包服务商，也有个人服务商，你说我是财税类天猫、滴滴，还是其他类型，似乎都难以概括。事实上，在两年多的摸索迭代过程中，机器人记账、大数据挖掘，财税金融全托管、老板报表、我的头条都刷新了行业的视线和记录。

众智联邦财税金融互联网平台共服务大中型企业 3000 余家，中小微企业近 3 万家，招商银行、民生银行、哈尔滨银行、浦发银行成都分行纷纷与平台签定了战略合作协议。进入 2018 年 11 月以来，与工行成都东大支行、中行成都武侯支行、建行成都 5 家支行等国有大银行的合作也相继展开，阳光保险、高瓴资本、伯凡家族办公室等多家业界标杆纷纷与平台对接。

2018 年，全国政协副主席、全国工商联主席高云龙到众智联邦实地调研，四川省经信厅、崇州市党政代表团、喜德县政府等多个团组到集团考察学习。全国工商联刊发简报上报中共中央办公厅、全国政协办公厅介绍四川工商联财税金融服务中心（众智联邦）服务民营企业先进经验，四川省工商联发文推介"我的头条"。

在毛熠的率领下，众智联邦平台始终坚持公益为先的原则，与相关职能部门共建"四川省工商联财税金融服务中心""四川省中小企业财税服务中心""四川省民营企业维权呼叫中心"等政府公共服务平台，与四川省科技厅、省工商联开展了"双创万企财税金融服务免费帮扶活动"，联合四川省经信厅、省税务局开展了的"税务助企市州行"活动，得到国家税务总局局长王军的肯定。

2018 年 3 月，成都天府新区管委会面向全球征集的独角兽岛设计方案尘埃落定，惊艳亮相。华灯初上，成都天府三街依然是人流涌动，毛熠坐在天府三街太平洋保险大厦 10 楼的办公室看着相关的设计方案若有所思，对面就是腾讯西部总部两幢大楼，那里长年灯火通明，我们要向他们学习和对标。

## 人物名片

　　刘官银，男，汉族，民建成员，1964年1月出生，资阳市人大代表、市工商联副主席，资阳市飞龙电器有限公司董事长、总经理。

　　他推动建立资阳创业联盟，打造以三贤文化、红色长寿文化为主题的酒店，企业先后获得四川省"诚信守法企业""十佳企业"等荣誉。他热心公益事业，主动参与捐资助学、"万企帮万村"等活动，累计捐资捐物500余万元。

# 刘官银：
## 逆境中成长，借力东风再启航

他具有强烈的社会责任感，带动就业人员上千人，为下岗人员再就业作出了很大贡献；他诚信经营，助人为乐，向遭遇不幸的灾区人民捐款捐物，为遭受灾害者奉献爱心，努力帮助排忧解难；他积极参加脱贫攻坚、捐资助学、扶残助残、公共服务、志愿服务等社会公益活动，以真心真情回报社会。他就是资阳市飞龙电器有限责任公司和资阳市金迪实业有限公司总经理、董事长刘官银。

### ▶ 辞职创业，实现企业多领域发展

今年 55 岁的刘官银，在他的人生中创造了多个"第一"：他是村里第一个考上重点大学的大学生，也是资阳撤地建市后第一个返乡创业的大学生……

1983 年是刘官银人生命运的一个转折点，也是知识改变命运的最佳时期。19 岁的刘官银参加高考，从雁江区清水乡（现清水镇）一个农家子弟，考入成都电讯工程学院（现为电子科技大学）机电一体化专业学习。

毕业后，他顺利进入四川绵阳的长虹机器厂，从事设计工作，一路顺风顺水，从设计师做到企业管理层。但这不是他想要的，于是刘官银打破"铁饭碗"，带着工作期间积累的知识和工作经验，毅然回到家乡创业。

"我回到家乡创业的时候，正值资阳撤地建市那几年，也是最佳的创业时期，资阳正在蓬勃发展，日新月异，一座新兴的城市正在建设当中。"刘官银说。他坚信有好政策的支持，只要自己加倍努力，就一定会有好的发展前景。

回到资阳后，刘官银从一个十几平方米的小店做起，并在 1998 年 7 月创办了资阳飞龙电器有限公司。2006 年，在飞龙电器发展最好的时候，一个偶然的机遇，他又收购了金迪大酒店，组建了金迪飞龙集团公司，并将工作重心转移到酒店经营和文化打造上，实现了企业多领域发展。

几年时间，酒店经营和飞龙电器的发展就像两驾马车一样，并驾齐驱进入良

性发展时期。2014 年，由于世界金融危机加上受电商的影响，飞龙电器的销售额一度出现了下滑。为了让飞龙电器重振雄风，刘官银重新回到飞龙电器的管理岗位上。

他带领团队采取一系列措施，着力推动企业经营转型升级、高质量发展。"我们创新实行纵向升级、横向转型的新模式，纵向实现卖场升级、产品升级、服务升级，实现不断迭代的消费升级；横向扩大生态，实行线上线下融合、同业异业多业态融合，构建一站筑家、全屋方案、智慧生活的新模式，实现品质生活，把满足消费者的美好生活向往作为企业奋斗的目标。"

经过 20 多年的奋斗，金迪飞龙集团已发展成为集家电、电脑、数码、通讯、酒店和旅游为一体的多元化集团公司，是资阳商贸流通和酒店旅游的龙头示范企业。目前公司有员工近 1000 人，拥有飞龙家电公司、飞龙通讯数码公司、龙飞物流公司、金迪大酒店等多家企业，自有经营面积达 10 万平方米以上。

## ▶ 诚信经营，市场占有率大幅提升

在刘官银一步一个脚印的发展过程中，"坚持优质低价，实现超值服务，终身免费维修，服务家乡人民"是他一以贯之的经营服务理念。

他们的售后服务中心是资阳二级市场中规模最大的，同海尔、海信、长虹、格力、美的、华为、小米、联想等数十个厂家建立了合作关系，成为厂家定点特约维修单位。他们还在乡镇建立了售后服务网络，解决了农村消费者的服务问题。

同时，他引入市场营销的先进理念，把绩效考核、成果共享与即时激励相结合，采用多种合伙人模式，有效提高了员工的主动推销意识和主人翁责任感，充分挖掘了员工的潜能，提升了员工的收入。一方面，他整合内外资源，提升员工主动服务意识，提振员工精神，要求全体员工都是"一线服务员"，把 100 多名销售一线员工变成了几千个宣传企业的窗口；另一方面，他积极组建同业联盟和异业联盟，通过资源整合，实现互惠共赢，既积极寻求上游供货商、厂家支持，积极创造条件促销，减小库存，又对下游渠道经销商进行培训和帮扶，定期召开渠道经销商会，调结构、重体验，扬长避短，创造了一个又一个的销售奇迹。

刘官银还非常重视把好商品质量关，建立了严格的商品采购质量保障制度，制定了标准的商品采购程序，同国内外 300 多家厂商建立了友好的合作关系，发展了 100 多家渠道经销商。在提升服务质量方面，公司制定了标准的经营服务规范，落实了家电商品退换货制度和商品促销制度，建立了用户跟踪回访制度，做到促销宣传不欺诈、上门服务不过夜，提升了服务效率。

创立公司多年来，刘官银积累了丰富的基层工作经验，在工作中注重榜样示范，以身作则，；在激烈的市场竞争中，以诚实守信的经营方针、务实创新的营销理念和赏罚分明的管理举措，造就了一支能打仗、善打仗、打胜仗、打大仗的优秀服务团队，业绩屡创新高。

## ▶ 回报社会，热心公益事业

在围绕中心、服务大局方面，刘官银带领公司完善了飞龙电器的城区布局后，又在城东新区希望城和资阳万达广场布局，积极建设物流项目，贯彻落实"互联网＋"战略，实现经营模式转型，为促进经济社会发展做出积极贡献。

同时，刘官银在工作中时时自重、自省、自警、自励，时时处处用纪律约束自己，坚持做到以身作则、身先士卒，把主要心思和精力放在为企业谋发展、为顾客谋服务、为职工谋福利的事业上，营造了健康、积极、向上的企业风气和企业文化。

在企业发展的同时，刘官银也没有忘记回报社会，并以强烈的社会责任感，积极参与社会公益事业。据不完全统计，从 2008 年 5 月以来，他参与抗震救灾、资助困难学生、修建乡村公路、精准扶贫等，累计捐款捐物达 500 万元。

同时，他积极参与社会事务，充分发挥协会的作用，赞助市旅游协会、市餐饮协会开展技术比武、烹饪大赛等行业活动，并牵头物流企业成立联盟，带领餐饮酒店行业统筹定制、集中采购，为提升行业服务水平和增强市场竞争力起到了很好的推动作用。他常年赞助市区书协、美协、文联等组织和文化沙龙活动，为丰富群众文化生活提供平台；帮助多名贫困高中生、大学生，提供在读期间所有费用，并帮助他们克服思想上的困难，走出人生困境。近年来，企业每年纳税 800 多万元，销售额达 5 亿元，员工收入和企业效益稳步增长。

近 3 年来，刘官银先后获评为省、市、区劳动模范，省、市、区优秀民营企业家，省、市优秀社会主义事业建设者，市、区优秀人才，获得省金熊猫奖，并被多个部门聘为政风、行风、警风监督监察员。

在刘官银的带领下，公司也获得中华全国总工会"全国五一巾帼标兵岗"，四川省"诚信守法企业"，省、市、区"优秀民营企业"，省工商联"就业先进单位"，资阳市"旅游先进企业""服务行业明星企业"等荣誉称号。在刘官银看来，经营企业绝不能辜负党和人民的厚望，要一心向党，做一名优秀的企业家，做一名优秀的社会主义事业建设者，充分体现自己的人生价值，以实际行动助力脱贫攻坚，推动资阳经济发展，为建设"成渝门户枢纽、临空新兴城市"贡献力量。

### 人物名片

　　刘峙宏，男，汉族，出生于1963年9月5日，籍贯四川达州。1998年9月毕业于四川联合大学经济学院政治经济学专业，获得研究生学历。现任达州市达商总会会长、成都市达州商会会长、四川宏义实业集团有限公司董事长。

　　他自担任商会会长以来，注重发挥商会的桥梁纽带作用，积极整合资源、共创商机，引导、团结和服务世界各地达商，支持家乡建设，共享家乡发展机遇，为达州乃至四川经济社会发展做出了积极贡献。

# 刘峙宏：

## 弘扬"川商精神"，与时代共奋进

有人说做实业不需要浪漫主义，创业的艰辛和社会的历练，会让人慢慢变得坚硬，但是在宏义集团董事长刘峙宏 30 年的创业生涯中，始终不忘初心，带着一份儒雅、淡定，将浪漫主义恰如其分地融合在宏义集团的经营理念之中。

四川宏义实业集团有限公司始创于 1994 年，旗下拥有控股、参股企业 9 家，业务涉及地产开发、旅游、文化娱乐、农业、互联网、科技等多个领域，致力于成为中国领先的文化旅游资源整合运营商。

25 年创业奋进的累累硕果，多维度完美诠释了宏义集团的文化理念，秉承"缔造经典生活"的企业理念，规范运作，勇于开拓，创造了辉煌的业绩，成为西部房地产投资开发企业的佼佼者，获得了项目业主、地方政府、媒体及各界合作伙伴的认同，树立起良好的企业品牌知名度和美誉度。

### ▶ 从军经历，锤炼坚毅品质

每位优秀的军人企业家都是企业里的战狼。刘峙宏出生于一个退伍军人家庭，他本人青年时代曾在边疆服役。这样的家庭和个人背景，培养和锻炼了刘峙宏朴素担当的作风、坚定坚毅的性格、忠诚豪放的情感，这也促成了刘峙宏毅然放弃公职下海创业。

从商 30 年，创建宏义集团 25 年，刘峙宏经历了常人难以想象的风雨坎坷、跌宕起伏。他认为过去在部队锻炼的经历，给了他独立坚韧的品格、雷厉风行的作风和勇于担当的品质，而他正是靠这些精神支撑过来的。

每个成功的企业家都曾闯过无数险滩、暗礁和激流，他们是和平年代经济领域的英雄。很多企业家都有过从军经历，虽然他们的成功路径不同，但他们证明自我存在的价值和造福社会的理念几乎是一样的。

在完成企业经营目标的同时，尽一份对社会的义务，担一份大企业家的责任，不忘初心，这是刘峙宏实业之路上浪漫主义的来源。

## ▶ 以人为本，践行"川商精神"

近 10 年来，中国经济发展和消费升级在带动全球经济高质量成长。宏义集团创立伊始，就提倡"宏业大义、以人为本"的企业价值观。

一方面，宏义集团秉承"缔造经典生活"的企业经营理念，打造了"麓山国际""罗浮广场""九寨云顶""江湾城""红山国际"等房地产和文旅项目著名品牌，带动了区域经济社会发展。另一方面，刘峥宏认为人是企业的核心竞争力，宏义集团强调"大义、情义"的企业文化，这才是让宏义集团始终能聚集人才贤能、凝聚人心、团结奋斗的精髓所在，也是是企业能在复杂多变的经营环境中立于不败之地的生命力表现。

对宏义集团的员工而言，企业是除了家庭以外，最坚实、温暖的依靠。在宏义，每个人都是企业的主人，企业也是所有员工共同的财富。本着"以人为本，和谐发展"的宗旨，集团坚持开展丰富多彩的企业文化建设活动。2011 年，宏义集团开始推行"宏志生"培养计划（包括"宏鹄计划""宏鹰计划"），为远大抱负者提供一个可以自由追逐梦想的舞台。集团多次举办大型培训活动，做好拓展训练和集团内训，提升员工专业素养，开拓员工的行业视野。优秀的企业文化不仅是企业的灵魂和价值观，更是企业发展的动力，宏义集团秉承这一宗旨，不断吸引着社会和职场精英的加盟，使之成为企业最大的财富。

身为四川商人，作为川商总会常务副会长、达商总会会长、成都市达州商会会长的刘峥宏也自然而然地拥有川商"坚韧担当"的精神。多年来，成都达州商会和达州市达商总会在四川成都、达州两地政府和同行业商协会的指导帮助下，发挥商会的桥梁纽带作用，积极整合资源、共创商机，引导、团结和服务世界各地达商，支持家乡建设，共享家乡发展机遇，为达州乃至四川经济社会发展做出贡献。

宏义集团被四川省成都市授予"诚信企业创建单位""政府重点扶持的大企业""房地产十大年度企业""房地产综合实力十强""贡献突出的民营企业"等荣誉。

刘峥宏认为这种坚韧担当的精神，正是在改革开放的创业奋斗中，在面对市场竞争、产业转型和各种危机考验中所需要的精神品质。"川商更要有创新发展的意识和思维。"刘峥宏说，"进入新时代，川商要把这种开拓创新精神传承下来，持续注入时代新内涵。尤其是要主动担当社会责任，树立起新时代川商以义取利、热心公益的良好形象。"

刘峥宏身体力行，用实际行动"说话"，2004 年 9 月，达州遭遇特大洪灾，捐款 15 万元；2006 年达州第十届运动会，捐款 50 万元；2008 年 5 月四川汶川特大地震，捐款 800 万元；2015 年 10 月四川省渠县涌兴镇滨河路建设，捐款 100 万元。

## ▶ 迎接挑战，进军康养产业

千里之行，始于足下。宏义集团历经 25 年高速发展，位列四川省房地产开发企业综合实力前列，成为中国西部房地产业的一面旗帜。

在谈到个人理想生活时，刘崎宏浪漫主义的一面彰显无遗，虽然每个人的理解不同，但他对理想生活的理解是越简单越好。"稻花香里说丰年，听取蛙声一片。"谁都想追求这种生活，但人的心态在某个阶段都会有所变化。

刘崎宏希望给大家创造贴近自然的生活方式，回归田园、回归自然，他所打造的九寨云顶·悦榕庄、南坪古镇、牛背山、七藏沟、红格温泉度假小镇等旅游康养项目便是最好的例证。

刘崎宏认为老龄化问题并不是仅靠市场就能解决的，必须要靠相关政策，从社保、医保、税收、金融、社区建设等方面来整体配套解决。选择进军康养产业，将康养产业作为宏义集团的主营业务之一，因为在刘崎宏看来，这是一个少则数千亿元，多则上万亿元的巨大市场。面对这样巨大的市场，刘崎宏认为康养产业不是单一产业，而是一个具有资源整合、产业联动的产业。

中国是一个以家庭仁孝为传统的社会，一个老年人所带动的实际上并非他本人，而是一个家庭及家族。因此，刘崎宏认为康养产业必然融入文旅、地产、金融保险、医疗康复、综合服务等产业。比如，宏义集团在攀枝花的康养项目占地约 27 平方公里，在四周规划了几个大型停车场，里面将全部实现无人驾驶，私家车不能入内。现在他们正在和比亚迪一起研究小区内无人驾驶和立体交通的课题。

在刘崎宏个人浪漫主义的理念中，他所希望的康养是给大家提供一种新的生活方式，并不是单纯地提供养老和医疗服务。面对同行业的激烈竞争，刘崎宏大方地表示，有竞争才有进步，如果每一个公司在这些方面都能够有所突破的话，那么竞争的结果将会对中国、对全世界的康养产业发展起到极大的推动作用。

现代社会，信息更迭太快，在很多人看来专注于一件事是一种固执。但不管什么年代，专注代表着精益求精，深耕某个领域才能积累沉淀出更为丰富的宝贵经验和技艺。

对于这一点，刘崎宏也相当认可。他最佩服"一生只做一件事"的人，宏义集团从房地产开发转型到大健康和文旅产业，但始终没有离开房地产领域。宏图伟愿，大道多义。奋进的宏义人，将不断继承发扬川商精神，在新时代蓝图上书写属于自己全新传奇。

## 人物名片

　　严俊波，四川省南充市高坪区人，豪吉鸡精创始人，现任四川濠吉集团党委书记、董事长兼总经理，四川省第十二届政协委员，四川省工商联副主席，四川川商总会联席会长。其所创立的濠吉集团经过30多年的创新发展，已从一个单一生产、销售调味食品的公司发展成为以生产食品为主，产业涵盖食品、农业、餐饮、教育、房地产开发、金融信托等领域的综合性集团。

# 严俊波:

## 从大凉山做出世界品牌

严俊波是四川省南充市高坪区人,但很多人总以为他出生在凉山州,因为他以四川凉山州普格县味精厂为起点,率领团队在 1987 年推出了亚洲第一包鸡精,创立"豪吉"这一誉满中国的鸡精品牌,并通过与全球最大食品制造商雀巢公司合资,让凉山州普格县这个贫困县生产的产品走向了世界。

### ▶ 临危受命,从负债百万到盈利

1976 年,17 岁的严俊波经过 3 天的颠簸,从老家南充来到大凉山,开始了其支边生活,并与当地彝族同胞建立了深厚的感情。支边落户到普格县委落公社彝族山寨的这段经历,也改变了严俊波的人生轨迹。

3 年后,改革开放的号角吹响了,农村政策放活,严俊波怀揣雄心壮志,走出大凉山,尝试了很多种工作。在足迹走遍云贵川后,他已经深谙经商之道,并准备借改革开放东风大展拳脚。

这时,来自大凉山深处的一封信,让严俊波的心再次回到了凉山。老朋友在信里不经意间提起,由于山里人观念落后,没人愿做推销员,普格县几个工厂的产品积压在仓库,许多农产品也卖不出去,只能烂掉、倒掉。

严俊波一夜辗转难眠,经过激烈的思想斗争,他收拾行李,再次向大凉山走去。一回到普格,严俊波就凭着以往的社会关系和走南闯北的经验,不仅把积压产品卖到了省外,还为厂里采购回了紧俏物资。

正因为如此,1987 年,当普格县味精厂负债 100 多万元、走到生死关口时,大家都不约而同地想起来了严俊波。当年 7 月,严俊波临危受命,从一名供销科科长被推选为厂长,他上任后的目标只有一个——按时给厂里 40 多人发工资。

眼界开阔的严俊波冷静地审时度势,琢磨着研发新项目,将大凉山的自然资源转化为优势。他想起两年前出差到香港,在餐厅里了解到的一种调味品——鸡精。

"对，就生产鸡精。"严俊波打定主意，很快行动起来。

没有启动资金，他东拼西凑，借了 1 万元购进原料，并从江苏买来相关资料，带着几个技术骨干在简陋的实验室里忙活起来。他们把凉山的鸡肉粉碎焙干，不停地调试、品尝、比较、分析，并借鉴国外的鸡精产品，第一包豪吉鸡精终于问世了。

将会改变中国人调味习惯的产品研制出来了，销路要怎么打开？此后的很长一段时间里，严俊波披挂上阵成了推销员，带着团队开始开拓市场。当时他们只能靠两个脚板一张嘴，到商场、超市、餐厅、招待所上门推销。正是靠这种决不放弃的坚持，严俊波带着团队创造了建厂以来的记录，净赚纯利 30 万元。

## ▶ 中外合资，让豪吉走向世界

1989 年，他们在成都、重庆、昆明、贵州都相继设立办事处，豪吉鸡精开始供不应求。而这时，作为企业的舵手，严俊波又有了做大做强的更长远谋划。1991 年，四川安华食品有限公司挂牌成立，成为国内少数民族聚居县中的第一个中外合资企业。

全新的管理人员聘用制、后勤人员效益挂钩制、生产吨位工资制、销售一条龙承包制……这样的管理运营模式，点燃了全公司上下的奋斗热情。到 1993 年，全国市场逐渐打开，1995 年豪吉鸡精产值突破千万元。此时，严俊波定下了 5 年内产值超亿元的目标，并大刀阔斧进行内部改革，成立了豪吉集团。3 年后，集团的产值就超过了亿元，严俊波的目标得以提前完成。

在四川造中国的名牌产品，严俊波做到了，于是他瞄准了更远的目标——要在中国造世界的名牌。

2001 年，豪吉与全球最大的食品制造商、在食品制造领域有 130 多年历史的瑞士雀巢公司，共同成立了四川豪吉食品有限公司，开启了新一轮创业。

豪吉鸡精凭借优良的品质赢得中国市场三分之一的份额，同时乘风破浪，进军海外市场。2006 年，豪吉正式开展出口业务，与瑞士雀巢公司联姻后，其市场拓展到欧美，出口量成倍增长。

到 2007 年，豪吉集团成立 20 周年之际，豪吉鸡精在全国成立了 80 多个分公司和销售办事处，经销商有 1 万多家，产品的市场占有率达到 40%，并且远销到新加坡、美国、欧洲等几十个国家和地区。

如今，四川豪吉食品有限公司目前已是全国同行业中规模大、知名度高、效益较好的以鸡精为主的调味品生产企业之一，获得了"中国名牌""中国驰名商标""绿色食品"称号，成为鸡精行业独有的三标识产品。

同时，豪吉借力雀巢公司的国际背景与严苛标准，以"一切从厨师要求出发"为宗旨，不断研发适合川菜的产品。据统计，豪吉集团现已开发出豪吉鸡精、豪吉松茸精、全乐鸡精、豪吉味精、豪吉鸡汁、豪吉藤椒油、鲜香鸡精等衍生产品。

## ▶ 持续创新，构建多元化发展格局

随着鸡精产品稳占市场，2006年，严俊波与荷兰弗里斯兰省副省长彼德拜曼签下了"共同开发四川马铃薯合作意向协议"，围绕马铃薯的种植、深加工、综合开发利用等方面进行合作，使四川省马铃薯的开发呈优质化、规模化、产业化的发展态势。

严俊波也再次起航，一头扎进非油炸杂粮方便面的市场，要将来自大凉山的绿色味道和健康营养，带给更多人。为了达成所愿，严俊波不惜花大价钱邀请到国外的技术专家，生产线的所有设备都是量身定制，一切以绿色和健康为主。此次严俊波瞄准的杂粮面，是以马铃薯、红薯、荞麦、玉米、小麦和大米等多种粮食为原料，一改"方便面只方便不健康"的现状。

2011年，严俊波推出世界首创绿色健康玖玖爱非油炸杂粮方便面，令人意想不到的是，小小一碗面里还包含着多项专利技术，仅研发费用就超过了上亿元。

如今，玖玖爱杂粮面已通过了中国食品科学技术学会专家委员会组织的世界级鉴评，确认其达到国际先进水平，获得国际食品科学联盟颁发的2014年世界最高食品工业大奖，成为国家体育总局训练局首家唯一健康速食品赞助商。

事实上，在豪吉30多年的发展历程中，严俊波一直在不断创新，不仅在普格这片贫瘠的土地上，将豪吉鸡精送到了全国各地的厨房里，改变了中国人的调味习惯，同时也把改革开放的思想，将增收致富的路径，带进了相对封闭的少数民族聚集区，为大凉山的兄弟姐妹创造了更多的就业岗位。

如今，濠吉集团已成为国家级农业产业化重点龙头企业、国务院扶贫办第一批认定的国家扶贫龙头企业、农业部第一批认定的全国农产品加工示范企业，中国食品协会授予濠吉集团"中国农业产业化经营20大龙头食品企业"称号。

集团下属的6个以马铃薯深加工为主的专业化生产企业，已经形成了我国最大的淀粉类深加工产业链之一。10年来带动农户开发种植和收购加工马铃薯上千万吨，每年为当地农民创收近20亿元，成为贫困山区产业扶贫的重要一环。

　　同时，集团构建起多元化发展格局。在教育产业方面，集团投资建设的四川省西昌一中俊波外国语学校已发展成为目前攀西地区最大的基础教育基地。在房地产业方面，集团下属四川舒巢房产有限公司开发的项目被国家建设部中国建筑文化中心授予"全国健康住宅示范小区"和"全国人居经典楼盘"。在餐饮方面，集团下属公司成都三只耳火锅连锁有限公司被誉为"成都餐饮业的奇迹"，已成为全国连锁品牌餐饮企业。

## 人物名片

　　李飚，1971年1月出生，四川成都人，工商管理硕士学位，高级经济师，现任海特集团董事长、十三届全国人大代表、全国工商联十二届常委、四川省工商联十一届副主席。曾被评为2008年"第二届四川省优秀中国特色社会主义事业建设者"，2014年国家工信部"国防科学技术进步奖一等奖"。2018年，中共中央统战部授予李飚同志"改革开放40年百名杰出民营企业家"称号。

# 李　飚：

## 民营科技企业助力中国崛起

1986 年，李飚进入空军某工厂，开始参加工作，成为我国第一批合同制工人。之后，他一边在清华、北大学习深造，一边尝试着自主创业。1991 年，带着创业激情的李飚正式辞职下海创业，投资 1 万元，与父亲一起成立了公司，干起了航空检测设备研发制造和航空机载电子部附件维修。

### ▶ 中国最早的民营航空技术公司

在 80 年代末期，由于西方的长期封锁，民用航空业仍旧是两头在外，从国外采购飞机，航空公司的运行一直依靠国外保障，由于国外技术垄断，每年保障费用需要大量的外汇做支撑，成本一直居高不下，且维修周期相当长，严重制约了我国民用航空产业的发展，中国迫切需要建立自己的航空检测和航空工程技术产业。在这样的时代背景下，李飚创立的中国第一家民营航空工程技术企业应运而生。

### ▶ 中国领先的民营航空研发制造企业

2014 年，李飚带领团队自主研发的某型发动机全权限数字式电子控制技术打破了国外对我国航空发动机控制技术的封锁，获得国家工信部"国防科学技术进步奖一等奖"。同时，还在直升机电动绞车、电子控制器、航空氧气系统等研发项目上取得了约 320 项专利，其中 70% 为发明专利。他们自主研发的产品不仅在技术、设计上具备先进性，更对我国航空工业发展的具有十分重要的战略意义。

### ▶ 中国最大的第三方飞行员专业培训公司

2008 年，受全球金融危机影响，美国波音翱腾公司有意出售其在昆明的飞行培训中心。李飚抓住了这一布局中国航空培训市场千载难逢的机遇，从波音手中收购了该中心，正式进军航空培训市场，并以惊人的发展速度，相继在新加坡及天津新建两个训练中心，一跃成为中国最大的民营第三方飞行员专业培训公司，为我国航空业提供了自主可控，优质完善的全套航空飞行培训服务。

## ▶ 中国民营第一家整机大修及客改货公司

2009 年，随着海特航空业务的不断拓展，成都总部单一的维修能力和有限的生产空间已阻碍了他们面向全产业链发展的步伐，更无法满足中国日益增加的航空市场需求。面对这一发展难题，李飚开始在心中规划起一张更加宏伟的发展蓝图，决定在中国北方建设天津海特飞机产业基地，开展民航客机、公务机、直升机等各型飞机大修业务。如今，天津海特基地已经成为目前国内规模最大、维修能力最强的民营航空产业基地，已拥有 CAAC（中国民航局）、EASA（欧洲航空安全局）、FAA（美国联邦航空管理局）等全套资质认证，业务更已拓展至飞行员培训、模拟机研发制造以及飞机客改货、喷漆、拆解、MRO（非生产原料性质的工业用品）等广泛领域。2018 年 12 月 21 日，海特成功完成了国内第一架 B737-700 型飞机客机改货机的改装工作，这标志着海特集团在航空工程技术、飞机结构和系统的改装方面达到了国际领先水平。

## ▶ 中国第一台 D 级飞行模拟器研制成功

2015 年，在"中国制造 2025"战略思维的引导下，在航空界早已声名远播的海特集团将发展眼光聚焦国际合作、推进中国制造崛起的发展模式上。2016 年海特与世界 500 强罗克韦尔柯林斯合资组建了 ACCEL 公司，从事研发、制造、销售商用飞行模拟系统等业务。2017 年 6 月该公司生产的国内第一台 B737-800 D 级全动模拟机通过中国民航总局的认证，标志着中国制造模拟机的诞生，在中国民航史上的具有重要里程碑意义。

## ▶ 国际领先的高性能集成电路设计与制造企业

2015 年，习近平总书记提出把军民融合发展上升为国家战略，李飚积极响应国家战略，深入探索混合所有制。2015年4月与国内某科研所合作成立海威华芯公司，由海特集团控股。该公司成功突破了国际技术封锁，打破了外资对芯片行业的垄断，并在2017年成功建成了中国第一条6英寸国际领先的砷化镓、氮化镓高性能芯片生产线，是"中国制造2025"高端制造业重点项目，推动了国家未来5G的大发展，被誉为行业"混改典范"。

　　经过近30年的发展壮大，海特集团秉承一颗拳拳报国之心，为中国航空国防事业打造了一支民营航空支柱力量，建立了一条完整的航空技术与服务的全产业链，目前公司已成为以航空工程技术及高性能集成电路为核心产业的高科技企业集团。展望未来，李飚希望带领公司坚持以科技创新为发展理念，沿着高质量发展路线，在广阔的科技领域，深耕细作，不断发展，立志为"中国崛起"做出更多的贡献。

## 人物名片

　　李家权，男，汉族，生于1962年9月，四川绵竹人，中共党员，现任四川省政协委员，四川省工商联理事，四川龙蟒集团有限责任公司党委书记、董事长。

　　李家权先后获得"全国五四青年奖章""全国质量管理先进个人""中国饲料企业优秀创新人才""四川省民营企业突出贡献奖""四川省优秀中国特色社会主义事业建设者""四川省优秀民营企业家"等荣誉。李家权带领的龙蟒集团连续10年进入为四川省民营企业100强行列。

# 李家权：
## 虔诚面对资源，服务大农业

从一个濒临倒闭的乡镇企业到大型民营企业集团，翻开李家权的履历，可以清晰地发现改革创新始终是他带领企业不断成长的不竭动力。

在李家权的带领下，四川龙蟒集团现已形成磷矿采选、饲料磷酸盐、肥料磷酸盐、高新生物化工、精准农业技术服务，以及复合肥产品研发、生产、销售等一体的多元化民营企业集团，生产基地分布于四川绵竹、四川眉山、湖北襄阳等地。四川龙蟒集团是四川省重点培育的"百亿工程"企业和100家"大企业大集团"之一，是"国家认定企业技术中心企业""国家技术创新示范企业""国家地方联合工程实验室企业"。

30多年来，李家权把青春和热血，与龙蟒集团紧密相连，业内提起李家权就会想到龙蟒集团，提到龙蟒集团就必谈李家权。

### ▶ 天道酬勤

李家权说："一个人不怕穷，就怕不用心。用心积累各种知识，用心琢磨各种信息，就能发现商机；用心去做认准了的事，就能获得应有的回报。"将时光追溯到30多年前，李家权从一名普通工人，到班长、生产科长、技术科长、生产副厂长、厂长，直至集团的董事长，和他义无反顾、坚韧不服输的性格有着很大的关系。

李家权是好学之人，别人都叫他"拼命三郎"，吃在厂里，住在厂里，家在厂里。他始终坚信天道酬勤，只有不断创新，企业才能在激烈的市场竞争中立于不败之地。

1988年，美国天然纯碱开始出口到中国，当时遵道纯碱厂（龙蟒前身）生产的产品失去了价格优势，企业面临倒闭。作为厂长，李家权面临巨大压力。他通过充分调研和深入分析，作出了一个大胆的决定，改行进入磷酸盐行业，把纯碱厂改建为磷酸氢钙厂，厂名也由此变更为龙蟒河化工厂。

在龙蟒最初的15年，李家权带领龙蟒集团经过三次关键性的创新和转型升级，从生产纯碱转型生产饲料添加剂磷酸氢钙；创新发展，创立名牌，成为饲料行业标准起草单位；兼并重组，扩大规模，为龙蟒的提速发展打下了坚实基础。

通过不断开发新技术、新工艺，龙蟒集团建立起"盐肥结合"的磷化工产业体系，被誉为改造我国磷化工行业的"四大模式"之一，被国家发改委作为经典案例在国内推广。集团现已形成 60 万吨 / 年的磷化工产业规模，产品分 3 大类、10 余个品种，成为亚洲地区规模最大，全球排名第二的饲料磷酸盐专业化生产供应商。

## ▶ 开拓创新

如果说龙蟒集团的第一个 15 年总体上顺风顺水，那么第二个 15 年则可以说是跌宕起伏。龙蟒集团在中国城市化建设高潮兴起之初，横向切入了钛白粉领域，从单一的为农业服务转向同时为城市化建设服务，跨行业、跨地域得到超常规迅猛发展，从 2007 年开始进入四川省大企业大集团榜单。

2008 年汶川大地震，龙蟒在德阳地区的磷化工生产基地一夜之间几成废墟。当龙蟒在灾难中雄起，基本实现"磷硫钛循环经济"产业链，成为磷酸盐和钛白粉两个行业"双巨头"，雄心勃勃地向世界级企业迈进的时候，却又遇到了全球金融危机，导致市场断崖式下跌。

是知难而退，还是迎难而上？李家权毅然决定迎难而上，靠创新来扫除一切路障，确立了总思路和总目标。总思路是"依托产业优势，发展循环经济，突破环保瓶颈"，总目标是"自主创新，攻克关键技术，形成核心竞争力"，总目标下面分为"人才、技术、质量、环保、市场"五个子系统。2 年后，龙蟒钛业年产 2 万吨的硫酸法钛白粉装置试运行，实现了四大自主创新开发的核心关键技术，实现了"装置大型化"和"进口设备国产化"，大大节约了投资。通过这一系列的创新，龙蟒 60% 以上的产品进入了欧美等高端钛白粉市场，打破了欧美的技术垄断和市场垄断。

2007 年，龙蟒已经成为拥有四大产业板块、跨地域跨行业发展、年产值 30 多亿元、员工 6000 人的民营企业集团，龙蟒已进入一个新的发展时代。李家权明确提出了龙蟒第二个"十五年"发展目标：到 2015 年年底，主导产品饲料磷酸盐要跻身世界前三强行列；金红石型钛白粉要建成中国最大、亚洲地区最有竞争力的产业基地；要在 2010 年打通红格钒钛磁铁矿的采、选、冶及深加工利用全流程，实现资源规模化、集约化综合利用；攻克生物化工发展瓶颈，全力攻关，使之成为龙蟒培育的新兴产业增长点……

2015 年年底，通过大家的努力，李家权当初制定的目标一个个都顺利或提前实现，其中磷化工产品年产能达到 110 万吨，年产黄腐酸各类功能型复合肥 60 万吨，年产钛白粉 30 万吨，生物化工形成年产 50 吨 S– 诱抗素原药和 120 吨赤霉素原药产品的能力，并在原药基础上开发出了系列制剂和中微量元素肥料产品，其中高新生物技术产品 S– 诱抗素率先在全球实现工业化生产供应，龙蟒系列产品畅销亚、欧、非等 30 多个国家和地区。

30 多年的发展，形成了"卓越龙蟒，全球龙蟒，百年龙蟒"的企业愿景和"做最受尊敬的企业"的企业使命。龙蟒集团累计交纳税费 90 多亿元，各项公益捐赠累计上亿元，实现经济社会效益同步发展。李家权也先后获得了"全国五四青年奖章""全国质量管理先进个人""中国饲料企业优秀创新人才""四川省优秀中国特色社会主义事业建设者""改革开放 40 年四川省百名杰出民营企业家"等诸多荣誉。

## ▶ 奋进不止

李家权没有满足于已有的成绩，他对土地、对农业充满了深深的感情，服务大农业又成为他专注的目标。

面对粮食安全、食品安全、土壤退化三大危机，龙蟒大地、龙蟒福生公司积极响应国家提出的"减肥增效"方针，组织国内外土壤、种子、植物营养、植保等方面专家，潜心研究，开发出了黄腐酸功能型复合肥、水溶肥等各种植物套餐专用肥产品以及土壤调理剂，开发了五抗王、金美红等植物生长调节剂产品，以及螯合钛、氨基酸螯合中微量元素等肥料产品。系列产品在明显提高肥效的同时，增强了农作物的抗病能力，提升了农产品品质，并对土壤板结、酸碱化有明显的改善作用。

为做好农业技术精准服务，龙蟒大地在 2016 年以县为单位在全国各地建立合伙制的"龙蟒农技小院"，到国内农业大学招聘热爱农业、懂农业知识的博士、硕士、本科生，依托龙蟒农业技术研究院等技术创新平台，广泛开展农技知识培训、田间问题诊断、植保方案提供、测土配方施肥、农业种籽选择、农业机具推荐及农产品去向信息等服务。已在四川、重庆建成龙蟒农技小院，吸收大学生、研究生合伙人，开展农业技术讲座，建立试验示范基地，服务大型种植户、合作社，实现了农户、大学生、企业、政府多方共赢。

企业兴旺我兴旺，我与企业共成长。这是李家权时常挂在嘴边的一句话。面向未来，百舸争流，奋楫者胜。李家权满怀信心地表示，龙蟒集团将继续肩负"做最受尊敬的企业"使命，虔诚面对资源，责任面对环境，强力打造清洁、环保、可持续发展的产业集群，切实为中国大农业服务。

## 人物名片

何帅，男，汉族，1981年5月出生，四川广元人，现任成都雄川实业集团有限公司董事长，同时担任四川省工商业联合会第十一届常委、四川省川商联合促进会联席会长。

雄川集团是以房地产开发、金融投资为主业的跨地区跨行业多元化集团，2017年集团营业收入超10亿元，总资产规模达120亿元，2018年10月建设完成项目总投资9.86亿元的"雄川金融中心"。何帅积极投身慈善事业，回报社会，为地震灾区捐款捐物、资助山区贫困大学生，累计达188万元。

# 何　帅：
## 志存高远，扬帆远航

2008 年 5 月 12 日，一场震惊中外的地震发生在四川汶川，当时整个灾区满目疮痍、百业待兴。

### ▶ 敢为天下先，创建雄川

在"雄起，四川"的口号下，"雄川"应运而生。

"人生如戏，不仅需要舞台，还要找到适合自己的角色才能得到更好的发挥，我是一个不甘于平凡、敢于创新开拓的人，做企业要有敢为天下先的精神。"成都雄川实业集团有限公司董事长何帅这样评价自己的人生选择。事实上，一头扎进商海的他，经商天赋很快就得到了充分展示，面对错综复杂的经济环境，他总是能熟谙各种经营方法、原则和规律。在党和政府以及社会各界人士的指导和帮助下，他将雄川贸易从 2008 年最初的几人、几十人，发展到如今雄川实业集团的管理层就有 100 多人。

这其中的艰辛和付出的努力，作为雄川的老员工是最清楚的，为了让公司尽快走上正轨，多少次加班加点，多少次夜不能寐，他勤勤恳恳，兢兢业业。从 2008 年到 2010 年，短短两年时间不仅把贸易公司做得风生水起，更为了积极投身灾后重建及棚户区改造工作中，他成立了雄川实业集团的前身成都雄川投资有限公司。公司成立后，马上参与到地震重灾区的灾后重建中，历时两年完成了 4 万余平米的建设，为当时的受灾群众修建了新的家园，为当地群众的安居乐业贡献了自己的一份绵薄之力。

作为企业的领军人物，就需要在企业顶层战略和关键节点的抉择及挑战面前，充分发挥企业家精神、企业家人格力量以及独到的前瞻视野。2014 年 7 月，面对严峻复杂的世界经济形势，加之前期扩张迅速，雄川遭遇了一场前所未有的挑战——资金困难。

"那时候真想放弃，但我的员工中至少有 30% 在雄川工作 5 年了，工作时间最长的从雄川成立之初就一直跟着我，雄川是我的心血，更是他们的付出。想到这些，我没有办法放弃。"回忆过往，何帅真诚一笑。谁无暴风劲雨时，守得云开见月明。没有条件，就创造条件，缺少资源，就整合资源。"那时候我们四处联系境内外金融机构及引进战略股东，告诉他们雄川的优势以及雄川已有的战略布局，后来多家金融机构及战略股东经过长期考察，认为雄川尽管遭遇瓶颈，但属于潜力型优质企业。到 2014 年年底，多家金融机构及战略股东与雄川签订了战略合作协议，进行项目合作，集团获得了更大的发展空间，2015 年就投资了 25 亿元，同时启动了多个项目。"何帅说。

## ▶ 转型升级，再上台阶

2015 年 6 月 23 日，是个不平凡的日子，这一天，何帅再一次将梦想变为现实，在西南联合产权交易所以 3.45 亿元拿下天府新区核心地段天府二街合作开发权，项目占地 39588.86 平方米，总建筑面积 173203.7 平方米，总投资 9.86 亿元，该项目定名为"雄川金融中心"。2018 年，位于天府二街 166 号雄川金融中心的集团总部大楼，经过几年的建设后正式投入使用。

成立于 2010 年的成都雄川实业集团有限公司，注册资本 20 亿元，通过多年的经营与发展，形成了以地产开发、金融投资为主，以旅游大健康、商品贸易、矿产资源为辅的综合经营体。

在房地产开发方面，集团旗下的雄川实业拥有房地产二级开发资质、建筑二级资质、物业管理二级资质，作为四川房地产业协会常务理事单位，公司积极投身于房地产项目开发、灾后重建、棚户区改造、旅游地产开发等。所建项目遍布四川、云南、海南等地，总面积达数百万平方米，承建总面积 60 万平方米。

在金融投资板块，公司于 2015 年参与发起设立四川新网银行股份有限公司，2016 年入股南部农村商业银行。这两家银行通过自身的经营和发展，以迅猛发展之势排在各区域银行先列。

在贸易方面，集团旗下的雄川贸易是一家多元化、国际化、立体式、综合性商贸流通企业，于 2011 年成功取得"国窖 1573"核心运营商资格，荣获 2013 年度战略合作伙伴"刀剑如梦"奖。

在旅游大健康领域，集团旗下怡途旅游与雅高酒店管理集团于 2017 年达成战略合作协议，在未来 3 年内共投入 12 亿元新建 5 家国际品牌酒店。目前，在云南、海南及峨眉山投资修建的集旅游、会议、度假于一体的综合型星级酒店将投入运营使用。

作为公司的领路人，何帅敢于创新，勇于拼搏，始终坚持"雄踞西蜀、海纳百川"的企业理念，在他的带领下，雄川集团先后被授予"中国诚信经营示范单位""中国银行信贷征信管理示范单位""中国民营经济卓越贡献企业""2018 年四川民营企业 100 强"等荣誉称号。何帅个人获得"2015 年四川十大杰出民营企业家""2015 年青年川商领袖奖""中国优秀民营企业家""2017 年度川商十年致敬人物""改革开放 40 年四川省百名杰出民营企业家""第三届四川省优秀中国特色社会主义事业建设者"等荣誉称号。

何帅志存高远，始终严格要求自己，脚踏实地埋头苦干，具有出众的领导能力。在他的带领下，公司业务蒸蒸日上，飞速发展。

## ▶ 责任担当，回报社会

企业发展壮大后，何帅不忘初心，他知道，正是因为党和政府提供的良好营商环境和社会各界的帮助，雄川集团才能发展壮大，所以他竭尽全力地回报社会，积极参与精准扶贫及对社会、对人民群众有益的事，只有四川真正雄起、经济腾飞，"雄川"才能真正实现扬帆远航。

2017 年 1 月 11 日，集团旗下的雄川贸易公司会同商会成员与四川省工商联组成慰问团赴平武县阔达藏族乡仙坪村开展了"文化暖冬慰问活动"。2018 年 11 月，四川省"万企帮万村"消费扶贫推进大会在成都召开，雄川实业集团旗下的雄川贸易公司被四川省工商联、四川省扶贫和移民局、四川省光彩事业促进会及中国农业发展银行四川省分行联合授予四川省"万企帮万村"消费扶贫"爱心企业"。作为一名有强烈社会责任感的企业家，为了践行"不忘初心、牢记使命"的主题教育要求，2019 年集团组织员工到井冈山参加革命传统教育，学习革命先烈的英雄事迹，经过短短几天的学习，每个人都受益匪浅，都深刻体会到今天的幸福生活来之不易，企业的凝聚力也得到进一步提升。

何帅所做的一切，无不诠释着一位优秀企业家对社会民生的强烈关注，也表现出他的赤子情深。他与时俱进，始终紧跟国家发展步伐，作风严谨，诚信经营，为实现真正的"雄起，四川"为奋斗，他无愧于一个优秀民营企业家的称号。

## 人物名片

　　陈波，男，汉，生于1969年2月，重庆永川人，工学硕士，高级工程师，无党派人士，四川华南信息产业股份有限公司董事长、总经理。

　　现任全国工商联执委、四川省十二届人大代表、四川省第十二届政协常委、四川省工商联副主席、四川省川联小微企业协会会长。他先后被评为"四川省优秀中国特色社会主义事业建设者"、促进"两个健康"工作先进人士、"我为抗震救灾做贡献"活动先进个人、四川省"万企帮万村"精准扶贫行动先进个人、"改革开放40年四川省百名杰出民营企业家"、四川省"个体私营经济创业榜样"等荣誉称号。

# 陈　波：
## 做个有社会责任感的企业家

科学技术是第一生产力，科技创业、服务市场，一直是陈波的口头禅。作为一位视科技兴国为己任的创业者，这也是陈波20多年工作生涯的缩影。这期间陈波将所学专业知识倾囊而授，带领公司全体员工以行业应用软件产品和解决方案研发为核心，以计算机及网络系统集成和智能建筑为主营业务，致力于行业信息化建设和服务，脚踏实地，数载如一日，使四川华南的事业蒸蒸日上。

### ▶ 成长之旅：履行社会责任，助力企业成长

陈波是四川华南的创建者，计算机应用专业高级工程师，带领公司在不到10年里成长为四川领先的IT行业最值得信赖的信息应用平台与服务提供商。同时，陈波兼任四川省人大代表、四川省工商联（总商会）副会长、四川省个体私营经济协会副会长、四川省信息系统集成行业协会常务理事、四川省软件行业协会常务理事、重庆市政管理科技协会副理事长等职务。

今天的四川华南公司是一家集研发、设计、销售于一体的高新技术企业，注册资本2100万元。公司坐落在成都市国家863软件专业孵化园内，现有员工近300人，其中硕士4人、高级工程师4人、工程师22人，大学以上学历员工占总人数的95%以上，且大多数都具有专业资质证书。

冰冻三尺，非一日之寒。四川华南的发展也经历了一波三折，而每一次质的飞跃，都倾注了陈波同志全部的心血。80年代初华南计算机公司在广州成立，从事DEC、PDP、VAX系列小型机生产与研究，成为DEC系列产品增值代理商，陈波就致力于计算机系统集成的研究与开发。1990年华南计算机公司小型计算机厂成都办事处成立，陈波任经理。1998年在华南计算机公司小型计算机厂成都办事处基础上成立成都华南信息产业有限公司，陈波任执行董事、总经理。2004年在成都高新区注册成立四川华南信息产业有限公司，陈波任董事长、总经理。

2005 年至 2007 年四川华南通过 ISO9001：2000 认证并获得证书，同时被成都市授予高新区企业经营发展优秀奖，公司开发的企业信用征信系统、医院 HIS 系统、社会保险管理信息系统、警务综合应用平台等 5 个软件获得国家著作权证书，其中警务综合应用平台软件荣获四川省科技进步三等奖，上了公司发展的第一台阶。

2008 年至 2010 年公司通过 CMMi3 认证并获得证书，被四川省工商管理局授予省级重合同守信用企业。2010 年荣获中国中小企业价值榜年度最具成长潜力企业奖，被中国守法诚信评价中心授予 AAA 级客户满意单位，陈波被评为"四川省优秀中国特色社会主义事业建设者""优秀法人代表"，公司开发的交通应急指挥系统、地理信息决策分析系统、商业智能软件等 4 个软件获得国家著作权证书，上了公司发展的第二台阶。

2011 年至 2013 年开发的华南监管业务系统、人像采集系统、交通综合业务系统、防控基础信息系统、暂住人口管理系统、禁毒综合信息管理系统、高速公路信息共享平台、警务执法管理系统、人力资源市场系统等 22 个软件获得国家著作权证书。以上这些软件深受用户的欢迎，销售收入年年上升，使公司发展上了第三台阶。

## ▶ 产业之道：发挥产业优势，提升企业能力

加大技术创新力度，提升企业核心价值。陈波秉承"提升产业水平、创造核心价值、跻身行业翘楚"的使命，致力在电子信息领域坚持技术创新，在实施创新发展上下功夫。公司坚持加大研发资金投入，将每年销售收入的 8% 以上投入到软件研发领域，构建系统完善的创新体系；注重对创新型人才的吸引，加大了研发力量的投入，形成了包括市场调研、需求分析、技术研究、产品开发、产品测试、售后技术服务方面的人才梯队；对新产品进行全方位、全过程管理，对创新品种进行项目管理，定期对项目进行阶段性评估，尽力规避创新研发工作中的风险；加强技术升级的国际合作，公司与很多国际知名的 IT 公司具有长期稳定的合作关系，使企业得到了快速发展。

陈波表示，当前的信息产业市场，品牌的力量可以说是产品竞争的核心力量，针对华南自身的资源、产品、市场优势，他将对品牌资产进行积累与整合。陈波说："公司从 2004 年以来，采用 JAVA、J2EE、XML、MapX、MapXtreme 等先进技术，在电子政务、企业信息化等领域研发了一系列产品，其中已经有 31 个软件获得了著作权登记证书，26 个获得了软件产品登记证书，在公安、社保、医院、交通等行业具有领先水平，目前公司已开始在四川省和全国推广和应用。"公司于 2010 年并购了成都智和创科技咨询有限公司，2011 年又吸纳融合四川联宏信息技术开发有限公司，公

司吸收引进两家公司的管理和技术研发优势，实现在软件领域技术水平的快速提升。

陈波说："公司还建立了四川华南软件中心研发基地，为公司后续产品研发创新提供技术支持，形成了持续的技术创新能力，实现企业规模和产品领域的扩张，增强了市场竞争力。"在市政行业，完成了重庆市市政信息中心、沙坪坝区、江津区、大渡口区、渝中区、九龙坡区等数字化城市管理集成等项目，目前在重庆市市政信息化系统集成项目建设领域占有 50% 左右的份额。在社保行业，为四川省劳动和社会保障厅信息中心提供数据库服务器、存储备份、网络安全设备和系统集成服务，完成了甘孜州、凉山州、宜宾市、眉山市等社保工程，业务涵盖五保合一、城镇居民医保和劳动力市场业务，在四川社保行业占有 30% 左右的系统集成、应用软件开发份额。在公安行业，公司自主开发的公安警务综合系统、监管系统、人像采集系统等多项应用软件已成功在四川全省市、州公安机关推广运用，在四川公安行业应用软件和信息化系统集成建设领域占有 60% 左右的份额。

## ▶ 社会贡献：做个有社会责任感的企业家

作为一个企业的经营者，陈波不断强调学习的重要性，它的价值不仅仅是学习二字本身，而是能给企业带来的真正效益。

在事业取得良好发展的同时，陈波想的不仅仅是如何把事业做大，还有如何感恩和回报社会。他关心民生，热心公益，投身慈善，用实际行动诠释着一个民营企业家的社会责任。自 2004 年以来，陈波积极参与"光彩事业"和社会公益事业，通过多途径、多渠道向社会奉献爱心，累计捐款捐物近 200 万元，为社会提供近 300 个就业岗位，在"树信心、保增长、保就业、保稳定"，应对国际金融危机的挑战中发挥了重要作用，做到了不减员、不降薪，为地区稳定、区域社会和谐发展作出了贡献。"尽管取得了一定成绩，但在产业规模、税收、就业等方面，为四川所做的贡献还远远不够。"陈波谦逊地说，"这次能入选新蜀商成为四川民营企业领军人物之一，是鞭策，是激励，也是机遇和挑战，今后自己和四川华南要做的事还有很多，争取为四川 IT 产业发展作出更大的贡献。"

回顾过去，展望未来。四川华南对四川信息产业已经发挥了明显的推动作用，未来的发展会彰显出更强的生命力，对产业的助推作用也会愈加显著。陈波深深地认识到：只有加快产品研发，坚持"专业、品质、服务"的理念，才能应对日新月异的市场环境，才能打造一支行业精英队伍、缔造业界神奇。

## 人物名片

陈先德，男，汉族，四川广汉人，大专学历，高级经济师，现任成都嘉润置业有限责任公司董事长兼总经理。

陈先德还担任川商全国理事会主席团主席、中国光彩事业促进会常务理事、民革四川省委直工委副主委、四川省慈善总会副会长、四川省川联民营企业文化建设促进会会长、成都市工商联常委、成都市个体私营经济协会会长。成都嘉润集团先后被评为四川省优秀民营企业、四川省民营企业文化建设先进单位、四川省文化产业示范单位、四川省诚信经营优秀品牌开发企业、慈善爱心企业等。

# 陈先德：
## 心里装着太阳和月亮的人

每一个有故事的人都有自己的精彩人生。一个名叫陈先德的人，从 20 世纪 90 年代起就一直活跃在社会众多领域，四川的商界、政界、文化界知晓他的人众多。他虽身为商人，却又不是商人，他执掌的嘉润集团旗下子公司和各种机构已达 92 家，同时他还有许多社会职务，人们谈论他传奇般的经历，正是他带领嘉润集团给世人和社会留下永久财富和精神标杆！

### ▶ "一池荷花"开在丝绸之路

陈先德出身于一个普通的穷苦人家，经历非"坎坷曲折"几个字能表达。他不到 20 岁下乡当知青，对前途一片迷茫。陈先德自称是"不小心走入企业"，在这个"不小心"到来之前，世道给了他太多考验。那个阶段，他没有工作没有钱，连女儿幼儿园的学费都要靠大姐二姐帮衬。在朋友邱道平的帮助下，1995 年 3 月 31 日陈先德成立了嘉润置业有限责任公司，做物业管理业务，陈先德负责找项目做执行，邱道平负责找人共同投资，半年时间公司挣了 8000 多万元，不仅把 1280 万元的投资全部收回，还上交了 660 万元的利润，陈先德迈出了坚实的第一步。

荷花池商圈作为成都商贸集市的发源地，它的名气实在太大了，而陈先德作为一个重要人物走进人们的视野，也是从荷花池大成市场开始的。让时间回到 2001 年的下半年，成都各大媒体都刊出了"一池荷花，满地财富"的广告语，这句话来源于陈先德偶然的一个灵感。这句话不仅让大家记住了荷花池大成市场，而且还记住了陈先德与嘉润公司创造的两个奇迹，一是用 131 天的时间，建成占地面积 46 亩的大成市场一期，被媒体称为"大成速度"，二是用 360 万元的启动资金撬动 4 亿元的项目。陈先德带领嘉润团队提前 49 天将一座占地 46 亩的现代化、规模化服装专业市场呈献给社会，到 2005 年大成市场二期成功开发，迅速成为西南地区最大的妇女儿童服装专业市场。2010 年国家工商总局在全国范围内开展创建诚信市场活动，大成市场成为四川省唯一一家获此殊荣的专业市场。"诚为先，德为本"，蕴含在陈先德名字中的这句话，是他创办嘉润的定海神针，他曾经自豪地说："我是诚信的最大受益者，无德则无诚，无信路难行。"

大成市场作为一张金字名片，时至今日，不仅继续承担着中国西部最大商品流通集散地的历史使命，而且随着成都中心城市的建立，荷花池商圈再次成为中心城市中央商务区的核心区。今天的大成市场已经提档升级，各种配套更趋完善，特别是大成市场再次举全国批发市场之先，在行业内首推自主研发建设的电子商务平台"网上大成"，商家可充分利用"网上大成"提供的网络基础设施、信息平台、支付平台、安全平台、管理平台等共享资源，高效率低成本开展商业活动，开启了荷花池网络交易的新时代，让荷花池继续扮演着中国西部龙头角色。

今天，他要沿着"荷花文化"走过的路，将荷花池商业新繁荣再次通过丝绸之路走向世界。陈先德要在云南腾冲设立川商品牌出口总部基地，通过新的战略布局，在"一带一路"倡议下，让成都的服装鞋帽等工业品向外延伸，让荷花池品牌华丽转身，通过二次创业实现跨越式发展。

## ▶ 痴心不改，一生情系毛家湾

毛家湾，曾经是一片荒滩，一人高的茅草，贫瘠得不长庄稼。这是又一段传奇，"毛家湾"三个字在陈先德的故事里书写了浓墨重彩的一笔。陈先德不懂足球，更不是球迷，甚至曾经有人调侃他连足球"越位"都看不懂，但他却是第一个投资足球基地的中国民营企业家，这个留下当年四川全兴队、全国多支甲级和中超球队、7支国家足球队训练印迹的基地就建在双流毛家湾。同时，陈先德也举其公司全力，将毛家湾这个曾经的不毛之地、荒凉村野变成今天风景优美、环境一流的森林公园，并且随着成都中心城市快速发展，毛家湾已经成为天府新区的核心区，未来这里将以博物馆集群留给社会和世人永远的眷恋。

一生钟情于中国文化的陈先德，在嘉润旗下专门成立了文化创意传播有限公司。为支援地震灾后重建，他亲自参与拍摄宣传广元的风光情感故事片《昭化晓月》，为剑门蜀道风景名胜区制作的《走进剑昭古驿道》宣传案，使其成为新的旅游热点，为彭州灾后重建完成的《湔江河谷水文化策划》，引来都江堰、大邑县、崇州等纷纷邀请其做宣传策划。他支持川剧艺术，带着《传统八大藏戏》入藏，支持四川省交响乐团，出资帮助完成九寨沟景区发展规划等，这些成绩数不胜数。在众多的文创项目和文化投入中，陈先德更是独具匠心营造安顺廊桥酒楼。

## ▶ 从银香村到和顺里新地标

今天，国家的"一带一路"倡议让腾冲又成为大西南对外开放的理想通道和国家级通商口岸。早在15年前，陈先德就一直想着为这座英雄之城、文化之城、历史之城做点事。其间，一个偶然的契机，他到了固东镇银杏村，立刻被村里参天的银杏树牢牢吸引。全村共有银杏树1万多亩、3万余株，百年以上的古银杏有1000多株，而当时银杏村的经济在固东镇排最后一名。当即在他脑子里冒出一个念头，建设美丽乡村的理想地就在这里。随后，陈先德出资带着腾冲固东镇的人多次到成都三圣乡、红砂村等地考察，他承诺一定要将银杏村建成腾冲的文化示范村。他还亲自到村里开村民大会，说服村民们通过乡村建设改变原来落后的面貌，在家门口实现创业发展。陈先德在银杏村注入了新的理念和城乡统筹新农村建设模式，亲自参与规划设计，在政府整体打造江东的大背景下，于2009年在固东镇江东社区拉开了"中国最美乡村"投资开发系列项目的序幕。今天的银杏村，不仅群众增收致富，从最贫穷的村到最富裕的村，而且银杏村的模式在滇西大地遍地开花。

腾冲和顺里项目是陈先德的又一个点睛之作，他花了近10年时间，反复考察调研，在创意、文化、设计、建设等多方面精心筹划。"山外有山龙脉山，园中之园和顺里"，这里将是中国院子的又一典范，和顺里企业总部是中国企业家的出发地，是走向东南亚、走向欧洲的桥头堡。

## ▶ 大德大成激情燃烧的一生

一个人一天究竟能做几件事？一生又能真正做成几件有意义的事？在陈先德的心里，时代进步的每一次讯息尚在襁褓，他就又有了新的"灵机一动"，那些报废资源给城市造成的二次污染如何解决？这既是商机也是造福后代的环保工程项目。为此，政府重组兴源再生资源公司，嘉润也是大股东，经营管理也是嘉润团队来运营。嘉润旗下的汽车产业集团，准备在云南的磨憨口岸建一个成都汽车制造专区，在后汽车时代做一个全汽车产业链的创新模式。

古人云：嘉，美也，善也。润，泽也，滋也，益也。诚以立身，德以立世，兼济天下，这是嘉润集团的宗旨。博击商海二十余载，陈先德以此为鉴，矢志不渝，带领着嘉润集团，再次扬帆远航。

## 人物名片

陈陆文，男，汉族，出生于1966年，四川广汉人，现任四川省人大常委、省工商联副主席、四川金广实业（集团）股份有限公司董事局主席。

2017年8月13日，四川省工商业联合会（总商会）第十一次代表大会选举产生了第十一届执行委员会，陈陆文当选为四川省工商联兼职副主席。

2010年企业实现销售收入167亿元，位列"中国民营企业500强"第116位。陈陆文积极投身慈善事业，为汶川、玉树地震灾区捐款捐物价值2150多万元。

# 陈陆文：
## "不锈"征程，共栖共荣

　　陈陆文的创业实践始于三十四年前。1985 年，当时 19 岁的陈陆文原本在德阳乡镇企业管理局拥有了一份令人羡慕的稳定工作。然而，他的父亲在收取欠款途中突然不幸遭遇车祸，身受重伤。这样一来，家中修理门市部的货款无人去收，外欠货款又无法偿还，怀着"父债子还"的勇气与责任，陈陆文辞去德阳乡镇企业管理局的工作，毅然接管了父亲的修理门市部，并以其灵活的商业头脑，找准市场需求的新商机，转行开始经营水泥和木材生意。

　　创业是艰辛的，但不怕困苦的精神却在创业路上得到了充分磨练。有一次，陈陆文和同伴去四川省最偏远的一个县——甘孜州襄城县购运木材，他和同伴装好木材后，在襄城县的马熊沟林场等待后面的车子接应。襄城县到稻城县之间隔着一座海拔 5000 多米的雪山，没想到一夜之间，大雪封山。在马熊沟饥寒交迫地等了 7 天之后，他们决定徒步走回襄城县。60 多公里的山路，他们凭借着毅力，走了 10 多个小时。

　　几年的木材经营，让陈陆文赚取了人生的第一笔财富。但忧患意识很强的他很快意识到，木材资源终归有用完的一天，他开始思考如何让公司长远经营下去。为此，他想到了要投资实业。一次偶然的机会，和平化冶厂进入陈陆文的人生轨迹。他先入股和平化冶厂，然后担任经营厂长的职务，负责生产和经销锰铁。在来往于金口河买锰矿的过程中，当时的乐山市委书记说服他在当地办企业。陈陆文凭着胆识就此撤出和平化冶厂，在乐山金口河创办了自己的第一家金广冶炼厂，从此走上了民营企业家的实业之路。

　　1991 年 5 月，金广铁合金冶炼厂正式投产生产锰铁。同时，为更好地发挥企业优势，拓宽销售渠道，在金广铁合金冶炼厂投产的同期，经广汉市经济委批准，成立了广汉市冶金工业公司，负责合金厂产品销售、物资调拨、生产经营等。冶金工业公司的成立，不仅为金广厂的合金产品迅速开拓市场创造了条件，也为金广后期的集团化发展奠定了基础。

1991年，当上厂长的陈陆文正值年轻气盛。在一次职工大会上，陈陆文对造成生产事故的工人给予了严厉批评与指责。没想到这次会议使员工产生对立情绪，影响了工厂的正常生产，给工厂造成了损失。面对这种局面，陈陆文在个人面子与企业长远利益之间进行深入思考，他又召开了一次职工大会，在会上对自己的态度作了检讨。当时工人看到老板当面向职工检讨都非常感动，对立的情绪被理解所化解。那一段时间，陈陆文每天工作十七八个小时，大部分时间就在车间，与工人同吃同住，找他们谈心，和他们探讨工厂的发展，讲解工厂的政策。同时身为老板的陈陆文放下架子，勤学好问、言传身教，将从工程师处学来的知识及时传递给员工，把员工们当兄弟姐妹看待，平时他就称呼员工为兄弟。这一声"兄弟"包含了金广文化的众多内涵，"仁本为怀，共栖共荣"的核心思想也就是从这里开始形成的。

怀着依靠当地资源发展壮大企业、带动边远民族地区经济发展的理想，在金广第一个实体企业金广冶炼厂建成投产的六年间，陈陆文以其独到的远见卓识及经营才能，相继以承包入股、兼并、收购和投资兴建等形式，先后发展了峨边县铁合金厂、峨边县大渡河铁合金厂、广汉市东方冶炼厂、小金县金广冶炼厂和城口县金广冶炼厂；投建了金口河龙竹山电站、金口河红岩电站、象鼻电站；投资入股大渡河电力，并成为大渡河电力第二大股东；注册成立三家贸易公司及三家钢材经销部。公司人员发展为近千人，产值上亿元，创利税上千万元。1992年金广建立了广汉总部，1995年8月，经省计经委批准在省工商局正式升级注册为"四川金广实业（集团）有限公司"，成为了广汉市第一家省级集团公司。金广由单一的生产型企业发展成为集生产、经营、科研为一体的综合型现代企业。

1996—2003年间，在合金企业得到迅速扩张之后，公司为寻求更大的发展空间，开始广泛涉足冶金、矿山、能源开发、生态农业、畜牧养殖、机电、物资贸易等领域，1998年改组为股份公司，并被批准成为首批具有自主进口贸易权的民营企业。

集团在稳定发展冶金行业、快速发展生态农业和畜牧养殖业的同时，开始重点推进不锈钢项目的建设进程。至2006年，随着西南不锈钢一期炼钢项目的顺利投产，初步形成了以不锈钢生产为龙头、铁合金生产和水力发电为基础、乐山地区为主基地的产业链。

集团在不断向下延伸产业链的同时，对上游合金项目建设继续加大投入，扩大产能。2006年，集团与西宁经济技术开发区甘河工业园区管委会等3家单位，合资设立了"青海金广镍铬材料有限公司"，并获得"优秀非公有制企业"称号。

2008年，随着集团公司的快速发展，为进一步完善不锈钢产业链，同时为寻求资源保障，集团公司领导经过大量的实地考察和论证，决定向具有资源优势的云南省发展。2009年12月，集团与云南省师宗县人民政府签订了《师宗年产60万吨镍合金项目合作协议书》。2010年2月，云南天高破土动工。为充分发挥区域资源优势，2011年3月，集团在云南省师宗县设立云南盛天投资有限公司，通过收购并改制师宗焦化有限责任公司、丹凤及朝阳煤矿，为不锈钢生产提供了能源保障，为降低生产成本创造了条件。

2011年，陈陆文出席"第八届中国东盟博览会"，并参加博览会"防城港市专场推介签约会"，就项目落户建设及政府服务等相关事项签了协议。2011年11月11日，广西金源项目破土动工。2012年8月1日，天成不锈钢项目破土动工。此外，围绕天成不锈钢，金广集团与德阳、广汉两级政府共同打造了"立足成渝、服务西南、辐射全国"的一个以不锈钢相关产品制造和大西南专业贸易集散地为主题的金广不锈钢循环经济产业园。

集团不锈钢产业，以广西金源、天高镍业、金广不锈钢循环经济产业园为支撑，构筑起了"矿产开采—铁合金冶炼—不锈钢制造—产业园区建设"的产业链。

随着不锈钢产业链的不断完善，集团公司在向大企业大集团迈进的征途中，不断加强企业的各项管理工作。加强经营利润对绩效的考核，强化了考核办法；全面推行标准化管理，强化了基础管理；狠抓成本管理和技术创新，积极推出合理库存、安全库存理念；将"最好的质量、最低的成本、最高的待遇、最好的环境"作为集团永远追求的目标。

一路走来，金广始终将社会责任纳入每一步的发展过长当中。熟悉陈陆文的人都听他说过这样一句话："要想自己过得好，就要让身边的人过得好。只有身边的人都过得好了，自己才能真正过得好。"

他的责任感、金广的责任感体现在企业的"四最目标"上；体现在汶川、玉树大地震时积极救助的反应上；体现在捐资1300万元投建学校、关注教育上；体现在企业爱心基金、家乡捐建、慰问敬老院及退伍军人等一系列真实义举之上。

在金广集团起步至今的30多年里，陈陆文一直坚持跟党走，遵循合规合法的企业经营原则，在企业经营过程中积极履行企业家的社会责任。迄今为止，金广集团的各类社会公益捐赠已超5000万元。

## 人物名片

　　陈明雄，男，汉族，生于1974年，四川中江人，现任四川雄健实业有限公司董事长。

　　他带领"雄健"从中江县走出四川，走向全国，在实现自己人生价值的同时，也赢得了党委政府及社会的认可，先后担任中江县政协委员、常委，中江县人大代表、常委，四川省、德阳市两级人大代表，中国青年企业家协会理事、四川省青年民营企业家协会常务副会长、成都市粮食行业协会副会长等职。荣获德阳市"劳动模范"、"四川省粮食行业优秀企业家"、"四川农村改革30年突出成就30人"、四川省"中国特色社会主义建设者"、全国"创业之星"、"全国扶贫开发先进个人"、四川改革开放40年百名杰出民营企业家等荣誉。

# 陈明雄：

## 雄心有志，健康有源

20 世纪 80 年代，陈明雄是改革开放后的第一代留守儿童，父母常年在外打工，11 岁就带着弟弟在家上学。90 年代初，19 岁的他就进城开办烧腊肉店，21 岁与父亲创办猪皮加工厂，25 岁组建生化公司，为他今后转投粮食行业积累了丰富的经验和一定的资金。

### ▶ 民以食为天，做食品大有可为

民以食为天，做食品大有可为，这是陈明雄脑海里不变的信念。21 世纪初，有胆识的陈明雄随父进军食品加工行业，2001 年新建年加工小麦 6 万吨面粉厂，在资金紧缺的情况下，将仅有的资金用于征地，再将土地抵押后贷款建厂房，再把厂房抵押后贷款购买设备，把设备抵押贷款作流动资金，以有计划的滚动筹资方式推进建设，于 2002 年 12 月建成投产。2004 年投资新建年产 1.5 万吨面条厂；2006 年在中江县 10 个乡镇建设"川麦 39 号"小麦种植基地 10 万亩；2007 年在永太镇群益村建中江手工挂面基地；2007 年在新都新建年加工小麦 12 万吨的成都雄健粉业公司，2013 年扩建年产 1.5 万吨新面条厂。通过 10 多年的发展，使公司基本形成了以小麦种植、面粉加工、挂面生产为主的农业产业化经营格局，具有年加工小麦 1.5 万吨，生产挂面 3 万吨的能力。企业销售收入从 2003 年的 4600 万元增加到 2018 年的 6.9 亿元，企业资产由 600 万元增加到 3.9 亿元，实现税利由 30 万元增加到 2400 万元。

### ▶ 谋定而后动，多元发展抗风险

陈明雄是一个善于捕捉商机的"智者"，善于谋定而后动，企业在发展中更要注重抵御各种风险，鸡蛋装在一个篮子里不保险。随着公司食品加工业的不断扩大，经济效益的好转，经营管理水平的提升，社会人脉的积累，具备了进军其他行业的条件。2005 年，他听朋友介绍，现在的通信线杆、输电线杆多数是水泥的，今后可能都要用铁塔。听到这个信息后，他开始关注并调研这个行业，得知不镀锌的钢铁件使用寿命仅 10 ~ 15 年，若镀锌可延长至 30 ~ 40 年，且省内只有几家镀锌厂，于是 2006 年投资新建年镀锌 3 万吨钢铁件的镁金公司。2008 年汶川地震发生后，为保障中江县救灾物资及时到位，陈明雄的公司负责救灾物资运输任务，因公司车辆有限，还要借助社会车辆才能完成运输任务，同时中江县城距火车站较远，基本靠公路运输，物流行业也是国家重点发展朝阳产业，于是他又投资了雄剑物流公司。2011 年投资扩建了年加工肠衣 50 万把的安达利生物科技公司。2012 年至 2016 年，他还先后合资新建了年屠宰生猪 30 万头的永辉公司、新建了 8 万平方的凯信商业广场、合资新建了有 400 张床位的惠民中西结合医院等企业，基本形成了"一业为主，多元发展"的经营格局，为公司增强了抗风险的能力。

## ▶ 顺势也要远虑，坚持塑造企业品牌

中江是丘陵农业大县，面粉加工、挂面生产企业多，多数企业只顾生产，忽视产品质量和品牌建设的重要性，仅以较低的价格在市场中竞争。

顺势也要有远虑，品牌才是企业长久生存的核心竞争力。陈明雄清楚认识到，品牌是企业的象征，塑造品牌就可获得市场份额、商业利润和顾客的忠诚。要塑造企业品牌，产品质量是基础，诚信是保证。一个产品没有过硬的质量，就没有市场竞争力；没有市场竞争力的产品，企业也就不可能打造知名品牌；没有知名品牌的企业，仅靠"价格战"获得市场份额，只能为企业带来暂时繁荣的"假象"，不能长时间在市场立足，更不能给企业带来效益。

陈明雄认为，企业必须重视品牌建设，把品牌作为立企之本和发展之基，提高产品的知名度和美誉度。四川雄健实业有限公司先后荣获"全国农产品加工业示范企业"、"全国放心粮油进农村进社区示范工程示范加工企业"、省级"农业产业化经营重点龙头企业"，把"雄健"和"雄健丰田"牌产品打造成四川、西南地区乃至全国的知名品牌，为消费者提供"安全、营养、健康"的食品，建设国内一流的食品品牌公司，是企业应尽的社会责任。

事实上，早在 2004 年，陈明雄就把"雄健"品牌作为企业参与市场竞争的利器。在实施品牌战略过程中，要求各级各部门把产品质量放在首位，做有良心的食品。原辅材料采购入库必须经检验合格，生产过程必须按工艺要求严格监控，产品出厂

必须符合产品标准和食品安全规定。同时，做好产品售后服务工作，以质量和口碑赢得了四川和西南地区市场客户的信任，使"雄健"和"雄健丰田"牌产品一直保持着较高的市场份额，成为消费者心目中的卓越品牌。

"雄健丰田"牌系列小麦粉、挂面从2009年12月起连续获得第九、十、十一、十二届"四川名牌产品"，"雄健丰田"牌挂面先后获得第九届中国西部国际博览会"最受观众喜爱的展品奖"、中国农产品加工品加工投资贸易洽谈会"优质产品"、四川农业博览会"特色产品奖"等荣誉。2018年"雄健丰田"被国家商标局认定为"中国驰名商标"。

虽然"雄健"品牌光环满身，但居安思危的陈明雄并未满足。他认为，知名度高的品牌同时也是质量好的代名词。一个品牌要想立足于市场，除可靠的内在质量之外，还必须具备自身的独特性，才能在市场上立于不败之地。为此，公司各系列产品从配方、内在品质、内外包装均有其各自的特色，以满足不同客户的需求。

## ▶ 饮水更要思源，坚持守望相助

陈明雄在率领公司获得稳健发展的同时，积极参加公益慈善事业，用真情和爱心回馈社会各界的厚爱，勇担社会责任，坚持守望相助。他本人和员工先后向中江县阳平中学维修学校，中江县清凉小学购置课桌、办公座椅捐款捐物，向四川省青年联合基金会捐款，为中江县通济镇人和村三社、五社堰塘清理淤泥、万福镇象山村修建村社公路捐款，积极向汶川地震、芦山地震灾区捐款。

按照市委市政府的统一部署，他又积极参加中江县的"脱贫攻坚"工作，先后向石龙乡银水村捐款15万元、兴隆镇贫困村捐款17万元、永兴镇稻子村捐款3万元，用于脱贫工作。公司成立至今，累计向慈善机构、社会团体、中小学校、贫困村社、贫困学生、贫困农户捐款捐物达230余万元，同时每年为社会提供500多个就业岗位。

行进新时代，倍感党恩亲。陈明雄表示，雄健公司将继续坚持走"产业化经营"和"品牌经营"道路，以提高产品在国内市场竞争力为目标，以提升企业综合能力为主线，以延伸小麦精深加工为重点，以提高经济效益为中心，实施"一主多元"发展战略，做大做强主业，做特做专辅业，走系列化、特色化、精品化之路，把公司建设成资源节约型、环保健康型、安全节能型的国家级农业产业化龙头企业，为区域经济发展再立新功。

## 人物名片

林孝波，男，汉族，1970年7月出生，现为全国工商联执委、四川省人大代表、德阳市工商联副主席、四川省通用航空协会会长、四川西林凤腾通用航空有限公司董事长和机长教员。

他创立的西林凤腾通用航空有限公司现有直升机32架，是全国最大的直升机培训基地。企业先后参与了多次灾害救援和护林灭火任务，荣获第四届全国119消防奖、四川省九寨沟抗震救灾特别奖、四川省优秀民营企业100强等荣誉，在抗震救援、培养输送航空人才、关心教育事业、精准扶贫等方面作出了贡献。

# 林孝波：

## 带着伟大的梦想一起飞

　　四川德阳有一位飞行者和冒险家，一位执着于民用通航产业的企业家，他就是四川西林凤腾通用航空公司董事长林孝波。他身上很有霍华德·休斯的影子——热爱飞行，喜欢刺激与冒险。他在国内通用航空发展严重受限、管制最严的时候，坚定进入了这个"烧钱"的领域，成立了四川西林凤腾通用通航公司。他坚信国内民用通航产业的春天不会太远。

### ▶ 坚信春天不会太远

　　国内民用通航管理非常严格，几乎是一个不能触碰的领域，而欧美国家的通航产业发展非常成熟，应用普遍，大量高层建筑的屋顶都设有停机坪，甚至许多偏远小镇都有通航机场。在纽约等繁华都市，直升机可以随时起落，许多富商、政要和明星，都有自己的私人直升机。

　　美国是世界上通航产业最为发达的国家，有数据显示，美国目前拥有22.4万架通航飞机，38万名通用航空飞行员，每年通航飞行量达2480万小时。和美国相比，国内通航的飞机架数只有其1%，飞行量不到其3%。

　　林孝波认为，国内民用通航产业之所以出现空白，就是受限于低空空域管制、航行申请审批困难、基础设施匮乏、国家政策支持力度小等因素。就空域管制而言，美国基本上开放了低空领域（3000米以下），在目视飞行规则下，飞行员起飞前不需要任何申报，在空中也没有管制员指挥。随着改革开放的深入，随着国内基础设施的改善，国家也会逐步放开管制，加大政策支持力度，大力发展民用通航产业。

　　国内产业处于起步阶段，整体发展滞后，正是国内通航的现状深深地触动着他，吸引着他。他认为，国内通航产业的前景无比美好。"我要坚持走下去，去迎接不远的春天！"

## ▶ 认准了就不怕"烧钱"

20世纪90年代，20岁出头的林孝波开设了西林汽修厂，他修的第一辆车是奥拓。"当时马自达就是很好的车了，如果谁家有一辆奥拓，那条件也是很不错了。"

这就是90年代的德阳广汉，也是当时的中国。"现在修自动档汽车很简单，但在20年前，自动档的车很少见，甚至比飞机还神秘。"看到通航前景的人不止有他，所以不断有人组建新的通航企业，但也有许多人在行业前景并不明朗的情况下，最终选择了退出。这个行业各方面门槛都很高，也很"烧钱"，有的人投了几亿元，到最后还是退出了。也许性格使然，看准了就绝不怕"烧钱"。能坚持做到今天，他真的很不容易。自2012年成立至今，林孝波毅然决然投入数亿元资金，订购了50架直升机，目前已到达位32架，机型涵盖空客H225、H135、H125，罗宾逊R44、R22和施瓦泽300C及模拟飞行器等。

在他的执着和坚守下，西林凤腾已经发展成为全国最大的直升机培训基地，成为全国取得资质最多、最全的通用航空公司，同时拥有直升机私照培训、商照培训、飞行教员培训、135部运营、145部维修、飞机托管、空中旅游、电力巡线、农林喷洒、进出口业务等民用通航资质，广泛涉猎应急、医疗救护、警务飞行、航空护林等政府勤务和应急救援等领域。

## ▶ 坚守是最深的热爱

"西林凤腾通航的投资主要是我，我还在苦苦坚持和坚守"。说这句话时，他的面色是坚定的，又带着一些微苦，个中滋味只有他最清楚。之所以苦苦坚持，除去行业前景，也和他对行业的热爱有关系。

他对飞行的热爱，是小时候萌发的，一直根深蒂固。当时，他家在广汉民航飞行学院旁边，应该是飞行打开了林孝波人生的第一扇窗，让他看到头顶的这方天空，是如此广阔与自由。这也让我们看到，蜀人的人生，在安逸与享乐之外，还有另外一种迥然不同的可能，那就是冒险。

林孝波血液里的冒险基因，似乎与生俱来。因为公司的事务繁忙，他整整花了两年时间才将18个学时学完。有人惊叹林孝波是"飞行天才"，他却告诉我们："我天生就对机械有极好的驾驭和掌控力。"在林孝波的心中，飞行员是最有魅力的人。

现在，他一年 365 天，大部分时间都穿着飞行制服，他爱衣服上的肩章，而那四道杠代表着专业、知识、技术、责任。

他自言不讲究吃穿，但值得一提的是，组建西林凤腾以后，他购入的第一架飞机是价值 6000 万元的空客 H135。"在国内，这样的飞机只有几架。"他告诉我们，"H135 是空客的双发直升机，有卓越的飞行性能和安全性。我做通航公司，就要把它做成一个高品质企业。

正是因为追求内在的强大，林孝波对物质的要求反而降到最低。林孝波努力追寻的是他的飞行梦，也是自我价值的实现，因此更愿意花重金培训自己，这一生都不能间断。目前，他已经持有 8 种机型的教练员执照。我们很多人一出了学校，便丧失了学习能力，忘记了学习应是一生的事业。林孝波不断投资自己，使自己不断增值，就这样一步步走过来，坚信自己的努力可以改变命运。因此，他也这样教育员工：只要有能力，这个社会就会给你机会，给你舞台！只要有能力，去哪儿都是舞台，永远不会埋没你！

## ▶ 带着伟大的梦想一起飞

林孝波的微信名很长，后缀是"带着伟大的梦想一起飞"。通航是林孝波的伟大梦想，而通航的伟大之处，在于它的社会意义。比如，用飞行器为病人提供应急救治服务是通航的重要应用领域，一个典型的职业是国际上的"飞行医生"。澳大利亚有广袤的沙漠和草原，生活、工作在此的人们看病极为困难，1928 年，澳大利亚的约翰·弗林博士创立"飞行医生服务机构"，即医生乘飞机到偏远地区出诊，或将病人接到大城市医院就诊，旨在让偏远地区的人们能得到更好的医疗服务。

林孝波认为，通航对世界上所有偏远地区的人们都有非同寻常的意义。在中国西南地区，对通航产业有极其迫切的需求，在处置危险和突发事件上，通航有着其他交通运输方式无法替代的优势。

四川省多山地、丘陵，地质灾害频发，而通航因用途广泛，机动性强，可以在抢险救灾方面担当重任。特别是发生地震、洪水和森林火灾后的抢险救援作业，虽然总飞行量不大，但其效用不可估量。西林凤腾先后参与雅安地震救援、茂县山体垮塌应急救援。在九寨沟抗震救灾中，西林凤腾通航两架直升机共飞行 82 架次，转运伤员、专家、群众 47 人。央视新闻频道接连报道西林凤腾的救灾之举，中国空军、中国军网、中国民航等也发文报道，称其是"一次军民融合的典范"。

"我们的救援工作得到了民航总局、政府职能部门和社会大众的广泛肯定，省委、省政府还给我们颁发了特别贡献奖。"说到这些，林孝波难掩心中的喜悦。真正让林孝波开心的，不仅仅是得到社会大众的认可，而是让发展面临困境民营通航产业得到国家层面的关注和重视。

"因为这次抗震救灾行动，通航的实际需求就显现出来了。我们的救援改变了通航在人们心目中的印象，也影响了中国民营通航产业的发展，这是最大的价值，远超百亿千亿。"

黄天决不负有心人。林孝波坚持细心呵护西林凤腾成长，自觉或不自觉地影响着中国通航的发展进程。他坚信，万事俱备后，肯定会有水到渠成，国内通航的春天或许就要到了。

**人物名片**

    尚传英，现任绵阳市工商联副主席、绵阳市汽车服务行业商会会长、成都汽车行业协会副会长、全国工商联汽车经销商商会常务理事，2011年被选为第六届绵阳市政协常委,2018年荣获"优秀民营企业家"称号，荣获"中国汽车行业杰出人物"。

# 尚传英:
## 天下大事，必作于细

《道德经》有云，图难于其易，为大于其细。天下难事，必作于易，天下大事，必作于细。

对企业而言，每一个环节都有其轻重难易的鉴定和划分；对企业经营者而言，了解并熟悉每一个环节的流程更是"运筹帷幄，决胜千里"的根基所在。对于四川艾潇实业集团有限公司而言，它的每一次成长、蜕变、发展、升华，都离不开尚传英的睿智和亲历。

她说："既然我们艾潇人赢得了绵阳乃至四川汽车行业的广泛赞誉，那就要让这份优秀的基因传承下去，而要实现传承，不仅需要精益求精的服务态度，还需要与时俱进，谋求更适合艾潇的发展模式。"

### ▶ 奋斗的力量：成就标杆

四川艾潇实业集团有限公司与一汽红旗、一汽奥迪、一汽大众、上汽大众、上汽通用别克、上汽斯柯达、东风本田等知名汽车品牌通力合作，截止目前共建有品牌 4S 店 12 家，形成了立足绵阳，辐射北京、成都、德阳三地的战略发展格局，是在北京开设 4S 店的第一家川企，为数百万客户提供品牌汽车销售及售后服务。

以"艾潇"为名，构筑起的汽贸版图，离不开尚传英二十年如一日的严谨专注，以及"为第一而生"的雄心壮志。尤其是近两年来，全国汽车市场整体增速下滑，各大品牌产能规划过剩的问题逐步显现，尚传英带领艾潇集团始终保持营业额和就业人数的稳定增长。

"如今，整个汽车行业已经告别飞速增长阶段，开始进入普及期。中国汽车迎来第三个浪潮，汽车人均保有量增大、车市销售增速放缓、产品结构调整，稳健发展应该是这一阶段的主要特征，消费者购车更加理性，经销商和制造商也应该理性面对新形势下的市场变化。"对于当前的市场表现，尚传英给出了自己的意见。

"学习，就要从竞争对手开始。"尚传英说。艾潇集团通过认真研究分析，在全国汽车经销商范围内确立了自己的行业发展标杆，旗下的每个品牌4S店，又各自明确了行业内追赶学习的标杆。为此，尚传英亲自带领业务骨干前往国内最知名的公司考察，对比这些行业标杆来为自身查缺补漏。

"创业20多年来，我一直坚持踏实、规矩地做好每一项工作。"尚传英经常对员工说，"如果把客户接待仅仅看作是车辆介绍，这远远不够。除了提供质量过硬、价格公道的产品之外，如何最大限度地满足客户需求，引导客户、留住客户，是各4S店员工潜心学习的更重要的功课。努力创造一个客户来了不愿走的场所，是我们整个团队不懈努力的核心目标。"

如今，在艾潇集团旗下的品牌汽车4S店里，前来选购、保养、维修的客户越来越多。在这里，一尘不染的展厅幕墙、宽敞亮丽的赏车空间、品种繁多的饮品茶点以及舒适惬意的客休环境，把客户留住已经在大家的共同努力下变成现实。

## ▶ 党建的力量：艾潇文化

尚传英说："艾潇早在2006年就成立了党支部和工会，现有党员100多人，实现了党组织全覆盖。"集团深知党建工作在很大程度上提升了艾潇集团整体的工作状态和效率，在党员的影响与感召下，艾潇秉持专注、专业的态度，在专业上严格要求自己，倾力开发资源，以满足员工、客户、社会等各方的需求，并在此基础上将专注做深、将专业做精。长期坚持党建的直接效果是促使艾潇集团形成新的企业管理意识，即最高级的领导不是单纯的条款制约，而是统一思想下的意识领导——这是党建工作最重要也是最难的一点。

多年来，艾潇坚持"听党话，跟党走，感党恩"的方针，始终坚定不移响应党的号召，积极践行党的纲领，采取多种形式，在各个层面开展党建工作，不仅在潜移默化中促进了员工对"统一思想"的理解和遵循，更培养了员工的责任意识，使其养成先锋模范的责任习惯，树立起诚信做人、靠谱做事、创建完美服务的思想，进而引导员工增强传递爱与温暖的社会责任感。

## ▶ 超越的力量：大爱无界

从"起步，就与世界同步"的横空出世，到如今的自我发展壮大，艾潇集团的跨越是一种精神、一种勇气，更是一种责任、一种信念。

几年来，艾潇集团除了保持旗下各个品牌 4S 店连年销售增长以外，在服务客户、回报社会方面，同样值得肯定。艾潇集团从成立以来，先后荣膺消费者满意单位、四川省"守合同、重信用单位"、"质量管理先进企业"、"汽车维修百家信得过企业"、中国农业银行"信用等级 AA 企业"、省银行协会"四川省银企合作诚实守信先进单位"、"纳税大户"等称号，并获得"2009 年中国汽车时尚先锋领军企业""2010 年四川绵阳汽车总评榜最佳运营商""2010 年全国 50 佳汽车经销商、十佳发展潜力经销商""2018 年四川省民营企业 100 强"，集团旗下的长城 4S 店获得了"全国百强4S 店"等殊荣。

在赢得各项荣誉的同时，艾潇也从未忘记回馈社会。尚传英说："扶弱济贫是中华民族的传统美德，是企业应尽的责任，我们应当主动参与到'两个关爱'活动中，以强烈的企业使命感和社会责任心，扶弱救贫，回报社会。"长久以来，艾潇定期开展公益慰问活动，从关爱留守儿童成长、青海玉树地震救灾到为困难员工募捐，从重阳慰问老人到"金秋助学"扶助贫困学子，从为铁炉村捐资修路到重走总书记凉山之路，为当地村民修建文化设施，从为北川幸福村栽下第一棵猕猴桃树苗到为盐亭强华村老人发放保暖被……回报社会，感恩社会，用实际行动去证明一个企业家的社会责任感同样是艾潇集团发展的最好证明。

"我们信奉'天下难事，必作于易，天下大事，必作于细'。我们更坚信优秀的背后是行动，行动的背后是习惯，习惯的背后是文化。近 20 多年的发展，从绵阳市江油绝缘材料门市部起步的艾潇集团已呈全面发展之势。良好发展格局的形成，离不开党和国家的支持和指引，更离不开所有艾潇人的努力与奋斗。在合适的时候选择合适的业态，实现自我造血功能，继而实现永续发展，这才是我心目中的艾潇集团。"尚传英如是说。

## 人物名片

郝士权，男，汉族，1962年7月生，高级经济师，四川三友集团股份有限公司董事长兼总裁，现任四川省政协常委、省工商联副主席、省侨商投资企业协会执行会长。先后被四川省委、省政府授予"四川省优秀民营企业家""四川省中国特色社会主义事业优秀建设者""改革开放40年四川省百名杰出民营企业家"等荣誉称号。

他长期致力于扶贫和社会公益事业，发起"思源工程·天使计划"、成立"三友—博爱家园基金"，参与光彩工程、栋梁工程、再就业工程等，捐款捐物金额累计达4000多万元。

# 郝士权：
## 剑胆琴心的"拼命三郎"

一幅遒劲的书法作品《剑胆琴心》一直悬挂在郝士权的办公室内，这是他的处世信条，更是这位"60后"企业家任侠儒雅、有胆有情的真实性格写照。从经营百货起家，到抓住机遇实施企业股份制改革，再到进入出租、地产、广告、医疗和金融等行业走企业多元化发展道路，郝士权带领三友集团稳扎稳打，逐步发展成为一家跨行业多元化的企业集团。从加入民建到成长为民建四川省委副主委、民建中央委员，从履职市、省人大代表20年，到转岗省政协委员，郝士权积极参政议政、为民发声，热心扶贫和公益，充分展现了一位民营企业家、民主党派人士爱国报国的拳拳之心。

### ▶ 抓住机遇创办"三友"

郝士权出生于高级知识分子家庭，父亲是川大法律系毕业，母亲从西南财经大学毕业，从小受到父母熏陶，他自小就勤奋好学，接受了法律和经济知识的熏陶，颇具经营意识。

1990年，时年28岁的郝士权在成都市人民政府侨务办公室工作，当时的侨办正准备开办直属企业，这个契机点燃了他的创业梦想。郝士权抓住机遇自筹资金，于1990年12月28号到工商部门注册成立了"国营抚青百货商场"。经过一年多的艰苦努力，郝士权带领干部职工迅速将商场发展带入正轨，经营规模和效益得到迅速提升。1992年，历史的机遇再次降临，邓小平同志发表南方谈话，全国上下开始搞股份制试点改造。郝士权迅速决策，以国营抚青百货商场为主体，联合省内另外两家国有企业共同发起筹办了四川首批定向募集企业——四川三友股份公司。

1993年，三友实行股份制改造，被批准在内部发行股票。当年的3月8日是集团正式发行股票的日子，为了搞好发行筹备工作，年轻的郝士权拼命工作，3月1日到5日，他乘坐了4趟飞机，辗转奔波各地。郝士权为了工作已经进入一种忘我的状态，当他 3 月 5 日飞抵广州之后，疾病突然袭来，不得不当天换票回成都。一到成都，他立即被送往医院，此时他已高烧至 42 度，情况十分危急，主诊医生直接就下了病危通知。在医院的全力救治下，郝士权在鬼门关里绕了一圈，总算是挺过来了，直到 3 月 7 日他的病情才稍微有所好转。但公司股票发行事宜不容耽搁，他在病房中支撑着病体，让两位同事扶着，左手输液，右手签发股票，最终三友集团的股票于 1993 年 3 月 8 日如期发行。当时就有记者对此事进行了报道，在报道中称郝士权为“拼命三郎”。

## ▶ 稳扎稳打，做大做强

经过几年的发展，郝士权身边逐渐聚集了一批优秀人才，三友也积累了一定的资本，逐步开启多元化发展之路，相继成立了四川三友出租汽车有限公司、四川三友房地产开发有限公司，均取得了不俗的成绩。

1998 年，在政府鼓励和大胆尝试下，郝士权与成都市第三人民医院合作，投资兴办了成都市第三人民医院西区医院，一举进入医疗行业。在 20 年的发展过程中，郝士权带领西区医院以“一切以病人为中心”为办院宗旨，为患者提供贴心的高质量医疗服务，结合自身优势开拓性填补了公立医院在高端化特需病房服务方面的空白，同时带领西区医院出国体检中心发展成为西南地区拥有英国、新西兰、加拿大、澳大利亚等国唯一认定资质的机构。目前，西区医院已开设临床科室 26 个，医技科室 11 个，开放床位 800 张，拥有职工 1400 余人。迄今为止，西区医院仍是我省唯一一家被国家卫健委评定为“三级乙等”的民营综合性医院，成为四川省民营医疗行业的一张闪亮名片。

在郝士权的带领下，三友又陆续兼并了成都市路美广告有限公司，牵头兴办了四川大蜀青羊小额贷款有限公司等，逐步从一家单一的百货公司，成长为涵盖医疗、医药、金融、房地产、百货、物业、客运出租、广告传媒等产业的多元化、规模化的集团公司。

## ▶ 参政议政，为民发声

郝士权在为企业发展奋力拼搏的同时，时刻不忘家国责任。他于 1994 年加入中国民主建国会，历任民建中央第九、十届中央委员，民建四川省委第六、七、八届副主委。任民建四川副主委时，他分管企业委，积极参与和组织了许多工作，先后代表民建省委和巴中、自贡签订了首轮合作协议，并在当地积极捐款、修路、修建小学，为地区教育和基础设施发展做出了积极贡献。"建巴合作""建自合作"在推动当地城市工业转型升级、提升城市影响力、助力社会服务等方面取得了丰硕成果，为推动地方经济发展做出了积极贡献。

他曾任四川省第十、十一、十二届人大常委，拥有 20 年的人大工作经历。在他担任省、市人大代表期间，郝士权深入基层了解社情民意，每年向大会提交 3 至 5 件高质量的议案和建议，累计向省、市人民代表大会提交议案和建议近 80 条。其中，由他领衔提出的《关于建立食品安全事故责任人终身行业禁止进入制度的建议》，引起社会各界和媒体的广泛关注，全国很多地方在制定食品安全相关法规制度时，都对其进行了引用；《关于制定＜四川省农民工劳动和社会保障条例＞的议案》被确定为省十一届人大三次会议 1 号提案，被多家媒体重点报道。他的议案为及时反映社情民意、破解基层难题起到了良好效果。

## ▶ 勇担责任，回馈桑梓

能力越大，责任越大。在带领集团发展过程中，郝士权终坚守企业社会责任，努力回馈社会。2008 年，汶川大地震发生后不到 5 分钟，郝士权就迅速赶到西区医院，在火速转移所有病人的同时，果断组织西区医院启动地震医疗卫生救援应急预案，成立了西区医院抗震救灾指挥部，并担任总指挥。由于组织有序、保障得力，西区医院紧急治疗队成为我省最先赶赴灾区的医疗队伍，也是成都市区第一家收治地震伤员的医院，共免费收治 476 名地震伤员，是当时四川省收治地震伤员最多的民营医院。据统计，在汶川抗震救灾中，西区医院为地震伤员无偿提供物资和医疗救助费用达 160 多万元。郝士权还积极动员集团员工捐款，并以个人名义向灾区捐款 50 万元。此外，在 2013 年雅安芦山地震发生后，郝士权带领医院迅速成立抗震医疗小分队，在全集团内发起倡议，号召捐款捐物，共筹集捐款 110 万元。

多年来，他始终坚持"授人以鱼，更要授人以渔"的理念，先后参与了"光彩攀西行"、省民建支援老少边穷地区、达州特大洪灾捐赠、"三下乡"活动、"栋梁工程"、"再就业工程"等大型社会公益活动或公益捐赠几十次，通过捐款捐物、产业扶持、就业帮扶、人才培养等多种形式，为四川的公益扶贫事业做出了自己的贡献。

雄关漫道西风烈，风雨兼程再出发。在这历史机遇期中，郝士权将带领三友集团进一步践行"一柱两翼"的发展战略，深耕和拓展现有优势产业，围绕医疗优势做强做大，发展集康复养老为一体的大健康产业；进一步整合金融服务资源，从资金服务延伸至理财规划、金融论坛等金融服务；进一步深耕房地产行业，在房地产开发基础上，进一步拓展房屋租赁、物业高端化服务等，带领三友集团再上新台阶，续写三友努力奋斗的新篇章。

## 人物名片

　　钟波，男，汉族，生于 1980 年，四川自贡人，现为四川省第十二届政协委员、成都极米科技股份有限公司董事长。

　　2016 年，钟波带领团队入选四川省"千人计划"。2017 年，钟波入选《财富》（中文版）"中国 40 位 40 岁以下商界精英"。

　　2018 年，企业实现出货量 57.5 万台，居中国投影机市场第一。

　　2019 年，钟波入选第四批国家"万人计划"，被中共中央组织部评为"科技创业领军人才"。

# 钟　波：

## 坚持颠覆式创新，建中国投影第一品牌

2019 年 5 月 28 日，《人民日报》经济版刊发《中国"极米"让用户享受极致体验——做打动世界的科技产品》一文，在文章中，人民日报这样写道：极米为何能打破国外品牌垄断，站上世界领先位置？因为创新。极米的创新是颠覆式的，这种创新从用户痛点出发，打造了一个全新形态的产品，改变了一个行业的竞争态势。

极米科技是一家什么公司，先看一组数据。全球权威市场调研机构 IDC 发布的《中国投影机市场跟踪报告》显示，2018 年，中国极米以 57.5 万台的出货量、65.7% 的增速稳居行业第一，把投影机行业诸多老牌国际厂商甩在身后。

这家专注智能投影和激光电视的公司，从成都郫县一栋清水别墅开始，到成为中国投影行业第一品牌，化身为成都科技创业的一张典型的名片，钟波带领着它走了 7 年。这位生于 1980 年的年轻人，在成都这片土壤上，从一名普通创业者成为国货品牌龙头企业的领路人，一直以来的信念就是：哪怕只有 1% 的希望，都要付诸 100% 的努力。

### ▶ 深耕电视行业十年，未来的电视什么样

曾就读于电子科技大学的钟波，一毕业就去了海信研究等离子电视的研究院。也就是这个选择，将钟波带入了电视行业，奠定了他此后 10 多年在电视和投影行业打拼的基石。

在海信工作一年之后，钟波进入了当时还是创业公司的 MStar（晨星半导体）。以狼性风格著称的晨星，迅猛占据了全球电视显示芯片 90% 以上的市场份额。钟波伴随晨星一路南征北战，带着团队为电视机知名企业康佳、创维、长虹提供技术支持，涉及数十个机型的研发，一路升至西南区技术总监。追根溯源的话，钟波严格的管理风格和激进的市场策略，在那时开始形成。

在电视芯片行业工作 10 年，钟波涉猎了包括画质调教、光学算法等所有电视底

层技术。思考电视的未来在他心里燃起了一星火种，对电视芯片应用了如指掌，则为钟波带来核反应堆级别的燃料。

2011年，钟波在一段概念视频里看到手机与投影"合体"的设想，被深深吸引。他隐隐感觉到，电视产业稳定的冰面下，正在酝酿巨变。

电视市场历经30多年风云变幻，显像管被淘汰，背投、等离子电视称雄一时，最终液晶面板一统江湖。当前，常规电视屏幕已扩到五六十英寸，已碰到了天花板。

他在想，未来的电视应当是什么样子。钟波说："未来的显示场景，应该没有实际的屏幕，屏幕可大可小，无处不在，甚至会召之即来，挥之即去。"他认定了未来的电视，只有去掉实体的电子化屏幕，才能没有限制。

如何才能实现这一近乎科幻的想法？思来想去，钟波想到了投影技术。在人们印象里，传统投影机又贵又笨重，是个难伺候的家伙。如果投影机变得轻薄、稳定、安静，能否代替电视呢？电视形态若彻底颠覆，屏幕可以是无限大——墙有多大，屏幕就有多大。更大的画面，更便携、更自由的智能投影，能否给家庭视听领域来一轮大洗牌？

有了这个想法的钟波，做出了人生第二个改变轨迹的决定。那年钟波31岁，拿着百万年薪，他心一横辞了职，拉着另外几位伙伴从深圳回到成都创业。

### ▶ 亲力亲为监督生产线，吃的最多的是泡面

2011年，回到成都创业的钟波和团队在郫县租下一栋清水别墅，研发和吃住都在这一栋房子里。白天，他们在二层做开发和测试，晚上就睡在铁架床上。每天早上起床第一件事情，不是刷牙洗脸，而是跑到电脑面前写代码。钟波和团队成员每个月只象征性地拿3500块钱，过着外界想象不到的苦日子，这样的日子一过就是一两年。

2013年，极米已经研发了一款早期的智能投影产品Z2，那时的销售模式是在论坛上发布淘宝链接进行售卖。由于对供应链的把控能力差，在一些粉丝付款之后，团队没有能力交货。如果不能按时交货，不仅会伤害最早期的用户，更对团队自身是一种打击。

为了解决给这一燃眉之急，钟波直接从成都"杀"到深圳的代工厂。那时候极米的规模很小，代工厂的规模也不大，效率不高，要想尽快解决供货问题，钟波不仅需要每天去督促生产，还会加入到打包和发货的队伍中。当时的深圳基本上天天

都是瓢泼大雨，钟波向深圳的同学借了一辆车，在能见度很低的高速路上开车送货。有一次，在大雨中车突然爆胎，钟波和同事只好一个人淋着雨换轮胎，一个人拿着反光的东西提醒来往的车辆，避免在高速路上被车撞到。在深圳督促生产的那段时间，钟波基本上每天都是忙到晚上十点，晚饭吃的最多的就是泡面。

功夫不负有心人，钟波和团队的努力换来了产品的热销，也得到了政府的关注。2013 年 11 月，在成都市高新区天府软件园的邀请下，钟波带领团队入驻软件园，并正式挂牌成立公司，拥有了自己的办公室。在后来的日子里，成都市政府和高新区政府都给予了极米在房租、政策和服务上的各种支持，让极米这颗种子在成都这片土壤里得到了滋养。

## ▶ 颠覆式创新，只为成就极致

"极米创业时有两条路，一是享受成熟供应链的红利，进行整合翻版，做一个跟随者，这条路风险低收益快；二是推翻所有既定规则，创造一个全新的产品形态，做一个革命者，这条路风险大困难多。"钟波说，"极米选择了后者。"

过去，投影技术主要市场一直局限于商用和影音发烧友。而钟波敏锐地洞察到，投影技术在家庭视听中可以大有作为，极米开始颠覆传统投影产品的形态，革新了用户体验。为了让用户真正地体验到极致震撼的视听效果，极米更是付出了巨大的努力。

此前，音响效果在投影行业里并没有得到重视，很多产品都是有声音就行，根本谈不上好的体验。当钟波听到宝马车里哈曼卡顿的音响效果时，就萌生一个念头，要在极米产品里置入哈曼卡顿的音响。"简直是天方夜谭！"这是极米团队听到钟波决定后的第一个想法。当时的极米并没有什么规模，是一个典型的小公司。为了与哈曼取得合作的机会，高管团队通过邮件跟哈曼联系，但没有结果。钟波就直接奔到哈曼深圳公司去蹲守，最终见到哈曼的人，拿出极米产品给对方。哈曼看到了极米的产品，也看到了极米的诚意，最终决定和极米试一试。

在拿下与哈曼的合作之后，极米又迎来了产品研发上的难点。2015 年，极米在筹备一款全新的 1080P 智能投影 H1，在这款产品里内置了哈曼卡顿音响。音效好了，但超重低音让投影仪跟着抖动起来。高端音响集成在投影上，本是得意之处，可光源轻微震动，带动的却是影像数倍放大的晃动——没想到好声音竟然带来大难题。为了保证好画质和好声音兼得，团队耗时 3 个月，尝试了 20 多种解决方案，在不断调试下，工程师们终于通过一个创新的结构设计解决了问题。发售当天，这款新产品在电商平台实现了"10分钟1000万元"的销售纪录。

截止目前，极米陆续发布了40多款智能投影产品，用户覆盖全球100多个国家和地区，并已累计获得包括德国 iF 设计奖、德国红点奖、日本 Good Design Award、美国 CES 最佳创新奖在内的21项大奖，成为获得国际权威大奖最多的中国投影品牌。在家庭视听这个早已饱和的传统领域，极米独树一帜、冲出重围，成为国货品牌的代表。

## 人物名片

　　耿福能，男，汉族，生于1956年，四川越西人，博士学位，高级经济师，现任好医生药业集团董事长，还担任全国人大代表、中国医药企业管理协会副会长、中国中药协会副会长、全国工商联医药商会副会长、四川省工商联兼职副主席、四川省人大代表、四川省光彩事业促进会副会长、四川省医药行业协会副会长、四川省委政策研究室特约研究员等，荣获首届"四川杰出人才奖"。

# 耿福能：

## 脚踏实地的船长

耿福能说，他是船长，掌舵好医生这艘船已稳稳前进了34年。如他回顾，过往并无惊天动地之事，但在目前医药行业的改革进程中，耿福能的踏实和坚守行业已经成为医药领域的难得。

进入办公室，第一眼就能看到耿福能办公桌前的标牌上有4个字：精准快捷。这4个字是耿福能对所有进入办公室的人的行为要求，由此你能清楚地感觉到，这间办公室不是单纯的会客室，而是整个好医生的决策中枢，耿福能时时刻刻在精准把控好医生这艘大船的航行。

"我的办公室是开放的，任何人都可以进来。'精准快捷'就是要求进来的人不要闲聊，简洁明了，有事说事。办公室是办公说事的地方，我在这里要么处理工作，要么和客人交流思想，一般不闲聊。你看他们还给我布置了一间茶室，但其实我一次茶都没喝过。"好医生集团董事长耿福能在接受专访时说。

耿福能给人的第一印象，是一种历事之后处变不惊的淡定。谈及从事医药行业34年的经历，耿福能说，他并没有做什么惊天动地之事，更多是平平淡淡，但正因为脚踏实地而在行业内颇具口碑，被推选为全国人大代表，为行业发声。

在谈及大数据、分子生物学对中医药现代化带来的新机遇，以及对互联网医疗的新机会时，耿福能还保持着如他所说的"青年人的心态"。对于新生事物，他勇于探索和尝试，直言"中医药进入现代化需要跨越到分子时代"，"利用互联网工具才能跟上时代步伐，互联网医疗有很大发展空间"。

如同给自己在好医生集团的角色定位，耿福能是好医生这艘大船的船长，他一方面要检查船身够不够牢固，前方有没有暗礁，用实干和经验躲避商海中的波涛汹涌；另一方面，他也要眺望远方，去探索行业的未知领域，为好医生实现增长把握方向。

## ▶ 回归医药本质

"到 2019 年，好医生已经发展 34 年了。我们之所以能够在医药行业里站得住脚，有一席之地，我想是因为读懂了医药行业的本质，药品是一种体验竞争的产品，药品的疗效佳、见效快，能够解决病人的问题，就能够在竞争中处于优势。"耿福能说。

在采访中，耿福能无数次谈到"行业本质"，而依托行业本质去创新的思路使得好医生在以自费为主的第三终端基层市场扎下了牢固根基。医生靠医术吃饭，病人信赖有效果的药。

耿福能出身于中医药世家，父亲和爷爷辈都是老中医，在耳濡目染中耿福能承袭了中医药文化和思想，追求中药材的道地，讲求药的本来面目，这些中医药文化基因融入耿福能的经营理念之中，并使得好医生在企业成长过程中收获颇丰。

采访中，耿福能坦言曾两次放弃了赚快钱高速增长的机会，皆是因为其违背了医药行业"治病救人"的本质。

虽然错过了可能实现高速增长的机会，但耿福能的这番取舍使得好医生的业务发展更有韧性。在目前"限抗"、限制辅助用药的改革中，好医生的业务都未受到冲击。

中医药扶贫也是好医生的业务亮点，从很早好医生就在凉山州布局中医药扶贫项目，而耿福能坦言好医生之所以能走在前面，并非出于政策上的先见之明，而是与中医药行业本质相向而行的结果。

"我们希望找最好的道地药材，而道地药材的生产地通常在大山深处的贫困地区，所以我们才有中药材扶贫的计划。五六年前，我们开始深度参与这些计划，之所以能坚持至今，是因为符合农民和企业的共同利益，农民种药材实现增收，我们得到了不施化肥农药的优质药材。"耿福能说。

## ▶ 守业后创新

正是因为耿福能对于医药行业本质的坚守，好医生集团才能在 34 年发展变化中守住本业，生根发芽。单靠传统的医药业务还不足以承担在资本市场上市，为公众投资者创造财富的责任，所以好医生集团也在拓展新的业务模式，在守好本业之外开拓创新。

"现在资本市场中的中小股民，对于上市公司的期望值非常高，但是在行业中能够达到股民期望值的上市公司是有限的。这就出现了预期和现实的'剪刀差'，这种'剪刀差'要么伤害股民，要么伤害企业。我们好医生集团的产品看上去很普通，还要做出高质量高品质，利润空间自然就小了。但我们还是守住了行业底线，所以才能坚毅地走到现在。现在好医生正在布局互联网医疗等新业务，如果这个业务板块的增长步伐快一点，我们也愿意和股民分享上市的喜悦。"耿福能说。

在多年扎根第三终端市场的过程中，好医生在基层医疗市场中积累了丰富的经验和资源，好医生在全国范围内服务的终端诊所数量达到了二三十万个，而借助互联网医疗平台，好医生希望助力分级诊疗，将优质的医疗资源下沉到基层。

"我们的互联网医疗业务正在打造一个'ABB+CN'模式，就是针对一个病种，上到院士、三甲医院的科室主任、专家，下到基层医院通过互联网实现连接。基层医生遇到诊断难题时，能够一键求助，专家医生接单之后，就能在线为基层医生解答。好医生目前也已经成立了互联网医院，将这些大医院的医生资源汇聚到线上平台。"耿福能说。

耿福能也坦言，互联网医疗业务目前在培育阶段，还没有形成业务闭环，专家进行诊断也需要血液生化检测、DR设备检测等支持，而基层普遍缺乏这些诊断设备，所以好医生集团正在布局相关的基础设施。

"我们正在布局第三方检验中心，目前的营收规模已经达到了几亿元，做这个项目的核心目的就是为实现互联网远程诊疗提供基础设施。和其他第三方检验公司不同，好医生还获得了药物配送资质，除了做检验之外，我们还能够通过基层网络实现药物配送。"耿福能说。

## ▶ 练品牌内功

中医药讲求自然、人和药的和谐平衡，耿福能从小便在大凉山的山林中和父亲、哥哥一起采药，耳濡目染下能够直观判定药材的好坏，这样的经历使得耿福能更容易感悟出一个中医药品牌成功与否。"做中医药品牌需要练内功，只有自身强大了，生命力才持久。药材也一样，靠激素催熟必然有得有失，激素用得多，长势当然迅猛，但生命力就会很短，山里的药材不施用激素化肥，但生命力更加坚韧。自然界的规律无时无刻不在发生作用，你细心观察体悟，其实也是经营之道。"

耿福能近几年越发感觉到，品牌之山就是企业的金山银山。要想练好品牌内功，需要不断积累无形资产。"当今社会，'浮财思维'是企业发展的'死穴'。品牌处于垄断或者半垄断的领域，会有丰厚利润，企业就会忽视无形资产，忽视用质量和疗效为品牌积累口碑，只想'傍名牌''搭便车'，习惯性'偷、拿、骗、混、抢'，终究会因为质量问题遭遇重挫。"耿福能说。

　　耿福能就像一个不知疲倦的船长，在为好医生集团寻找新商业发展机会的同时，也在为品牌不断积累内在价值和口碑做着尝试。

## 人物名片

　　黄远成，生于 1964 年 11 月，高级经济师，现任远成物流股份有限公司董事长、中国物流与采购联合会副会长、中国交通运输协会副会长、中国交通运输协会快运分会副会长、四川省政协常委、四川省工商联副主席。

　　先后荣获"全国劳动模范"、四川省和上海市"抗震救灾"先进个人、"中国物流十大年度人物"、"改革开放 40 年物流行业企业家代表性人物"等荣誉称号。

# 黄远成：
## 中国"铁路大王"

20世纪60年代，黄远成出生在书香门第，跟随支边的父母在大凉山长大，毕业后顺利进入了供销社工作。在那个年代，黄远成如果按照这种轨迹生活，应该跟许多四川人一样，生活安逸舒适，享受平淡之中的幸福生活。

而黄远成似乎拥有与生俱来的冒险精神以及大凉山的胸怀与气魄，加之年轻人特有的对生活充满向往的激情，1982年的夏天，他背上行囊，放弃了当年所谓的"铁饭碗"，只身来到伟人邓小平南方谈话第一站——广州，掀开了他精彩人生的第一篇章。

## ▶ 不忘初心，艰苦创业

打过地铺、挨过饿，在广州火车站当过6年装卸工，年轻的黄远成肩头扛着异地生存的辛苦，心中怀揣着对梦想的追求，起初这个梦想是模糊的，在身体的重荷下，在中国改革开放初见端倪的广州街头，他渐渐寻找到了一线商机。

珠三角经济的高速发展使广东铁路运输能力日渐紧张，运输货物的客户每天都要在火车站排着长队等待装运。"我当时想，如果能做一个公司与铁路合作，先把货物收下来，再统一装车运送，客户就能节省不少时间和费用，铁路也可以减少人力开支，获得额外收益，没有车站而也能干车站的活，这就是'无轨车站'的雏形。"黄远成回忆道。

毫无背景的黄远成凭着"无轨车站"的理念与运作模式，令当时的火车货运站站长看到了中国铁路物流改革的突破口，全力支持黄远成的创业梦想。1988年，他拿出仅有的1万元创办了广东远成储运公司，首开全国铁路货运市场化运作的先河，在珠三角建立一片独具特色的货运新天地。

1997年年底，广东远成储运公司迎来了一次重要的转机。铁道部决定推行市场化改革，希望借助民营企业的力量，改变自身"脸难看、门难进、事难办"的"铁老大"形象，推出了新产品试点——成都至广州、成都至上海的"行包专列"，并第一次公开邀请民营企业承包经营。是机遇，亦是挑战，民营企业需要匹配巨大的货运量来支撑行包，亏损的可能性极大，凭着经验和胆量，黄远成成为民营铁路运输第一个吃螃蟹的人。从此连创佳绩，他创建的四川远成物流发展有限公司，十余年间就被称为中国的"铁路大王"。

## ▶ 紧跟改革开放步伐，跌宕起伏三十载

带着创一番事业的勃勃雄心，借着改革开放的春风，黄远成在物流道路上一走就是30多年。这一路，有90年代被骗上千万元的经历，有面临公司顷刻破产的经历，也有高管集中流失成为竞争对手的经历。回忆当初，他都会感叹当时自己的勇气，也更多地感恩每一次死里逃生的机会和给予他帮助的人。机会往往都留给了有准备的人，而黄远成的幸运则来自日积月累的准备、以诚相待的人品和每一次置之死地而后生的决心。

从几十人到上万人，再到数万人，从租车到购买数千台车，再到上万台车，黄远成唯一不变的是坚持走物流专业化道路，成为中国物流民营企业的佼佼者。如今的远成物流依托自建信息系统，集合同物流、快运快递、物流园区等于一体，是中国首批5A级物流企业，是一家首屈一指的全业态综合体服务型集团公司。

## ▶ 肩担责任，投资扶贫促发展

近年来，随着集团业务地不断扩大，黄远成更多地肩负起社会职责，将企业价值与推动城市发展结合在一起。2015年起，远成集团计划在四川广安投资60亿元打造物流园区，以产业扶贫，以产业促发展，首期280亩地已经启动，以打通物流通道为基础，带动城市发展。同时，企业赞助60万元扶持远成广安学校，支持贫困地区教育事业，通过一对一精准扶贫举措帮助贫困学生，建立长期的帮扶关系。除了广安，远成集团还参与了巴中、大凉山等地精准扶贫项目，已经持续多年以每年10万元资助布拖县拉波作村幼儿园的教育建设。2018年黄远成与多名川籍企业家沿着总书记的足迹，重走扶贫路，积极参与扶贫工作，捐款30万元用于凉山州"中央厨房"建设，参与"万企帮万村"精准扶贫行动，为凉山州打好脱贫攻坚战作出贡献。

## ▶ 响应国家号召，做"一带一路"践行者

在响应国家"一带一路"倡议指引下，黄远成提出融入"以综合物流产业城助力城市产业发展"的发展方针。在遂宁建设国际陆港，助力遂宁市融入"一带一路"。远成物流在综合物流产业城的建设上提出了一系列发展目标，并且在四川广安、重庆、山东淄博、河北唐山等地投资建设物流园区，与市场深度结合的同时，推动城市物流产业发展。

在遂宁倾力打造的远成国际会议中心，已经举办过各类国际性会议，为物流行业提供论坛会址，接待人数超过万人。被中国交通运输协会、中国物流与采购联合会、中国仓储与配送协会授予永久性物流会址，在遂宁已经逐步形成规模效应，助推遂宁走出四川，"物流界达沃斯论坛"成为遂宁的新名片。

黄远成领导的远成集团是中国物流业界屈指可数的主导者之一，它的诞生与成长是中国改革开放以来经济发展的一个缩影。

远成集团更是一个有社会担当的企业，秉承"以心传递，畅达天下"的理念，积极构筑远成企业文化特色，提倡"待遇留人、感情留人、事业留人"，建立健全各种用人机制和晋升机制，注重人才的培养和选拔，积极参与社会公益活动，先后捐款千万元，支持教育和慈善事业。

黄远成说："远成集团 30 余年的拼搏历程说明，唯有用心传递，才能畅达天下。物流不仅是一个城市的标志，也是一个国家的重要竞争力，远成物流一直在努力，在物流的大道上奋进。"

## 人物名片

　　雷林，1950 年 4 月出生，工商管理硕士（EMBA），高级工程师，毕业于成都工学院无机化工专业。现任四川金象赛瑞化工股份有限公司董事长、总裁，四川省第十、十一、十二届人大代表。1997 年 10 月，获国务院"工程技术专家奖"；1998 年 3 月，经国家人事部评审，享受政府特殊津贴；2000 年 4 月，获四川省人民政府颁发的"四川省劳动模范"称号。

# 雷 林：

## 肩负使命担当，筑梦百亿金象

四川金象赛瑞化工股份有限公司是全球最大的三聚氰胺及下游产品成套技术开发商和制造商，中国最大的硝基复合肥生产商，综合实力位列中国氮肥行业 50 强、中国石油化工企业 500 强，是四川省大企业大集团制造业百强。

雷林自担任四川金象董事长以来，企业资产总值达 37.29 亿元，实现销售收入 39.69 亿元，利润总额 2.18 亿元，上缴税金 2.57 亿元，为推动当地经济发展起到了积极作用。在参与地方经济建设的同时，雷林始终不忘回报社会，对公益事业一直尽心尽力。近几年，公司为地方基础设施建设、救灾助困、光彩事业等捐款 350 多万元，捐物 70 万元，向困难职工和离退休员工发放慰问金 400 万元，为社会提供了 4000 多个就业岗位。

### ▶ 不负时代使命，勇当开路先锋

问渠哪得清如许，为有源头活水来。

自 1986 年接管四川金象年以来，雷林以睿智、果敢、坚忍不拔的企业家精神，始终将"科技为先、诚信为本、创新发展"的战略指导思想贯穿到公司的整体发展之中，硬是把一个仅年产 6 万吨碳酸氢铵的国营小氮肥厂，发展成为全球最大的三聚氰胺、全国最大的硝基复合肥生产企业。

数年来，四川金象分别在四川眉山、新疆沙雅、新疆阜康、河北衡水、江苏洪泽建立了五大化工生产基地，在四川德阳建立了化工装备制造基地，在北京清华园设立了研发基地，凭借强大的研发优势，形成了行业内独具特色的一体化、规模化、集约化，以天然气为原料生产合成氨、硝酸、硝铵、尿素、三聚氰胺、硝基复合肥全过程协同的循环经济产业链模式。

目前，四川金象拥有 145 项授权专利，其中发明专利 41 件、PCT 专利 5 件，跻身 2018 年中国石油化工民营企业 100 强、四川省大企业大集团制造业 100 强，2014

年荣获四川省政府质量奖。在 2017 年 12 月、2018 年 2 月，先后被中国石油和化工联合会和国家工信部认定为"绿色工厂"。

## ▶ 聚力高科技创新，成就高质量发展

雷林是享受国务院特殊津贴的专家，被评为四川省劳动模范，这些光环的背后究竟藏着什么秘诀？专与精，成就了行业领先的地位。1989—1993 年，雷林大胆采用当时国内同类装置中最先进的生产工艺，克服重重困难，建成了年产 2.5 万吨合成氨、4 万吨尿素工程，使企业从此改变了设备陈旧、技术落后的面貌，企业上规模，产品上档次，实现了第一次产品结构调整。该生产工艺的开发也为我国小氮肥事业的发展作出了重要贡献，国内近 20 家企业采用了该工艺。

1995—1996 年，在充分论证的基础上，对上述设备进行了扩能技术改造，将生产能力提高了 50%。1999 年 12 月至 2001 年 4 月，采用国内外一系列新技术、新工艺再次进行技改，开发出国内首创的"尿素双塔串联新工艺"，将尿素生产能力从年产 6 万吨提高到 15 万吨，每吨尿素耗氨量从 620 公斤下降至 570 公斤，生产成本大幅下降，产品质量进一步提高，大大提高了市场竞争力。"象"牌尿素蝉联四届"四川名牌产品"，2001 年被授予"国家产品质量免检产品"，2004 年 9 月以过硬的质量指标，蝉联"国家免检"。

1996 年，雷林主持完成了国家经贸委下达的重点工业性试验项目——铁钼法制浓甲醛催化剂及反应器工业性试验，顺利通过国家鉴定验收，从而结束了我国甲醛工业银法生产一统天下的局面，甲醛浓度从 37.1% 提高到 52%，总体水平处于国内领先水平，达到国际水平。该产品 1999 年被评为国家级新产品，2000 年获四川省"优秀新产品一等奖"。

1997—1999 年，四川金象从美国引进了一套全高压法年产 4 万吨硝酸、6 万吨硝铵生产装置，依靠自身技术实力，组织本公司科技人员攻关，进行消化吸收，采用国内先进的控制技术，丢掉了原有控制系统，并针对原装置环保不达标的问题，采用国内首创的吸收二塔再次吸收技术，有效解决了尾气达标排放难题，使该装置的运行效果远优于原设计，尾气排放达到国家标准，受到环保专家的高度评价，同时实现了企业第二次产品结构调整。

雷林带领攻关小组，经过 5 年的努力，开发出具有自主知识产权，达到国际先进水平的"氨氧化加压法亚硝酸钙生产新工艺"，获国家发明专利。2003 年 5 月，

金象依托该技术与美国五丰集团公司合作，先后投资 10 亿元，建设合成氨、尿素、硝基复合肥、硝酸、硝酸铵和双氧水生产线，使企业产品结构进一步优化，赢利能力持续增强。

2006 年，金象与清华大学合作，投资建设了 3 套共计年产 11.5 万吨三聚氰胺的生产装置，开发出全球领先的"加压气相淬冷法"三聚氰胺生产工艺技术，获"中国专利优秀奖"、四川省专利一等奖、四川省科技进步一等奖、中国氮肥工业协会"特等奖"等。为加快科技成果转化，金象分别在新疆沙雅、新疆阜康、江苏洪泽投资建设了 5 套三聚氰胺生产装置，仅用 6 年时间将企业打造成为全球行业龙头，向德国鲁奇公司及国内 3 家企业实施"技术许可"，为推动行业进步做出了杰出贡献。

2002 年 5 月，雷林主导建设了 ERP 项目，供、销、存、财务核算实现了信息化、智能化管理，大大提高了工作效率和管理水平，被用友公司作为典型案例在全国推广。同年，企业质量管理体系通过中国质量认证中心（CQC）认证，并在随后的两年时间里建立了 ISO14001 环境管理体系和 OHSAS18001 职业健康安全管理体系、ISO10012 测量管理体系、GB/T19580 全面绩效管理和内控管理体系。

2014—2017 年，面对行业产能严重过剩的巨大冲击，四川金象把"创新驱动"作为企业发展的基石和核心，大力提升技术竞争力，积极调整产品结构，改进工艺技术，研究适销对路、优质安全、节能环保的前端产品和高附加值产品，实施多品种、多样化的产业链布局。

## ▶ 探索可持续路径，引领绿色新未来

除了金象赛瑞化工股份有限公司董事长、党委书记的身份，雷林还是四川大学客座教授、中国氮肥协会副理事长、中国液体肥料产业技术创新联盟执行委员会主席、四川化学化工学会副会长。

这些年来，在面对新机遇和新挑战的同时，以雷林为首的企业决策层审时度势，瞄准前沿市场，依托具有自主知识产权的核心技术，实施转型升级战略。仅雷林亲自参与的技术攻关项目，获国家授权专利的就有 32 项。其中，节能节资型气相淬冷法三聚氰胺生产技术处于国际领先水平。

雷林表示，四川金象要进一步夯实"中国绿色工厂"的基础，大力发展"总部经济"，推进与德国巴斯夫共同研发的'维施特'增效性肥料市场的推广工作，推

动与美国杜邦绿色生物工程合作项目，完成实验装置的设计、安装、投运，力争实现产值 70 亿元，利税增幅 20% 以上。

　　面向未来，公司还将按照国家行业要求大力发展高新材料、高性能催化剂以及绿色工艺技术为主线的新兴产业，不断丰富产品体系，不断增强核心竞争力。雷林信心满满地表示，力争通过 3～5 年的艰苦奋斗，实现金象由重化工向精细化工、高分子材料、新能源化工转变，初步完成企业的转型升级，为绿色可持续发展奠定坚实基础。

**人物名片**

　　雷永志现任四川德恩精工科技股份有限公司总经理，曾先后荣获全国优秀企业家、四川省五一劳动奖章、四川省优秀青年企业家、四川省青年"技术创新带头人"、四川省企业知识产权示范先进个人、眉山市"十大优秀青年"、青神县第十批有突出贡献的拔尖人才、青神县"十大杰出青年"、青神县"以企招商"先进个人等荣誉称号。

# 雷永志：
## 千锤百炼出精钢，奋斗人生放华彩

自 1997 年投身机械零部件制造行业起，雷永志始终坚持"志在一流，团结拼搏"的企业精神，目前企业已成为产品覆盖全球 40 多个国家（地区）的一家上市公司，为当地经济发展和社会和谐做出了突出贡献。

### ▶ 率领团队打赢美国"双反"

有记者曾问雷永志："在德恩精神里，哪一条最重要？"

"团结和拼搏。"雷永志不假思索回答道，"企业要发展就要拼搏，要将企业员工团结起来一起拼搏。"

在德恩精工发展的 20 多年里，雷永志始终保持着勤奋的拼搏精神与无止境的斗志和毅力，带领整个团队一路斩荆披棘。2015 年 10 月，美国 TBW 公司申请发起对原产于中国和加拿大的铁质机械传动装置产品启动"双反"调查，德恩精工凭借企业完整的基础数据、材料，最终使美国国际贸易委员会于 2016 年 11 月 18 日对这起案件作出了无损害裁决，公司成为国内自 2014 年以来，钢铁制品行业中首个打赢美国"双反"官司的民营企业。随后起诉方发起上诉，最终于 2018 年再次败诉，德恩赢得了"双反"彻底胜利。

2018 年 7 月 6 日，美国对中国第一批 340 亿美元商品加征 25% 关税，德恩精工的产品列在加征名单中。经过公司的多次奔波申诉，据"双反"官司的裁定，产品对美国行业无损害，而且公司产品在美国暂时没有替代国，加征关税构成了美国用户的经济损失，2019 年 5 月 10 日，德恩精工的主要产品被免除加征关税。

在雷永志的带领下，企业员工不断创新，德恩精工先后获得国家高新技术企业、国家知识产权优势企业、四川省企业技术中心、四川省典型制造业信息化示范企业、四川机械工业企业 50 强、四川技术创新示范企业、四川省优秀民营企业等荣誉。

## ▶ 引领小微企业转型升级

奋斗的方向，需要紧跟时代需求。

一直以来，雷永志始终紧跟国家战略，牢牢把握、引领高质量发展的大逻辑大趋势，为机械制造行业的转型升级不断创新奋斗。

"2015 年 5 月，我国正式发布《中国制造 2025》规划，表达了加速打造制造强国的决心。2014 年 9 月，李克强总理提出，要在 960 万平方公里土地上掀起'大众创业''草根创业'的新浪潮，形成'万众创新''人人创新'的新势态。"雷永志说，就青神县目前的 100 余家机械产业经营单位中，小微企业就有 80 余家。

为此，雷永志积极响应中国制造 2025 和"双创"号召，针对当地中小制造企业"总量不大、结构不优、质量不高、开放不足、创新不强"等突出问题，充分利用公司数十年的技术积累和管理经验，带领公司团队打造云智造工业互联网平台，开发非标定制服务、制造技术服务、设备远程运维服务和工厂通用工业品（MRO）服务等工业应用，为广大中小型制造企业提供专业的整体解决方案服务，从而推动制造企业向产业集群化、协同化和平台化的战略转型，实现高质量发展。

目前，公司针对机械企业普遍面临的"三高"难题——高交期、高库存、高成本，依托自身的全产业链生产模式，不断探索以数字技术解决"三高"的整体解决方案，积极搭建"机械企业互联网云平台"，整合企业资源数据库，实现产业数据共享共通。通过龙头引领、链条延伸、集群共进，实现产业集群的裂变扩张，将产生巨大的辐射力，成为当地机械产业高质量发展的重要支撑。

## ▶ 帮助困难群众脱贫攻坚

在带领德恩精工发展的同时，雷永志也不忘回馈社会。

以 2019 年 5 月德恩精工成功登陆资本市场为例，对于募集来的资金，雷永志也是早有打算，在国家级贫困县——宜宾市屏山县新建精密机械传动件智能制造生产基地项目，这个项目可为当地提供 2000 余个就业岗位，为脱贫攻坚作出贡献，彰显担当。

多年来，雷永志始终秉承"以德育人，知恩图报"的理念，带领公司积极地参加各类慈善活动，用德恩精工的情怀回馈社会。到目前为止，德恩精工已累计为各类公共福利事业捐款捐物 300 余万元。同时，公司积极帮助困难职工、贫困地区儿童和学生，以不断改善民生条件、着力推进贫困户及地区基础建设、吸收贫困地区劳动力等多种形式开展帮扶活动，组织各类技能培训，为下岗工人、外来务工人员提供就业岗位 500 余个；设立助学基金，连续 11 年每年出资 10 万余元帮助困难学子完成高中、大学学业。

## 人物名片

　　简兴福，男，汉族，1950年11月出生，四川双流人。武汉军政学院机电专业本科毕业，西南财经大学金融学博士，高级工程师，高级经济师，川开实业集团有限公司董事局主席。他先后荣获"四川省劳动模范""成都市汶川特大地震抗震救灾先进个人""2013年中国经济风云人物""2016年创业中国年度人物敬业奉献奖""成都市光彩事业突出贡献者""成都十佳优秀企业家"等荣誉。

# 简兴福：

## 搏击商海的"沙场老兵"

1977 年，简兴福从解放军云南某部转业回到家乡，分配到双流县中兴公社企业办公室工作，轻松的工作让这位年轻人浑身不自在，他就主动申请调到水电安装队，他干一行爱一行，在水电设备的安装过程中，同时开展水电设备配件生产加工，敏锐地察觉到水电行业大有可为。

### ▶ 砥砺奋进，成就辉煌

由于当时对改革开放政策的解读存在差异，简兴福在帮助成都某工厂购买某仪表厂电器耗材中，正当获利 2 万元，却被认定为"投机倒把"。

有坚定的党性和军人本色的简兴福，没有被这点挫折吓到，1980 年，简兴福牵头组建起一支 20 多人的水电安装队，他租了两个门面房，开始了"上无片瓦、下无寸土"的艰难创业。随后，创建了成都市双流电控设备厂，也就是川开集团的前身，也是四川省首批创立的民营企业。

成都市双流电控设备厂建厂初期，缺乏技术人才，国家包分配的大中专毕业生看不上私营企业，简兴福就大胆提出面向社会招聘高中生，由厂里出学费、出工资、出奖学金，送到各大中专院校进行专业系统培训学习，当年招聘的高中生而今已成为川开集团的中坚骨干。为了解决机械加工设备落后的问题，他多次参加全国各地水电行业展销会，经过参观考察，择优采购了当时技术领先的日本数控成套设备。在有了技术人才和先进设备后，没有指挥人才，怎么办？简兴福获知四川电器的老工程师退休的消息后，多方寻找拜访，邀请老工程师来厂指挥生产。有了先进的设备和专业人才，加上工程师指挥得当，工厂的生产经营从此进入了良性循环。到 20世纪 90 年代，在简兴福的运筹帷幄下，成都市双流电控设备厂已经初具规模。

在当地政府的关心下，特别在简兴福率领的川开集团全体员工不断开拓创新下，川开集团已经发展成为以高端装备制造和电力能源开发为核心，由 10 家以上控股公司及子公司构成的民营股份制企业集团。集团业务包括三大领域，以输配电设备、电梯、重装辅机、核电设备、特种阀门为代表的高端装备制造，以电力产业投资、矿业开发、房地产开发为代表的投资与资本运营，以电力工程承包、电梯安装与维护、建筑总承包、国际贸易为代表的现代服务业，现总资产逾 50 亿元，年产值 50 余亿元。

"今天川开集团取得的一切成就来之不易，除了我们的努力之外，得益于党的正确领导，得益于国家的好政策，得益地方政府的关心支持。"回望来时路，简兴福满是感慨。川开集团先后被评为四川省优秀民营企业，四川省、成都市重点优势企业，四川省、成都市 100 强企业。简兴福个人也先后荣获"四川省劳动模范""2013年中国经济风云人物""成都十佳优秀企业家"等殊荣。

## ▶ 与时俱进，投身"一带一路"

当前，在国家"一带一路"倡议下，以及鼓励民营企业"走出去"的政策背景下，在简兴福的率领下，川开集团结合自身优势，与社会各行业开展广泛的合作，以电力能源投资为方向，以高端装备制造为基础，向发展前景广阔的海外市场迈进。

据简兴福介绍，2006 年川开集团开启了国际市场发展之路，同中国中原对外工程公司正式签订了巴基斯坦恰希玛核电站二期项目的供货合同，成为当时国内唯一一家该领域实现产品出口的厂家。在巴基斯坦产品售后服务中，他们仅一个月时间就解决了其他国家同行一年才能解决的问题。经过 10 多年在国外的诚信经营，川开集团和"CCK 品牌"在国际上的知名度和美誉度越来越高，现成为该行业中国十大知名品牌。

在我国向世界发出"一带一路"倡议后，简兴福审时度势，为公司制定了主动"走出去"的五年计划，与南亚联盟主席签署合资协议，以及在尼泊尔、乌克兰、孟加拉等国布局电力投资项目。2016 年，川开集团成功签署了尼泊尔上马相迪水电站项目，现已开工建设，该项目是当前民营企业在尼泊尔投资最大的项目。简兴福说："未来，川开在参与高端装备制造全球市场竞争的同时，将根据业务所在国的国情，因地制宜开发水电、火电、风电、太阳能发电等电能项目建设。"

简兴福认为，当前是中国民营企业走出去的最好时机。特别是在电能、交通等基础设施建设方面，四川民营企业有先天的优势，四川有东汽、东电、东锅等电能技术方面的顶尖企业，发挥四川民营企业灵活机动的优势，大家一起抱团出国发展，一定能够大有作为。

简兴福说："我们企业有走出国门 10 多年的经验和教训，作为先行者，愿意把海外项目拿出来共同分享，互利共赢，民营企业在国外只有抱团发展，才能做大做强。"

## ▶ 党建引领，不忘初心

作为一名有 40 多年党龄的老党员，简兴福对党组织建设高度重视。他说："我当兵的时候就入党了，部队要求支部要建到连队上，党员要发挥先锋模范作用。川开党委共设有 6 个支部，其中两个退休人员支部，汇聚了各个层次、各个年龄段的党员，由于社会经历不同，党组织活动做得有声有色，并且我们在尼泊尔建立了海外党支部，把党建做到集团全覆盖。"

川开集团党委始终坚持"围绕发展抓党建，抓好党建促发展"的理念，注重抓好党的建设规范化、队伍建设科学化、学习教育常态化，让党的思想建设与企业文化建设相融合、党的组织建设与体制改革相融合、党的制度建设与公司机制建设相融合、党的作风建设与工作作风建设相融合，切实把党的政治优势、组织优势转化为市场发展的优势，引领和推动市场发展，实现了党工共建与市场发展的双赢效应。

勿忘党恩，致富思源。公司有一位员工遭遇车祸，简兴福从丽江包机将其送回成都就医，成为民营企业家中的一段佳话。他还定期慰问困难职工、贫困党员，向学校、敬老院、残疾人协会等捐资。在汶川特大地震和芦山地震灾害面前，在对口帮扶甘孜州巴塘县等活动中，简兴福带领公司累计捐款捐物达 1000 万元。他先后被授予"成都市汶川特大地震抗震救灾先进个人""2016 年创业中国年度人物敬业奉献奖""成都市光彩事业突出贡献者"等殊荣。

## 人物名片

　　管国如，生于 1963 年，四川眉山人，现任四川省川南酿造有限公司、四川省味聚特食品有限公司董事长，他倡导并始终践行"爱国、孝亲、尊师、敬业"的公司理念，把"做受人尊敬和向往的企业"作为企业追求的目标。

# 管国如：
## 小泡菜做出大产业

　　川东有榨菜、川北有冬菜、川南有芽菜、川西有泡菜。作为眉山人的管国如，从小就看着奶奶、妈妈做泡菜，继而就喜欢上了做泡菜这个行业。1986 年，23 岁的管国如开始创业，创建了四川省川南酿造有限公司。作为中国最早的泡菜和川菜调味品生产企业之一，公司经过 30 多年的发展，已成为年产值数亿元，拥有多个专利工艺及专有技术的科技型企业，是中国调味品企业界公认的优秀代表之一。然而，管国如并没有因为取得如此骄人的成绩而自满，2003 年，管国如又在中国诗书城、中国泡菜之乡眉山市创立了四川省味聚特食品有限公司。

### ▶ 创业之初，立志做"中国最好的小菜"

　　管国如说，味聚特刚起步的时候，定位成了重要问题，如果要做酸菜鱼佐料，李记是第一；如果做泡菜，吉香居有很高的市场占有率；如果要做风味豆豉，老干妈是第一。"我们企业的出发点就是做小菜的，怎么才能杀出重围呢，前后思虑了很久。作为企业就要做行业第一，你才会有出路，如果没有这个门类，那就创造这个门类，然后成为第一。"

　　从建立味聚特食品有限公司伊始，管国如就作出了做"中国最好的小菜""做国内第一高端品牌辣酱"的产品战略，把"做受人尊敬和向往的企业"作为全体味聚特人追求的目标。经多年发展，管国如把两家企业做成了闻名全国的大型食品加工企业集团，现在味聚特食品产业集团公司下属有四川省川南酿造有限公司、四川省味聚特食品有限公司、四川省致味食品有限公司等企业，占地 620 余亩，有员工 1500 余人，拥有"川南"和"味聚特"两个驰名商标，在行业内享有崇高盛誉和极高威望。

　　为了将品牌个性化，公司在国内同行业中率先将产品等级全部定位为特级，"味聚四川特色，款款美味精华"，全面荟萃四川东西南北中的特色辣酱、小菜精品，全部产品均不添加任何防腐剂和人工色素，全部包装均按出口标准设计制作。"特级、特产、特色"三特标准成为公司迅速闻名全国的重要法宝，在国内外市场赢得了信誉。

目前，味聚特和川南酿造的产品已进入了家乐福、红旗、好又多、华联等多家连锁超市，批量出口到美、英、法等国，受到了广泛欢迎，有力扩大了味聚特品牌的影响力。

## ▶ "公司 + 专合组织 + 农户"模式，助力菜农企业双赢

管国如说蔬菜基地是泡菜企业生产的"车间"，没有优质充足的蔬菜基地作保障，企业生产和食品质量安全就得不到保障。作为农产品深加工企业，公司在发展的同时，始终坚持实施"公司 + 专合组织 + 农户"模式发展蔬菜种植基地。合作社和农户直接与公司签订蔬菜订购合同，实行合同保护价收购政策，当蔬菜市场价格低时，按合同保护价收购；当市场价格高时，则随行就市高价收购，从而减少农户的市场风险，达到增产能增收、减产也能保收的目的，实现企业与农户双赢的局面。2018 年公司收购蔬菜原料 15 万吨，带动 1.3 万户农民增收，实现户均增收 5200 元。

蔬菜基地建设滞后一直是困扰泡菜企业优质原材料供应的难题，为此，管国如安排专项资金规划建立更多的标准化绿色蔬菜种植基地，加大蔬菜基地的道路建设、农技推广、土壤改良等基础设施投入。他们还参照国家"粮食直补"的方法，对菜农实行蔬菜补贴，菜农可凭与企业签订的蔬菜购销合同和企业出示的收购单据直接领取资金补贴，一方面提高菜农蔬菜种植和履约积极性，另一方面促进"公司＋基地＋农户"的订单农业推广，减少中间环节，确保农民稳定增收和企业长足发展，真正把四川泡菜做成"全国一流、世界知名"的品牌。

为了增加农民收入，公司和近万户农民签定了 36000 亩各类蔬菜种植回收合同，还在东坡区思蒙镇建立了 27000 亩绿色蔬菜生产基地，仅此一项，每年就可为当地农民创造 400 万—600 万元的收入。为支持农村基础建设，2005 年，公司为东坡区公路村村通工程建设捐款 8 万元。

据了解，公司产品原料均选用山区的上等原料，不管是生产过程还是后期加工处理，都严格把关，追求产品的原汁原味。另外，公司产品绝不添加任何防腐剂，优选川菜调味技术，经乳酸菌发酵、巴氏杀菌等先进工艺精制而成。

为解决泡菜行业泡菜盐水回收难题，达到减少氯离子排放、保护生态环境的目的，公司投资 3400 万元，建成了"500m³/d 的泡菜盐水 MVR 蒸发结晶系统"，2019

年 2 月已投产运行，是泡菜行业首套大型浓盐水回收利用项目。

优质的产品加严格的管理为公司带来各项荣誉。公司发展初期，在行业内率先一次性通过 ISO9001、ISO14001、HACCP、绿色食品认证、国家出入境检验检疫局出口食品卫生注册、进出口资格认证和美国食品药物管理局（FDA）注册。2005 年被评为"全国首批农产品加工业示范企业"，2006 年被评为全国食品工业优秀龙头企业，2007 年被评为"全国食品安全示范单位"。

## ▶ 不忘初心，践行公司理念回馈社会

作为省、市两级人大代表，管国如始终把关爱民生、奉献社会作为自己工作的重要组成部分，并在努力做好自身生产经营的同时，把做好社会公益事业和帮扶贫困群众当作自己的责任和义务。

从公司建立之初，管国如就以打造"让人尊敬和向往的企业"为目标，不仅要以待遇留人，还要以感情留人，要让职工共享发展成果，有尊严地工作和生活。企业中 95% 以上都是农民工，每月 15 日前工资发放到位，每年多发一个月工资作为奖金。公司为员工修建了现代化宿舍，食宿全部免费，每年还召开运动会，组织员工旅游，向困难职工发放补助。公司制定帮扶计划，每年向困难员工送年货、红包，并帮助困难员工解决子女上学、父母就医问题。良好的待遇、环境和诚信的企业文化，让味聚特食品和川南酿造从来不愁招工。

公司还先后为东坡区平春社区、多悦天公村、永寿村、鲜滩村修建道路，为鲜滩村修建老年活动中心，购买了老年活动中心的设备设施，为鲜滩村和新民村 80 岁以上老年人和残疾人发放生活必需品，捐款帮助因灾因病无固定收入的贫困户，并数次向鲜滩小学等学校捐款，资助了上百名困难学生。2007 年，公司向首届"东坡区泡菜文化节"组委会赞助 6 万元，推动了眉山"泡菜之乡"品牌建设和泡菜文化的推广。

管国如一直强调，公司能发展壮大是因为赶上了中国改革开放的时代，靠的是脚踏实地、艰苦奋斗、持续学习。企业的发展离不开人才的培养，他每年都组织公司高管和全国优秀经销商到清华、北大、人大等高等院校学习深造，不断提高经营和管理水平。川南、味聚特将继续努力，做有社会责任感的企业，实现企业的可持续发展。管国如始终执着于一件事——做良心食品、放心食品，让人们生活有滋有味。

## 人物名片

　　樊建川，男，汉族，1957年9月出生在四川宜宾，山西兴县人，中共党员，大专学历，收藏家。

　　现任四川省政协常委、中国抗日战争史学会副秘书长、四川省山西商会名誉会长、四川省收藏家协会副主席、成都市人民政府参事、建川实业集团董事长、建川博物馆馆长、汶川地震博物馆馆长、四川省商会副会长。

　　樊建川曾多次入选胡润中国富豪榜，他曾经下乡、当兵、任教、从政。1993年为收藏而辞官经商，从事收藏数十年，其藏品种类繁多，重点为抗战文物和"文革"文物，此两项收藏在国内位居前列，有137件文物被评为国家一级文物。

# 樊建川：
## 从商人到"大馆奴"

在樊建川的人生历程中，曾有过很多"标签"：抗日军人樊忠义之子、下乡插队知青、勇敢的士兵、上进的大学老师、副市长、房产开发商、民营博物馆馆长……每一个"标签"的背后都是他为人生所开启的一种可能。如今，已走过花甲之年的他将自己"锁定"在"大馆奴"这个"标签"上，并给自己定下了"建100个博物馆"的宏愿。

### ▶ 下乡当兵，几多转折改变命运

1975年，樊建川高中毕业，面临两个选择：下乡当知青或者参军。18岁的樊建川选择在宜宾县日成公社插队当知青，知青生活让他学会了干农活，甚至连技术含量较高的犁田、耙田、糊田埂等都做到得心应手。随后，他毛遂自荐去当兵，从冬天零下40℃的内蒙古开始其军旅生涯，不但成为特等射手，还当上了学雷锋标兵。

1977年，全国恢复高考制度，樊建川立即报名参加。当时那个专业全军有80人报考，却只招1个人，他硬是拼命一博，考上了西安政治学院，成为中国改革开放后第一批由士兵考入军校的大学生。

毕业后，他进入重庆第三军医大学任教，一干就是8年。大学老师，是多少人羡慕的职业，可樊建川却觉得这个工作没有挑战性，"我都看得见自己是怎么变老的"。

很快，命运又一次眷顾了他。1987年，他转业到宜宾地委政策研究室，几年时间里跑遍了整个宜宾农村，撰写的调查报告多次在国家级学术刊物上发表。几年后，34岁的樊建川成了宜宾市最年轻的常务副市长。

彼时的樊建川，仕途一帆风顺，前途无量，而他却在即将升任市长的关键节点，做出了一个让所有人都震惊的决定——辞职下海。樊建川笑言此举是因为"挣得少"，最主要的原因是工资太低，不够我搞收藏的支出。"

樊建川搞收藏的爱好可以追溯至幼年时期。他的父母都是军人，父亲曾被关进牛棚。他好奇父亲为什么被批斗，就开始偷偷找跟父亲有关的传单、小报，时间长了，收藏报纸、书信和奖章，竟成了他割舍不掉的兴趣。

## ▶ 下海经商，凭"忠义勤信"而逐浪

下海后，樊建川从宜宾到成都，应聘一家港资房企工作，月收入3000元，比市长工资高很多。1994年，他凑了一些资金，和朋友联合开办了建川房屋开发有限公司，从事房地产开发。军人的品性早已融入他的血脉里，他事事亲力亲为，无论做任何事"都必须一步一步稳扎稳打"。

创立公司后的10多年里，凭着"忠义勤信"的企业宗旨和一股不服输的干劲，樊建川站在中国房产开发大潮的风口，从白手起家开始，将建川建筑有限公司做进了四川省的前10名。2003年，樊建川的公司在四川省3000多家房地产企业中名列前五名，个人身价数十亿元，登上了福布斯中国富豪榜。

生意做得风生水起之时，樊建川却想起了自己的梦想——搞收藏、建博物馆。于是，他一口气卖掉自己名下的房产、加油站，筹钱办起了私人博物馆。"这些钱不是我赚的，是时代让人赚的。"赚了钱的樊建川坚信，自己终究要回馈社会。

## ▶ 散尽家产，建最大的民间博物馆

樊建川的收藏和其他人不一样，他不收藏古董文玩，却花心思专注于抗战题材方面的旧物件。直到2001年，樊建川去参加卢沟桥抗日文物展览，随行带去的展品让现场多位专家感到震惊，有十几件被认证为国家一级文物，比卢沟桥博物馆还要多。这就像一阵惊雷，惊醒樊建川的内心，让他对自己的收藏有了底气，也让他看到新的方向，一定要建个与众不同的抗战博物馆。

回到四川，樊建川开始着手筹建抗战博物馆，希望把抗日战争这段历史收藏起来，让民族铭记。由于博物馆规划面积过大，樊建川选址时颇费了些周折。从北京到上海、重庆，再回四川，樊建川屡屡碰壁。直到2003年，成都市大邑县终于"相信"了他，决定在安仁镇拍卖500亩地给樊建川。得知这一消息时，他高兴得像个孩子一样又哭又跳，沉淀了半辈子对历史的收藏、理解，终于得以开始走向现实。

2005年8月15日，是抗战胜利60周年纪念日，展现中国共产党领导抗战的"中

流砥柱馆"、反映国民党抗战的"正面战场馆"、纪念美国援华的"飞虎奇兵馆"以及"不屈战俘馆""侵华日军罪行馆"等抗战系列博物馆全面通过多个部门专家的严格验收,正式投入运营。此后,樊建川再接再厉,建成"川军抗战馆""中国壮士群塑广场""抗战老兵手印广场""援华义士广场"等抗战系列场馆。

生意上场精打细算的樊建川投入收藏后,却常常一掷千金。他曾远赴天津,动用集装箱运回来 50 吨重的抗日碉堡;跑到云南,去寻找美国飞虎队战机坠毁的残骸;在日本,他甚至走过了各大地区的文物收藏地摊,见到抗战时期的东西就收,见有抗战内容的图片就买,最后从日本足足运回来 5 个集装箱。

如今,花费了樊建川全部财力和心血的建川博物馆已建成开放抗战、民俗、红色年代、抗震救灾四大系列 32 座场馆,拥有藏品 1000 万余件,其中国家一级文物 425 件,成为目前国内民间资本投入最多、建设规模和展览面积最大、收藏内容最丰富的民间博物馆。

## ▶ 立下遗嘱,身后无偿捐赠博物馆

自 2005 年 8 月 15 日开放以来,建川博物馆累计接待观众 1400 余万人次,成为了传播先进文化,弘扬抗战精神、抗震救灾精神,传承民族文化的重要场所,获得全国文化产业示范基地、国家 AAAA 级旅游景区、全国光彩事业重点项目、全国最具创新力博物馆等荣誉称号。

目前,建川博物馆作为非国有博物馆的先行者之一,积极探索非国有博物馆的发展道路和参与社会主义文化大发展大繁荣的新思路和新途径,目前已成为中国在文博项目策划、规划设计、场馆建设、展陈施工、藏品提供以及管理服务的一体化专业提供商。樊建川担任总策划相继完成了山东枣庄台儿庄大战遗址博物馆、川陕革命根据地红军烈士纪念馆、宜宾李庄古镇旅游项目、绵阳中国两弹城、陕西扶眉战役纪念园、云南龙陵松山战役纪念园等数十个项目的策划、规划设计和陈列布展工作。

同时,樊建川还将其十余年间建设博物馆的经验进行再运用。2016 年,建川博物馆与重庆九龙坡区政府共同开发重庆抗战兵器工业旧址公园,以抗战、兵工为主要题材,以博物馆聚落为核心,打造成为中国首座"抗战兵工"特色博物馆群。2018 年 6 月 18 日,重庆建川博物馆建成开馆,助推了重庆的城市文化旅游品质提升和文化强市建设,也为建川博物馆品牌的全国输出奠定了良好的基础。

为了建设博物馆，樊建川前后花费数十亿元，几乎掏光了家底。早在几年前，建川博物馆就被国家相关部门评估价值 80 多亿元。当有人问及樊建川若干年后博物馆怎么办时，他却告知，其百年之后博物馆将全部捐赠给国家。

"我是社会财富的暂时看护者，我只是替国家保存记忆，这些东西是我私人搜集来的，但它们更属于这个国家。"在樊建川看来，他这几十年所做的只为着一件事：为了和平，收藏战争；为了未来，收藏教训；为了安宁，收藏灾难；为了传承，收藏民俗。

# 第二篇

## 明礼诚信　厚德务实

## 人物名片

　　王剑，男，汉族，1977 年 11 月出生，中国共产党员，高级经济师，华南理工大学学士、西南财经大学工商管理学硕士，成都远鸿置业集团总裁。他担任四川省政协委员、四川省工商联常委、四川省总商会副会长、巴中市人大代表等社会职务，荣获 "2018 年杰出青年川商" "改革开放 40 年四川省百名杰出民营企业家" 和 "四川省优秀中国特色社会主义事业建设者" 等称号。

# 王 剑：

## 志存高远，鸿骞凤立

志存高远，方能成就宏图伟业。王剑经过 19 年的艰辛拼打，带领集团 1000 多名员工，以高度的社会责任感致力于城市建设与运营，运筹城市生活新品质，成就了以房地产开发、白酒生产与销售、教育和体育产业投资、资产与物业管理等七大业务板块于一体的综合性企业集团。2018 年，集团总资产 41.03 亿元，净资产 18.77 亿元，2018 年度总收入 18.80 亿元，净利润 2.25 亿元，纳税额 1.13 亿元。

作为新时代青年的杰出代表，作为新锐川商中的翘楚，王剑担当有为，带领远鸿人奋力前行，走进青海山区，走进凉山彝乡，践行企业社会责任。他在重大灾害面前挺身而出，在脱贫攻坚战场上倾力而为，在社会公益事业中奉献爱心，展示了致富思源、回馈社会的情怀担当和顽强拼搏、竭诚奉献的时代风采。

### ▶ 掌舵远鸿集团，做强实业基石

一个企业能够做多大，往往与管理者的胸襟和掌舵能力密不可分，所以在很大程度上，一个企业能做多大、走多远，几乎可以说系于管理者一身。

2000 年 9 月 5 日，远鸿成立之初，是一个仅有 10 余名员工的小公司。对于今天的规模和业绩，掌舵人王剑认为是集团上下共同奋斗的结果，他自己只不过是一个"善将之将"。他说自己对集团最大的贡献，就是为别人搭建了一个施展能力与才华的平台，让人才在这个平台上起飞、发展，成就了自己，也成就了远鸿集团的今天。

鸿是中国文化中唯一兼具神性和人性的鸟。在生活中，我们把朴实、团结的大雁叫作"鸿"，远鸿就是一个以"鸿"的精神自诩的组织。王剑作为远鸿的掌舵者，正是这只大雁团队的头雁，他一直严谨自律，身体力行，诚信务实，专业创新，带头弘扬清风正气，坚持传递着民营企业正能量。

远鸿集团创建近 20 年来，也一直踏实稳健，坚持走实业报国的道路，坚持以人为本，服务地方经济。2012 年，在获知小角楼酒业出现经营困难、面临倒闭、大量职工即将失业的情况后，远鸿集团及时介入，通过与地方政府多次洽谈，带着先进的管理经验、优秀的管理团队，注资重组小角楼，成立四川远鸿小角楼酒业有限公司。经过 7 年的努力，远鸿集团已在巴中平昌这个国家级贫困县累计投入近 10 亿元，兴建酿酒车间、技术中心、包装中心等 20 万平方米，建设近 10 万亩红粮基地，为老区人民脱贫致富献出了自己的一份力量。2019 年 7 月，远鸿小角楼被评选为"首届四川省十朵小金花白酒企业"，老品牌进一步焕发生机，远鸿集团在坚持实业报国的道路上又添上浓墨重彩的一笔。

数年来，远鸿集团先后荣获"2018 年度四川民营企业 100 强""四川省万企帮万村消费扶贫爱心企业""四川民营企业 500 强""抗震救灾先进集体"等称号，旗下四川远鸿小角楼酒业有限公司荣获"中国驰名商标""中国白酒工业百强企业"，连续十年获得"省级守合同重信用企业"等荣誉。

## ▶ 与时俱进谋发展，升级创新求跨越

作为一名党员，他与时俱进，带领企业升级创新。受经济结构调整、世界金融危机的影响，民营企业发展遇到一定困难和问题。在目前的形势下，党和国家大力提倡民营企业转型升级。

王剑特别注重人员培训，注重学习新知识和技能，坚持"年轻化、专业化"的人员结构理念，通过不断引进人才、鼓励员工参加各种形式培训等方式，促进企业管理创新升级。为把远鸿做强做大，他始终引领企业，在产品、经营模式上不断创新，坚持服务创新、管理创新、产品创新，顺应时代要求，始终坚持走在实业报国的道路。

作为管理者，他坚守初心，追求与客户、员工、供应商的合作共赢，共同创造价值人生。在房地产行业，远鸿始终坚持抓质量、建好房，不断为老百姓奉上良心之作，所开发的楼盘和承建的房屋均深受业主好评。他们确保工程质量、进度，做到安全文明施工，为城市发展奉上钢筋水泥打造的力量，帮助业主们打造温馨家园，留住时光流转的风景。在白酒行业，远鸿一直狠抓食品安全，创新白酒酿造技术，开发新产品，打造川东北最大的生态美酒基地，为广大消费者提供品质优良、味道醇厚的佳酿。

19 年来，王剑始终坚持以人为本的基本信念，树立"人才是企业的核心资本"的企业人才观。集团提供了近千个的工作岗位，解决了很多人就业问题，同时也活跃了地方经济。对于员工而言，远鸿集团就是大家共同的家，是最温暖的港湾。公

司在一步一步发展壮大的过程中，不断改进、更新和完善员工的薪酬福利制度，持续对特困员工予以资助，倡导以自主捐赠的方式帮助员工渡过困难期。集团每年都会上调工资标准，为员工进行体检，安排优秀员工外出旅游，制定全面的培训计划。他们还建立"远鸿员工农场"，长期为员工提供有机绿色蔬菜，为员工健康提供保障。他们积极开展多种多样的文化活动，丰富员工的业余生活，鼓励员工用心工作、快乐生活……

## ▶ 饮水思源馈桑梓，不忘初心显真情

饮水思源，回报社会，扶危助困彰显殷殷赤子情。多年来，王剑积极投身社会公益事业，带头做好事、行善事，获得了社会的广泛赞誉，真正将远鸿的企业愿景付诸实践。为带动贫困群众稳定脱贫、持续增收，为推动教育事业的发展，帮助更多贫困家庭的孩子上学，远鸿集团积极参加各项精准扶贫公益活动。

远鸿集团对甘洛县热哈村进行定点帮扶，参与"幸福凉山·暖冬关爱·邀您同行"活动、"万企帮万村·以购代捐"活动，分别向凉山州"中央厨房"、威远城北中学捐款，为云南省寿国寺捐赠图书上千册。为抗震救灾、光彩事业、帮困助学、精准扶贫等各类公益事业捐款捐物共计 300 余万元，捐赠平昌县的老兵慰问金累计 254 万元，针对革命老区的贫困农户累计投入扶贫资金近 1440 万元。

集团下属的远鸿小角楼酒业位于巴中平昌，这里既是革命老区，也是国家贫困县。自 2012 年公司设立以后，作为红色革命老区的知名企业，让红色文化一脉相承，有着特殊的红色情怀，不仅招收退役军人组建经销团队，还筹备发起成立"四川关爱退役军人基金会"，构建"帮助退役军人创业、就业和救助"的社会公益体系，长期关心和帮助退伍老兵，主动承担社会责任。

王剑始终认为，企业是社会的企业，企业的发展是政府和社会各界支持的结果，只有真情回报社会，企业才能赢得社会的信赖。是四川这片热土给了他创业的机会，作为四川的一份子，他也愿意为家乡贡献自己的微薄之力。天道酬勤，王剑用实际行动践行了自己对企业、对社会的承诺，用高效的经营质量诠释了企业家的人生追求。

着眼未来，王剑始终初心不变，将保持创业时的激情斗志，砥砺前行。他将带领远鸿集团在发展的道路上，继续精耕细作、开拓进取、创新奋进，为客户和社会创造更大的价值。在党和政府的引领下，强化企业自身核心竞争力，提升企业创新发展能力，为四川的经济建设做出更多的贡献。

## 人物名片

　　文谟统，男，汉族，1943年4月出生，2003年10月加入中国共产党，高级工程师，曾担任四川省第十届党代会代表，四川省第十一届、十二届人大代表，达州市人大代表，大竹县人大常委，现任四川川环科技股份有限公司党委书记、董事长。

　　先后荣获第五届全国创业之星、优秀乡镇企业家、优秀科技工作者、中国橡胶工业发展领头人、中国胶管胶带行业优秀企业家，四川省优秀基层党组织书记、抗震救灾先进个人、劳动模范、非公企业党建之星、第三届杰出创新人才奖候选人、中国特色社会主义事业建设者、杰出企业家、优秀民营企业家等荣誉。

# 文谟统：
## 80 岁退休前再创一个川环

大竹县曾诞生过国民党川军将领范绍增，以他为原型的《哈儿传奇》《傻儿司令》等多部影视剧曾风靡一时，在当地人口中，"哈儿"一词并不是"傻子"的意思，而是对一个人"天不怕地不怕、果断勇敢"个性的褒称。

这种"天不怕地不怕"的个性在大竹县人——四川川环科技股份有限公司党委书记、董事长文谟统身上，也得到体现，这位 75 岁的"文老头"表示要在自己退休前的 5 年时间里再创一个川环。

### ▶ 三顿酒换来三次转型

"我文老头创业以来，没有一年是亏损的。"自称为"文老头"的文谟统自信地说。

回忆自己的创业经历，文谟统以"喝了三顿酒换来了三次转型"做了总结。

在 1980 年，时年 37 岁的文谟统结束了粮站搬运工的工作，带领 7 个农民借款 4000 元，回乡办起了大竹县高家榨油厂。凭借着对榨油技术的钻研，他将出油率提高到了 36% 甚至更高，这一指标成为当时四川省的第一。为此，四川省举办了榨油技术培训班，让他编写培训资料，并邀请他去各地授课。"授课费用是每小时 8 块钱。"文谟统说，这一价格在当时堪称高价。

就在授课过程中，文谟统和当地粮食局的人喝了一顿酒，而就是这顿酒，决定了他的第一次转型。"粮食局的人说以后每个县都要建一个直属榨油厂，而且统购统销。我一琢磨觉得不对劲，我是一个乡镇企业，胳膊扭不过大腿，肯定竞争不过国营榨油厂，所以一定要转产。"

考虑转产的过程中，文谟统发现砻谷机上的橡胶皮辊在市场上很难买到，于是他到处借钱，总共借了 5 万块钱，买了一个炼胶机和小锅炉，于 1984 年成立了大竹县橡胶厂。当时，他对橡胶并不熟悉，他请来的技术人员在橡胶皮辊生产上试验了无数次还是没成功，所以橡胶厂最初只能靠生产酒瓶密封内垫维持经营。

一个偶然的机会，文谟统在报纸上看到一则"万县是中国皮鞋之乡"的报道。"当时我茅塞顿开，可以生产胶鞋底嘛。"他马上赶往万县，遍访各大皮鞋厂的厂长经理。"当时我和 30 多个厂长喝酒，喝了两三斤，他们一看我喝酒的气派，马上选我为供应商，当时还有厂长主动拿出 5000 元让我开订货会。"文谟统说。第二顿酒决定了橡胶厂的转型，在随后的生产供货过程中，因为他生产的胶鞋底质量好、耐酸耐碱耐油，在万县一度处于垄断地位，有时候货在半道上就被人抢购一空。

第三顿酒是在 1989 年，当时大竹县提出背靠重庆发展经济，他作为代表参加了一个大竹县和重庆市的交流活动。"晚上大家在一起喝酒，我一桌桌敬酒，敬到建设摩托车厂那一桌，碰到一个工程师也姓文。三杯酒下肚，他知道我是做橡胶的，当场拿出了图纸问我能不能做油管。"文谟统回忆道。

此后，文谟统的橡胶厂开始转型为摩托车、汽车供应胶管。1994 年，他成功研发了改性 PVC 弹性体输油管，随后被层层上报，最终该产品配方被国家科委确定为国家级技术秘密。

1998 年，文谟统在大竹县橡胶厂的基础上设立四川省川环橡胶工业有限公司，随后文谟统于 2002 年成立四川川环科技有限公司。在 2005 年，两个公司都合并到川环科技，并于 2016 年正式登陆创业板，成为达州首家上市公司。

## ▶ 成为一个有尊严的人

据川环科技的财报数据，截至 2017 年年底，该公司的资产总额为 9.19 亿元，员工数量为 1791 人。这两项数据对比文谟统 1980 年创业时 7 个农民员工、借款 4000 元的状况，有了飞跃式发展。对文谟统本人而言，其个人财富也在企业完成三次转型以及成功上市的过程中，有了大幅提升。"我做企业不是为了钱，不是为了利，而是为自己的尊严而战。"文谟统说。

出生于 1943 年的文谟统，其家庭出身在解放后被定性为"地主"，虽然后来又调整为农民，但早期对文谟统的影响很大，因为"出身"问题，他只上了 3 天高中。

文谟统说："我曾经想去青城山出家，但是他们说我文化太低了，不要我，因为我只上了初中，高中没有上过。这些事让我懂得了尊严的宝贵。"

直到文谟统的一个初中同学当了乡里的干部，并为他开了证明文件，他才有机会到邻水县粮站做搬运工。在改革开放的浪潮下，文谟统从榨油厂起步，靠着不服输的性格，长期钻研橡胶领域，努力自学成才，成为这个领域的专家，并带领川环科技员工研发出一批有核心技术的产品。随之而来的是，文谟统当选为世界科联中国分会理事，被评为橡胶制品高级工程师。

## ▶ 退休前再创一个川环

文谟统告诉记者，他计划在80岁退休，而在退休前的这5年时间里，他打算再创一个川环。

根据川环科技2017年财报，该公司2017年实现营业收入6.48亿元，同比增长26.83%，实现归属于上市公司股东的净利润1.14亿元，同比增长35.51%。若以营业收入为指标进行测算，"再创一个川环"意味着，川环科技2022年的营业收入要在2017年的基础上实现翻番。

资料显示，川环科技的主营业务为汽车、摩托车用胶管，产品范围涵盖汽车燃油系统胶管及总成、汽车冷却系统胶管及总成、汽车附件、制动系统胶管及总成、摩托车胶管及总成等。"川环的主营业务要万无一失，保持可持续发展。"文谟统表示，在汽车、摩托车用胶管业务领域，川环将继续投入研发，并对生产线进行智能化、自动化改造，提高人均产值。据介绍，川环科技新开发的多层复合尼龙软管在2017年给公司贡献了较好的营收，表现出较强的增长势头，未来该产品销量或将继续保持增长。

文谟统还指出，川环科技未来将选择有实力、有后劲、可持续发展的企业进行并购，补充公司的业务板块。公司还将走出大竹县，在成都设立研究院，对新兴技术、新兴产业方面进行研究，同时将对合适的项目进行孵化。

文谟统带领公司坚持履行社会责任，在精准扶贫、支持家乡教育事业、修路修桥、抗震救灾、抗洪抢险、新农村建设、资助贫困大学生等方面不遗余力。2018年他积极响应国家精准扶贫号召，对口帮扶万源市深度贫困村井溪乡落漩塘村，城乡党建结对共建对口帮扶大竹县童家乡高坪寨村、黄滩乡沙溪村等8个村，2018年帮扶资金达200万元。在栋梁工程扶贫助学工作中奉献爱心，扶贫助学贡献突出，荣获四川扶贫基金会颁发的"爱心纪念证"。在爱心助学活动中，公司已全额资助10余名贫困大学生完成学业，帮助2名小学儿童完成学业。他们还设立"川环员工子女助学基金"，已帮助176名贫困员工子女完成学业。在汶川地震中，文谟统荣获省委组织部抗震救灾先进个人。

展望未来，文谟统表示将带领川环扎实工作，始终坚持"客户满意、员工满意、股东满意、公司满意、国家满意、社会满意"发展理念和"国家、股东、员工、社会"四者利益兼顾的核心价值理念，为实现县域经济的发展作出新的更大贡献。

## 人物名片

　　邓德万，男，汉族，生于1961年，四川绵阳人，现任四川兴事发门业集团董事长、绵阳市工商联（总商会）副会长、四川省门业协会会长、绵阳市装饰协会副会长，曾任绵阳市游仙区第三、四、五届人大代表，绵阳市第四、五、六、七届人大代表。曾被表彰为中国建筑装饰装修材料协会十大功勋人物、四川省优秀民营企业家、"改革开放40年四川省百名杰出民营企业家"。

　　2018年，企业实现销售收入45亿元，居于"四川省民营企业100强"第57位。

# 邓德万：
## 改革开放成就了一个农民的梦想

26 年磨砺，四川兴事发门业集团从作坊到智能、从手工到工匠、从单一到多元、从品牌到名牌、从知名到驰名，这一切都是在董事长邓德万的率领下完成的。按照他的构想，核心团队和员工团结奋斗，一步一个脚印，与时俱进，砥砺前行，以实干加巧干的精神，创造出来一个又一个奇迹。在中国科技城绵阳，四川兴事发集团不仅是本土民营企业的标杆，而且是民营企业的一面旗帜。兴事发企业从农村走来，扎根于绵阳，在全国开枝散叶，是改革开放成就了董事长邓德万的发展梦想。

### ▶ 以创业为基础，实践宏伟构想

少年辛苦终身事，莫向光阴惰寸功。1961 年，邓德万出生在绵阳市游仙区柏林乡的一个大家庭，他有兄妹八人。1976 年，年仅 15 岁的他初中毕业回家务农，担任生产队出纳。改革开放包产到户后，他先后当过裁缝、孵过鸡鸭、包过公社果园、办过砖瓦厂、经营过家具。1983 年，通过 5 年的艰辛努力，邓德万成为柏林乡的万元户。

1993 年，迎着改革开放的春风，邓德万从一个作坊式小厂开始了兴事发的创业之路。在为别人安装卷帘门时，他以敏锐的市场眼光，看准了金属门窗行业大有可为，于是他收集资料，反复琢磨，卖掉了全部资产，带着 4.5 万元和一颗壮志雄心，来到了绵阳市郊开元村，租下了几百平方米的简陋厂房，购置了一些简易设备，开办了自己的门窗企业——绵阳市兴发卷闸门厂。

1996 年，初尝成功喜悦的邓德万，又率领员工开始第二次创业——进军防盗门行业，组建了四川兴事发门窗有限责任公司，创立了"兴事发"品牌。在多年的发展过程中，他带领兴事发人以德为先，培养出一大批适应市场发展需求的优秀人才，与企业一道发展，员工的生活质量得到了明显提高，管理水平得到了大幅度提升，为企业的第二个辉煌十年打下了坚实基础。

## ▶ 以创新为载体，实战多元发展

致远情怀济天下，盛世巨富取于勤。作为企业的领航者，邓德万从未止步于原地，通过 8 年的不断发展，兴事发人不再是满身风雨的行者，而是用思想和科技捕捉机遇的智者，以集团大军的恢弘气势，凝固成兴事发人奋进的天地。2004 年，邓德万成立了四川兴事发门业集团，开始了第三次创业。在全国房地产行业风起云涌的机遇期，邓德万及时准确地把握住房地产行业的发展动向，经多方考察后，决定进军房地产，组建起四川兴发房地产开发有限公司。公司具备二级房地产开发资质，拥有各类中、高级技术人员 100 余人，先后开发了兴发家园、一代天骄、御景湾、龙溪谷、孔雀公园等精品楼盘 200 余万平方米，多次获得"四川省诚信房地产开发企业""绵阳市十大品牌开发商""绵阳优秀品牌开发商""绵阳市责任地产品牌开发商"等荣誉，取得了良好的社会、经济效益。

在做好门窗和房地产的同时，邓德万率领企业进军新能源、建筑装饰、现代农业、智能设备、商贸物流等领域。到 2018 年年底，集团已发展成为集门窗制造、新能源应用、电梯生产、智能设备、环保建材、房地产开发、工程建设、装饰装修、农业开发、物业服务、文化旅游、商业资产投资为一体的综合性企业集团，形成了工业、房产建筑、商贸服务、投资控股等四大产业集群，拥有四川兴事发门窗有限责任公司、四川兴发房地产开发有限公司、河北建海房地产开发有限公司、郑州兴事发门业有限责任公司、四川绵阳鼎浩实业集团有限公司等 22 个全资子公司，并参股绵阳市水岸假日房地产开发有限责任公司、四川立宇投资有限公司、中科西奥电梯有限公司等 6 家企业。集团员工人数达到了 2800 余人，企业资产总额达 60 亿元，产业辐射北京、河南、河北、内蒙古，产品畅销全国 30 多个省、市、自治区，远销俄罗斯、中东、中亚和东南亚，与万科、恒大、保利、绿地等 30 余家国内大型房地产集团建立了长期战略合作关系。

## ▶ 以发展为目标，实施品牌战略

凭着"为社会创造效益，为员工创造机会"的企业宗旨，邓德万始终坚持以"发展"二字为第一要务，艰苦奋斗，不断创新，使企业年产值从不足 20 万元发展成为今天 40 亿元；资产总额从 1994 年的 5 万元发展成为今天的 60 亿元；占地面积从不足 300 平方米发展为至今拥有 4 个工业园、6 个生产基地，工业生产和建设用地近

2000 余亩，并拥有现代化标准厂房 40 余万平方米；企业人均月工资水平从建厂初期一两百元发展到三四千元。

通过不懈努力，企业已发展成为拥有绵阳市纳税大户、中国农业银行"AAA"级信用企业、四川省优秀企业、"四川省民营企业 100 强"等诸多荣誉的大型知名民营企业集团。

集团不断加强企业品牌建设，坚定不移地实施品牌战略。聘请著名表演艺术家唐国强先生为"兴事发"品牌形象代言人，并在中央电视台和地方卫视黄金时间宣传"兴事发"品牌和产品，2012 年"兴事发"商标被国家工商总局认定为"中国驰名商标"。公司先后荣获四川省"优秀民营企业""四川百强企业""中国门业十大白金奖""中国防盗门十大品牌""四川省特种门窗工程技术研究中心"等荣誉。

## ▶ 以公益为本色，实现社会价值

一人富不算富，大家富才叫富。这就是邓德万在企业发展中坚持的理念，热心公益，助人为乐成为他的品德和风尚。在企业获得发展的同时，邓德万带领企业和职工积极投身参与支持新农村建设和扶贫助学活动。

先后与游仙区柏林镇洛水村、东林乡、白蝉乡结成帮扶对子，充分发挥企业在新农村建设中的推动作用，捐资上千万元为洛水村修建道路和改造村容村貌、为新桥镇捐建提灌站、为白蝉乡捐建水泥路、支持柏林镇地震灾区重建、为魏城镇铁炉村修建水泥村道，陆续支持 30 余名困难大学生完成学业……在扶贫攻坚战中，集团出资 200 余万元帮扶对口联系的三台县潼川镇胜丰村发展无花果产业、帮助江油市六合乡檬针村加强基础设施建设，从产业和就业两个方面帮助贫困村脱贫。

前进中的每一滴汗水都不会白流，汗水浸透的付出换来的是丰收的喜悦。由于邓德万对企业成绩卓著，对员工关怀备至，对社会贡献很大，他先后荣获"中国建筑装饰装修材料协会十大功勋人物""四川省优秀企业家""改革开放 40 年四川省百名杰出民营企业家"等殊荣，先后当选绵阳市第四、五、六、七届人大代表，四川省门业协会会长，绵阳市工商联（总商会）副会长等。

面对荣誉，邓德万很坦然地说："人生，不在于在世界上生活多久，而在于你留下了什么；人生，应该象太阳，有多少光就发多少热；人生，处处有难事，心怀宽广事必成；人生，观念成就未来。"

不忘初心干实业，坚定信心求发展。邓德万是这样想的，也是这样做的，正是有他的睿智和才能，兴事发集团才有今天的辉煌。

## 人物名片

朱华忠，男，汉族，1956年10月生，四川成都人，高级经济师，西南财经大学院客座教授，成都科甲投资集团董事长。现任四川省人大常委、四川省工商联副主席、全国光彩会常务理事、川联商务促进会会长。

他领导的成都科甲集团一直积极承担社会责任，弘扬"奉献文化"的精神，先后被锦江区评为"重点企业"，被锦江区授予"热心公益事业十佳非公有制企业""十大公益企业"，被成都市总商会授予"汶川特大地震救灾先进集体""双爱双评先进企业""同心川商光彩助残爱心企业"。

# 朱华忠：

## 四川商界的"知心大哥"

春熙路，其名取老子《道德经》中"众人熙熙，如享太牢，如登春台"之意，以描述这里商业繁华、百姓熙来攘往、盛世升平的景象。

作为与北京王府井、上海南京路、香港铜锣湾等齐名的商业街，春熙路被誉为中国西部第一商业中心、中国西部商业文化窗口、成都百年金街。这里是成都的时尚公告牌，也是成都的流行文化站，有着独特的商业文化和百年春熙历史底蕴。

春熙路如今的繁荣，离不开成都市委、市政府的正确领导，离不开春熙路商圈中众多国内外知名品牌企业，也离不开由众多商界精英自发组建成立的成都市春熙商会。正是有政府、企业、商会的携手共建，才缔造了春熙路商圈的综合实力和繁荣发展。

### ▶ 大刀阔斧改造，助春熙商圈全国驰名

2004年12月26日，成都市春熙商会成立。这是成都市第一个按市场经济规律依法建立，自愿入会、自选领导、自聘人员、自筹资金、自理会务的区域性商会组织。

在藏龙卧虎的春熙路商圈，要选出一位既德高望重又有社会责任感和公益心的会长，确实不是一件容易的事。时代呼唤英雄，时势造就英雄，四川欣通用建设集团有限公司董事长朱华忠被大家推选为成都市春熙商会会长。

朱华忠当年辞去建二局工程处主任职务下海，从建材玻璃做起，逐渐占领整个四川玻璃行业的市场，成为了四川的"玻璃大王"。依托当时积累下的资金，朱华忠在成都青年路建立了益华大厦和商场，并开发了科甲大厦，成立了成都科甲投资集团。

被推选为成都市春熙商会会长后，朱华忠率领商会会员主动作为，积极开展公共环境整治、商圈规划设计、行业自律管理等工作，逐渐让春熙路商圈驰名全国。

商会成立之初，朱华忠履行会长的责任和担当，主动作为，动员会员商家企业筹资，对春熙路商业环境、基础设施等，进行大刀阔斧改造。通过美化绿化商业街区，商家环境得到提档升级，也为消费者营造了舒心的购物环境，会员商家的销售

收入得到大幅提升。

在成都市政府主导修建的春熙路步行街建成后，科甲巷的道路与之不匹配，朱华忠号召商会企业投资，将科甲巷路面改造成与春熙步行街一致的风格，街道两侧和路口的街灯全部重新设计，并且在路口设置标志性的建筑等，为春熙路商圈驰名全国，奠定了硬件基础。

改造过程中的所有工作，朱华忠都亲力亲为，参与设计、施工和指挥统筹等各项工作。同时，为打造春熙路商圈的软环境，营造良好营商环境，每年的新春、元宵等重大节日，朱华忠都会组织策划活动，为成都市春熙商会的会员营销收入再创新高助威助力。

朱华忠说："基础设施建好了，商业环境改变了，逛春熙路的人流量每年以20%左右的速度增长，现在春熙路商圈全年的营业销售收入达到六七十亿元，比过去增加了20多亿元。"

根据成都市春熙商会章程，商会会长只能做两届，但第三届换届时，全体会员还是继续选举朱华忠担任商会会长，于是他又连续担任了第三届、第四届商会会长。当完成第四届商会会长的任期时，朱华忠认为商会必须新陈代谢、培养后继人才，强烈要求不再担任会长职务，现由锦江区一名副区长兼任会长。

朱华忠16年的辛勤耕耘和付出，让成都市春熙商会制度不断健全、商会文化日益丰富、覆盖地域不断扩大，周边的青年路、太古里等都加入了该商会。担任成都市春熙商会会长期间，朱华忠的责任与担当，得到了当地政府部门的高度认可，他当选为锦江区人大常委、政协常委，担任区市省三级工商联副主席。朱华忠的奋斗与坚持，也得到了会员的认可，离任后还被商会授予终身名誉会长。

## ▶ 为企业发展"把脉"，搭建共赢发展平台

如今，朱华忠担任四川省工商联副主席，并被推选为川联商务促进会会长，依然在为民营企业发展、反映民营企业家呼声、协调政府职能部门解决企业难题等事情，而不停奔忙。

朱华忠说："作为企业家和作为商人的思想境界是不一样的，商人以营利为目的，而要成为一名优秀的企业家，则需要一定的胸怀和牺牲精神。"

在担任川联商务促进会会长后，朱华忠面对新时代、新机遇、新要求，凭借对商会会员需求的了解，他大胆提出了商会改革和创新的各项举措。一方面，川联商务促进会将"放下自己，尊重对方"作为商会宗旨，会员企业只要加入促进会，都

能得到发展机会，得到尊重。"会员企业不分规模大小，不分创建先后，不分行业差异，商会为每一个会员企业搭建平台，实现企业之间的资源互通、互融、互享。"朱华忠说。发展中的企业进入促进会后，常常会感叹收获显著，如通过商会平台，房地产企业与建材企业实现了合作，而当会员企业需要资金时，银行会员企业又能给优质企业提供资金保障。"只要大家齐心，就能真正把商会办成'企业之家'。"

另一方面，为了实现商会的持续、良性、循环发展，川联商务促进会成立了盛世国际贸易公司，由专职秘书长参与经营，使商会实现了"自我造血"。这一创新举措，既解决了专职人员的费用成本，又能减轻部分会员企业的会费压力。"希望最终能实现会员自愿缴纳会费的目标，让会员企业有钱的出钱、没钱的出力、没力的出智，大家共同发展。"

同时，朱华忠作为西南财经大学的客座教授，对政治经济学、历史文化等也颇有研究，在会员企业发展路径出现偏差时能及时提醒，对会员企业发展过程中遇到"瓶颈"能"把脉诊断"，于是成了企业家们的"知心大哥"。

## ▶ 不改初衷真英雄，扶贫济困勇担当

"海不吃水，山不吃石，人不吃情"，这是朱华忠常常念叨的话。他认为，企业家要承担责任，包括社会责任、对员工的责任以及家庭责任。"在创业初级阶段，我们能改变的可能只是自己的生活，但当企业做大做强之后，就要回馈社会。特别是在义和利之间出现冲突时，能选择'义'的企业家才是真正的企业家、慈善家。"

致富思源，富而思进。身担民营企业家和四川省工商联副主席、川联商务促进会会长等多重责任的朱华忠，言行合一地践行自己的理念。

每逢重大节日，他都会对公司所在辖区的弱势群体进行走访慰问，送去温暖；针对少数民族地区和革命老区的贫困学子，他捐资助学、捐赠物品、提供学费，将很多家庭困难的学生培养成才；作为四川省工商联副主席，他积极参与了3个村的精准扶贫项目，多次前往凉山州，助推扶贫项目落地生根。

值得一提的是，朱华忠还非常注意自身综合素质的提升。笔画蕴含万般意，翰墨自有大境界。朱华忠对书法颇有研究和造诣，在小独笛、小提琴方面亦达到专业水准，闲暇之余，他或挥毫泼墨，或余音绕梁，自得其乐。他说："要经常参加音乐会、书法比赛、诗歌会等活动，有助于提高综合素质、培养艺术方面的修为。当企业家群体的文化艺术素养都提高了，才能改变当前整个社会对民营企业家的偏见和成见，才能展现川商的良好形象，凝聚川商的精神力量。"

## 人物名片

　　匡建华，1970 年生于四川华蓥，退役军人，现任四川星星集团董事长、党委书记，四川省建筑业协会副会长，四川省农村劳动力资源开发研究会副会长，四川大学 MBA 教育中心导师，成都广安商会执行会长，成都华蓥商会会长。

　　2003 年以来，他率领星星集团发展成为一家总资产 40 亿元，从业人员 5000 余人，旗下拥有 30 余家控股、参股企业，集文旅、建筑、贸易于一体的多元化企业集团。

　　匡建华先后获得"全国创业之星""四川省第一届中国特色主义事业优秀建设者""改革开放 40 年四川百名杰出民营企业家"等荣誉称号。

# 匡建华:

## 勇于担当，乐于奉献

匡建华从小就胸怀为国图强的远大抱负，青年时离开优越的家庭环境，服役于中国人民解放军 56032 部队，退役后到中国农业银行华蓥市支行工作。当邓小平同志南方谈话的春风吹遍华蓥山麓，激发了他的创业热情，在家人的大力支持下，1996 年，他毅然辞去了银行的工作。他自筹资金、自建厂房，引进清华大学"贝氏体"铸球项目，领头创办了华蓥市鑫鑫铸造厂，从此开始了他漫长的创业之路。

2003 年，四川星星创始人、董事长匡仕元先生为企业发展积劳成疾，辞世而去。年仅 33 岁的匡建华从父亲手中接过"接力棒"，成了四川星星新一任董事长。面对一个年产值 3 亿元的集团公司，匡建华顶着巨大的压力，带领着企业一步一个脚印摸索前行，公司总产值由 2003 年的 3 亿元到 2018 年的 50 亿元，实现了 10 年 16 倍的高速增长。

### ▶ 创二代与新蜀商

匡建华是一个什么样的人?

他是一个奇人，个子虽然不高但身板挺直，英气逼人，性格热情爽朗，做人诚信守时，做事高效果断，思维跳跃，语速飞快。

他是一个没有"富二代"属性的"富二代"。他说:"我虽然从父亲手上接下了四川星星，但我不是一个'富二代'，倒更像是'创二代'，因为父亲打下的是基础，我自己创造的是未来。"

他是一个懂生活的人。他说:"我每天早上到办公室，都要亲自把紫砂杯用热茶水泡洗干净，然后给自己泡一壶铁观音功夫茶。在烧水、泡茶、品茶等工序中，慢慢修养自己的心性，让我原本比较急躁的心慢慢静下来。"他好学创新，善思勤省，既乐于享受生活的惬意闲适，也乐于去冒险、去折腾、去接受新鲜事物。

他是一个带着军人属性爱较劲的男人，从工厂到部队、从部队到银行、从银行到创业、从创业失败到接手四川星星，他一次又一次地颠覆过去、磨砺自己，一次又一次地超越自己，对他而言，每一次工作的经验，包括失败的教训都是他人生道路上的巨大财富。

他更是一个出生于 20 世纪 70 年代充满社会责任感的新时代蜀商，生于斯，长于斯，传承古今，他浑身充满了蜀商固有的风骨和坚韧。

铸百年星星，做行业领跑者。他总是在不断思索，不断总结，前行在逐梦的路上，坚信"中国梦"一定会实现，"星星梦"一定会实现。

## ▶ 反哺归真，乐于奉献

加强企业自身建设，是企业持续发展的不竭动力，2007 年是四川星星的重要转折点。他说："2007 年前我就是一个商人，2007 年后我逐步转型成为一个更具有社会责任感的企业家。我觉得一个企业家是否成功，不是看你多有钱，也不是看你多有名气，而是在于你影响了多少人，帮助了多少人，让他们真正在精神和物质生活方面有所改善，更在于你的企业为整个行业的进步和社会发展作出多大的贡献。"

匡建华自身的转变，带领着四川星星飞向了一个新的高度。2007 年四川星星从华蓥移师成都，并由此实现了集团的跨越式发展，将业务范围扩展到大江南北。

在实现公司稳步、多元化发展的同时，四川星星一直以优秀企业公民的角色，积极响应各级党委政府号召，主动承担社会责任，致力于社会公益慈善事业。截至目前，已累计缴纳税金近 15 亿元，在资助贫困师生、精准扶贫、抗震救灾等社会公益事业方面已累计捐款达 5000 万元。

## ▶ 实力铸就荣誉，匠心造就品牌

匡建华坚持思维创新、工作创新、管理创新，建立完善运行机制，为公司可持续发展保驾护航。匡建华认为，管理是基础，而管理最大的漏洞是对合作伙伴财务审核和管控的缺失。因此，他首先从财务着手，建立了一系列从预算到核算再到内部结算的财务风险、保值增值等管控制度。紧接着，他又改造了法务部，建立了一整套风险前移的管控制度，包含各类合同评审评估流程。其次完善生产经营管理制度，建立严格的生产安全体系，要求工程进度和质量安全符合 ISO9001：2000 认证标准，保证工作环境达到职业环境安全要求。最后形成完善的四大循环管理系统，分别是年度回顾与展望、年度经营计划、预算编制及审批、季度业绩回顾。在建立了一系列的制度后，匡建华将公司的盈利模式从基础的劳务输出、资质生存转变为"政府＋企业"合作，投资建设 BT、BOT、PPP 项目的模式，继而发展为以市场为导向，以政策为依托的投资、建设、运营的新盈利模式。

匡建华的这一系列举措，不仅让员工看到了一个极富责任感和使命感的引领者，更让政府各相关职能部门、银行和客户看到了一个诚信、负责任的公司。诚信让匡建华赢得了更多的追随者，更让四川星星赢得了政府、客户和银行的信赖！

2002 年，四川星星被国家工商行政管理局公布为"首批全国重合同守信用企业"，连续 25 年被四川省工商行政管理局评为"省级重合同守信用企业"，连续 16 年被中国农业银行四川省分行评为"AAA"信用等级，连续 13 年通过"质量、环境、职业健康安全"三体系认证。2006 年被四川省人民政府评为"四川省建筑施工总承包 50 强"，2017 年入围"中国建筑企业 500 强"，多次被住建部和四川省住建厅评为"优秀建筑企业""百强企业"，其中 48 项工程获得"天府杯""楚天杯""长城杯"等优质工程奖。匡建华曾先后获得"全国创业之星""四川省第一届中国特色主义事业优秀建设者""改革开放 40 年四川百名杰出民营企业家"等荣誉称号。

### ▶ 心有多大，舞台就有多大

在四川星星改制 20 周年庆典上，匡建华说："四川星星从华蓥山下出发，曾经是广安的星星、四川的星星，现在是所有人看得见摸得着，彼此能照得亮亮堂堂的星星！我今年 49 岁，20 年后 69 岁，人生百年，青春正当时。未来我们整个团队都将保持三个自信：一是健康自信，二是文化自信，三是产业自信，为祖国、为星星、为大家、为下一个 20 年，继续高效工作、高效创造。做大不是我们的唯一目标，星星的理想是构建属于我们大家的财富共同体。未来我们将牵手金融，拥抱科技，与所有的有志之士一起共享资源，拼搏奉献，携手共进，互利共赢。"

山再高，往上攀，总能登顶；路再长，走下去，定能到达。十年磨一剑，二十年造春秋。我们相信，在实现"星星梦"的伟大征程中，匡建华以及他带领的四川星星一定能谱写出与祖国同行、与时代共进的恢弘乐章！

## 人物名片

　　刘义，男，汉族，1966年1月出生，四川成都人，中共党员，管理学博士，成都富森美家居股份有限公司党委书记、总经理，现任政协四川省第十二届委员、成都市成华区第七届人大常委、中国建筑材料流通协会副会长、成都零售商协会会长、成都市市场监督管理学会副会长、成都市企业诚信促进会副会长、成都市工商联副主席、成华区工商联（商会）主席（会长）。

　　多年来，刘义始终不忘自己为党奋斗终身的誓言和肩负的使命，坚持艰苦创业、实业报国、诚信经营、回馈社会、创新发展，不仅推进了富森美的做大做强，更促进了地区家居产业的高质量发展。

# 刘 义：

## 创行业一流，做百年老店

1982 年 10 月，刘义积极响应国家号召，应征到中国人民解放军 89923 部队服役，1986 年 10 月从部队退役后，到成都市营门口信用社工作，一干就是 12 年。12 年间，他从一名信用社职员晋升为信用社主任。在工作中，他敬业奉献、克己奉公、勤奋好学。1996 年，他通过刻苦学习，成功考取了金融经济师。1998 年 11 月加入中国共产党，成为一名党员后，他更加严格要求自己，时刻牢记党的使命，充分发挥军人本色，不断提高自己的专业技能和业务水平，在工作中精益求精，各项工作力求做到更好，鞭策自己做一名优秀的管理者。营门口信用社在他的领导和带领下，依托金融业务，着力向"三农"提供全面贴心服务，为促进区域城乡发展上发挥了积极作用。

志存高远，发展产业，可以为国家做出更的贡献。正是有了这样的梦想，当 2000 年国家实施"西部大开发"战略伊始，房地产业迎来新的发展，室内装修业务越来越大，并衍生出了建材家具等消费需求的极大增长。凭着军人敢拼敢闯、不怕吃苦的精神，刘义决心辞职创业，通过认真考察和综合研判，他紧紧抓住成华区委区政府对城北片区进行重点规划与发展的重要时机，2000 年 12 月在成华区正式创办了富森美家居，专注于建材家居现代商贸业，从此刘义开启了新的奋斗征程。

### ▶ 从民营企业到上市企业

创业初始，在国家产业政策的引领下，富森美在刘义的带领下，按照"大商贸、大流通、大总部"的指导思想，围绕"创行业一流、做百年老店"的愿景，通过狠抓诚信经营管理体系，把"诚实守信"作为共同的价值取向和行为准则，全面打造诚信示范市场，构建竞争有序的经营环境，不断提升富森美品牌吸引力。从 2002 年到 2018 年，富森美在成都投资建设和运营了 10 个自营卖场和 1 个行业创意设计中心，总面积超过 100 万平方米，入驻商户 3000 多家，从业人员 4 万余人，逐步把富森美打造成为了区域内放心舒心的消费市场和繁荣稳定的交易平台，有效占领了西南商贸消费市场，并成为行业领军者。

创业成功后，他不忘初心，时常思考如何带领企业实现基业长青和走可持续健康发展道路的关键问题。通过学习、思考和分析，他决心为企业引入现代企业制度，推进公司上市战略。经过不懈努力，富森美于 2016 年 11 月 9 日在深圳证券交易所挂牌上市（证券代码002818），成为中国 A 股市场家居流通业首家上市企业。上市后，根据四川省"一干多支"战略发展，以及资本市场平台和富森美的品牌影响力，他领导富森美以成都为大本营，向四川省内外市场进行科学布局、稳健扩张，两年内在四川省和重庆市签约 7 个加盟及委托管理项目，物业总规模为 64.9 万平方米，带领入驻家居商贸企业在泸州、自贡、眉山、重庆等地开店布点，通过输出产品、人才和服务，扩大市场占有率，着力推进家居商贸企业做大做强，带动家居产业逐步走出成都，走向全国。2018 年 6 月 6 日，刘义受邀参加四川省经济和信息化委员会、四川省政府国有资产监督管理委员会、四川广播电视台联合主办的 2018 年度"四川名片·荣耀中国"启动仪式，并在直播节目"名企对话"中作了"富森美要做百年老店"的专访发言，进一步扩大了"富森美"品牌在四川乃至全国的影响力和知名度。

付出终有回报，2018 年富森美营业收入达到 14.21 亿元，上缴国家税收（不含卖场内商家）3.86 亿元，富森美的知名度、美誉度和影响力位居行业前茅，经济效益和社会效益显现，企业相继被中宣部等八部委联合授予"全国百城万店无假货示范市场"，被国家工商总局授予"全国诚信示范市场"，被国家质检总局授予"全国购物放心市场"；被四川省人民政府授予"四川省服务名牌企业""四川省优秀民营企业"和"三百工程"重点培育的 100 户重点企业和 100 个重点服务业品牌；被成都市委市政府授予"成都百强民营企业""优秀民营企业""突出贡献民营企业"等荣誉称号。

在大力发展家居产业和搞好企业经营的同时，刘义不忘初心与使命，勇于担当社会责任，积极投身公益事业，10 多年来累计向灾区捐款捐物共计 500 多万元，向贫困户、特殊群众送米、面、油等慰问品价值 4 万多元，同时还帮扶巴中市通江县、甘孜州丹巴县和德格县、简阳市农场村等地开展脱贫攻坚工作。通过实地考察了解当地困难群众需求，研究制订解决方案，累计捐款捐物达 23 万余元，有效帮助贫困村、贫困户加快脱贫进程，充分彰显了一位民营企业家的高尚情怀。

## ▶ 创新升级，推动家居产业高质量发展

近年来，随着人们生活水平的显著提高和产业迭代与升级，我国家居产业迫切需要通过"创新＋服务"来推进行业变革。为满足于人们对美好生活的需要和推进家居产业的高质量发展，富森美在刘义的带领下，积极与美国、德国、意大利等国家领事馆及全球知名家居品牌企业展开合作与交流，引进了范思哲等 280 余个国际知名家居品牌，引进了美国 Baker 家具等 230 余个西南家居首店或四川首店；运用人工智能、大数据、视频等新技术，着力打造和构建高品质沉浸式家居生活新场景；通过举办"美国家居节""意大利家居节""德国家居节"等国际性家居文化交流与消费促进活动，策划和组织"万人家博会"等大型促销活动，联合"掌上明珠"等川派家居产业提档升级，创新推出行业"拎包入住"新模式。模式创新和服务升级，不仅让消费者在成都零距离体验和享受到"国际范"的家居产品和服务，还通过"首店"效应极大促进了区域家居市场消费，有效推动了家居产业的高质量发展。

刘义在商海中披荆斩棘、纵横驰骋，始终保持战略上的定力，一直在家居流通业中精耕细作，专注于家居商业卖场的规划、投资和运营，全面锻造了富森美在家居商业运营上的专业能力和工匠精神，富森美现已成为区域中行业影响力最大、市场占有率最高、口碑业绩最佳、资产质量最优的家居卖场。刘义也多次受到省、市、区各级政府表彰，斩获多项殊荣，先后被评为"四川省劳动模范""四川省优秀中国特色社会主义建设者""四川省优秀青年企业家""四川省百名杰出民营企业家""成都市劳动模范""首届成都市优秀中国特色社会主义事业建设者""汶川特大地震抗震救灾先进个人""成华区建区 20 周年最具影响力人物""成华区 2006 年突出贡献人才""成华区优秀民营企业经营者"等荣誉，刘义以实际行动塑造了新时代四川民营企业领军人物的光辉形象。

## 人物名片

　　刘永好是中国改革开放40年历程中，投身推动非公所有制经济发展的代表性民营企业家之一。他自1982年在农业领域开始创业，以企业家的奋斗精神一路前行，他所创办的新希望集团已成长为中国最大的民营农牧企业，年销售额超过1300亿元，饲料产量世界第二，禽屠宰量世界第一，带动数百万农民脱贫致富，为数以亿计的城镇居民提供安全优质的食品，创造了巨大的社会价值与商业价值。

　　作为民营企业家的优秀代表，他于2018年被党中央国务院评为"改革开放先锋人物"，被中央统战部、全国工商联联合推荐为"改革开放40年百名杰出民营企业家"。

# 刘永好：

## 为耕者谋利，为川商代言，为社会造福

1982 年，社会主义现代化建设迎来新局面，农村一片欣欣向荣。刘永好与兄弟们回到新津农村开办良种场，从养殖领域开始艰苦创业。1986 年，在带动新津成为全国最大鹌鹑养殖基地后，他们主动调整，进军与亿万农民息息相关的饲料行业。1989 年，刘氏兄弟研制出我国首个国产乳猪配方饲料"希望一号"，正面与进口饲料竞争，并很快在全国市场完成领先。他们的饲料事业不仅带动了中国现代农业加工业的发展，也对解决当时肉类供应短缺问题起到了重要作用，更带动了数以万计的农民通过养殖脱贫致富。1995 年，刘永好任总裁的希望集团，被国家工商局评为中国私营企业"第一位"。

### ▶ 与农业改革一路同行

党的十四大以后，民营企业进入了快速发展阶段，刘永好与他的新希望集团开始走出四川，走向全国。1998 年，四川新希望农业股份有限公司在深交所上市，1999 年第一家海外工厂投产，成为最早"走出国门"的民营企业之一。发展至今，新希望在全球 30 个国家拥有分（子）公司 600 余家，员工 7 万余人，2018 年销售收入超过 1300 亿元，产业涵盖农业、食品、快消、房产、化工、金融等领域，成为以现代农业为主导的综合性企业集团。

新希望集团秉持"为耕者谋利，为食者造福"的理念，在刘永好的带领下坚持诚信经营、依法纳税，主体信用等级由中诚信评定为 AAA 级，是首批农业产业化国家级重点龙头企业，连续 16 年被评选为"中国 500 强企业"。集团旗下现有 4 家A 股上市公司，其中新希望六和股份有限公司（000876.SZ）及新希望乳业（002946. SZ）均深耕农业数十年，坚持以"阳光、正向、规范、创新"的企业价值观诚信经营，真情服务数以亿计的"三农"生产者、涉农企业与城市消费者；注重食品安全建设，是全球食品安全倡议（GFSI）董事会中唯一的中国民营企业成员单位；坚持以科技

引领企业创新，在农业创新领域已获得 6 个国家科技进步二等奖，与中科院合作研发 "中新北京鸭" 套系，打破了鸭类育种长期受制于国外的局面，为中国农业的现代化做出了显著贡献。

## ▶ 为民营企业鼓与呼

1993 年，刘永好当选全国政协委员，是改革开放后第一批民营企业家政协委员。1994 年，刘永好当选全国工商联首位民营企业家副主席。此后他连续多年担任全国政协委员、全国人大代表，累计提出超过 170 份提案、建议，部分提案成为具有重要价值的决策参考，在推动现代农业、民营经济发展方面发挥了作用。

1996 年，刘永好参与创办中国民生银行，为化解民营企业贷款难题起到了促进作用。2016 年，刘永好又发起创立了新网银行，这是四川省首家民营银行，全国第二家获得国家高新技术企业认定的银行。两年服务用户超 2000 万，累计发放贷款超 1800 亿元，为普惠金融数字化转型做出了有益探索。

2003 年，刘永好担任全国政协经济委员会副主任时，提出针对当时民营经济发展的现状、成就和面临的困难做一次全国性的大调研，为党和政府制定政策提供基础资料和参考。随后，由厉以宁出任组长，刘永好任副组长，组成了政协委员、专家学者、企业家为主要成员的调研组，进行了两次全国性大调研，覆盖了民营经济发展比较典型的地区，反映了当时大中小型企业各方面的现状和问题，国务院对这次调研过程、结论和建议给予了高度肯定。2005 年 2 月 19 日，《关于鼓励支持和引导个体私营等非公有制经济发展的若干意见》正式出台，是新中国首个肯定 "非公" 主体法律地位的中央文件，对民营经济发展产生了深远影响。此后他还提出了改善进口粮食配额、企业家信誉宣言、保护和弘扬企业家精神等建议与倡议。

## ▶ 共筑川商发展辉煌

2016 年 2 月，在四川省委、省政府、省工商联的大力支持下，川商总会成立，刘永好担任会长。至 2019 年 3 月，川商总会成立 3 年实现基础会员超过 30000 人，川商商会网络遍及海内外 60 多个国家和地区。

刘永好充分发挥川商总会的作用，主导成立了天府商学院，成功承办两届 "川商知名企业家研修班"，组织来自全国 24 个省及澳大利亚、泰国、法国等海外川商，第一时间学习十九大精神、习近平总书记在民营企业座谈会上的讲话精神、省委十一届三次全会精神等，成为团结凝聚川商、贯彻党委政府战略的重要平台。3 年来，川商总会累计举办了 50 多场返乡实地考察，100 余场宣传推介活动，引进了 2000 多亿元的投资，引导落地项目近 200 个。

此外，川商总会还打造了一个重要的活动——天府论坛，已经成功举办了三届，成为企业家学习交流、家乡招商引资的平台，大幅提升了川商的凝聚力、认同感。

在刘永好的带领下，川商深入凉山、川北等深度贫困地区，参与家乡脱贫攻坚和社会公益事业。川商群体近年来的产业扶贫项目总投资超过 300 亿元，教育帮扶捐助近 1400 万元，公益捐款超过 5000 万元。

## ▶ 对公益事业贡献突出

1994 年 4 月，时任全国工商联副主席的刘永好联合 9 位民营企业家发出倡议，开启了中国"光彩事业"的产业扶贫之路。倡议发出后，希望集团率先投资 1500 万元建成了全国第一家光彩事业工厂——西昌希望饲料厂，为深度贫困的大凉山带去了现代农业的火种。25 年来，在中央统战部、全国工商联的领导下，超过 6000 家民营企业参与光彩事业，建成投产 6 万余个光彩工厂。25 年来，新希望集团的产业扶贫投资也已超过 50 亿元，建设工厂上百家，被评为"光彩事业突出贡献企业"，刘永好被评为"中国十大扶贫状元"。

2017 年，党和国家提出了"三大攻坚战"，将精准脱贫、污染防治放在了显著位置。刘永好带领新希望开启"精准扶贫 1+1"行动，截至 2018 年年底在全国 14 个省份运营扶贫项目 50 余个，还有 10 余个扶贫项目正在建设中，累计帮扶建档立卡贫困户近万人。2018 年 10 月，刘永好获国务院扶贫办颁发"2018 年脱贫攻坚奉献奖"。

新希望旗下分（子）公司充分发挥农牧产业优势，在四川凉山等少数民族贫困地区积极投身产业扶贫，将生猪养殖、农货外销、异地搬迁、环境打造、旅游开发等产业建设相结合，不仅让困难群众"搬出来、住下来"，还实现了"搬得出、稳得住、能致富"的持续造血扶贫。凭借实践，摸索出了一套"现代农业＋精准扶贫＋生态环保"三结合的有机循环发展模式，在让老少边穷地区的困难群众生活有改善、心态有变化、收入有提高的同时，还保障了当地的生态本底，践行着"义利兼顾"的中国民营企业社会责任理念。

## ▶ 愿做乡村振兴排头兵

党的十九大提出乡村振兴战略后，2018年6月，在中央统战部、全国工商联的主持下，刘永好牵头34位民营企业家联合发起乡村振兴战略倡议，号召全国民营企业家积极参与乡村振兴战略，发挥产业优势，培育乡村发展新动能。

结合多年产业实践，在2019年第十三届全国政协第二次全体会议上，刘永好作了题为《积极投身乡村振兴实践，促进农村产业融合发展》发言，向大会提出成立乡村振兴产业融合发展联盟、引导农村金融机构数字化转型、倡导绿色种养殖一体化、大力培养"绿领"新农民等多项建议。

截至2019年3月，新希望主导发起的的"10万新农民培训计划"已设立5个省级基地，在全国25省份开展培训700余场，培训各类新农民超过23000人，表彰奖励优秀新农民230余人。

## 人物名片

　　江云，毕业于华西医科大学药物化学专业，四川新荷花中药饮片股份有限公司董事长，教授级高级工程师。

　　四川新荷花中药饮片股份有限公司是中国第一个中药饮片行业 GMP 工厂，中国中药饮片行业领头羊，中国中医药界认可的质量标杆。发展十七载，新荷花在江云的引领下日益壮大、硕果累累，"人品如荷，药质似金"的经营理念一直在被传承和发扬。

# 江　云：

## 人品如荷，药质似金

　　江云自 1996 年创业以来，密切关注医药行业发展状况，尤其关注中药产业，对作为"国粹"的中药有深刻的认识。十几年前，国内中药饮片生产缺乏科学的质量标准和质控手段，饮片质量难以保证，更难以达到规范化规模，而市场需求确实非常大，四川中药材资源极为丰富，是全国中药材主产区之一。面对如此大的机遇，凭借自身的实力、丰富的医药行业经验，在充分继承传统中药饮片加工工艺的基础上，引入现代制药工厂的管理理念和技术要求，江云投资兴建了四川新荷花中药饮片有限公司。

　　新荷花公司于 2003 年获得中国中药饮片行业第一张 GMP 证书，开行业先河，树行业典范，为国家规范中药饮片管理和推行 GMP 认证提供了样板，成为全国中药饮片行业的领头羊。当时，中药饮片行业无序竞争，进入门槛低，生产企业规模小、技术落后。从整体来看，中药饮片质量堪忧，以假充真、以次充好、炮制工艺不过关、等级混淆、重金属残留、掺假现象严重；行业标准混乱，缺乏产业品牌企业；产业政策导向不清晰，缺乏宏观调控的统筹协调……新荷花在江云带领下，敢为人先，投入大量资金，高标准建设、高标准实施，在 GMP 认证和规范化生产过程中，尽管困难重重，但依然坚定不移。2007 年 2 月"新荷花"商标被批准为"中国驰名商标"，2008 年，公司被认定为国家高新技术企业，2010 年，公司被农业部等国家八部委认定为农业产业化经营国家重点龙头企业。

### ▶ 行业舵手，做推动行业高质量发展的先锋力量

　　作为中国第一个中药饮片行业 GMP 工厂，新荷花开启了中药饮片行业规范化生产的新篇章。鉴于当时中药饮片行业的实际情况，新荷花在自身夯实基础、克服困难、不断发展的同时，不忘推动行业健康、有序、高质量发展。

　　新荷花公司是国家商务部中药饮片行业公共技术服务中心承建单位，并经国家

发改委批准组建了国家炮制工程研究中心。从取得全国第一张中药饮片 GMP 证书开始，新荷花俨然成为饮片行业规范化发展的呼吁者和推动者，连续 10 年主办或协办全国"中药饮片创新与发展论坛"，呼吁饮片行业的严格监管，倡导炮制规范统一，推进毒性饮片的批准文号管理，参与标准制订，联合业内企业携手合作……随着中药饮片不断标准化、规范化、规模化，其在医药制造业的份额越来越大，发展速度已远远超过其他药品，传统行业逐渐展现出一片蓬勃生机。

江云担任国家发改委中药饮片炮制国家地方联合工程研究中心主任、国家中医药管理局中药炮制技术重点研究室主任、中国中药协会副会长、中国中药协会中药饮片专业委员会名誉会长，以中药饮片专家身份出任第十届国家药典委员会委员。

## ▶ 勇摘中药饮片炮制皇冠上的明珠

毒性饮片是中药饮片的一大特色，其经严格的炮制减低毒性，去除副作用后，在中医药领域具有重大的药用价值，毒性饮片炮制堪称中药饮片炮制皇冠上的明珠。

近几年，江云将视线瞄准毒性饮片。虽然中药饮片行业的规范性逐年加强，但对炮制要求严格的毒性饮片的安全隐患问题仍然存在，究其原因，一方面是毒性饮片的生产需要严格的炮制工艺和专业的生产线，而我国大多数中药饮片企业规模小、效益低、技术落后，谈不上技术开发和创新，严重阻碍了毒性饮片的发展；另一方面，毒性中药饮片炮制标准仍然不统一，存在《中国药典》《中药炮制规范》和地方标准三种。国家与地方的标准不统一，各地的炮制标准也不统一，一些地方的标准相互矛盾，这无疑使得饮片尤其是毒性饮片的质量难以得到控制。

毒性饮片的炮制难度最大，市场也是巨大的，并且市场需求逐年递增。江云带领新荷花，以四川省提出的发展中药大品种为契机，率先确定了企业发展的优势品种、特色品种。以半夏为代表，通过技术改进、工艺优化、设备自主设计定制，在全国率先建立了中药饮片单品种（半夏）工业化示范生产线，打破了传统饮片生产两条线（普通饮片生产线、毒性饮片生产线）生产少则上百个、多则 600～800 个的多品种生产模式，并获得了 GMP 认证专家的认可，于 2016 年 12 月通过了国家GMP 认证。该生产线优化半夏饮片炮制工艺，完善质量控制标准，并在现有生产线的基础上进一步提升改造，打造具有市场竞争优势的半夏饮片品牌，提升半夏炮制品质量标准，进一步规范半夏饮片（生半夏、法半夏、姜半夏、清半夏）的炮制工艺，使产品质量更稳定可控，实现毒性饮片代表品种的规范化、规模化生产，为饮片大品种示范建设开创了一条可借鉴的成功之路。

新荷花还联合科研机构开展了"半夏药材及饮片掺伪质量问题及打假技术方法研究"课题，并牵头承担了国家中药标准化项目"半夏饮片标准化建设"，建立从半夏种植到饮片生产的全过程标准体系，以确保生产优质的半夏饮片。

## ▶ 十七载风雨兼程，不忘初心，砥砺前行

江云创办新荷花以来，一直秉承"人品如荷，药质似金"的经营理念，高标准、严要求，从不懈怠，立志将"国粹"发扬光大。

新荷花的产品是中国中医药界认可的质量标杆，从第一张 GMP 证书，到推动整个行业的规范化，江云和新荷花不遗余力。

新荷花的技术，行内领先。拥有饮片生产企业首家国家认可实验室，按照国际实验室认可合作组织（ILAC）签订的国际多边互认协议，新荷花检测中心出具的中药饮片检测报告可得到国际上 70 多个国家和地区的认可。从源头抓质量，新荷花还积极致力于道地中药材的栽培研究和种植基地建设，公司已拥有川贝母、麦冬、附子、川芎、半夏 5 个品种的种植基地国家 GAP 证书，列全国中药行业前列。

新荷花的科研力量，是发展强有力的保障。拥有国家中医药管理局中药炮制技术重点研究室、拥有国家发改委中药饮片炮制国家地方联合工程研究中心、四川省级企业技术中心、四川省中药饮片炮制工程技术研究中心等研发和成果转化平台。

新荷花的荣誉铸就了品牌力量。经过多年的发展，新荷花已经成为全国最知名的饮片生产企业之一，连续 3 年获得中国中药饮片企业品牌十强，并荣获"中医药国际化推进十强领军企业"称号；"新荷花"牌半夏获得了中国中药协会中药饮片诚信品牌。江云被评为"中药工业现代化卓越领军企业家""中国中药行业领军人物""改革开放 40 年四川省百名杰出企业家"等荣誉称号。

夯实基础，高瞻远瞩，脚踏实地。江云以其前瞻性的眼光、智慧的探索精神、务实的作风，带领新荷花不断成长壮大，实现企业的可持续发展；以其强烈的责任感，推动中药饮片行业的发展，并且造福社会，惠及民生。

## 人物名片

花欣，男，汉族，生于1956年，四川宜宾人，现任四川省商会副会长、四川省政协常委、四川省光彩事业促进会副会长、电子科技大学客座教授、西南交通大学客座教授、迈普集团创始人及董事长。

花欣参与、见证了我国信息化产业发展的黄金20年，并作出卓越贡献。经过多年发展，迈普已成为中国领先的数据通信产品及解决方案供应商，是国家企业技术中心、国家高新技术企业、国家技术创新示范企业。花欣一直坚持"科技服务人类，诚信赢得尊敬，追求阳光利润，享受坦荡幸福"的发展理念，在经营企业的同时，积极投身社会公益事业。

# 花　欣：
## 用中国芯实现网络强国梦

　　1977 年，21 岁的花欣赶上了恢复高考后的首班车，进入华中科技大学内燃机专业学习。本科毕业后，这位颇具数理天赋的青年自学计算机科学，考取了电子科技大学计算机专业研究生，并在毕业后留校任教，立志通过自己的发明，开创自己的事业。通过近 5 年的艰辛研究，经过一次又一次的失败和挫折，战胜一个又一个困难，终于在 1993 年发明了全球独创的多路调制解调器 MP1000，创立了迈普科技公司。该产品比当时全球一流产品的性能高出 20 倍，成本却仅为十分之一，并且质量优异，操作简便，很快占领了国内 90% 以上的市场，并获得国家五部委联合颁发的国家级新产品证书，荣获省科技进步二等奖和市科技进步一等奖。该产品的广泛运用，不仅为企业带来优良效益，而且为银行用户节省了数十亿元的成本，提高了效率，加速了银行网点互通互联和科技应用进程，同时还为国家节省了外汇。

### ▶ 坚持科技创新引领企业发展

　　迈普科技创立以后，企业始终以科技创新为本，竭尽全力打造企业的科研队伍，将大量利润投入研发，经过多年刻苦攻关，花欣与企业研发团队一道，于 1998 年推出 DDN 传输网接入设备解决方案，包括 DDN 网局端设备 MP9400 和用户端接入设备 MP128，该产品依靠独到的创新，其传输距离和稳定性均高于国外同类产品，而成本又大大低于国外同类产品。该产品一经推出，就得到各大运营商客户的青睐，在运营商 DDN 接入网络中广泛运用，市场占有率达到 80% 以上。该产品被列入国家火炬计划、国家级新产品，并荣获省、市科技进步奖。

　　随后，迈普继续坚持科技创新，并于 1999 年打破国外垄断，全国首家研发出 MP2600 接入路由器。MP2600 路由器基本达到了美国最先进的网络设备供应商思科公司同类型产品的性能水平，但价格却远低于国外同类型产品。由此迅速占领金融、运营商等行业市场，获得了客户高度认可。

之后，迈普又先后推出了多项全国乃至全球独创的技术和产品，包括国内首创的双核路由器、国内首创的宽窄带一体化路由器等产品。他们研发推出从接入、汇聚到核心全系列路由器和交换机等通信产品，形成了迈普产品的整网解决方案。经过不断的研发投入和创新，迈普获得了几十项国家、省、市科技进步奖，研发出多个国家级新产品，成为国家级企业创新中心，承担了多项国家 863 计划项目，以及国家、省、市重大科研项目，拥有发明专利千余项。2007 年，迈普科技推出了国内首创的基于 ATCA 架构的多核路由器 MP7500，该产品一举获得工信部信息产业重大技术发明奖和四川省科技进步一等奖，并和歼十战斗机一起，作为四川省仅有的 2 项科技成果代表，参加国庆 60 周年献礼展览。

## ▶ 有责任有担当的优秀中国特色社会主义事业建设者

自主创新，产业报国，是花欣在创办企业之初立下的志向，在迈普不断发展的同时，花欣也积极回馈社会，履行着一个企业家的社会责任。

2003 年，花欣捐出了成都市政府颁发给他的"成都市科技杰出贡献奖"奖金 40 万元，迈普公司再捐资 60 万元，合计 100 万元，用于资助 1000 名品学兼优、家庭经济困难的四川籍大学新生，这是当时四川省面向高校贫困新生的最大一笔个人捐款。

2008 年，汶川地震发生后，迈普第一时间捐赠了 1600 万元财物，并定点援建都江堰青城小学。迈普志愿者从 5 月 13 日开始，足迹遍布什邡、青川、北川等 10 多个重灾区，送去灾区急需的帐篷、睡垫、睡袋、饮用水、食品等。

截至 2018 年，花欣及其带领的迈普公司已经累计捐赠 5600 多万元用于社会公益和教育事业，包括抗震救灾、迈普宏志班、栋梁工程、再就业工程等公益项目，捐建电子科大、华中科大、国防大学、北京邮电等高校网络实验室。

2004 年，花欣作为四川非公有制经济杰出代表，当选为首届全国非公有制经济人士"优秀中国特色社会主义事业建设者"，先后荣获信息产业部劳动模范等国家、省、市各项褒奖，先后当选为第十一届全国人大代表、四川省政协常委、成都市工商联主席等职务，作为民营企业家参政议政，为我国的信息化发展建言献策。

## ▶ 超越普通，追求卓越，建设中国人的安全网络

2008 年，花欣当选第十一届全国人大代表，在履职人大代表期间，花欣多次就

网络信息安全议题提交提案，建议国家层面关注信息安全和网络安全。

作为一名网络与安全领域内的老兵，花欣对于网络威胁有着自己的看法。

在他看来，最大的威胁往往不仅是网络漏洞、病毒、网络攻击等看得见的威胁，而看不见的威胁——网络后门，这种安全隐患更大。"看不见的往往是最危险的，后门的破坏程度远远超过看得见的威胁。"除了产品和技术之外，花欣还提醒要注意一些隐性安全威胁，特别是供应链威胁。"信息技术与现代社会高度融合，无论政治、经济、军事、文化以及企业和个人都离不开信息化，如果这一行为放大到国家层面，对我们的供应链进行全面封锁，将会给国家造成巨大的风险。"

正是基于这样的远见卓识和战略，花欣领导迈普于2012年在业界率先布局自主安全网络领域，并深度融入国家自主安全产业生态，基于国产芯片核心元器件和自主研发的软件系统，打造了目前国内最完善的自主安全产品系列，将核心技术牢牢掌握在自己手中，是国内唯一一家可提供从接入、汇聚、核心到数据中心级应用的全系列自主安全网络产品和整网解决方案的供应商，占领了国内自主安全网络产品70%左右市场份额，相关技术成果和产品在国内处于领先地位。未来，迈普还将继续加大在自主安全网络领域的研发投入，保持技术和产品的领先者优势，同时立足于自主安全网络领域的领先成果，进一步推进可信计算、融合5G、物联网、云计算、AI、大数据技术研发，打造安全、极简的智能网络解决方案，助力国家电子信息产业发展。

今天，花欣带领着迈普又开始了新的征程，用中国芯助力国家安全网络建设，实现网络强国梦。

**人物名片**

　　李洪武，生于 1972 年 8 月，2006 年开始创业，建立了现在的凯信企业（集团）。现担任凯信企业（集团）董事长、四川省工商联（总商会）执委、成都市工商联（总商会）执委、成都市知联会理事、中国建筑材料流通协会副会长、中国市场学会家居专委会副理事长、四川省商务酒店协会执行会长、成都商务服务业商会执行会长等。

# 李洪武：
## 海纳百川，有容乃大

曾有过采购、工厂管理、企业管理等基层工作经验的李洪武，在工作中发现国内很多企业没有长远规划、没有商业运营创新，到了一定阶段后就会出现发展缺乏动力的困局。

1999 年，他参加了 MBA 核心课程培训班后，开始做商业运营管理，全方位地学习和参与各环节运作，在连锁商业运营方面进行了创新，积累了丰富的经验。

2006 年，他毅然辞职，联合志同道合的同事，创立了凯信企业（集团），想结合四川乃至西南的实际情况，探索一套适合中国西南地区的商业连锁运作模式。

## ▶ 十年磨一剑，今朝露锋芒

创业之初，李洪武带领团队一开始就制订了"打造西南地区一流连锁商业运营机构"的目标，制订了"十年规划"，把"做事先做人""家文化""诚信经营，实在做事"作为企业核心理念和企业文化主导思想。公司围绕"如何建立适合西南地区区域消费市场的商业连锁管理"，潜心研究西南地区消费市场，从商业地产的前期调研、建设规划、设计规划、建设管理、销售管理，到后期的商场运营规划、招商、运营管理、物业管理等各个环节进行深度研究，建立了一套全程管理的运营体系。

李洪武倡导，以一体化和体验式消费模式为消费者提供全新的生活模式，以"家"的文化理念为消费者提供各种居家文化享受，打造企业和家为一体的企业员工生活模式，塑造"凯信生活模式"，一批立志打造新商业模式，认同凯信文化的行业精英加盟企业，企业很快进入了正常运营。

李洪武带领凯信企业在四川采取新的商业发展模式，以成都为中心，在周边地县级城市以自建、联建、租赁等形式打造了 10 多个大型商业体，形成了庞大的商业运营体系。经过不断发展壮大，企业集团目前包含了全资和控股企业 15 家、参股企业 5 家，资产总规模达到近 30 亿元。集团公司汇集各类专业人才近 200 人，拥有直属员工和代管理营业员近 1000 人，业务范围涵盖连锁商业运营管理、地产开发、地产全程营销、物业管理、广告推广、装饰装修、演出庆典活动、网络开发运营、国际贸易、教育学校等领域，成为四川地区具有影响力的商业连锁综合型企业。

目前，在李洪武的率领下，凯信企业（集团）独立开发运营和参与开发建设运营的项目已经达到 20 多个，开发建设总面积超过 60 万平米，独立运营商业和主导运营商业物业总面积超过 100 万平米，每个项目均获得成功，得到当地政府、企业和消费者的好评。

同时，凯信企业（集团）团队成员除行业经验丰富外，还具有自主创新能力，且专业优势能充分互补，创造着凯信独有的新型商业运营管理模式，以"诚信、互助、共荣"与合作伙伴建立了良好合作关系，帮助一批创业者成功创业，扶持了一批小微企业成长为销售过亿元的中小企业。

## ▶ 运筹帷幄，蓝图已绘就

对凯信企业（集团）未来的发展，李洪武胸有成竹地说："企业将秉承优良传统，实践创新精神，以诚为本，坚持专业化管理，自主经营，创建西部连锁优势企业，坚持员工与企业和谐发展、企业和社会共同进步的经营管理理念，创造多赢项目，努力追求更新、更高的发展目标。我们将苦练内功，从严治企，全面提升集团公司管理水平，实施人才强企战略和科技强企战略，致力于创建一流的现代化企业集团。"

李洪武表示，未来 5 至 10 年凯信将开启"大生活购物中心连锁＋国际贸易"发展模式，快速形成凯信新商业模式，成为新商业的龙头之一。

以现有凯信家居为核心，推动家居产品进行延伸，如床上用品、居家日常用品、厨房餐厨用品等，形成大家居购物中心，以"凯信佳居俱乐部"为中心，建立线上线下融合营销模式，形成长期的会员消费模式。加强与中国南亚研究中心的合作，充分利用中国物流的资源优势，初步建立巴基斯坦、俄罗斯、斯里兰卡海外家居建材分销中心，形成海外销售系统。

在大生活家居购物中心的基础上，逐步引进其他体验式专店，建立大生活购物中心。以会员消费为基础，形成"吃、喝、玩、乐、购、教"一体的体验消费，通过互联网技术形成"社区店服务，中心店体验消费"的消费模式，购物中心形成以"家居体验中心""进口商品直销中心""教育健康服务中心"三大核心为基础的综合性商业中心和生活消费全覆盖的经营模式，且形成自身独特核心竞争力，建立进口商品的分销渠道覆盖。

未来将会以打造商圈、城市综合体的方式，计划在 5 至 10 年内，在西南地区建立 25 ~ 30 家连锁商场，营业面积达 130 万平米以上，形成"创建商圈、经营商圈"的凯信商业模式。

## ▶ 率先垂范，引领民企"走出去"

2007 年，李洪武了解到随着青藏铁路的开通，中国与印度边贸口岸即将开通。李洪武认为这个边贸口岸的开通将会为中国企业带来巨大的商机，随即带领团队进驻拉萨，参与筹划南亚国际商贸城的策划和运营。后来因各种原因未能如愿，但却为凯信打开了探索国际贸易和跨国商业运营的一扇窗。

李洪武带领凯信企业团队开始关注和研究国际贸易企业和"走出去"投资企业的发展情况，对企业遇到的问题进行分析。国家"一带一路"倡议发起后，在中国经济转型和环保压力下，加之国内产能过剩等诸多因素，促使更多的企业考虑到"一带一路"沿线国家投资发展，但很多现实困难又让民营企业"不敢走出"，或者"走出去无法生根、无法发展"，无法形成发展规模。

李洪武加入成都商务服务业商会并担任执行会长一职，得到商会的智囊机构——中国南亚研究中心、四川大学巴基斯坦研究中心的大力帮助，以"一带一路"倡议重点项目"中巴经济走廊"作为重点研究对象，逐步形成了解决"走出去"企业痛点的方案，如"以产业集群化走出去""民营企业抱团走出去""商会统筹专业机构负责解决走出企业的法律、税务、安全、土地、工厂、产业工人培训、报关报检""商会通过对接落地国家的商会，打通落地国家的产品销售渠道""通过培训管理人才解决销售终端服务和拓展"等。

为此，凯信企业联合成都商务服务业商会举办了"巴基斯坦高新技术产业园研讨会""成都一带一路建设人才培训研讨会"等专题大型会议，得到了成都市委统战部、成都市工商联、成都市知联会的肯定和支持，也得到了了四川大学、成都电子科技大学、西南财大、西南交大等 10 多所大学专家学者的专业指导，同时吸引了四川鞋业协会、四川山珍进出口商会、四川服装服饰商会、电力商会、汽配商会等专业商会的积极参与，拟以产业集群化方式"走出去"，形成抱团发展。

目前，凯信企业已经与巴基斯坦 3 家公司签订意向协议，拟在巴基斯坦和成都打造"中巴经济文化交流中心"，力争使成都成为中巴经济走廊的重要枢纽。李洪武与成都商务服务业商会联合打造的"走出去"发展模式一旦落地，必将大大促进国内产业"能出去""能生根""能发展"，促进"一带一路"沿线国家的经济发展，为当地人民谋福祉。

海以其博大，纳百川而成其浩瀚；山以其厚重，立沧桑而为之雄浑。李洪武率领凯信人正在以崭新的姿态、坚定的决心、必胜的信心开创企业新的未来。

## 人物名片

    杨大陆，1952年6月出生，男，汉族，高级工程师，四川大陆集团董事长。现任中华红丝带基金会理事，全国光彩事业促进会常务理事，香港中国商会创会会长、常务副会长，四川省光彩事业促进会副会长，四川省中华职业教育社委员，四川省工商业联合会参政议政智库咨议委员会副主任，中国西部经济发展促进会副会长，成都市工商联副主席，中国亚洲经济发展协会常务副会长。

    他先后被评为"全国关爱员工优秀民营企业家""全国就业和社会保障先进民营企业""四川优秀民营企业家""四川省优秀中国特色社会主义事业建设者""四川省民营经济改革开放30年突出贡献奖""四川省关爱员工优秀民营企业家""改革开放40年四川省百名杰出企业家"。

# 杨大陆：

## 不用扬鞭自奋蹄的民企脊梁

在人民南路，有一座引领纯商务精装时代、低碳环保时代、人文和人性化时代的"大陆国际"甲级写字楼熠熠生辉；在成都市锦江河畔的二号桥头，"大陆玉沙生活广场""大陆锦江华庭"聚一方人气，集一地繁华；在城北，"大陆潮里"以新中式建筑风格、前沿科技表现、极具特色的景观创意，成为城北中环的区域标杆……把握时代脉搏，四川大陆房地产开发公司在特色、精品、品牌建设上，完成了从建筑商到开发商，再到为社会打造商业、文创平台，引领城市生活潮流的蝶变。

经过多年的发展，四川大陆集团已发展成为"以建筑为基础，房地产为龙头，药业和水产为两翼，投资及其他产业为补充"的综合性集团公司，全资、控股、参股公司 10 余家，产业和项目遍及全国各地以及海外，拥有各类专业人才近 2000 人，直接和间接为社会提供就业岗位上万个，连续多年纳税上亿元。四川大陆集团董事长杨大陆认为，集团能在商海中立于不败之地的法宝，是几十年如一日的勤奋拼搏、诚实守信、依法经营、照章纳税，响应党和政府的号召，符合国家经济发展的需要，处理好"亲清"政商关系，踏着时代的步伐，不断创新、转型升级。企业在任何时候都要处理好"义"和"利"的关系，任何时候都要重视和谐共赢。

### ▶ 与时俱进，缔造大型企业集团

作为生在新中国、长在红旗下的一代人，杨大陆像无数同龄人一样，渡过了充满理想又生活艰苦的少年时代。为响应"上山下乡"的号召，杨大陆成了首批到农村的知识青年，之后从田间走进学校当上了教师，并走上了校长的岗位。在新津县发展县域经济改革中，杨大陆又接受政府的召唤，担任新津县建筑总公司执行副总经理。1987 年，杨大陆放弃国营企业的管理岗位，选择下海经商，从此走上了发展民营经济的探索之路。进入建筑行业，从做农村建筑队的承包人起步，带领一群怀揣梦想的人走向了市场。

杨大陆白手起家，走南闯北，率领团队参建了中国第一幢高层建筑"深圳国贸大厦"，与中国建筑一起创造了三天施工一层楼的深圳速度；在艰苦缺氧的藏区完成了世界上海拔最高的"昌都机场"工程建设；参与建设了香港青马大桥、北大屿山高速公路、机场候机楼，以及中东地区和非洲的多项海外工程。其间，杨大陆成立了具有海外经营资格，可承接国内外工程项目的成都黄河建设（集团）有限公司，解决了成千上万人的就业，被授予"全国就业和社会保障先进民营企业"荣誉称号。

杨大陆在建筑行业取得成就，完成原始积累之后，没有固步自封，而是主动转型升级，1997年开始实施"二次创业"，先后创建了四川大陆房地产开发有限公司、四川大陆建材有限公司、四川大陆投资管理有限公司等多家企业，开始了多元化发展，多领域进行投资的创业之路。期间，杨大陆积极参与国有企业改制项目，收购了成都蓉东制药厂和花桥渔场等国有企业，建立了大陆药业和大陆农业。

杨大陆认为中药是中华民族的瑰宝，必须要传承下去，更要服务好百姓健康。为配合成都市锦江区城市改造，大陆集团四川康特能药业公司在成都市都江堰经济技术开发区征地50余亩，高起点新建生产线。其自主研发的"去感热口服液"曾荣获四川省和成都市科技进步奖；以水蛭为原料，按传统中药单方研制的脑血康丸，属全国独家剂型，医保乙类品种。此外，杨大陆认为药业公司要发展，必须从研发做起，加强与院校合作。2018年10月，"成都中医药大学经典名方传承与转化中心四川康特能药业有限公司联合实验室"在药业公司揭牌。

为响应国家提出的乡村振兴战略，把脱贫攻坚与推动乡村振兴战略有机结合，康特能药业公司与四川荣县正紫镇人民政府、荣县民众中药材种植专业合作社合作，创建"公司＋基地＋中药材种植专业合作社＋药农"模式，在保证药农收入稳定的情况下，公司再额外发放补贴，规范标准化种植中药材。同时，康特能药业公司与清华大学、成都中医药大学等科研机构建立了联合实验室，成立了中医、中药、名方实验室，研究建立了一套标准化中药材生产流程，推进中药饮片加工产业化、标准化和规范化，努力将正紫镇中药材基地建成国家级中药材科研种植示范基地，努力将正紫镇竹叶柴胡中药材打造成国家地理标志保护产品。

四川大陆水产科技发展有限公司是集水产科研教学、水产品深加工于一体的水产科技园区。2017年，康特能药业公司携手大陆水产科技，在新津养殖基地引入养殖宽体金线蛭，共同开展水蛭养殖技术研究与实验，为药业公司中药可持续发展提供原料保证。

在杨大陆的领导下，大陆集团从90年代初期以来都是四川省、成都市政府重点联系的民营企业，是四川省、成都市重合同守信用企业，是成都市 AAA 诚信企业及纳税先进企业。先后获得"全国就业和社会保障先进企业""四川省民营经济改革开放 40 年 100 强""成都市参加国企改革和解决就业突出贡献奖"。

## ▶ 致富思源，勇于承担社会责任

杨大陆深知大陆集团的蓬勃发展离不开每一个员工的辛勤付出。步入大陆集团，处处感受到每一个员工的认同感、归属感、幸福感。大陆集团着力把团队打造成一支充满战斗力、能打胜仗的队伍，着力把企业建设成一座增长知识、共同勉励成长的学校，一个彼此关心互爱的家庭，一个荣辱与共、风雨同舟的集体。大陆集团的每一个员工，都带着自己的梦想，朝气蓬勃地投入工作，在实现企业目标的同时，实现自身价值，并把企业文化有机地融入生活、奉献社会。

杨大陆作为多届四川省人大代表、省政协委员及常委、成都市人大代表及常委，四川省工商联副主席，成都市工商联副主席，积极参政议政，献计献策，提出多项改善民生的议案，多项议案被采纳并实施。他始终认为，企业发展了不能忘本，民营企业家的成功离不开改革开放的政策，离不开党和政府的关心与支持，成功了就要懂得感恩和回报社会。

在 2008 年汶川大地震、2013 年芦山大地震中，杨大陆及大陆集团共向灾区捐款近 600 万元；为了更好地推进大巴山革命老区等地建设与发展，公司响应党和政府的号召，向巴中、仪陇、广安等老区捐款 300 余万元；在 2016 年党和政府实施"万企帮万村"后，大陆集团积极参与社会公益活动及扶贫攻坚工作，在阿坝和凉山等地累计捐款捐物近 400 万元。据不完全统计，大陆集团多年来向希望工程、光彩事业、老区建设、关爱老年人事业、慈善捐赠等各种社会公益项目捐赠近亿元。

展望未来，杨大陆满怀信心地说："面对新时代，跨上新征程，不用扬鞭自奋蹄，我们将积极投身到中华民族伟大复兴的实践中，把企业做大做强，做成百年老店，为实现强国富民的'中国梦'贡献出自己的一份力量。"

## 人物名片

何建军，男，汉族，1964年8月生，四川成都人，研究生学历，四川好惠捷建材集团有限公司董事长。现任中国光彩事业促进会理事、全国工商联执委、四川省政协委员、四川省工商联副会长、成都市人大代表、成都市工商联副会长、郫都区政协常委、成都市电气行业商会会长。

2010年，何建军荣获"四川省第二届优秀中国特色社会主义事业建设者"称号，2018年荣获"改革开放40年四川省百名杰出民营企业家"称号。

# 何建军:

## 实干兴邦,产业报国

从 1992 年开始创业,四川好惠捷建材集团有限公司董事长何建军始终坚持"发展产业、服务社会、回报国家"发展理念,历经 20 多年开拓创新,由最初单一的商贸企业,逐步发展成为业务涵盖电线电缆、电力变压器、高低压成套设备等研发、设计、制造、营销、服务,以及物业管理、酒店管理等产业,拥有数亿元资产的集团公司。

### ▶ 工匠精神树品牌

在何建军的领导下,四川好惠捷建材集团有限公司以新的发展理念,推动企业朝着质量、效率、可持续的方向发展。始终保持创业、创新、创优、创富、创福的精神,以及诚信经营与共享精神,审时度势,面对未来,积极实施战略转型。何建军引导企业降低成本、提高效率,在企业中弘扬"工匠精神",加强品牌建设,形成自己独有的优势,增强产品竞争力。他还积极推动企业不断创新,以新的管理模式、新的营销手段、新的创新能力、新的互联网思维,促进企业融入"一带一路"建设中。经过不懈努力,公司总资产、年产值逐年提高,先后被评为"四川名牌产品""成都市著名商标""国家高新技术企业"。

### ▶ 以人为本抓管理

何建军大力推进企业改革,不断完善管理制度,在抓经营工作的同时,也非常重视企业内部管理,十分看重企业文化建设和员工思想品德教育。长期以来,他一直致力于建立和谐的员工工作环境,积极引导员工树立正确的财富观、价值观、人生观。

在何建军的倡导下,企业文化宣传工作水平不断提升,企业制作了多个宣传栏,积极宣传党的方针政策、企业文化和安全知识等，还修建了篮球场、羽毛球场、乒乓球场、食堂、职工宿舍等设施。在四川省工商联的大力支持下，企业建立了党支部、团支部、工会、职工代表会等机构，建立了职工阅览室，极大丰富了员工的业余文化生活。公司响应"一带一路"倡议，抓住发展机遇，努力形成行业领先优势，实现企业更大的发展和跨越，努力为国家和社会发展多做贡献。

## ▶ 建言献策履职责

何建军现担任中国光彩事业促进会理事会理事、全国工商联执委、四川省政协委员、四川省工商联副会长、成都市人大代表、成都市工商联副会长、郫都区政协常委、成都市电气行业商会会长，他积极参加社会活动，履行各项职责。他通过不断深化学习，切实提高理论素养，强化创新意识，增强行动自觉性，他坚持理论联系实际，把学习成果不断转化为工作思路和务实举措，以高标准、严要求、高质量推进企业经营管理。他不断增强责任意识，注重实干实效，提高实践和创新能力，积极建言献策。同时，何建军努力提高政治把握能力，提高调查研究能力，围绕全面建成小康社会、建设社会主义现代化强国，推动治蜀兴川，多谋实策，多出良招，道实情建良言，把参政参到要点上，议政议到关键处。何建军提出的"关于完善食品安全监管体制的建议"，被列为成都市人大重点提案；提出的"关于加大环境治理力度，搬迁郫都区石材城的建议"，得到了及时答复，相关部门已开展整治落实工作，群众反映良好。

## ▶ 扶贫济困做奉献

致富思源，何建军个人和企业能够积极参与光彩事业和公益事业，先后参加了困难群体捐助、"阳光助老"慈善活动、"送温暖、献爱心"活动、贵州抗旱救灾援助活动、青海玉树地震救灾捐助、崇州街子古塔重建赞助、崇州扶贫道路修建、金府火灾捐款、机电商会困难会员扶贫捐款、"爱心助困、光彩助老"行动、郫县党外知识分子活动中心赞助等活动，公司先后荣获"抗震救灾表彰单位""抗震救灾突出贡献奖""同心·川商光彩助残爱心企业"等。

特别是在 2017 年，何建军参加了由中共中央统战部、全国工商联、中国光彩事业促进会联合举办的"中国光彩事业凉山行"活动，他亲赴四川凉山地区，开展项目投资、扶贫帮困等活动，积极帮助少数民族贫困地区改善生产、生活条件，让他们加快脱贫致富，实现地区间共同发展，不断缩小区域性差距。2018 年，何建军参加了由四川省委统战部、省工商联和凉山州委、州政府在凉山州西昌市、昭觉县开展的"沿着总书记足迹，重走凉山扶贫路"活动，他踊跃捐助"中央厨房"项目，覆盖三岔河乡三河村、解放乡火普村等地，帮助贫困地区小学生在求学过程中，少奔波、吃热饭、吃饱饭、吃好饭。在这些活动中，何建军捐款捐物达 200 万元以上。

## 人物名片

    宋德安，1965 年 2 月生，无党派人士，清华大学五道口金融学院 EMBA，高级经济师，现任重庆钢铁股份有限公司副董事长、四川德胜集团董事局主席。曾任四川省人大代表，现为四川省工商联第十一届常委、政协乐山市第六届常委、乐山市工商联第六届副主席、成都乐山商会名誉会长。曾获乐山市优秀民营企业家、四川省优秀民营企业家、云南省优秀企业家、四川省第二届优秀中国特色社会主义事业建设者、改革开放 40 年四川百名杰出民营企业家等多项荣誉。

# 宋德安：
## 作以德治企的企业家

1997 年，在党的十五大精神和进一步加快国企改革政策的号召下，在钢铁工业被推上改革前沿时，宋德安怀着产业兴企、精诚报国之心，先后租赁、收购四川大渡河钢铁厂、四川金顶钢铁股份有限公司和云南禄丰钢铁厂等几家国有钢铁企业。以令人叹服的"德胜速度"完成了国企改制，使这几家钢铁企业死而复生，重新焕发了生机与活力。

### ▶ 勇于开拓：深耕实体经济的先行者

宋德安立足钢铁平台，从管理、制度以及企业文化等方面对企业进行深入改造和治理，完成了从单一到多元，从普通钢铁到钒钛资源综合利用发展的转型，在四川、云南分别建成了完整的绿色钒钛产业循环经济链，构建了德胜独有的钢铁产业链的板块管控模式。特别是在供给侧结构性改革的产业大背景下，他率先提出"一个转型，两个战略"发展方针，即从制造商向服务商转变，以及秉承低成本竞争战略和精品战略，带领德胜钢铁产业链收缩战线，抱团取暖，苦练内功，一次又一次在逆境中经受住了历史的考验，逆势而上，实现了快速发展。

德胜集团现拥有 20 多家子公司，员工 10000 余人，各类专业技术人员 3000 余人，总资产达 370 亿元，连续 7 年入围"中国企业 500 强"，2018 年排名 335 位，较上年上升 84 位，为四川省企业第六名，具备了年产金属钒 1.2 万吨的生产能力。同时德胜钒钛、云南德胜连续两年上榜由冶金工业规划院颁布的中国钢铁企业综合竞争力评级优强（B+ 级）和较强（B 级）企业，德胜钒钛吨钢利润率西部领先。

宋德安率领集团坚持走节能减排、资源综合利用、发展循环经济的可持续发展道路，已通过 ISO9001 质量管理体系、ISO10012 测量管理体系、ISO14001 环境管理体系和 GB/T28001 职业健康安全管理体系认证。

宋德安引领德胜集团通过自主创新和产学研合作，开发了一系列的关键核心技术和主导产品，现拥有核心专利 300 余项，完成了极贫钒钛磁铁矿资源节约与综合利用先进工艺的研究和应用，实现了边界品位铁（15%）、尾矿中极低品位钛（4%~5%）的资源回收利用，高炉入炉钒钛比达 72%，提钒率达 100%；实施控轧控冷、智能轧机等精益制造技术在含钒建筑钢筋生产线的成功应用，抗震钢比例达 100%。

## ▶ 善于思考：注重管理与创新的探索家

作为一位思考型的民营企业家，宋德安始终在自己的脑海中，酝酿新的企业发展规划。他亲自主持编写了集团"十二五""十三五"规划，并在 2006 年德胜集团博鳌年会上，吹响了"在二次创业的道路上跨越前进"的号角。

在填平补齐钢铁产能规模的同时，宋德安将多元经营作为转型升级的发展平台，着力打造现代物流、资源开发、机械制造、金融投资、文化旅游等产业集群。其中，文旅产业经过多年的谋划发展，现已成为西南高端旅游地产的典范企业，其打造的集金融、保险、医疗、康养、教育为一体的国际旅游度假区项目已经崭露头角。在投资方面，集团旗下四川首批完成证监会私募基金备案的鼎祥资本，通过投资基金、发起基金、直投企业、参股控股企业，已经完成了基本的资本布局，为未来的腾飞打下了坚实基础。截止到 2018 年年底，鼎祥资本直接管理和参与管理的基金有 9 支，管理规模合计约 90 亿元，已完成投资项目 80 余个。集团旗下盈创动力投资管理公司是国家科技部、四川省政府等机构参与引导的创投基金管理人，连续 5 年荣获"成都市最佳创投机构奖""成都市最佳投资人奖"。2018 年，鼎祥资本在成都高新区完成税收 4.9 亿元，在投资机构中纳税排名第一。

值得一提的是，在宋德安为集团设计的多层次投资平台中，围绕钒钛钢铁主业，与四源合股权投资管理有限公司、中国宝武钢铁集团有限公司，合作成立四源合（重庆）钢铁产业发展股权投资基金合伙企业，受让四源合（上海）钢铁产业股权投资基金中心持有的重庆长寿钢铁有限公司 75% 的股权，间接持有重钢股份。这项合作拉开了西部钢铁混改及整合的序幕，为西部钢铁行业的良性发展奠定基础，也会为行业混改树立典范。

## ▶ 心怀感恩：主动承担社会责任的企业家

从德胜诞生那天起，宋德安就始终致力于以安全、节能、环保的方式提供产品和服务，积极参与社会公益事业，服务社会发展。

宋德安坚持"发展企业，回报社会"的企业价值观，在适应社会主义市场经济，服务地方发展等方面做出了积极贡献。从 2008 年至今，集团累计上缴税金达 100 多亿元，为地方经济，尤其是少数民族地区经济社会发展做出了突出贡献。

宋德安还把高能耗高污染的濒临破产企业打造成为绿色德胜钒钛钢铁循环经济园区，受到了省领导的高度肯定，节能减排、循环经济、绿色制造的做法在全省推广，并荣获"四川省'十一五'节能减排暨淘汰落后产能先进企业（2011 年）"和"省级循环经济示范企业（2012 年）"称号。

党的十八大以来，宋德安带领全体员工认真理解和把握"绿水青山就是金山银山"的重要思想内涵，以"达标排放为主线，超低排放是常态，企业与城市互融共生"为目标，积极推进绿色发展战略，集团钒钛钢铁产业每年环保投入近 3 亿多元，先后建成并投用了布袋除尘器、喷雾抑尘装置、电除尘、烟气脱硫、道路喷淋、料场喷淋洗车、抑尘网、污水综合处理回用系统、雨污分流、固废综合处置堆放场等大量清洁生产技术和设备，形成固态、液态、气态三大废弃物回收利用的绿色发展模式，实现了废水全部循环使用零排放，大气特征污染物深度脱除，固体废物全部综合利用的环保目标。于 2017 年顺利通过国家、省、市、区各级环保检查，为实现绿色可持续发展奠定了坚实基础，切实承担起先进钢铁企业的社会责任。

在 20 余年的创业过程中，宋德安始终坚信党的领导，依靠党的政策，狠抓集团党、工、团建设，充分发挥党组织的引领作用，促进企业和谐发展，集团现有党员1500 余人、团员 3000 余人。先后在 2011 年、2015 年两次被四川省委评为"全省先进基层党组织"，2018 年被四川省委非公有制经济组织和社会组织委员会评为全省民营企业"党建工作示范企业"，还获得了全国厂务公开民主管理先进单位、全国职工职业道德建设先进单位、全国"安康杯"竞赛优胜单位等多项荣誉。

宋德安还积极履行社会责任，在他的倡导下，德胜集团安置退役人员、下岗职工、再就业职工、城镇待业人员和农民工等累计达 20000 人。截止目前，为社会公益事业、精准扶贫捐款捐物累计超过 3 亿元，荣获"2010 年全国政协委员慈善人物"等殊荣。

## 人物名片

张彬，四川省人大代表、四川省工商联常委、绵阳市人大常委、绵阳市工商联副主席、美乐集团董事长。他将一间不足100平米的化妆品小店，发展成集房地产开发、商贸物流、化妆品连锁销售、酒店、餐饮连锁、物业服务、职业教育、金融等为一体的集团化公司，并向海外拓展。

在抗震赈灾、扶贫助学等公益活动中，能经常看到他的身影，他先后获得了"四川省优秀中国特色社会主义事业建设者""四川省劳动模范""四川省优秀青年企业家"等诸多殊荣。

# 张 彬:
## 从百平小店到数亿集团的商业传奇

34 年前,张彬离开工作轻闲、收入稳定的国营企业"下海"经商,做起了服装生意。

29 年前,他开绵阳之先河,开办化妆品专营店。如今,他和他的团队,把一个不足 100 平方米的小店发展成涉及化妆品、房产、物流、酒店等行业的集团化公司,在绵阳书写了一个由钟表公司技术员到知名企业家的商业传奇。

光环如此闪耀,因为汗水铸就。不管是当年维修钟表精益求精、厘秒不差,还是下海经商,他始终追求着工作的完美,把服务大众、创造快乐,为客户提供完美的体验当成自己和企业的使命。他义利兼顾、德行并重、扶危济困,在抗震赈灾、扶贫助学等公益活动都能经常看到他的身影,获得了"四川省优秀中国特色社会主义事业建设者""四川省劳动模范""四川省优秀青年企业家"等诸多殊荣。他常说的一句话是:要把追求细节和完美当成一种习惯。

### ▶ 工作要像钟表做到"零误差"

80 年代初,当时张彬还是钟表公司的技术员,他常说手表里面的游丝、摆轮装配必须要"零误差",否则就是一个不合格的手表。在钟表公司"零误差"的工作标准一直影响着他,也养成了他追求完美的习惯。

1986 年,张彬虽然身处西部内陆城市,也敏锐地捕捉到了改革开放的大势,毅然从工资待遇还算不错的钟表公司辞职下海,做起了服装生意。

1990 年,看准了大众对个人形象和美丽的追求,张彬投入 5 万元资金,开办了美乐化妆品专业商行。当时的市场上,假冒假劣商品很多,看到美乐化妆品生意火爆,不少商贩向他推销利润可观的假冒名牌产品,被他断然拒绝。在美乐成立之初,张彬就率先提出了"如有假冒,以一罚十"的承诺。为了践行这份承诺,他亲自与厂家及总代理商接洽,以保证商品渠道正规,公司售出的产品,全部贴上美乐专用信誉标志。在随后的事业发展中，以诚信立足，追求极致的完美也成了他个人和企业的标签。

美乐的诚信和追求完美的价值导向得到了市场的认可，诚信让他得到了"掘金"的法宝，追求完美给他赢得了声誉，"诚信经营，用心服务"也成了企业最重要的文化内核。

## ▶ 进军房地产，安全是最大责任

"追求品质，保障安全，是房地产开发业最大的责任。"张彬说，追求完美的品质，对外展示一个人对工作的态度，对内则体现一个人对自己的要求、对责任的担当。这种对品质的追求也让美乐在挺进房地产业后经受住了最为严苛的考验，赢得了业主的赞扬。

1998年，美乐正式进军房地产行业，美乐公寓、美乐御营公寓、美乐花园、美乐都市绿地、美乐水岸人家、美乐城市之星、美乐城西华庭等精品楼盘不断面世，受到购房者的一致好评。张彬说："我们做房地产要担负起业主几十年的居住安全责任，安全和质量必须取上线，要高于当地的强制标准。"在他的要求下，美乐派驻现场的监理人员无论寒冬酷暑，始终坚守在工地，不放过任何一个小细节，从质量上严格把关。

这些自定的"强制标准"让美乐房产在利润面前保持着定力，坚守着正确的方向。在建设美乐城市之星的时候，承建工程有几家建筑公司竞标，没想到张彬力排众议，选择了报价偏高的那家建筑公司，因为这家公司有良好的口碑和多年开发优质楼盘的经验和资历。采高不采低，只看质量不看眼前利润，这也是美乐房产市场中立足发展的"硬核"。

## ▶ 做食品就是做良心，保证消费者健康

窝窝店包子，自清朝末年创建，已有130余年历史，列入非物质文化遗产目录。2002年，美乐集团兼并绵阳市饮食服务有限责任公司，窝窝店包子属于饮食公司下属品牌，但一直由个人承包经营，积累了一些负面影响，经营也难以为继。怀着复兴这个百年品牌的情怀，2017年7月，张彬将该品牌的经营权收回，由美乐集团进行重新包装、改造。

食品、药品、化妆品，都是良心产业，窝窝店包子一收回就成了他重点关注的对象。给消费者提供健康食品，保障饮食安全是张彬放在首位的要求。"每一个窝窝店员工都要做'眼里揉不得沙子的人'，不能容忍任何不安全的食品呈现在顾客面前"，这是他反复向窝窝店员工强调的内容。他亲自挂帅，从全集团抽调精兵强将组建管理团队。从选定原料供应商到收货验收、进入生产线，只要任何一个环节出现不符合规定标准的问题，相关原料就要被退回重新检测，甚至退货。为了保证品质，他拉起一支检查队伍，从采购到生产，从保管到运输，从半成品到食品上桌，从服务态度到清洁卫生，哪个地方有问题，就全面追责、强制纠错，让窝窝店的品质短期内出现巨大的转变。

"传承、专注、创新"，他给员工们解读窝窝店的指导思想，让这个百姓喜爱的百年品牌得以更好传承和发展，让更多的顾客吃上放心食品。

## ▶ 常怀感恩之心，履行社会责任

"企业家不能只追求利润，更重要的是对社会责任的担当。"在为社会创造经济价值的同时，张彬始终坚持做到义利兼顾、德行并重、扶危济困。

1999 年，美乐兼并了两个残疾人企业——绵阳市民政工业福利厂和国营民政商标广告彩印厂。当时厂里有 30 余名残疾职工，因身体原因无法从事正常劳动，张彬决定由美乐集团来妥善安置好这批职工，无需上班，公司按月给他们发放不低于绵阳市职工最低工资标准的工资，并全额承担他们的社保费用。这种"全包"的解决方案不仅大大出乎职工们的意料，也让主管单位更加放心。更让职工意外的是，张彬不但要解决他们的生活问题，还要解决他们的安居问题，两年后，张彬为其中的 16 户困难职工解决了住房，仅按 400 元 / 平方米的价格出售给他们。

把艰辛和困难扛在自己的肩上，为内心的责任感负重前行。1993 年，处于发展之初的美乐，自身运转急需资金，却对江油希望工程慷慨捐出 3 万元。2008 年汶川特大地震，美乐集团自身受损严重，张彬却要求公司积极参与抗震救灾工作，并带头捐款，全公司共捐款捐物数百万元，并捐资修建了灾区幼儿园。此外，在甘孜州扶贫、资助失学儿童、援助希望工程、关爱空巢老人、关注农民工、关爱留守儿童、关爱退伍军人、金秋助学等活动中，张彬总是率领美乐集团积极参与，公司荣获"四川省统一战线抗震救灾先进集体""绵阳市抗震救灾先进集体""绵阳市金秋助学先进单位"等荣誉。

　　在参与精准扶贫工作中，张彬始终秉持强烈的为民情怀，带领美乐集团主动作为，落实了人员保证、资金保证。每年公司将扶贫资金纳入年度预算之中，并通过专款专用途径保证资金及时到位。近年来，公司先后与北川开坪乡安林村、三台双乐乡王家堰村、盐亭金鸡镇樵村等贫困村结成帮扶对子。在多种措施齐抓并进之下，美乐集团对口帮扶工作成效显著，多次荣获"百企帮百村先进单位""精准扶贫先进单位"等荣誉。

　　"党的改革开放政策，推动了我们民营企业家的成长，保障了民营企业的权益，为民营经济发展铺平了道路。作为一名民营企业家，既要对员工负责、对客户负责，更要对社会负责，工作要做到完美，我们永远在路上。"说这句话的时候，张彬的眼光越过办公室的窗户，坚毅又坚定，让人感受到了"打造百年企业，铸就百年品牌"的企业愿景触手可及。

## 人物名片

　　张远平，男，汉族，生于 1963 年，四川富顺县人，曾任四川省人大代表、省政协委员、省工商联常委，自贡市政协委员、市工商联副主席、市总商会常务副会长、市房地产商会会长，富顺县政协副主席、富顺县工商联主席及总商会会长等职。现为自贡市篮球协会主席、四川省远达集团有限公司董事长、总裁。

　　张远平先后荣获全国创业之星、四川省十大杰出创业之星、四川省十大杰出青年企业家、全国工商联抗震救灾先进个人、四川省民营经济改革开放 30 年突出贡献奖等，2018 年 12 月，被授予"改革开放 40 年四川省百名杰出民营企业家"荣誉称号。

# 张远平：

## 打造可持续发展的"百年远达"

自贡盐商，兴于19世纪60年代到20世纪40年代，在四川盐业史乃至中国手工业生产史上都留下了浓墨重彩的一笔，"盐泽天下，德润家邦""聚而能散，富而能仁"，这是自贡的盐商精神。

新一代自贡商人，他们继承、弘扬了先辈盐商"爱国、敬业、创新、诚信、守法、开拓、奉献"的精神，为实现中华民族伟大复兴的"中国梦"谱写华丽篇章。作为其中的佼佼者，四川省远达集团董事长张远平无疑是盐商精神最有力的践行者、传播者、发扬者，他潜心创业、力谋发展，他心系社会、勇担责任，他致富思源、报效桑梓，极大推动了地区经济发展和社会民生改善。

### ▶ 改革创新谋发展，埋头实干产业兴

1994年，沐浴着改革开放的春风，远达集团的前身"自贡市远达实业有限公司"应运而生。远达集团是自贡市最早成立集团公司的民营企业，是自贡市率先建立党委和工会的民营企业之一，是自贡市首家民营企业集团和首批自营进出口企业，更是盐都人民心目中最热心于公益事业的"爱心民营企业"。

自成立以来，在张远平的带领下，远达集团历经二十五载风雨历程、艰苦磨练、大胆开拓，现已形成集房地产开发、食品生产、物业管理、投资服务于一体的多元化大型企业集团。截至2019年7月，远达集团拥有参股、控股及全资子公司17家，员工1800余人，集团资产总额超115亿元。

作为远达集团的支柱产业，近年来"远达房产"发展突飞猛进，已经成为区域内家喻户晓、群众信赖的知名品牌，成为全省房产行业的佼佼者。目前，集团房地产业务已成功布局西南"10地市21城"，累计开发面积超1500万平方米，为推动区域经济发展、促进城市化建设发挥了重要作用。同时，作为集团产业布局的重要组成部分，富顺县美乐食品公司在新厂建成投产后，产能逐年增加，利润连年翻番，

具备年产 10 万吨香辣酱的生产能力，在行业内处于领先地位。美乐香辣酱也获得了"中国驰名商标""四川名牌产品""四川省著名商标"等殊荣，产品畅销全国，并远销美国、日本等国及港澳台地区。

1999 年，远达集团正式拓展到物业服务领域。通过 20 年的发展，旗下自贡市新城物业有限公司和富顺县上城物业有限公司现已拥有员工 800 余名，服务居民近 5 万户，管理面积逾 400 万平方米。远达物业以优良的服务、先进的管理水平赢得了广大业主、主管部门及同行业的高度评价和广泛赞誉。同时，远达集团以房地产开发为主业，大胆探索、积极创新，涉足相关投资服务领域，较好地带动和促进了区域经济的良性发展。

致富思源，富而思进。在带领企业发展壮大的同时，张远平积极投身公益事业，履行社会责任，支援地方经济建设。截至 2019 年 7 月，远达集团为社会公益事业出资捐款总额达 1.387 亿元，先后荣获"四川省百强私营企业"、"中华慈善突出贡献奖"、四川省扶贫工作"杰出贡献企业"等殊荣，连续多年被评为自贡市"十强"民营企业、"地方纳税前十名"民营企业。2018 年 11 月，集团被授予"四川省优秀民营企业"荣誉称号；12 月，集团再获"自贡市优秀民营企业"荣誉称号。

一次次褒奖和掌声的背后，是企业不忘初心的坚守。从小到大、从弱到强，在铿锵步履中，远达集团在张远平的带领下，坚持改革创新、埋头苦干，走出了一条精彩纷呈的拼搏之路，描绘出一幅波澜壮阔的梦想画卷。

## ▶ 农民儿子张远平，树高千尺不忘根

张远平出生在一个贫寒的农民家庭，早年间他曾辗转于四川、云南、西藏、广西等地，在那些艰苦而又漫长的岁月里，为生存而奔忙的他，深刻体会到劳动人民的疾苦，也更加坚定了他做大做强企业后致富思源、回报家乡的决心和勇气。

"我是农民的儿子，我记得跟父亲种田的日子，也不曾忘记到三姨四娘家借米的情景。"这是张远平到富顺县琵琶镇敬老院看望老人时所说的话。朴素的言语，是源自内心的真情流露，让现场的每一个人都为之动容。20 多年来，张远平总是以特殊的方式度过自己的生日，这一天不管多忙，他都要带上礼物，回到熟悉的家乡，去敬老院看望慰问老人。

吃大苦、砺大志，始终不忘滴水之恩，凝聚成他日后致富思源、回报家乡的实际行动。不管是打工仔还是到后来的企业家，张远平都始终把"先做人、再做事"

的格言作为自己的人生信条，不断激励、鞭策着自己一路前行。

20 世纪 90 年代，创业初期的张远平便出资数十万元，为家乡修建了近 15 公里的水泥路，一时间，张远平的慷慨善举被人们传为佳话。此后的 20 多年时间里，张远平在出资修路、修桥，捐资支持新农村建设、燃气改建、精准扶贫和公共设施整改等方面都不遗余力，并出资对多所学校进行重建和扩建。2014 年，张远平在远达集团倡导并发起"栋梁计划"助学工程，5 年来累计资助贫困学生 107 人，资助金额达 224.11 万元。在他的推动下，远达集团成立了"新农村建设"领导小组，并委派专人驻村负责具体工作。同时，通过"家乡助你上大学""爱心包裹捐赠"等活动，为促进贫困地区改变教育现状，为家乡教育事业的发展做出了巨大的贡献。

这些年来，远达集团累计投入数千万元支持家乡发展，赢得了社会各界的广泛赞誉，成为富顺县乃至自贡市民营企业界的一面旗帜。

## ▶ 睿智明举绘蓝图，怀揣愿景再前行

创业之初，张远平就定下了一个宏伟的目标，要做"百年名企"，如今的远达集团，已成为川南民营企业版图上的一面旗帜。作为企业领航者，如何在风云变幻的市场中找到正确的航线，如何在一次次的变革和创新中，带领企业阔步向前、勇立潮头，是需要巨大的勇气、魄力和智慧的。言必行，行必果，这是张远平对自己的行事准则，远达集团在他的带领下，一步步走得更宽、更远。

"习总书记在党的十九大报告中提出'两个毫不动摇'，就给咱们民营企业吃了定心丸，我们要撸起袖子加油干，以优异的成绩献礼新中国成立 70 周年。"张远平在 2019 年工作部署会上说道。他指出，迈入新时代，远达集团要把握机遇、乘势而上，为实现"中国梦"贡献自己的一份力量，这既是总书记的嘱托，更是时代赋予的使命要求。

在远达集团，所有人都在为一幅共同的宏伟蓝图而奋斗着：立志成为房地产专业运营商、川味调料领跑者、金融服务探索者、服务三农的践行者。通过整合信息要素，集中优势资源，将房产开发、投资服务、食品研发生产、物业服务等产业向纵深拓展，实现产品多元化和产业结构优良化的转型调整，以专业精神和人文关怀对待每一个管理细节，打造可持续发展的"百年远达"。

虽然殊荣璀璨，但在张远平眼中，企业发展历程和所取得的成绩只是万里长征的第一步，要想成就百年辉煌，未来要走的路还很长、很远。

## 人物名片

　　陈朝钦，男，汉族，高级经济师，1970年9月出生，四川省政协委员、浙商总会副会长、四川省浙江商会会长、四川省城镇建设综合开发有限公司董事长。

　　他带领的四川省浙江商会被四川省委、省政府表彰为"促进民营经济发展先进单位"，被四川省人民政府表彰为"慈善工作先进单位"，被四川省工商联、省移民扶贫局等先后评为"精准扶贫先进商协会"、"精准扶贫爱心单位"，被四川省慈善总会授予"四川慈善百企扶贫突出贡献单位"，荣获"2015年十佳浙商商会"。

# 陈朝钦：
## 从独善其身到兼济天下

他，既具有浙商的精明能干，又具有温州人的敢闯敢干；他，既有"穷则独善其身，达则兼济天下"的家国情怀，又有怜民悯人的慈爱之心。

从赤手空拳到财富的拥有者、从默默无闻到一鸣惊人、从房地产门外汉到业界行家里手，他以精明的商业智慧，聚沙成塔、锻铁为钢、化平淡为神奇，抒写了一个个商业传奇，也同众多在川创业的浙商一样，有一个不平凡的风雨历程。

他，就是拥有"四川省优秀中国特色社会主义事业建设者""改革开放 40 年四川省百名杰出民营企业家"等光环的在川 30 万浙商的领头雁——四川省浙江商会会长、四川省城镇建设综合开发有限公司董事长陈朝钦。

### ▶ 从 2 万元闯成都到财富拥有者

改革开放以后，一大批浙江人行走西部。20 世纪 90 年代初，高中毕业不久的陈朝钦从兄长那里借了 2 万多元，便随西行的浙江商人入川创业。

早期经商，他从人们衣食住行中最传统的服装行业入手，在成都百货大楼、人民商场等大型商场中开设专柜主营西装。服装进入大商场专柜销售的商业模式，让陈朝钦很快掘得了人生的"第一桶金"。他在成都经营服装生意赚钱的消息被传回家乡后，很多浙江老乡也慕名赶来成都做服装生意。

随着到成都进入大商场经营服装生意的浙江人越来越多，从浙江沿海加工，再进入成都大商场专柜销售的商业模式竞争力逐渐减弱，利润也越来越薄。如何突破服装经营的"瓶颈"，陈朝钦又开始了新的思考，要想在服装这个传统行业中持续发展，必须走品牌发展之路。

在传统服装行业，从代理销售品牌服装到职业装订单经营，从经营职业装定点生产到建厂、注册品牌、办公司经营服装，他十余年如一日，一步一个脚印，不断在商业机遇中转型，在转型中将服装经营提档升级，其经营的服装厂成为国家水利部、中国电信等部门在西南的唯一一家职业装定点生产商，囊括了西南地区的职业装生产，业务范围辐射到整个西部和中部的湖北、江西等地，先后被国家、省、市相关部门授予"知名品牌""名优服装生产企业""成都市守合同重信用 AA 级企业""政府集中采购推荐产品"等 10 余项荣誉。

## ▶ 从地产门外汉到业界行家里手

服装业是一个劳动密集型产业，陈朝钦意识到传统行业市场易饱和、利润薄，想要取得更大的发展，事业得以再跃一个台阶，必须拓展新的领域。

机遇总是青睐有准备的人。陈朝钦正准备用一些闲散的资金寻找新的商机、开拓一些新的领域时，一位好友介绍了现在的成都赛格广场项目。跟踪考察一年后，他以高价竞标拿下这个项目，便转行到商业地产行业。2007 年，陈朝钦引进赛格集团先进的经营管理理念，在成都商业核心圈太升南路，巨资打造了成都赛格通讯精品卖场。

该项目总投资 10 多亿元，总建筑面积 25 万平方米，其中赛格数码通讯广场 5 万平方米，可容纳商家上千家，是成都乃至西南地区规模最大、档次最高、功能齐全、经营管理最完善的通讯数码专业市场。成都赛格广场被四川省工商局授为"省级三化市场"的标杆，是青羊区纳税先进企业，多次受到青羊区政府表彰。因贡献突出，陈朝钦连续被推选为成都市青羊区第五届、六届人大常委，成都市第十六届人大代表。

陈朝钦在成功开发成都赛格通讯广场后逆势而行，于 2009 年 2 月以惊人的勇气和胆识，高价拍下重庆市中心地段的土地开发权，先后在重庆加州片区腹地武陵路、重庆南 CBD 核心弹子石开发了锦江郦城、锦江华府项目，并创下日销售 2 亿多元的业绩。

## ▶ 在川 30 万浙商雁阵的领头雁

2015 年 4 月陈朝钦以 96.8% 的得票率，高票当选四川省浙江商会第五届理事会会长。作为四川省浙江商会会长，陈朝钦大胆探索、勇于创新，努力开拓社会组织工作新局面。他深入走访了解会员需求，不断加强商会自身建设，提升商会服务会员、服务川浙、服务社会的能力，聘请各地投资促进局领导为四川省浙江商会投资咨询顾问，聘请在川浙籍院士、科技专家为四川省浙江商会科技顾问，整合内外资源，搭建各类服务企业转型升级、助推会员事业发展平台，让会员享有更多的获得感；发挥党组织在商会中的政治引领作用，引导会员积极参加四川经济建设，助推四川民营经济健康发展，踊跃投身脱贫攻坚，自觉参与社会治理，主动服务川浙经济合作交流。四川省浙江商会被四川省委、省政府、省工商联、省移民扶贫局等授予"促进民营经济发展先进单位""慈善工作先进单位""精准扶贫先进商协会"等荣誉称号，先后受邀出席国务院扶贫办、中央统战部等举办的"东西部扶贫协作经验交流会""万企帮万村·中国光彩事业凉山行"座谈会，并作经验交流发言。

辛勤的耕耘是收获之本，良好的付出是成功之道。陈朝钦先后当选浙江省工商联第十一届执委会常委、四川省工商业联合会（总商会）第十一届执行委员会副会长、政协四川省第十二届委员会委员、浙商总会副会长。2019 年 7 月 26 日，陈朝钦以 99.1% 的赞成票再次当选四川省浙江商会会长。

## ▶ 穷则独善其身，达则兼济天下

作为企业家，陈朝钦依法经营、守法经营，勇担企业社会责任，其旗下的实体企业，每年为当地政府创造上千万税收、解决近五六千人的就业问题；作为四川省政协委员、市区人大代表，陈朝钦在经营好自己企业的同时，经常深入基层调研，了解民众疾苦，听取群众呼声，认真撰写政协提案，向政府有关部门反馈群众意见，为民生建设建言献策，为百姓解决难题；作为四川省浙江商会会长，他在带领在川浙商参与四川经济建设的同时，引导会员企业回馈社会、协调商会和会员参与四川精准扶贫、慈善公益，据统计，商会及广大会员先后结对参与四川精准扶贫，累计捐款捐物 300 多万元。

陈朝钦不但认真履行所任社会职务之责，还身体力行、率先垂范，积极参与社会慈善公益事业和四川精准扶贫工作。汶川大地震期间，他踊跃捐款捐物，派出车辆、人员，积极参与抢险救灾、抗震救灾；他每年为辖区爱心超市捐款捐物近 10 万元；出资 25 万元作为太升南路社区居家养老资金，帮助社区解决老年人居家养老问题；捐资 50 万元，资助贫困学生完成学业；捐资 10 万元帮助绵阳平武阔达乡仙坪村贫困户脱贫，捐资 30 万元参与凉山州精准扶贫，捐赠 20 万元支持凉山州"中央厨房"项目建设……据统计，近 4 年时间，他个人仅捐资参与四川精准扶贫的资金就有 100 余万元，先后被四川省慈善总会、四川省工商联、四川省扶贫和移民工作局、四川省光彩事业促进会等部门，授予"扶贫济困·奉献爱心先进个人""抗震救灾先进个人""四川省'万企帮万村'精准扶贫行动先进个人"等荣誉称号。

关山初度路犹长。陈朝钦正肩负着在川 30 万浙商的重托和广大会员的期待，践行他在四川省浙江商会第六届会员代表大会上"凝心汇智启航新时代，携手再创商会新辉煌"的誓言，将四川省浙江商会带上一个更高的发展台阶。

## 人物名片

　　范仕明，男，汉族，四川旺苍人，生于1971年，大学学历。1995年开始创业，经过10余年的发展，于2007年10月，注册成立四川亿明投资集团有限公司，现为集团董事长。经过多年的不断优化调整，集团逐步形成以工程建设、医药康养、金融投资、房地产开发等产业为主的综合性企业集团，下属全资（控股）子公司10余家，参股4家。

　　范仕明先后当选为四川省、广元市、旺苍县人大代表，广元市、旺苍县人大常委。2013年12月，被评为广元市首届优秀企业家。2018年12月，被评为改革开放40年四川省百名杰出民营企业家。

# 范仕明：
## 传统文化滋养出的亿明精神

范仕明从商不忘从中国优秀的传统文化中吸取营养，治企力求不断激发人力资源的最大活力，公司的投资与发展紧跟党、政府与人民群众的重点关切。范仕明认为，做企业要讲产值、讲利润、讲投资回报，没有这些，就无法在严酷的现实中生存下去；但做企业更要重文化积累、重团队素养、重企业精神，没有这些，就无法在激烈的竞争中创新发展。其中，企业精神就是一个公司最重要的无形资产。

企业精神是一个企业的员工所具有的共同意志、理想与追求，是一种独特的、积极向上的品格，并以此增强凝聚力，激发创造力，最终形成企业核心竞争力的重要组成部分。

儒商文化以儒家思想的价值观、道德观为取向，体现为日常经营、经济往来和为人处事时的思维方式与处事准则。

亿明，从小到大，由弱到强，一路走来，有意无意间，优秀儒商文化的传承，坚定的共同富裕思想，在集团核心领导者范仕明的管理思维里，闪耀出灿烂的火花，在关键时刻，引领着企业做出正确的抉择。也正因为这些思想的滋润，才能保证亿明在漫长的发展历程中，在逆境里危中寻机、迎难而上，在顺境中韬光养晦、不忘初心。

### ▶ 从"仁者爱人"的人文思想，到以人为本的企业精神——利他

"人本"与"仁爱"是儒家思想的核心理念，进而衍生出由此及彼的仁爱思想，只有处处以人为本，换位思考。利他，才能更好的利己；利己，才能更多的利他。有利他精神，才能引领更多的追随者去拓展自己的事业。

范仕明认为，在现代企业中，所有员工都是企业最宝贵的财富，任何一个企业获得良好的发展都离不开员工的辛勤与努力。因此，应当塑造"以人为本"的利他精神。"圣人无常心，以百姓心为心"，亿明无常心，以员工心为心。时刻关注员工

利益，才能使员工真正以亿明为家，为亿明发展尽力。

做企业其实就是经营一个大家庭，家庭有收益了，首先要做的就是改善家庭成员的生活状态。而亿明正在进行的分配体制改革的核心就是：绩效工资体现职位价值，分成奖励体现能力价值，投资分红体现团队价值。说得简单明白一点，那就是首先靠团队创造价值与利润，然后每个团队成员按劳分配。

## ▶ 从信誉至上的经商行为，到厚德载物的立业之本——明德

儒家思想中重要的价值标准就是诚实守信，"诚者，天之道也；诚之者，人之道也"，"诚信生神，夸诞生惑"。儒商讲究为人处事过程中要坚持诚信，这是做人做事的根本守则。

范仕明在管理中始终强调，传承儒商诚信的经商理念，员工忠诚守节，企业信誉至上，才能做到长久发展、稳步前进。

厚德才能载物，范仕明倡导的亿明之德有两个层面，对员工而言要有"五心"：在职位安心，对工作用心，做事有责任心，律已有上进心，对企业有忠诚心；对团队而言要有"六讲"：讲诚信、讲创新、讲活力、讲担当、讲机变、讲谋略。

## ▶ 从慎言笃行的实干作风，到敬业创新的工匠精神——精业

慎言，口乃心之门户，说话三思而言，不伤人，不自伤；笃行，"天行健，君子以自强不息"。

范仕明坚信，儒商文化中这种坚韧不拔的精神，就是一种高度敬业、踏实肯干的优良品质和作风。任何一个企业的发展壮大都是一个漫长而艰辛的过程，在这个过程中，不玩政治，但必须讲政治，懂政策，见微知著，守正待时，这是慎言；培养一支敬业务实、吃苦耐劳而不缺乏创新精神的团队，用工匠精神去力求完美，从平凡做到优秀，从优秀做到卓越，这就是笃行。

亿明从发展初期倡导的韬光养晦，品端守正，潜心创业，到以出色的业绩在群雄并起全民创业时代崭露头角。完成积累后的亿明并没有坐吃山空，而是把时间与资金用在了在当时很多人看来并不起眼的两件事情上——提升团队学习力与寻找新的发展机遇。很多人暴发了，又没落了，而亿明却在范仕明的带领下，不断在舍弃中重生，在目光高远的成功追求中，成就了一支忠诚、敬业、精业、乐业的团队，

这就是亿明能与时俱进的文化底蕴。

## ▶ 从开放整合的商业智慧，到互利共赢的经营理念——卓越

"天时不如地利，地利不如人和。"儒商文化一直崇尚和气生财、互利共赢的经商思想，可以说，这是一种极具长远眼光和可持续发展的商业智慧。

范仕明在公司发展上坚持一个原则：培育企业形成"整合资源，互利共赢"的经营理念，要求集团内所有企业都必须具有开放心态，在互惠互利的基础上，各展所长，强强联合，协作共赢。

一个人，一个团队，只要努力，从平凡到优秀并不难，但从优秀到卓越却有很长的路要走。亿明，在路上，在通往卓越的路上。在这条路上，亿明努力争取优良的商业环境，尽力整合优质的商圈人脉，倾力打造优秀的人才团队。无论在亿明管理体制上的改革，还是分配体制上的创新，哪怕是重置民营企业最看重的股权结构，也要把最敬业、最忠诚、最有创造力的人才吸引到亿明这个大团队里。

范仕明努力并乐见的目标：亿明能给员工最好的平台，成就个人价值，员工一定会给亿明最优的业绩，互利共赢！

## ▶ 从以义取利的商业道德，到经世济民的社会责任——共享

儒商文化倡导经商应以"义"为先，既肯定人的趋利性，又强调"义"对"利"的决定作用，正所谓"君子爱财，取之有道"。

范仕明为人旷达、内心清明，他认为现代企业要追求利润，但不是在利益面前无所敬畏、唯利是图。应当谨守原则，有所为，有所不为，有所必为；更应当有经世济民的社会责任，穷则独善企业，达则兼济苍生，创造更多的社会效益，服务于社会，回报于党和国家。

亿明做事，以义为先，以未来为先，以政府指引为先。去矿产，舍焦化，弃水泥，停商贸，无不料事于先，从容转身；投康养，搞开发，重建筑，向农业，无不守正待时，定位精准。

范仕明先生商海沉浮数十年，得失之间，却有一种情怀从未懈怠，那就是社会责任！所有走过的岁月可以见证，累计近千万元的社会公益捐赠让亿明经世济民的情怀，润物细无声；从未间断过的500余万元亿明阳光基金助学济困的光芒，照耀

了 200 多名寒门学子的健康成长之路，磐石无转移；亿明生物投资几千万元对没落的杜仲产业苦苦研发，只为圆一个带领家乡父老脱贫致富的梦，孜孜以求，不计得失。

　　范仕明先生带领的亿明集团创新管理、创造价值、积累财富的目的，就是为了带领员工与合作者共同富裕，为了有能力承担更多的社会责任，为了让更多的人共享亿明的成功之乐！

## 人物名片

罗丹，1972 年出生，四川内江人，四川九阵科技股份有限公司创始人、董事长、总经理兼市场中心负责人。

现任全国医学信息编审委员会副主任、四川省工商联执委、四川省科技装备业商会常务副会长、海南卫生信息学会副会长、中国农工民主党内江市直机关副主委、内江市政协委员、内江市中区科协副主席、内江市中区工商联常委、北京金匮中医药文化发展基金会理事会名誉副理事长、成都积善社会责任公益研究与发展中心理事长、成都物联网产业发展联盟创业导师。

# 罗 丹：
## 智为生命精彩

2003 年 1 月，本着打造快乐平台、做一个有温度企业的初衷，罗丹在内江牵头创立了四川九阵科技有限公司。2015 年 12 月，公司顺利完成股份制改造，成为四川九阵科技股份有限公司。

九阵始终将"为客户服务"作为公司的核心理念。九阵成立之初，拿到第一个项目时已经临近春节，在董事长罗丹以身作则的带领下，九阵员工从大年初二就开始投入到工作中，非常圆满地实现了客户的要求。

从软件代理销售起家，九阵并没有就此止步，先后自主研发了医院管理软件、学校管理收费及排课软件、公文交换系统等多款软件系统，获得了市场和客户的青睐。

2004 年，当时的四川省资中县某乡镇医院管理软件采购项目正对外招标，前期他们考察了不少软件公司的产品，九阵凭借独有的核心技术和及时的服务反馈，在产品和服务上脱颖而出，一举中标，这也成为九阵进军医疗信息化的契机。

从此以后，九阵紧紧围绕健康及医疗信息化行业的需求，推动行业从信息化到智能化，再过渡到智慧化，以"成人之美"的理念，践行"智为生命精彩"的企业愿景，致力于通过技术创新、本地化服务与运营来推动中国医疗信息化产业的可持续发展，为社会创造价值。

### ▶ 内江智造，服务全国

经过从 2006 年到 2009 年长达 3 年的市场调查之后，罗丹敏锐地发现，如果没有自身掌握核心技术的医疗信息化软件，在面对系统安全及系统部署效率问题，面对由于医院信息化供应商分散导致的定制难、服务反馈不及时等问题，面对标准不一所形成的数据孤岛和操作困难等三大难题时，就无法真正地为客户提供更好的服务。

罗丹坚持自主创新之道，2010 年，九阵在国内率先提出云计算技术与区域医疗相结合的理论，研发出了一套完整先进的九阵健康云计算平台解决方案——九阵福云平台（AHC）。2017 年，为响应国家政策需求与市场高速转变，满足以县级医院为核心的医共体信息化建设，九阵成功推出新一代的区域医疗信息化产品——九阵智慧医院一体化云平台。

目前，九阵产品线主要包括为政府提供监督管理服务的区域人口健康信息平台，为医疗机构提供业务支撑的为业务管理系统，为医疗集团提供管理服务的云医疗管理平台，为区域医联体提供联动管理的区域医疗管理平台，以及连接医患的移动互联网应用平台。

此外，九阵软件包含简体中文、繁体中文、英文、维文和藏文等多种语言版本，产品远销新加坡、缅甸、苏丹和中国台湾等地。

## ▶ 建立体系，树行业标杆

罗丹致力于标准化产品、服务和运营体系的建立，九阵已取得了 ISO9001：2008 质量管理体系认证、软件能力成熟度模型集成（CMMI5）国际认证、信用评级机构的 AAA 级信用认定，已取得国家认可的《九阵医院信息管理系统软件》《九阵体检管理系统软件》《九阵实验室管理系统软件》《九阵电子病历管理软件》等 156 项软件产品著作权和发明专利，获得经国家、省、市认定的 10 余项科技成果。

在罗丹的带领下，九阵代理分销渠道覆盖全国 26 个省（市、区），有 400 余个经认证的代理伙伴。九阵得到工信部、发改委和卫健委等主管部门认可，连续获得中国医药信息学会颁发的全国医药信息服务 "金牌服务商"。

目前，已有 5000 余家医疗机构使用九阵的医疗信息化软件，有 6000 余家机构享受九阵的提供运维服务，九阵软件为 8000 余万患者的就医带来了便利。

## ▶ 以人为本，重视人才

企业的竞争在本质上是人才的竞争，人才的差距决定着企业的差距，随着经济全球化、医疗信息化、行业竞争白热化，人力资源管理的重要性也进一步凸显。如何将刚性制度与柔性文化相融合、将个人竞争与团队精神相统一、将高效组织与员工幸福相匹配，九阵已经在积极实践。罗丹说："让企业懂得和员工分享发展的成果，员工与企业为彼此赋能，让工作变得更加快乐；个人与企业目标相结合，让工作变得更有意义；进行专业知识培训，提升工作能力，实现人才增值，为企业创造价值，让员工变得更优秀。九阵不但要在组织效率、人员效率等方面不断提升，处于领先的地位，还要在人才经营和业务协同上提供更有效的支持，让全体员工得到全方面提升，在公司大家庭中能够找到发展的空间和生活的愉悦感。"

罗丹绘制了人才运营、业务运营、社区运营三大蓝图，通过赋能员工，达成高效的增值和产出；以业务为导向，提供优质的服务和解决方案；通过便捷化服务、人性化关爱、社区化亲情，让员工拥有自豪感、归属感、幸福感。九阵会持续提升人才运营及管理质量，通过企业大学平台、评价中心、职业发展平台、人才激励体系的建设，不断优化业务部门组织、岗位和人才全体系的管理，在为业务部门提供更好的组织保障和人力资源的同时，为员工创造良好的工作氛围和生活环境。

## ▶ 躬行实践，推动健康公益

罗丹从 2008 年开始，通过与工信部信息中心的公益合作，九阵的医院信息化软件成为"全国医学信息技术考试中心（MILC）"唯一指定的教学软件，为 200 余所医学院校提供医学信息技术教学和考试平台，帮助培养了数十万名医学信息化复合型人才。

在九阵的助力下，不仅 2018 年 10 月、11 月在成都举行的全国医信技术应用技能大赛指导教师培训班（一、二期）圆满收官，而且九阵还在 2019 年 5 月底为在北京举行的总决赛提供了技术支持服务和保障。

同时，九阵公益通过支持个人与家庭探索可持续生活，协力积善之家公益组织，为 19 个项目众筹了 628 个实践方案，由此获得了由中央编译局、北京大学中国政府创新研究中心、联合国开发计划署发起的第三届中国创新组委会颁发的优胜奖，并获得联合国开发计划署单独颁发的特别奖。

面向未来，罗丹说："九阵将继续坚持自主创新之道，以医疗信息化助推大健康产业，为政府、医疗机构和大众提供更高效安全的医疗健康信息化解决方案，用智能、高效的医疗卫生信息化解决方案提升中国医疗卫生服务质量和水平，助力'健康中国'建设。"

## 人物名片

罗江，男，汉族，生于1973年，泸州涉县人，无党派人士，在职研究生，高级经济师，攀枝花市华芝投资集团有限公司董事长。

现任政协攀枝花市委员会常委、政协泸州市委员会委员、攀枝花市泸州商会会长、中国房地产协会常务理事长、四川省房地产业协会副会长、攀枝花市工商联副主席、攀枝花市企业联合会副会长、攀枝花市房地产业协会副会长、攀枝花农村商业银行董事。

他多年来以诚实守信的品行和卓越的经营管理才能荣获首届"攀枝花市优秀中国特色社会主义事业建设者"、四川省房地产优秀企业家、攀枝花市优秀企业家、攀枝花市优秀民营企业家等多项殊荣。

# 罗 江:
## 诚信聚力筑 "华芝"

　　罗江凭借睿智的经营头脑、敏锐的洞察能力、务实的实干精神、诚信的处世哲学,将一个注册资本仅 500 万元的小企业,历经十几年的商海沉浮发展为涉及融投资、房地产、商贸、能源、化工、资产管理、餐饮服务等多个领域的攀枝花市华芝投资集团公司,总资产逾 18 亿元,年缴税 6000 余万元,解决就业 2000 人。

　　他组建并带领的攀枝花市泸州商会获得 "全国工商联四好商会" 殊荣,400 余名商会会员及企业每年实现总产值达 100 亿元左右,在攀泸两地的房地产、加工型企业、矿业、农业等领域共投资逾 50 亿元,其中在企业所在地纳税 5000 余万元,为家乡创税达 2000 余万元。在 2019 年的攀枝花商界,罗江的名字耳熟能详,被公认为攀枝花房地产行业领军人物,他的经营理念、思想境界、行为准则、人生阅历给人启迪与智慧。

　　罗江经营企业最核心的文化只有八个字:团结、诚信、责任、效益,这是企业文化精髓,也是罗江个人的行为准责。

### ▶ 团结

　　"一根筷子轻轻被折断,十根筷子牢牢抱成团",罗江经常将这句话传递给身边的人。在企业日常工作中,他要求企业和全体华芝人,团结一切可以团结的力量,精诚协作,努力奋进。房地产是一个资金流量高度集中、资金需求较大的行业,受经济波动影响,房地产业发展面临着很多挑战。作为行业领军人物,罗江倡议抱团发展、抱团取暖,积极支持攀枝花 "阳光康养" 城市品牌及康养地产的宣传和包装。他以身作则,广泛邀请市外各界朋友来攀枝花领略冬日暖阳,夏日清凉,不以销售为目的,以扩大攀枝花影响力为宗旨。他说:"老百姓都懂的道理,锅里有了,碗里才有。"

　　2013 年,他经过长达半年的组织筹备,组建成立 "攀枝花泸州商会",凭借良好的社会信誉和综合实力，罗江被选为攀枝花市泸州商会的会长，商会恪守"民主办会、服务立会、项目兴会、回馈社会"的宗旨，整合资源，抱团发展，投资创业，反哺家乡，积极为攀泸两地经济发展发挥桥梁和纽带作用。

罗江及其企业对社会经济的贡献得到高度认可，被攀枝花市委、市政府授予攀枝花市优秀民营企业、攀枝花市优秀民营企业家等称号。

## ▶ 诚信

商道酬信。"诚信"是企业生存和发展的基石，罗江带领的企业在攀枝花累计投资约 120 亿元，建设规模近 300 万平方米。在经营过程中正信正行，无一例合同纠纷，无影响政府和社会的集体投诉和群体事件，这得益于企业以诚信为基石，取得了各合作单位和社会民众的高度信任。集团旗下华芝地产于 2011 年建成的仁和区老街棚户区居民安置房项目，其中 1 号楼基础因地勘、设计、施工单位的责任，导致该幢楼基础呈现不均匀沉降，企业聘请省内外知名专家讨论得出解决安全问题的方案，但罗江考虑到人民生命安全，考虑到社会稳定影响，做出再次投入几千万元，将已建成而存在问题的房屋全部拆除重建的决定。虽然企业损失了资金，但得到了全体业主的高度认可和尊敬，这是用金钱买不到的信任。攀枝花市规模最大的保障性安居工程"阳光家园"项目，由华芝地产以保本微利的情况下投入建设，在建期间恰逢 2008 年全球金融风暴，主要建材和人工成本连续上涨，企业在面临直接亏损七八千万元的境况下，不给政府甩烂摊子，承担起本地企业的诚信责任，咬牙挺过资金压力，提前将安居工程交到政府和老百姓手中。

正是这些诚实守信行为，在攀枝花这座城市铸就了"华芝品牌"效应，同时得到社会各界的认同，集团先后获得中国房地产诚信企业、四川省星级房地产开发企业、四川省 AAA 级诚信房地产开发企业、四川省结构优质工程奖、四川省诚信示范企业等殊荣。

## ▶ 责任

罗江的责任感充分体现在对社会、对企业及对家庭等各个方面。在出任攀枝花政协常委、工商联副主席期间，罗江多次在政企座谈会上就行业规范发展、困难与问题提出可行性建议及意见，为推进攀枝花城市建设、社会与经济发展建言献策。

多年来，他在攀泸两地向抗震救灾、抗洪抢险、助资建校、扶贫助困、爱心救助等方面捐款捐物达 1000 余万元，同时号召攀枝花泸州商会成员为攀泸两地的慈善机构、基层组织、个人捐款 1200 余万元。攀枝花市、区两级党委政府多次授予"爱心企业""光彩事业先进单位"等荣誉。

华芝集团在薪酬、福利方面，都偏高于同行业，成立 10 多年来，从无一次拖欠和延迟发放员工工资的情况，即使在市场最不景气的情况下，企业也是按时发放工资。"苦企业，也不能苦员工"，这是罗江在福利待遇上给予员工的承诺，也因此稳固了一个具有高效竞争力的团队。

许多商界人士对罗江的认可和佩服还表现在他对家庭的责任感上，他对子女的教育观念是"克勤克俭，不求奢华；努力上进，自力更生"，工作及生活中，与爱人举案齐眉，相濡以沫，孝敬父母，扶持兄弟。人们常说，看一个人的外表及事业的光鲜看不出人品，但看他对待最亲近之人的态度及方式，才能发掘其真实人性。正是这些点点滴滴的表现，罗江赢得了众人的敬佩和推崇。

罗江说自己不是大商，但很推崇一代大商孟洛川，"他把诚信看得比生命还重要"。天有天道，地有地道，商有商道，小赢靠智，大赢靠德。罗江说："团结、诚信、责任、效益，前三项做好了，效益自然就相应而生，企业就可以得到长足发展，长盛不衰！"

## 人物名片

　　罗阳勇，男，汉族，生于 1975 年，四川盐边人，现任四川省人大代表、四川省工商联（总商会）副会长、四川省工商联常委、攀枝花市工商联副主席、攀枝花市光彩事业促进会会长、四川安宁铁钛股份有限公司董事长兼总经理。

　　2018 年 11 月，罗阳勇及其所带领的企业获得省委、省政府颁发的优秀民营企业家、优秀民营企业"双百"表彰。他积极投身精准扶贫行动，积极履行社会责任，累计向地方公益事业、抗震救灾、精准扶贫、帮困助学、新农村建设等捐资 3262.33 万元。

# 罗阳勇:

## 自强不息，厚德载物

清晨，太阳从东方冉冉升起，宁静怡人的安宁河蜿蜒从米易县城经过。晨曦下，一个魁梧的男人伫立着，他那闪烁着智慧的眼睛里，洋溢着一种唯有创造者才能享受到的宁静感、幸福感和自豪感。

他从盐边县新九乡猛粮坝的乡间阡陌中走来，在创造出巨大物质财富的同时，也创造着全新的思想和精神财富，帮助家乡和凉山民族地区的人们摆脱贫穷，走上了富裕之路。

他，就是四川安宁铁钛股份有限公司董事长兼总经理罗阳勇。这个 1975 年出生的攀枝花本土优秀企业家，传承着父辈善良、本分、勤劳的基因，经过不断打拼，2018 年，他和他的企业荣获四川省优秀民营企业家、优秀民营企业"双百"表彰。

### ▶ 奋斗，才能改变现状和命运

1975 年 6 月，罗阳勇出生在盐边县新九乡猛粮坝村，那是新九乡最偏僻的小山村，营盘山就是他上学路上需要经常翻越的大山。

"那时候，农村交通不发达，四个轮子的车一年见一次。种地，靠天吃饭，缺水，田里种不下禾苗，想想这个日子怎么过啊。"罗阳勇回忆起当时的情形。

当地流传着一首民谣：猛粮坝，四面坡，好姑娘不嫁山窝窝。

"小时候，我们家里很穷，我初中毕业就缀学了，当时感觉人生希望渺茫。"

十八九岁的时候，罗阳勇做的第一份小买卖就是将攀枝花的豌豆贩卖到成都，这是他当时唯一能干的事情，不需要多少本钱，几百块钱就可以干。

据罗阳勇回忆，一大早起来就到农户地里收购豌豆，用蛇皮口袋装好，然后装上车。第一次没有经验，豌豆装车时没有用气笼，车还没有到成都，豌豆就烂了。这一次失败让罗阳勇明白了做生意的道理：要懂行，要讲诚信，要讲品质，不能亏待买方，也不能亏待卖方。

第二次贩卖蔬菜时，他不仅从外行变成了内行，而且在农户和成都商家之间建立了良好关系，最多的时候，一个月从攀枝花到成都连续跑三趟，一趟要跑十几个小时，中途都不能休息。

"那时拉蔬菜的东风车坐垫很硬，坐车坐得屁股都肿了，感觉非常痛，实在是坐不下去。"罗阳勇说，"为了让蔬菜保鲜，中间不能停车休息，他就给驾驶员唱歌，防止驾驶员犯困。"

几年的蔬菜生意下来，善于总结的罗阳勇算了一笔资金周转细账：蔬菜从种到收要半年，种水果要三年，搞施工可以按工程进度付款，但是都不如建个工厂，今天生产的产品卖了，今天就有收益。

1998年年底，他和6个股东投资200万元成立了盐边县弘扬选矿厂，他担任厂长，在攀枝花钒钛磁铁矿采选行业干得风生水起。

## ▶ 坚守，修炼自身才能应对风险

2003年，米易一家股份制企业——米易县安宁铁钛有限责任公司负债累累，濒临破产。罗阳勇临危受命，勇挑重担，收购了公司全部股份，并全盘接收安置职工，为职工补发补缴工资和社保。

他站在营盘山顶，仰望天空，思想似乎与蓝天相融。现在，他有了一个广阔的天空，他可以在这个舞台上纵横驰骋，尽情挥洒。如何才能搞好这个企业？此时，罗阳勇又像一位运筹帷幄的将军，胸中乾坤翻转，治理谋略已定——技术创新才是公司核心竞争力。

他亲自组建技术创新团队并担任负责人，在钒钛磁铁矿采选、磨矿分级、浮选回收、节能环保、大数据信息化技术等方面形成了完善的技术体系。该团队现已获授权专利33件，3项技术被国土资源部评定为国家矿产资源节约与综合利用先进技术，2项技术获国土资源部科学技术二等奖，1项技术获四川省科技进步三等奖，2项技术获攀枝花市科技进步二等奖，1项技术获四川省首届专利奖三等奖。

公司名称"安宁"虽然沿袭下来，但是内涵已发生了翻天覆地的变化，现已成为一家以先进技术对多金属伴生矿进行综合回收利用的国家高新技术企业、国家首批矿产资源综合利用示范基地承建企业、国家级绿色矿山企业，已具备年综合利用钒钛磁铁矿900万吨的生产规模，年产铁、钛精矿超过200万吨，是中国最大钛原料供应商。

## ▶ 回馈，感悟天地运行，助力社会和谐

毛泽东同志在庆祝吴玉章同志六十寿辰时说："一个人做点好事并不难，难的是一辈子做好事，不做坏事，一贯的有益于广大群众……"

翻开安宁公司的捐赠记录，截至 2018 年年底，13 年来，公司累计捐款 3191.46 万元，捐赠物资 70.57 万元，合计 3262.33 万元，罗阳勇就有这种一辈子做好事的胸怀。

在他的心目中，坚守实业，把企业做好与持续不断的扶贫济困是一回事。他认识到扶贫攻坚不是简单的捐款捐物，必须要进行实地考察调研，针对贫困群众的实际情况制订措施，从多方面、多角度进行帮扶，发掘贫困群众自身的造血功能，才能从根本上实现脱贫致富。

2016 年年初，在对盐边县温泉彝族乡野麻地村的精准扶贫中，他安排专人摸清该村产业发展单一、基础设施不健全、水资源紧缺、文化水平不高等问题后，亲自研究制定了精准扶贫措施。

2017 年，他参加了"中国光彩事业凉山行"活动，深切感受到中央和省委统战部、各级工商联对凉山脱贫工作的关心与支持，感受到全国优秀企业家热心公益、感恩回馈社会的时代风采，更加坚定了脱贫攻坚的信念。2018 年，他参加省委统战部、省工商联等 6 家单位发起的"沿着总书记足迹，重走凉山扶贫路"活动。活动后，罗阳勇同志立即与凉山州木里藏族自治县宁郎乡下博瓦村、则洛村，盐源县棉桠乡棉垭村签订帮扶协议。

天行健，君子以自强不息；地势坤，君子以厚德载物。这是罗阳勇的座右铭。他说，20 岁到 40 岁之间要践行前半句，要自强不息，"弘扬选矿""东方钛业"所象征的就是奋斗，不停地奋斗。40 岁以后主要是践行后半句，要厚德载物，要有老黄牛的精神，"安宁公司"就代表着宁静，对万事万物都要有包容心。

**人物名片**

　　罗羽林，男，汉族，1949 年 7 月生，四川成都人，中共党员，大学文化。现任成都合力达（集团）公司董事长兼总经理、成都市人民政府参事、成都市政协常委、成都市工商联副主席、成都市住宅与房地产业协会副会长、四川大学客座教授。他多次荣获"四川省优秀企业家""四川省优秀中国特色社会主义事业建设者"等称号。

# 罗羽林:
## 把握时代机遇，博弈未来发展

在四川成都房产界，罗羽林是业界关注的焦点，这位充满着谋略的舵手率领他的企业——成都合力达集团，在近三十载的风雨历程中坚持到现在，成为成都本土企业中坚持到胜利的中坚力量。在外来房地产企业云集的情况下，他默默耕耘，凭着现代化管理、品牌化经营、国际化战略的理念，成为成都房企中的新势力。

罗羽林爱好体育，又是围棋高手。他认为，体育运动不单可以给人带来强壮体魄的好处，更能给人带来思想、情感和智慧。自己从围棋博弈中，领会到许多商海韬略，棋如其人，棋由其人。他称自己带领合力达发展，就像一步一步挥动棋子一样，必须兼顾"攻防"两个体系，否则，企业将无法长足发展。

现在，成都合力达发展有限公司已发展成一个以房地产为主，集食品加工、环境工程、生物科技、保险经纪为一体的集团化公司，下设有成都合力达房地产开发有限公司、成都合力达投资有限公司、四川金利汇实业有限公司、四川合丰置业发展有限责任公司、成都合力达商贸有限公司、成都立基实业有限公司、都江堰市新颖建材有限责任公司、北京京投房地产基金有限公司、川协国际投资有限公司、成都广汇保险经济有限公司等 16 家全资子公司及控股公司。

以创意立业，以专业立新。期待，在新一轮博弈较量的时代，合力达再显锋芒。

## ▶ 企业共生乃竞合原理

罗羽林说，从 1992 年就开始涉足成都房地产，合力达算是成都老牌房地产开发商了，也曾远赴深圳、上海做过项目。与他同时起步的很多成都本地开发商大都在房产界销声匿迹了，在他看来，这些开发商之所以没有坚持下来，要么是因为急功近利不注重管理，要么是因为好大喜功贪图规模，不注重质量造成企业无法持续发展。

合力达能够顺利发展至今，主要得益于公司有一个优质的管理团队，特别是公司高层，大部分具有国家政府机关管理工作经历，他们在项目运作、投资分析、资金预算、团队管理、人力资源整合等方面，都具有很强的实际操作能力，这就是今天合力达集团持续发展的根本动力。

在很多知名房地产企业云集成都的情况下，合力达依然稳步前进，在不断进取的20多年中，企业发展迅速，迄今已实现60多个房地产项目、600多万平方米的房屋开发，在成都市大街小巷留下了许多"合力达建设"的品牌形象。

"我们不怕外来房地产企业的竞争压力！"罗羽林说，"其实在成都，我们与国内大公司竞争也好，与资金雄厚的外资开发企业竞争也好，大家都有各自的优势。在很多人看来，未来房地产开发企业之间的竞争中，具有管理能力、产品开发能力和融资能力的品牌企业必将胜出。但是我认为，房地产市场上的博弈，品牌不是唯一的竞争优势，因为房地产产品属于特殊不动产，它不同于家电、日用品和百货，可以靠品牌的号召力获取购买者的'芳心'，从而占取大部分市场。"

"房地产产品开发必须依托许多要素，比如项目位置、基础配套、户型、价格等。"罗羽林说。

## ▶ 顺势而上的挑战与希望

物质财富不断积累，科技进步日新月异，楼市走势风云变幻，对于地产行业而言，这是最好的时代，也是充满挑战的时代。

曾担任过两个大中型国有企业领导的罗羽林，还被选为四川省政协委员，成都市政协常委、市人民政府参事、市工商联副主席。在企业发展的道路上，他始终以"立信于诚，成品于质"为经营理念，坚持"公司效益和社会效益相结合"的可持续发展的方针，齐心协力，精益求精，用心为家乡打造绿色精品住宅。

全方位进军，多领域发力。罗羽林带领合力达集团，认真贯彻落实党的指示精神，紧紧抓住企业发展这个中心，更新理念，创新思维，勇于进取，以改革、创新、发展为主线，全面推进企业各项工作。经过近30年的团结奋斗，取得了喜人的经营成果，企业步入了快速发展的轨道。

多个产业的齐头并进，合力达已拥有雄厚的资金实力，在开发资金链条的形成中，总结出一套科学的输血方法。对于核心业务的房地产领域，罗羽林表示，依旧要抓住成都房地产业发展的良好契机，快马加鞭，推进已有土地项目的全面开发。

趁着"十三五"规划的良好势头和公司发展的全面优势，合力达将积极推进双流九江镇"西部食品城"和"卓越南城"两个项目。未来不是一成不变的，机会总是留给有准备的人。踏着坚实步伐寻求稳步发展，合力达集团不断加强职工队伍建设和经济、工程技术专业人员的培养，不断改善公司经营管理体制，力求公司文化更加完善，为成都市建设世界现代田园城市的目标贡献力量。

## ▶ 诚信和责任相伴前行

企业的诚信和责任一直是拷问房地产行业从业者的敏感话题。对这个问题，罗羽林毫不回避，反而还对那些不诚信、不负责任的企业扰乱房地产市场的做法深恶痛绝。他认为，做人、做事的前提就是要讲诚信和责任，脱离这个基本原则，人的一生都会很失败。

在企业不断取得辉煌的同时，罗羽林不忘自己身上的社会责任，合力达人热心扶贫、助学等社会公益事业。多次出资支持省、市专业棋队参加全国比赛，与成都晚报、成都棋院合作举办了十几届"合力达杯"围棋赛，连续十几年代表成都组建合力达队参加全国业余围棋赛，并获冠军1次、亚军2次、季军3次，为棋城成都争了光。集团建立了学校扶贫奖学金，捐建了邛崃、大邑、浦江、仪陇等地几所希望小学。"非典"期间向青羊、金牛、邛崃红十字会捐助了6辆救护车。集团积极参与承担社会公益活动，参与光彩活动，促进老区经济发展，资助城市低保家庭贫困生入学。

2006年，集团积极响应创建和谐社会的号召，先后为蒲江县红沙村沼气池建设以及仪陇老区建设贡献了自己的力量。2007年至2010年，集团每年拿出100万元用于改善成都市五城区贫困家庭生活状况。

2008年5月12日，汶川地震灾害发生后，合力达集团迅速做出反应，组织员工献血，组织车队运送救灾物资，公司志愿者赴灾区参加救援，向成都慈善会捐赠110万元善款，全体员工向灾区人民捐款，罗羽林还亲自率队赴北川解救员工亲属。

灾后重建中，合力达又伸出了援手，为都江堰市捐献6台大型汽车，投资数千万元帮助虹口乡171户居民修建安置房。多年来，合力达人在发展中不忘社会责任，在资本积累中不忘回报家乡，公司用于各种公益事业的支出已逾3000多万元。

罗羽林认为，任何一个企业家带领企业发展到一个高度后，"资本与责任，发展与良知"的社会课题，都需要认真面对。他说："合力达今后在这方面将有更大的突破。"

## 人物名片

金翔宇，中共党员，四川高金实业集团有限公司董事长兼总裁、四川省人大代表。

历经20多年的时间，在演绎肉食品加工业资本奇迹的同时，他以独特的眼光和聪明才智为企业赢得了发展空间。如今，他带领的高金集团已经成为中国西部地区最大的集优质生猪养殖、屠宰、肉制品精深加工及国际贸易为一体的肉类食品综合加工企业，拥有20多家子公司。

# 金翔宇：
## 以品质铸就金字招牌

1988 年，金翔宇从学校毕业后被分配到国营绵阳肉联厂。当时绵阳肉联厂有 2000 多名职工，人才济济，刚出校门的金翔宇得到的第一份工作是：冷库车间清洁班清洁工，具体负责打扫冻库的卫生。"做事就应该从基层干起，当清洁工没有什么不光彩的，何况食品行业的卫生工作是极为重要的！" 当时刚 19 岁的金翔宇心态平稳，工作勤恳，任劳任怨，凡属于他的 "地盘"，总是打扫得干干净净。不久，"清洁工金翔宇" 被提拔为 "车间保管员"。

1991 年，肉联厂在全厂范围内公开招聘销售人员。初生牛犊不怕虎，金翔宇决定去试一试。结果，"保管员金翔宇" 成为了 "销售员金翔宇"。金翔宇走南闯北卖猪肉，销售业绩如芝麻开花——节节高，"销售员金翔宇" 很快成为 "销售经理金翔宇"。

20 世纪 90 年代中期，中国正处于从计划经济向市场经济转型的巨大变革时期，国营企业受体制及管理理念的束缚，经营日趋困难，给富有冒险精神的创业者们提供了难得的机遇。1996 年年初，年仅 27 岁的金翔宇已经是绵阳肉联厂销售处的负责人，他强烈地意识到创业的机遇已经到来，毅然决定让出销售处负责人的位置，打破金饭碗，走出国企大门。他与合作伙伴在宜宾南岸租赁了一家叫 "宜宾鲜活食品厂" 的乡镇企业，开始进行猪肉产品分割及副产品加工和销售。凭着对行情敏锐把握和诚信经营，他们很快在行业内建立起了自己的口碑，开启了成长之路……

1996—2003 年，历经 7 年时间，金翔宇从白手起家，到拥有 5 个实业企业和 1 个在建的食品科技园，成为集生猪养殖、屠宰、肉制品精深加工、进出口贸易为一体的具有完整产业链的食品加工企业。2003 年 8 月 22 日，金翔宇成立四川高金食品股份有限公司，并担任董事长，公司总部设在遂宁，成为四川省自股权分置改革以来第一家规范改制为股份公司的民营企业。

事实证明，"租赁—技改—整合—收购" 这种运作模式被金翔宇运用得出神入化。

## ▶ 从区域品牌到国际性品牌，高金在全国拓展市场

在遂宁落地生根后，金翔宇开始快速对外扩张，从四川省内到全国各地，高金的旗帜已经插在了大半个中国的土地上。

经过 20 多年的发展，高金的生产基地实现了全国各主要区域全覆盖，而随之而生的销售网络更是覆盖了全国，产品远销中国香港、俄罗斯、吉尔吉斯斯坦、马来西亚、新加坡、蒙古、刚果、菲律宾等 10 多个国家和地区，公司冻猪肉出口量连续 8 年位居全国第一。

伴随着扩张的步伐，金翔宇不仅实现了高金企业规模扩大，还带动高金品牌效应和品牌层次逐级递增。从全国三绿工程、十大肉类畅销品牌，到无公害农产品、绿色食品和有机食品、中国肉类行业最具价值品牌等，高金完成了品牌塑造，由一个区域化品牌，一跃成为全国性品牌。

2009 年，经过数年的艰苦努力，高金通过了检验标准苛刻的新加坡（AVA）注册检查，取得了向新加坡出口的资格，成为四川省首家在新加坡注册的肉类食品加工企业。

在高金公司纵横驰骋肉食品行业的同时，金翔宇还非常重视科技创新对企业的推动作用。结合公司发展战略规划，制订了公司科技创新规划，为实现科技创新提供了组织保障。他带领公司加大与院校和科研单位的合作，增强企业竞争实力。引入了国内行业众多高级专业技术人才，组建了国家级企业技术中心，大力开展技术合作与创新活动。

几年来，高金公司先后成功实施了国家、省、市重大科技攻关和星火计划等项目 18 项，取得行业关键技术 8 项、专利 128 项，为推动和维护行业健康有序发展做出了贡献。

## ▶ 企业发展不忘回馈社会

从一个作坊式小肉联厂发展到如今西部最大的肉类综合加工企业，这些年来，高金在市场版图壮大不断扩展的同时，慈善事业也在不断壮大。

从支援农村希望小学建设，到为偏远山区学生送温暖，从支援地方抗旱救灾，到帮助弱势群体改善生活条件，无不彰显高金公司的大爱情怀。如今，慈善已经成

为根植于公司血脉的一种企业文化。正如高金人倡导的，无公益、不高金。

如何帮助更多的群众脱贫、让更多下岗职工再就业，也是金翔宇孜孜探索的课题。金翔宇一直潜心致力于实现"以创业促就业，以个体带群体；创业一方，致富一片"的目标。自 2002 年以来，在省、市各级党委政府及相关部门的关心、帮助、指导下，公司坚持走"公司＋基地＋农户"的农业产业化道路，不断拉长产业链，并推行了"五统一"保底回收的模式，即统一供种、统一供饲料、统一技术指导、统一提供药品、统一保底回收，这样就能保证农户养殖不亏本，提高了农户的养殖积极性。

目前，高金公司已为扶贫对象提供各种就业岗位 1000 多个，并通过每年拨专款修缮职工宿舍、购买电视音响及健身器材、办理职工养老保险和医疗保险等形式，切实保障员工权益，积极改善员工工作、生活条件和环境。

**人物名片**

　　胡贵平，男，汉族，中共党员，生于 1964 年 07 月，四川贵通控股集团董事长、总裁，四川省政协委员，四川省总商会副会长，曾获中国建筑业创新管理十大杰出贡献人物称号。

　　他创立的四川贵通控股集团资产总额 168.9 亿元，近三年销售总额 41.5 亿元，纳税总额 2.17 亿元，提供就业岗位 1312 个。

　　贵通集团的公益慈善捐助总计 834 万元，先后捐款支持汶川地震灾后重建、"中国光彩事业凉山行"公益项目，积极参与捐资助学、关爱弱势群体、"万企帮万村"精准扶贫、对口援藏等活动。

# 胡贵平:

## 诚信是企业的根，员工是企业的魂，质量是企业的核心

1981年8月，胡贵平从双流籍田高中毕业，考入西南交通大学土木工程系工民建专业，1985年8月毕业后分配至双流区建设局工作。工作两年后，他不惜舍去公务员身份，毅然辞去公职，到双流民政建筑工程公司工作，去干识图划图、修房盖房的苦活脏活，圆他选择建筑专业时"安得广厦千万间"的美好心愿。

### ▶ 扎根基层，奋发图强

建筑物是有生命力的，它是美丽的，它是在一片废墟上生出的巨幅画卷，但干建筑工作却是艰苦的。刚到建筑公司时，胡贵平集施工员、质检员、技术员为一身，他每天工作10多个小时，为工程施工质量、工期、安全而忙碌，头顶烈日、挥洒汗水，奋斗在各个工作岗位上。在基层两年的磨练，吃苦勤劳、谦虚谨慎的他，得到领导和同行的认可，虚心学习、理论联系实践的他获得了技能的提升，为日后人生的蜕变、事业的发展奠定了基础。

### ▶ 把握机遇，铸就梦想

1988年，双流民政建筑工程公司根据发展需要，从原来的双流县民政局下属集体制企业转制为民营企业，与县民政局脱钩，胡贵平临危受命担任公司总经理。凭借坚韧不拔、万事不畏难的性格，凭借深厚的专业知识、诚实守信的商业原则、创新的管理方略，他把企业逐步做大做强。

胡贵平认为，诚信是企业的根，员工是企业的魂，质量是企业的核心，以此为引领，制定了公司理念。公司成立近20年来，在"遵守法律法规，实现持续改进；提供优质产品，增强顾客满意；实现环保生产，保障健康安全"的理念指引下，加

强制度建设，加大科技投入，采用先进施工工艺，运用科学管理手段，组建了四川贵通建设集团有限公司。随着业务的多元化，企业相继取得建筑工程施工总承包一级资质、市政公用工程施工总承包一级资质、建筑装修装饰工程专业承包一级资质、钢结构工程专业承包一级资质、土石方工程专业承包一级资质，是业界类别齐全、资质等级较高的建筑施工企业。

在胡贵平领导下，公司实现了"三个第一"，第一批进行以质量、健康安全为一体的国际标准质量认证，第一家实施清水混凝土新工艺的民营企业，第一家实施外墙保温环保节能新工艺的民营企业。

2004年，公司被成都市人民政府授予"贡献突出民营企业"，2006年被四川省人民政府评为"四川省总承包建筑企业50强"，2007年被国家工商行政总局评为"重信用守合同企业"，2010年被中国施工行业协会评为"中国建筑100强"。

胡贵平个人也获得无数的荣誉，2010年被中国建筑业协会评为"全国优秀施工企业家"，2011年被评为"中国建筑业创新管理十大杰出贡献人物"，2013年荣获"中国房地产发展领军企业家"称号，2016年荣获中国建筑业协会授予的"全国建筑业优秀企业家"称号，2018年被中共双流区委、双流区人民政府授予"双流区优秀个人"，2018年12月荣获"改革开放40年四川百名杰出民营企业家"称号，2018年12月被评为"第三届四川省优秀中国特色社会主义事业建设者"。

## ▶ 转变观念，拓展市场

危机和机遇并存，机遇总是青睐于有准备的人。2005年，建筑行业出现开工减少、流动资金困难等情况，胡贵平敏锐捕捉到房地产发展的黄金时机，决定实行两线发展的方针，减少施工业务，进入房地产开发，用自己的建筑施工优势，为大众建造优质的放心房、舒心房，并且提出了"环保、绿色，在公园里建房"的理念。在这先进创新理念的指引下，胡贵平的团队先后打造了"贵通·御苑枫景""贵通·御苑映月湾""贵通·御苑双楠城"等一大批贵通御苑系列产品和"成都国际总部经济区"商务办公项目，为地方改善居住环境、招商引资、引进人才发挥了积极作用。公司多次获得成都市房地产业的最高荣誉奖——"金芙蓉杯"金奖，为提升当地房地产开发水平发挥了引领作用。

## ▶ 扩大战略，创新发展

胡贵平是位不甘落后、永不脱离市场的人，他在建筑、房地产开发行业发展到一定规模后，2013 年 8 月组建了四川贵通控股集团有限公司，现主营业务为电子信息、医药产业、股权投资、投资管理、文化旅游开发等业务。集团先后投资江苏省江海股份有限公司的超级电容器，其主要用于高铁、国防、新能源汽车等高科技项目，处于国际先进水平；投资陕西省永杨医药科技公司生物制药项目，其产品给广大心血管疾病患者带来福音，并取得良好的投资效益。2018 年 7 月，集团与中广联合信媒技术（北京）有限公司签订了股权转让协议，成为中广联合信媒技术（北京）有限公司股东并进入董事会，为公司转型升级起到了巨大作用。

## ▶ 承担责任，回馈社会

胡贵平常说自己赶上了好的时代、好的政策，是党和政府给了自己这一切，回馈社会、感恩党和政府是一名企业家应尽的责任。2008 年汶川大地震发生后，胡贵平停止在建施工工程，抽调 6 台推土机、4 台挖掘机、96 名公司员工连夜奔赴都江堰地震灾区，亲临一线指挥，抗震救灾三天三夜。雅安芦山地震发生后，为支持红十字会人道救助工作，慷慨解囊捐款 10 万余元。2009 年为响应省委省政府安置灾区失学儿童的号召，他顾大局、识大体，将公司位于双流城区的一块地皮，置换给双流县新建棠湖小学和安康家园，为安置地震灾区 800 多名失学儿童和孤儿献出了自己的爱心。

2017 年 8 月，由中国光彩事业促进会、四川省人民政府共同主办，四川省委统战部、四川省工商联及凉山州委、州人民政府共同承办的非公有制经济人士助力脱贫行动"中国光彩事业凉山行"公益项目启动，胡贵平捐款 100 万元。2018 年 6 月，胡贵平参与精准脱贫工作，在"沿着总书记足迹，重走凉山扶贫路"活动中向凉山州捐款 5 万元，用于建设"中央厨房"。2018 年 5 月，向巴塘县地巫乡中珍村捐赠了 5 万元物品。2018 年 10 月，向西昌市盐源县盐塘乡坝窝村捐资捐物约 6 万元。近年来，集团先后捐资助学 656 万元，帮助 16 名贫困学生完成大学学业，安置退伍军人 56 人，为敬老院、孤儿院捐款近 20 万元，资助困难职工 57 万人次。胡贵平爱护员工，心系员工家庭，为 10 多名员工子女提供上学、就业等方面的支持……

## ▶ 牢记使命，初心不忘

以往的荣誉对自己来说既是肯定，也是鼓励，自己是企业家，也是一名共产党员。胡贵平认为，公司发展既要顾大家，也要顾小家，你好我好，人人都好。每个人都要做好自己的本职工作，尽好自己应尽责任，这个企业就有发展，社会就会稳定，国家才会越来越强，每个人的梦想就会越来越近。他们将紧跟以习近平总书记为核心的党中央指引，坚定信念，不忘初心，牢记使命，为四川、为全国社会经济的发展作出应有的贡献。

**人物名片**

　　郭代军，男，汉族，1971 年 10 月生，重庆市忠县人，硕士研究生学历。现为中诚投建工集团有限公司董事长、四川省政协委员、四川省工商联副会长、四川省光彩事业促进会副会长、重庆忠县商会会长。

# 郭代军：
## 坚持企业诚信建设，争做建筑行业标杆

建国 70 年来，特别是改革开放以来，四川涌现出一批又一批优秀的民营企业家。他们扎根川蜀大地，搏击改革浪潮，为四川发展建功立业。在这些民营企业家中，郭代军是其中一员，并获得了"改革开放 40 年四川省百名杰出民营企业家"荣誉称号。

### ▶ 坚守诚信，匠心经营

2004 年 12 月，33 岁的郭代军注册成立了中诚投建工集团有限公司。"选择建筑业也许是偶然，既然选择了它，就得倾心尽力去做好。"这是郭代军下海创业的初衷。自公司创建以来，郭代军始终秉承"诚信得天下，匠心铸辉煌"的企业宗旨，坚持"创新专业、追求卓越、勇于超越"的企业精神，狠抓团队建设和企业内控管理。经过 14 年的锐意进取，拼搏发展，目前中诚投建工集团已具备房屋建筑、市政、地基与基础、建筑装修装饰、消防设施、建筑智能化等一级资质；公路、机电、防水防腐保温、钢结构等二级资质和水利水电工程、河湖整治等三级资质，年投资及施工能力达 600 亿元以上。

凝"诚"之魂，聚"信"之本。郭代军表示，在公司发展过程中，诚信是发展的根本。公司按照"创新专业，追求卓越"的战略思路，本着"立足四川，面向全国，走向世界"的发展愿景，以科学的管理、严谨的作风、优质的服务不断向社会奉献精品工程。十余年来，公司先后获得国家 AAA 级安全文明标准化工地、四川省建筑业先进企业、四川省建筑协会会员单位、四川省商会会员单位、四川省光彩事业促进会会员单位、四川省安全文明施工标准化工地等十余项荣誉。

在郭代军的带领下，公司稳健发展，相继成立了深圳、山西、重庆、海南、贵州、天津、上海、西藏、安徽、陕西、江西、云南等区域分公司。目前，中诚投建工集团有限公司已成为西南地区建筑业的主力军，承接业务已覆盖全国 10 余个省市。公司每年缴纳各种税金千万元，连续多年被成都市武侯区评为"纳税大户"，凭借良

好的信誉荣获"2018年度四川省诚信示范企业"。

## ▶ 追求品质，创新经营

锁定目标，定好站位。在企业经营管理中，郭代军确立了"质量第一、安全至上"的经营宗旨，靠过硬的工程品质争得市场，用热诚和诚信的服务赢得客户的信赖和好评。

在工程项目管理中，郭代军针对以往施工管理粗放、人为因素多、投入缺乏计划性、工程成本不准确等问题进行了认真研究，尝试管理创新。大工程管理一直是个难题，单纯的人工管理往往难以应付。针对这一情况，他运用计算机和信息化技术，将网络管理模式引入其中，取得显著成效。其中成都市天府世家高层住宅工程就是这一科学管理模式的典范，郭代军利用网络管理模式对该项目实行系统高效的管理，并及时调整优化工期，主体施工阶段缩短工期10%以上，降低成本约1%，每年直接经济效益达数百万元。

建筑行业艰苦，工作环境差，没有节假日，没有准确的上下班时间。郭代军知道在这样的条件下要保证项目质量安全，首先要关心职工生活，注意改善工作环境，只有心系职工，职工才能把公司和项目当成自己的家。因此，他把公司员工当作朋友，关心他们，及时解决他们遇到的工作、生活困难。有时资金不到位，无法按时发放职工工资，郭代军会豪不犹豫地取出自己的积蓄。正因如此，同他一起工作过的员工都说："我们喜欢这样的领导，愿意与他共甘苦。"

尽管工作繁忙，郭代军仍努力利用短暂的工作间隙，不断加强自身修养、学习，使自己站在一个更高的层次上来思考公司和项目运作以及施工现场的管理问题。"活到老，学到老"，郭代军是这样说的，也是这样做的，他为公司员工树立了良好榜样，也为公司科学管理、良好运作奠定了基础。

经过十余年的管理强化，郭代军把企业打造成为了一支技术过硬、施工经验丰富、管理科学、服务精良的队伍。郭代军要求企业团队把每个工程打造成精品工程献给祖国和人民，以此作为企业的责任和担当。先后完成了四川师范大学体育场、成都大学新校区一期和二期工程、阆中市体育馆、青川县政法中心、时代印象商住楼、四川省综合应急救援训练基地建设工程、绵阳一环路、简阳城北棚户区等上百项工程，并获得优质信誉工程。所承建的项目未出现重大质量安全事故，多个项目获得省、市"标准化工地""优质结构""芙蓉杯"及"天府杯"等荣誉和奖项，得到了合作伙伴、社会及工程用户的认可和赞誉。

## ▶ 不忘初心，回报社会

"企业的发展离不开社会的支持，做大做强企业也是为了更好地回报社会"。这是郭代军成功做人、诚心做事的精髓所在，他把"不忘初心，回报社会"作为自己经营企业的终极目标，时刻牢记在心，并积极投身于社会公益事业，用实际行动践行着自己的社会责任和担当。他不仅是一名成功的民营建筑企业家，更是一位充满爱心，心系群众的慈善事业者。

2008 年 5 月 12 日，汶川发生 8.0 级特大地震。震后第二天，郭代军带着公司员工和帐篷、雨伞等数十万元的救灾物资，赶往灾情严重的绵竹市九龙镇慰问受灾群众。他带领大家冒着余震、塌方、山体滑坡等危险，把一件件物品分送到受灾群众手里。受灾群众渴望受助的眼神，深深地触动了郭代军，他深感肩上责任的重大。从这以后，郭代军多次参与四川省抗震救灾，为灾区人民出资出力重建家园。自 2012 年以来，郭代军捐资近 300 万元为家乡修筑公路、资助家乡贫困学生、修建校园校舍等，他饮水思源的感恩行动受到了家乡了人民的高度好评和赞赏。

在抗震救灾、脱贫攻坚以及社会公益等慈善事业方面，郭代军都有着突出的贡献。2018 年 10 月，郭代军带领中诚投集团公司扶贫队前往 700 多公里外的大凉山区木里县，为对口扶贫的乔瓦镇锄头湾村贫困户送去了爱心物资和慰问金，并承诺捐资 100 万元，解决该村种养殖项目、垃圾处理、村委照明、幼儿教师工资补贴等问题，同时还承诺该村脱贫达标之后，集团仍一如既往给予扶持。2019 年 6 月，郭代军再次安排公司扶贫队人员重上木里开展扶贫活动，为当地乔瓦镇锄头湾村捐赠垃圾车一台，为贫困学生家庭、贫困户、幼教点及幼教老师送去慰问金和慰问品，合计 20 余万元。

郭代军表示，在扶贫攻坚过程中，民营企业应该发挥自己的优势，把握政策机会，把资源优势转化为产业优势，开发稳定的增收致富项目来增强贫困地区"自我造血"能力。在帮扶过程中，中诚投集团公司开展贫困群众生产生活技能培训，阻断贫困代际传递。截止目前，郭代军已为社会公益事业捐款捐物近 1000 万元，资助贫困学生 100 人次。

新时代新征程，机遇与挑战并存，郭代军"不忘初心，砥砺前行"的信念也变得更加坚定，集团公司将继续以"诚信得天下，匠心铸辉煌"的企业经营理念，不断提升企业诚信建设工作水平，努力将企业做大做强做优，争做标杆企业，发挥榜样作用，为四川经济的发展贡献自己的力量。

## 人物名片

　　唐先洪，四川竹叶青茶业有限公司董事长、总经理，中国绿茶竹叶青茶创始人，政协四川省第十二届委员会委员。

　　他先后当选为四川省、乐山市人大代表，被评为四川省创业之星、农业科技先进工作者、优秀乡镇企业家和全国优秀乡镇企业家。2014年，被中国茶叶流通协会评为"年度十大风云人物"，2005年被评为全国劳动模范，2005年荣获"四川省十大财经人物"，2006年被评为乐山市十大杰出青年，2016年被评为"四川创新企业家十大年度人物"。

# 唐先洪：
## 匠心引领川茶崛起，全球共饮国茶经典

近年来，川茶在市场上崛起，不能不提到"竹叶青"；"竹叶青"的崛起，又不能不提及唐先洪。这个风云人物独具匠心，用二十载光阴，把一个负债过千万元、频临倒闭的工厂转变成为中国著名的名优茶生产企业，其产品连续 11 年在全国高端绿茶市场占有率方面位居第一。

竹叶青承载着传承千年的茶文化传统，又结合现代品牌的语言，作为中国高端绿茶的代表，跨越历史和现代，融合传统和科技，如一张名片呈现出中国茶的经典。

### ▶ 从负债到行业领跑，演绎产业发展传奇

20 世纪末，西湖龙井、云南普洱、安溪铁观音开始在全国市场开疆拓土，然而川茶的发展却有些低迷，很长一段时间川茶业内无一家像样的品牌。1998 年，年仅 28 岁的唐先洪接掌了竹叶青。彼时的竹叶青，还是一家年产值百万、负债过千万的频临倒闭企业。也是从那时起，唐先洪就涌现出一个念头：打造竹叶青品牌，打破川茶品牌僵局。

从 1964 年竹叶青得名，到 1998 年坚实起步，到 2001 年完善企业渠道和策略，再到 2002 年提出"平常心"的品牌传播策略，历经 20 年企业发展之路，唐先洪带领的竹叶青茶业积极实施品牌战略。在对茶文化的传承与发展中，开拓进取，勇于创新，将"以品质为基础，以品牌为导向"的发展思路带到了茶叶行业，开创了传统茶叶市场品牌营销的先河，为茶叶企业走出品类认知的藩篱做出了卓有成效的实践。

经过多年不断地自我否定、自我超越，唐先洪不仅确立了竹叶青独特鲜明的营销策略，也改变了整个茶叶行业的品牌销售模式，一举成为业内的领导者和领跑者，全渠道销售赢得绿茶行业领先的地位，一句重新诠释茶文化内涵的"平常心，竹叶青"，更是家喻户晓。

目前，唐先洪带领下的竹叶青茶业成为集茶园栽培管理、初制生产、精制加工、产品研发、茶文化观光旅游及进出口贸易为一体的经济体，成为国家农业产业化重点龙头企业。竹叶青茶业旗下已拥有"论道""竹叶青""碧潭飘雪""宝顶雪芽"等多个知名品牌，其中"竹叶青""论道"两个品牌先后被国家工商总局认定为中国驰名商标，是第一个拥有两个中国驰名商标的茶叶企业。其定点茶园和无公害茶叶生产基地 40 万亩，年产各类名优绿茶 2000 吨，营销网络遍布北京、上海、天津、成都、西安、沈阳等多个城市，并出口到日本、北非、欧洲、美国等海外市场。

## ▶ 意守平常，用心做茶，领跑行业全新标准

唐先洪回顾竹叶青 20 年发展时说："我们从零走到今天，在做品牌的前期很艰难，之所以一直致力于品牌建设，得益于早期创业的难忘经历。"20 世纪末的中国茶叶市场严重碎片化，竹叶青作为一款品质口感俱佳的川茶品类，出了四川却只能当原料茶卖，被江浙一带的代工企业贴牌后获取更多的利益，这让他感触很大。

唐先洪说："要塑造一个品牌是很难的，在 20 年的过程中，我们一直坚守川茶初心，以高山、明前、茶芽为三大核心标准严守品质，通过技术创新，以高于行业平均标准的研发投入，最终获得了产地领先、原料领先、工艺领先、品质领先、销量领先五大行业领先。"

一直以来，唐先洪都以"品牌是核心竞争力，产品品质是品牌的基础"作为企业的经营准则。坚持把质量安全作为企业生命，推进茶产业提质增效、转型升级，不断提升企业影响力。

竹叶青茶业始终坚持只选峨眉山海拔 600 ~ 1500 米高山茶园嫩芽，只在清明前采摘，只在春天的 30 天里完成制作。如此严苛的条件造就了每一颗竹叶青绿茶都拥有不凡的卓越品质，茶芽遇水直立、上下沉浮，茶汤鲜爽醇厚，特有的嫩栗香更是让人难以忘怀。

为了保持竹叶青质量的长期稳定，先后投资近亿元引进数条全自动生产线。秉承传统中国绿茶加工技艺，融入现代科学技术，结合国际先进的微电子控制技术，从半成品茶叶生产到茶叶精加工，全程全封闭清洁化生产，每小时可生产 400 多公斤半成品名优芽形茶叶，日精加工成品茶可达 6000 公斤，且品质稳定、风格独特。特别是名优绿茶生产线，兼具扁形名茶和卷曲形名茶生产加工功能，填补了国内名优扁形芽茶流水化生产加工的空白，打造了行业领先标准。

### ▶ 以坚守诠释初心，以担当践行使命

唐先洪清楚地知道，公司的发展壮大，除了自身的不懈努力外，更离不开国家好的政策，以及各级党委和政府的关心与大力支持。

他始终牢记自己是农民的儿子，时刻提醒自己：不仅企业要致富，还要带领更多的山区茶农一起致富，大家富才是真正的富。他在发展公司的同时，尽最大努力回报社会各界，公司为山区剩余劳动力、下岗职工提供就业岗位 600 多个；积极支持峨眉山市教育事业，资助贫困失学学生完成学业；为峨眉山市多个镇、乡、村捐款修路建房，支持体育事业发展；积极向受灾地区捐款捐物。

作为四川省茶叶供给侧结构性改革排头兵，竹叶青公司在唐先洪的带领下，以"抓质量、强品牌"为核心，在公司产业化、跨越式发展壮大的同时，积极参与省委、省政府的扶贫行动，发挥龙头企业的辐射带动作用，在认真做稳、做好、做大市场的同时，加大对贫困县、贫困乡镇、贫困户的技术和资金帮扶，通过项目合作、订单生产等形式，有效带动全省 40 多万亩茶园基地发展和山区 10 万茶农实现产业脱贫致富。

奋斗没有止境，事业没有终点。如今，竹叶青茶业公司在唐先洪的带领下，朝着更高的目标发展，力争把"竹叶青"打造成国际茶业著名品牌，为把峨眉山市、乐山市建成"产茶强市"，为全面建成小康社会做出更大的贡献。

### ▶ 二十载匠心经营，竹叶青志在全球

顺应时代发展的需求，竹叶青经过 20 年的品牌积淀和创新发展后，这杯茶"泡"出了空前的市场热度和品牌高度，创造了中国茶企的奇迹。

如今，竹叶青茶业已成为农业产业化国家重点龙头企业，2006 年，竹叶青作为中国唯一受邀品牌出现在摩纳哥高端奢侈品展场。2013 年入选《中国奢侈品报告》本土十大奢侈品牌。2014 年，拿下万隆国际茶业大会"中国至美绿茶"大奖。2015 年，米兰世界博览会授予竹叶青绿茶"百年世博中国名茶金骆驼奖"。2016 年，胡润百富榜评选竹叶青绿茶为"中国千万富豪最青睐茶叶品牌"，成为该奖项成立 12 年来首次上榜的中国茶叶品牌。2016 年 10 月，竹叶青荣获世界绿茶协会金奖。2018 年6 月，竹叶青在北京国际茶展上获得特别金奖。

走上国际舞台的竹叶青，作为川茶代表、四川最美名片，也成为中西方民间交流的"大使"。"未来，竹叶青仍将坚守初心、严守品质，秉持匠心制茶之道，助力中国高端绿茶走向世界"。唐先洪说，"行业发展的趋势决定了我们要做高端，作为企业而言，要想发展，要想带动整个行业发展，就必须要有造血功能。"

壮丽 70 年，奋斗新时代。"竹叶青"在缔造中国高端绿茶品牌佳话，塑造中国的奢华品牌，不仅可以体现源远流长、底蕴深厚的"中国魅力"，更能够彰显着茶马古道的历史沉淀。这杯峨眉高山绿茶，跟随着辉煌时代的脚步，不断成长壮大，承袭传统，积极创新，用一杯茶礼敬世界，成就了一张经典传奇的中国名片。

## 人物名片

　　黄国蓉，女，汉族，1963 年 11 月生，四川省成都市人，2012 年 7 月加入中国共产党，1981 年 1 月参加工作，西南交通大学现代企业经营管理专业本科毕业。

　　2004 年 9 月，黄国蓉成立成都黄大姐保洁服务有限公司，并担任董事长，带领 3500 余名员工稳定就业，她始终坚持心怀感恩，做好人做好事，公司发展后不忘回馈社会。她先后荣获"全国禁毒工作先进个人""诚实守信中国好人""全国三八红旗手"等 7 项国家级荣誉，2018 年再次当选为成都市人大代表。

# 黄国蓉：
## 一把扫帚"扫出康庄大道"

黄大姐叫黄国蓉，一笑俩酒窝，喜欢传递"正能量"，现为成都黄大姐保洁服务有限公司董事长。黄国蓉的企业发展之道是：持之以恒做好每一件小事，诚实守信做好每一单业务；善待身边的人，关爱公司的兄弟姐妹们。

黄国蓉办公室门上挂着"心理咨询室"的牌子，公司的阳光基地招收了七八十名劳改释放和吸毒康复人员，他们遇到问题，都愿意找她解疑答惑，因为黄大姐的经历，对人生有一种豁达的理解，更因为她能实实在在地给予他们帮助。

10多年前，快40岁的黄国蓉从工厂下岗，面临着难找工作的"尴尬"，走上了家政服务的创业之路；10多年后，被员工称为"黄大姐""黄妈"的黄国蓉，将家政环卫这个活儿做出了"大地美容师"的荣光……

### ▶ 用创业之光照亮人生

黄国蓉念念不忘的是当年温江妇联和就业局组织的下岗工人培训班。

下岗那年，黄国蓉39岁。端盘子、摆地摊、卖面包、开副食店、送蔬菜……却没有一件事能让她从此安身立命。那个培训班是免费的，一个班38人，学到最后只剩下8个人。别人嫌枯燥，黄大姐却听得津津有味。上完课，她心里老琢磨六个字：投资小，见效快。

一天，家里下水道堵了，她从外面的小广告上找了个通下水道的电话，人家带着电机上门，伸个长管子下去，不到一分钟，管道一下就通了，涌了一地脏水，师傅跟她要50元钱。黄大姐心想：这挣钱也太容易了！不正是投资小、见效快，人人都需要的事吗？我要做肯定比他做得好，我会收拾得干干净净再走人。

投资2000元，租了小房子，买了旧桌椅，印了小广告，拉着两个失地农民姐妹，"黄大姐家政服务部"成立了。

从2004年注册"黄大姐家政服务部"开始，黄国蓉就将"讲诚信"视为她的"最大法宝"。黄国蓉说："很多人都质疑我，太实诚了怎么赚钱？但我真的不能允许自己不讲诚信，也不愿意去亏待别人。如果别人不讲诚信亏的是钱，在我这里不讲诚信亏的是人和良心。"

为了让客户信任，黄国蓉把自己和员工的身份证主动复印给业主。开业之初由于没有经验，很多时候上门才发现，做的都是亏本生意。她直到今天都还清楚记得，接第一单生意时，由于不会评估家庭保洁的工作量，她们三人对145平方米住房的卫生保洁只开价80元。辛苦做到一半后，同来的两个人连连抱怨："要么让业主加钱，要么我们不要钱也不干了。"黄国蓉坚决不同意，并劝说姐妹们："既然承诺了，哪怕吃亏也要坚持做完做好，我们可以在吃亏中去总结经验教训，但是决不能不守信誉。"

正是这样的坚持和诚信，"黄大姐"家政的品牌在客户中口口相传，吸引来很多客户，发展成了一个30人的家政服务部。

2005年的一天，黄大姐从报纸上得知中央电视台"同一首歌"剧组要来成都演出，立刻上门找活。节目组正需要人装台卸车，问她有多少人。黄大姐在这突来的机遇面前，她大包大揽，称手下有100人，谁知道人家需要150人三班倒。"我只能故作镇静，说没问题。"黄大姐跑回去，赶紧通知员工一个人找三个人，家人、亲戚、朋友，有一个算一个。

当150人齐刷刷地聚到黄大姐面前时，她有点发晕，那一张张陌生的面孔，能服管吗？硬着头皮分了组派了活，一天下来活干得一团糟。新来的人瞅空就去看明星、晒太阳，当一天和尚撞一天钟。

"节目组要活动后才给钱，我去借钱，先给每人结了当天的工资，然后开会。"所有人都等着老板发脾气，黄大姐却未语先流泪。"我下岗奋斗到今天不容易，这是我第一次接这么大的单子，算我求你们了，好好干，不要让人家说我们不行。"她鞠躬又鞠躬，众人唏嘘一片。

之后，黄大姐几天几夜不回家，白天在现场指挥工作和大伙儿一起奋战，晚上睡在小货车的纸板上，干活的人被她照顾得非常周到，渴了送水，饿了送盒饭。活干完了，节目组负责人直竖大拇指。

圆满完成央视"同一首歌"温江会场的搭台、保洁、布展、搬运、安装等工作，以及在温江举行的全国第六届花博会的清洁项目后，"成都黄大姐保洁服务有限公司"正式成立。

"我就是一个实实在在的人，当大家越是以我为榜样，做好人行好事时，无形中我的责任就越大，对自己要求也越严。不仅不能失信于外，就是在公司员工面前，我都不敢放松对自己的要求，不敢有丝毫失信的行为，要给他们起好带头表率作用。诚信是人生的第一张名片！"黄国蓉如是说。

## ▶ 用感恩之心映照员工

成都温江举行花博会，黄大姐争取到了开荒清洁和保洁工作。这回工作量更大，有经验的她又组织起一个突击队，招了 300 多名员工。

花博会落幕那天，黄大姐给工人发完工资，告诉大家，日常工作用不了这么多人，临时招聘的人员要被裁掉，立刻就有人哭了。有人拉着黄大姐的手，哭着说："黄大姐，我都快 50 岁了，上有老下有小，自己又没文化没技能，好不容易找到这份工作，不要吓我们嘛。"

黄大姐难过起来，当年下岗那种没着没落的滋味涌上心头。可是要保住别人的饭碗，只有扩大企业规模，创造更多的岗位。适逢环卫物业招标，她竞标成功，从家政拓展到了环卫和物业。

"要照亮别人首先自己够亮，我知道我后劲不足，需要学习。"温江工商联邀请她加入商会，送了两张国学培训班免费试听的票给她。"我一听就入迷了，怎样经营，怎样建立企业文化，怎样让员工相信你依靠你，怎样担当社会责任……这都是我需要的啊！"

为了有能力带领更多的人为家庭增加收入，为社会减轻负担，她对自己做了平时最大的一次投资：缴了 2 万元的学费，参加了西南交通大学 EMBA 班学习。每星期五六日连续上三天课，黄大姐每天上完课就跑回公司给员工们上课，第二天再去学，回来再给员工们讲。"我学了一年，我的员工也跟着学了一年。"

良好的企业文化是企业最大的光源，两年之后，黄大姐创办了企业内刊《做人做事》，让员工有交流和分享的平台。"这些年我悟出了'用爱心做事业，用感恩的心做人'的道理，也将此带到公司文化中，总结成了'一心二感三做好'。就是说，做人做事，首先要有一颗感恩的心，其次要有责任感和荣誉感，做对自己、家人和社会负责的人，做到了以上几条，也就自然会成为'家庭的好成员、公司的好员工、社会的好公民'。"

在黄大姐看来，"让员工不下岗"并不是最终目标，让员工成为"三好"，让他们提升自身素质和技能，他们的发展空间才会更大。

这些年，她参加了西南交大 EAMB 课程和中欧商务教育课程等培训学习，定期组织员工参加省内外、国内外参观学习，在公司开设了道德讲堂，坚持让员工每周学国学、讲故事、谈感想。"帮助员工找到自信，找到正确的人生坐标。"

"成都黄大姐保洁服务有限公司""黄大姐保洁技能培训学校""成都大吉物业服务有限公司""黄大姐志愿服务队""黄大姐智慧居家生活服务平台"……黄大姐不断学习，企业越做越大，业务走出成都，扩大到贵州、宁夏等省外地区，带领 3000 多人稳定就业，扫地也要扫出精彩人生！

## 人物名片

　　淦吉银，男，汉族，中共党员，1967年12月出生，四川泸州人，现任四川天寿健康集团有限公司党委书记、董事长，还曾任中国医药物资协会副会长，四川医药行业协会副会长，四川省青年企业家协会常务理事，泸州市委第八届党代会代表，泸州市工商联和龙马潭区工商联副主席，泸州市龙马潭区委第三、四、五届党代会代表，泸州市扶贫开发协会副会长，泸州市医药产业协会副会长，泸州市药学会副理事长，泸州市大学生创业指导专家。

# 淦吉银：
## 抓住机遇，迎接挑战

1997 年是淦吉银人生的转折点，他毅然离开家乡南下，来到人生地不熟的广东开始创业。怀着背水一战的决心和绝不回头的勇气，历经一次次机遇与挑战并存的抉择，淦吉银在一个全新的领域站稳脚跟。事业发展风生水起的他，于 2001 年回到了家乡，加入了四川天寿药业有限公司，将更多的心血抛洒在泸州这片故土上。

### ▶ 梦想起航，始于追求美好生活

1967 年，淦吉银出生于泸县的一个农村家庭。1984 年，哥哥参军入伍，父亲因病医治无效去世，17 岁的淦吉银和弟弟、妹妹怀着悲痛的心，依依不舍地从学校回到一贫如洗的家里，在母亲、爷爷、外公的辅导下，开始种地、养牛、养猪、养蚕。在日晒雨淋、肩挑背磨中，3 个孩子在苦难中成长，居然在第二年就还清了债务。就在一家人刚喘过气时，弟弟又因感冒发烧住院，医疗事故却夺去了他未满 16 岁的生命。三个月以后，在部队的哥哥才知道消息赶回家中，一家人再一次抱头痛哭。在亲人们的关怀下，他们又一次从悲痛中站了起来。

这时的淦吉银已经懂得自己肩上的担子，放下失去弟弟的痛苦，重新燃起梦想之火，投入到更加努力的工作中。第二年，他成为弥陀镇养蚕专业户，受到镇党委和政府的表扬。与此同时，淦吉银还积极参加团组织活动，于 1988 年担任村团支部书记，他努力发展新团员，组织团员青年开展丰富多彩的活动，帮助军烈属、贫困户抢种抢收，出色完成上级下达的各项任务，连续 3 年被评为优秀团干部。1991 年，淦吉银考到弥陀计生办，在会计、宣传员岗位上工作，参加县财政局组织的会计培训，获得了会计资格，参加了自学考试。1995 年，他主动申请到泸州颜料厂任办公室主任。

1992 年，南下打工创业成为潮流，淦吉银的梦想再次被唤醒，并于 1997 年前往广东创业。"当初去广东我就是想着要背水一战，所以再怎么困难也得下狠心拼了！"淦吉银说。于是他没有了休息日，周一到周六忙着跑业务、向专家请教专业知识，周日就一头扎进图书馆翻阅医学书籍，学习医学方面的知识。

淦吉银说："那段日子很煎熬，但也很值得。功夫不负有心人，凭借着一丝不苟的态度和不懈努力，我得到客户认可、领导的支持，业绩稳步增长，第一年被评为优秀业务员。"

## ▶ 他乡遇故知，结缘天寿

1998年新年刚过，淦吉银迎来了人生中第二个转折点。东莞国药的罗经理推荐他应聘广西玉林制药厂东莞地区经理，淦吉银进入了一个新的创业平台。厂家采用独立核算、自负盈亏的合作模式，在团队组建、资金筹集、市场营销、经营管理等方面给予指导，但要靠自己完成目标任务。此时，他以前的经验派上了用场，超额完成了任务。后来，他成为省区经理，业务扩展到珠江三角洲，到2001年，队伍壮大到50多人，营业额达5000万元。

1999年年底，在广西玉林制药厂年终总结会上，淦吉银结识了四川老乡——天寿药业创始人熊天祥。两人一见如故，他们聊家庭、聊理想抱负、聊行业趋势，从南宁到越南，5天吃住行都在一起。"你考虑回家乡发展吗？春节回家可以来公司看看。"回川前，熊天祥留下了这样一句话。这时的淦吉银已经适应了广东生活，妻儿也安顿在广东，对于熊天祥提出的建议，一开始他并未放在心上。

春节回到家乡，淦吉银应邀参观了天寿，对公司有了进一步了解，同时熊天祥的执着与诚恳深深打动了他。2001年，抱着试一试的心态，淦吉银在天寿投资了40万元，成为天寿新股东。

2003年7月起，淦吉银任天寿公司任副总经理，参加天寿第一次质量体系认证和新业务拓展。在大家共同努力下，公司当年一次性通过GSP认证，天寿和宝光两家公司成为四川省第一届公立医院招标采购泸州地区指定配送企业。淦吉银说："那时候我在泸州工作十几天，在广东工作十几天，自己来回开车跑，一直到2005年。"

2004年，熊天祥在股东大会上提议，由淦吉银出任公司的总经理，他又一次面临两难选择。

妻子担心他丢了广东的事业，回到泸州也不一定有好的发展，反他对回到家乡。对于淦吉银来说，他有恋乡情结，加上家乡的平台更容易实现梦想，经过反复沟通，最终得到公司团队骨干的理解支持，担任天寿总经理，成为真正的天寿人。

## ▶ 回归家乡，带领天寿闯出一片天

此后天寿的每一次改变，淦吉银都成为实施者与见证人。医药行业是良心事业，人民用药安全有效是崇高责任。天寿药房自 1930 年创办以来，就以"炼药虽无人见，诚心自有天知"铭念立信，2003 年通过国家 GSP 认证以来，公司始终把人民用药安全有效放在首位，把"天寿药业诚信为本，天寿药房您放心的选择"贯彻到每个职工的思想、工作中，赢得了广大客户的信任，获得了全国"百城万店无假货"示范店称号。

天寿药业是股份制企业，淦吉银在唐莉、李延安两位副总经理的支持下，以"股东的团结是资本增值的基础，管理者的团结是效率提升的关键，全体员工的团结是企业发展的无穷力量"为指导思想，进一步团结股东，培养壮大管理层队伍，激发全体员工的积极性和主人翁责任感，以目标责任制的管理模式，推动企业实现较快发展。

2007—2009 年，天寿在淦吉银的带领下，提出了"精耕泸州，拓展川渝，创造自己的品牌，走向全国"的发展战略，天寿在泸州四县三区有 2300 家客户，规模已上亿元，拥有了金钱草、肝苏两个国家级新药，产品在全国推广。2010—2017 年，天寿拥有了自己的家园，同时开始向大健康集团化方向发展，相继成立了淦氏农业、添寿生物科技、共筑投资、天寿同仁国医馆，与泸州老窖合作研发养生酒……

在企业党建工作上，自公司成立后就建立了党支部，熊天祥书记十年如一日，积极发展党员，把股东、关键岗位人员发展成党员，党建经费优先保障，组织活动丰富。淦吉银担任党委书记以来，提出党建与企业经营管理相结合，党建与团队建设相结合，党建与文化建设相结合的发展理念，党建与团建以及工会、妇联、民兵等工作同时开展，赢得了党员职工和上级组织的认同，先后获得省、市、区党委的表彰，获得团中央"青年文明号"荣誉称号。

淦吉银是一名老党员，他的办公室陈设简单，最多的便是字画和书。近年来，四川省委统战部、省工商联、市区工商联等多次派他前往浙江大学、北京大学、四川省委党校学习，天寿团队每年都组织请进来、送出去等形式的学习，形成了在工作中学习的氛围。

如今，知天命之年的淦吉银依然热爱这份事业，对于天寿的未来，他有着清晰的规划："未来 10 年，就是天寿药房成立 100 周年之际，要成为中国健康行业知名的品牌企业，要坚持以客户为中心，以奋斗者为本，积极投身健康事业，为天寿员工建设更加美好的创业平台，为健康中国添彩，为中华民族伟大复兴作出贡献。"

## 人物名片

　　蒋卫平，男，白族，1955 年 3 月出生，全国人大代表、成都天齐实业集团公司董事长、天齐锂业股份有限公司董事长。

　　天齐锂业的发明专利数量、生产规模、营业收入、盈利能力等综合实力在国内同行业中居第 1 位，在全球同行业中居第 3 位，曾获得国家发明专利金奖。蒋卫平带领企业在遂宁市贫困区域实施以"联村示范卫生室建设""村医能力提升""医疗专家支医"为主要内容的健康扶贫"三大工程"，为社会扶贫注入新动力。

# 蒋卫平：
## 深耕制造，志与天齐

　　他爱党爱国、遵纪守法、坚守实业、聚焦主业，积极实施"走出去"战略，控股优质锂资源，收购先进生产线，成功打破国际企业对中国锂行业的封锁，牢牢掌握行业话语权和主动权，有力增强了我国成为新能源汽车强国的资源安全保障能力。

　　他多年带头开展抗震救灾、扶危济困、精准扶贫捐赠等社会救济和公益项目，为近 20 万名贫困群众提供医疗便利，解决看病难的问题。

　　他秉承实业报国的理念，坚持不懈奋斗的精神，求真务实，引领变化，为国家增加税收，为社会创造就业岗位，以实际价值回报股东，与员工携手共创财富。

　　他就是天齐锂业股份有限公司董事长蒋卫平先生。

### ▶ 为国争光的创业者

　　国务院发布《中国制造 2025》规划，成为我国实施制造业强国战略第一个十年蓝图。蒋卫平紧跟国家政策号召，始终坚守"深耕制造"和"实业报国"的初心，完善国内外的实业布局，充分利用资本市场的融资功能和支付功能，先后实施 3 次产业并购，控股全球最大、品质最优的格林布什锂辉石矿，参股世界上最大的盐湖锂资源阿塔卡玛盐湖的智利矿业化工公司（SQM），推进了我国新能源材料行业的技术进步和市场应用速度，为我国锂电新能源行业的原料保障提供了坚强的支撑，改写了我国锂工业受制于人的历史。目前，公司在行业排名高居全球前三，已成为具有一流技术实力和综合竞争力的国际锂业旗舰。

### ▶ 产业经营的强者

　　2004 年，蒋卫平以其独到的商业眼光和行业责任感，在行业低迷的情况下，毅然接手因成本高企、连年亏损导致资不抵债的国有射洪锂业公司。

天齐锂业在蒋卫平带领下，坚持以市场为导向进行深入改革和全面布局，蒋卫平引领天齐锂业从西部县城一个濒临破产的小公司，发展成目前全国锂行业市值排名第一的国际化大企业、全国新能源汽车材料行业的领航者和全球最大的矿石提锂生产商。

公司市值从初期 40 亿元增加至目前约 335 亿元（截至 2018 年 12 月 28 日收盘），营收从 2010 年不到 3 亿元快速增长到 2018 年的 62.44 亿元，归属于母公司所有者的净利润从不到 4000 万元增长至 2018 年的 22 亿元，2018 年实现纳税 15.32 亿元，为推动地方经济发展做出了突出贡献。

## ▶ 行业进步的先者

蒋卫平带领天齐锂业始终坚持以科学创新为基础，以市场需求为目标，进行技术潜能的挖掘和激发，在研发创新上不断取得突破性进展，持续提升研发、技术、深加工等方面的核心竞争力。

天齐锂业牵头起草制定 20 余项国家行业标准，承担 2 项国家火炬计划项目，取得包括 52 项发明专利在内的各项有效专利 135 项。其中，"硫酸锂溶液生产低镁电池级碳酸锂的方法"是天齐锂业重要核心专利之一，获得中国专利金奖、四川省专利奖特等奖的殊荣。此外，天齐锂业还荣获了 3 项国家重点新产品、1 项四川省高新技术创新产品、3 项四川省级科技成果和 2 次四川省科技进步奖等殊荣，是全国有色金属行业先进集体、国家镁锂新材料高新技术产业化基地、四川省优秀民营企业、四川省知识产权优势培育企业。

天齐锂业作为全国行业标准的牵头者、技术创新的带动者，极大地提升了我国锂行业科研与制造水平，巩固了我国锂工业实力在全球锂行业的领先地位。

## ▶ 责任投资的引领者

2018 年，天齐锂业被四川省环保厅评为"环保良好企业"，这源于蒋卫平在涉及环境保护、员工及居民健康、生产安全等问题上的从不妥协，以及始终坚持经济利益绝不凌驾于环境、健康与安全之上的发展原则。近 10 年来，企业累计投资 9 亿元用于环境改造、设备自动化改造和员工工作环境改善，下属企业无一起环境违规违法行为。同时，企业牵头起草了 18 项化工生产、湿法冶金、高温浸出、高海拔选矿等专业领域的节能减排降耗的行业规范，为我国矿石提锂行业重新建立了高标准的生产管控体系和环境保护体系。

近 10 年来，蒋卫平带头倡议并践行扶危济困行动，累计为抗震救灾、贫困家庭子女上学、新农村建设等各项社会公益活动捐赠 800 万元。2016 年，天齐锂业积极响应和贯彻国家政策，独自捐资 1200 万元，与遂宁市政府共同启动了健康扶贫"三大工程"——"联村示范卫生室建设""村医能力提升""医疗专家支医"。截至2018 年 12 月，共计有 20 个联村示范卫生室正常运转，覆盖 100 多个村，惠及人口约 19 万人，增添医疗器械近 300 台（套）。"村医能力提升"工程总计组织 209 名村医参加全脱产集中培训；"医疗专家支医"工程共派出医疗专家 212 人，下乡 2500余次，累计义诊贫困群众 3 万余人次，让区域群众享受到"有地方看病，看得起病，看得好病，未病先防"的医疗服务。

2018 年 5 月 31 日，天齐锂业捐资 200 余万元在射洪县香山镇桃花河村修建的天齐同心桥竣工通车，消除了桃花河对两岸生产生活的阻碍和洪水对当地民众的威胁，促进了桃花河两岸近 2000 亩土地成片开发利用，为推动地方经济发展起到了积极作用，深受群众认可和称赞。

另外，天齐锂业还和澳大利亚有关政府部门、院校一起合作，参与、主导了一系列澳大利亚公益项目，比如成立蒋卫平文化基金，共建西澳博物馆，资助中澳两国间交换生合作项目、奎纳纳当地学校的"Crescendo"和"iDiversity"等项目。这些项目有效促进了国家间经济文化交流与合作，赢得了当地政府和群众对企业的认可，为中国企业在境外履行社会责任、塑造国家形象树立了标杆。

## 人物名片

喻小春，男，汉族，生于 1962 年，四川泸州人，现任四川省工商联副主席、泸州市工商联主席、四川省巨洋企业管理集团有限公司董事长。

# 喻小春：
## 铿锵前行的江城赤子

他目光独到，在改革探索中勇立潮头；他勤勉敬业，以诚信务实带领企业一路前行；他饮水思源，深怀感恩之心积极回馈社会。他，就是四川省工商联副主席、泸州市工商联主席、四川省巨洋企业管理集团有限公司董事长喻小春。

从致力于打造"东方希尔顿"传统酒店到房地产、文旅产业多元开花，四川省巨洋企业管理集团有限公司在喻小春的带领下，乘势扬帆、激流勇进，目前已成为西南知名、影响力日益显著的新锐民营企业，在泸州市乃至四川省工商业界和非公企业中居于领军地位。

### ▶ 砥砺前行，积跬步者行千里

时间回溯到 20 世纪 90 年代，喻小春还是一名农村信用社职工，端着"铁饭碗"。然而，上了几年班之后，他却做出了一个扭转他人生轨迹的重大决定——从体制内辞职，这在当时需要独到的眼光和过人的勇气。随后，他借钱在泸州滨江路开了一家"来凤鱼馆"，由此拉开了自己创业生涯的帷幕。

在经营鱼馆几年之后，一次偶然的机会，他开始涉足宾馆行业，当时泸州第一家私营宾馆——龙马宾馆就是他创办的。宾馆的成功运营激发了喻小春对这个行业的强烈兴趣，此后，他又接连开办了神舟、枫叶等宾馆。"那时我在城区还没有住房，有六七年的时间，我基本上就吃住在宾馆的办公室里。为了节约成本，常常还要半夜去维修客房设施。"直到多年之后，喻小春谈起自己当年创业史，那一幕幕艰辛场景仍历历在目。

2003 年，巨洋集团成立，注册资本 10180 万元人民币，确立了以酒店业为主、房地产业为辅的发展战略。2003 年 12 月，喻小春买下了泸州大酒店，进行重装营业。2005 年，巨洋集团开始进入成都，连续成立新华饭店等三家酒店，并相继向广元、雅安、宜宾等地拓展。

经过 20 多年坚持不懈的拼搏奋斗，巨洋集团规模不断壮大，实力持续增强，从一家小宾馆逐步发展成为集酒店、房地产、文化旅游、金融等多元化产业的大型民营企业，下属 32 家子公司，包括 12 家星级饭店（五星级酒店 4 家）、4 家房地产公司，在职员工近 3000 人，其中研究生以上学历的各类中高级管理人才近 200 名。

巨洋集团相继获得全国、省、市政府及相关部门颁发的各类荣誉称号上百个，这些荣誉都是集团在不断发展的过程中，奋斗努力的最好注释。2010 年 12 月，喻小春被评为"第二届四川省优秀中国特色社会主义事业建设者"；2012 年 1 月，被评为首届"影响泸州"十大经济风云人物；2015 年 4 月，被授予"中国致公党扶贫开发工作先进个人"；2015 年 10 月，当选为四川省光彩事业促进会第四届理事会副会长；2016 年 12 月，荣获"四川杰出民营企业家年度人物"称号；2018 年 12 月，荣获"改革开放 40 年四川省百名杰出民营企业家"称号。

2011 年 12 月，喻小春当选为泸州市工商联主席、总商会会长，成为泸州市建市 30 多年来荣膺两职的第一位非公经济人士。2016 年 5 月，他再次当选为泸州市工商联主席、总商会会长。一位民营企业家连任地级市工商联主席、总商会会长两职，这在全省都屈指可数。

## ▶ 战略布局，匠心铸就品牌力量

2005 年，巨洋集团已经到了开始做大做强，再上一个新台阶的关键时刻。在酒店产业持续增长的情况下，喻小春敏锐地察觉到，巨洋集团应该大胆参与高端酒店市场的竞争，与国内甚至是国际上知名的酒店品牌较量，并在较量中取他人之长，补己之短，不断提升巨洋酒店品牌的知名度。2009 年，喻小春着手四川巨洋国际大饭店的建造，整个项目占地 84.304 亩，总建筑面积 153490 平米，总投资达 7 亿多元，历时 3 年多。2013 年 3 月 21 日，川南首家超五星级饭店——四川巨洋国际大饭店投入试运营，该酒店由中国酒城大剧院、国际会议中心、巨洋国际大饭店三大主体构成，如今已成为川南地区旅游文化新地标。

有了泸州巨洋国际大饭店的成功，喻小春乘势而为，又相继在四川宜宾、贵州赤水、资阳乐至县投入巨资，相继开发了宜宾南溪巨洋国际大饭店、赤水巨洋大饭店综合体以及乐至巨洋大饭店综合体，各个项目的相继建成，无疑都成为当地地标性建筑。

## ▶ 常怀感恩，践行责任秉初心

"我是农民的孩子，对中国农民的苦有很深的体会，今天我能够走到这一步，我很知足。但是，现在还有很多生活困难的人，有的甚至连温饱问题还没有解决，这是一个非常残酷也非常难以解决的问题。我觉得对于一个真正的企业家来说，自己富了，还有责任、有义务带动其他人致富，为他们创造条件、搭建平台，帮助更多的人共同走上富裕之路。"慷慨之言，彰显赤子之心，心怀天下者，必是德泽大地之人。多年来，喻小春始终以实际行动诠释着作为一个民营企业家的社会责任感和使命感。

每年的"六一"儿童节，都是泸州市江阳区黄舣镇"喻小春小学"的孩子们最开心的日子。每年这一天，学校的名誉校长喻小春和巨洋团队的叔叔阿姨们，都会为孩子们带去图书、文具、体育器械等物品，这样的爱心活动已持续了10余年。2003年，心系家乡母校原黄舣镇九聚村小学的喻小春，为改善学校的教学条件，主动捐资130余万元，为母校重建教学大楼。经过10多年持续不断的建设，该校已成为江阳区规模最大、设施最好的农村小学。

2008年汶川特大地震发生后，巨洋集团在自身酒店受损的情况下，仍慷慨解囊，为灾区捐资62万元；2009年，得知家乡乡村公路亟待修缮，喻小春主动捐资近200万元；2012年12月，巨洋集团响应市委市政府号召，积极参加"2012醉美泸州·慈善公益在行动"系列活动启动仪式，现场捐款20万元；2014年6月，巨洋集团旗下及控股的两家公司向纳溪区贫困学生捐款50万元；2015年7月，巨洋集团主动参与"寻找我们身边的抗战老兵"大型公益活动，为抗战老兵们无偿提供在四川巨洋国际大饭店食宿服务；2015年11月，喻小春应邀全程参与省委统战部、省工商联组织开展的"光彩事业通江行"活动，现场捐款10万元；2015年12月，喻小春率队走访巨洋集团精准扶贫定点联系村——合江县尧坝镇仙顶村并慰问贫困户，针对该贫困村特点，找出与巨洋集团的产业结合点，实行"一帮一"扶贫结对，实施精准扶贫，全力支持该村的生产发展；2016年5月，巨洋集团积极响应省委统战部的号召，主动参与"万企帮万村"精准扶贫活动，向甘孜州康定市呷巴乡俄达门巴一、二村的贫困牧民伸出援手，实施旅游产业扶贫；2016年7月，巨洋集团继续弘扬光彩精神，积极参与"万企帮万村·光彩凉山行"活动，现场捐款30万元；2017年1月，喻小春再次率队走访合江县尧坝镇仙顶村，看望、慰问一直牵挂着的该村群众，捐赠款项、发放物品价值近15万元；2017年8月，喻小春应邀出席"中国光彩事业凉山行"活动，现场捐赠30万元用于资助凉山精准扶贫公益项目。

据不完全统计，巨洋集团已累计向国家缴纳税款数亿元，向慈善公益事业捐款已达数千万元，这些都充分展现了喻小春以及巨洋集团在发展历程中深怀感恩之心，笃行社会责任的情怀和担当。

### 人物名片

　　曾国勇，现任全国工商联石油业商会会长、全国工商联执委、四川省工商联常委、四川省民营石油业商会会长等职务，是十一届四川省政协委员、四川省第十三届人大代表。2016年被评为"四川十大杰出民营企业家"，2018年12月荣膺"第三届四川省优秀中国特色社会主义事业建设者""改革开放40年四川省百名杰出民营企业家"荣誉称号。

# 曾国勇：
## 弘扬企业家精神，激发巨能新发展

温文尔雅，目光平和而自信，交谈中思路清晰、气场沉稳，这是作为四川省最早经营城市民用燃气的四川巨能天然气股份有限公司法定代表人、董事长曾国勇给人的印象，俨然一派儒商风范。

1998 年 8 月，28 岁的曾国勇正式创建四川巨能。他带领巨能人始终扭住"以小博大、谋求发展"这个企业愿景，以"诚信务实、专业创新"为企业理念，坚持"安全稳定、稳中求进"的底线思维，践行"情系万家、服务公众"的企业使命，率领企业逐步走上了健康发展的道路。

曾国勇现任全国工商联石油业商会会长、全国工商联执委、四川省工商联常委、四川省民营石油业商会会长等职务，当选为十一届四川省政协委员、四川省第十三届人大代表，2016 年被评为"四川十大杰出民营企业家"，2018 年 12 月荣膺"第三届四川省优秀中国特色社会主义事业建设者""改革开放 40 年四川省百名杰出民营企业家"荣誉称号。

### ▶ 参政议政，永跟党走

曾国勇是一名讲政治的企业家，一贯坚定拥护中国共产党的领导，坚持四项基本原则，坚持改革开放，在政治上、思想上和行动上始终与党中央保持一致。积极参与人大、政协、民革和工商联组织的各项学习、调研、参观活动，积极参政议政、履行社会职责。他善于结合企业实际，正确把握和处理政治、经济和企业中出现的各种问题，分析问题注重全面、客观，讲究实事求是。他关心四川发展，积极为四川省未来建设献计献策，当好参谋。

作为民革成员，曾国勇却非常支持民营企业党建工作。从 1998 年公司成立达县天然气公司党支部以来，他积极支持鼓励广大优秀青年加入中国共产党，希望党员队伍成为企业发展的重要人力资源和宝贵财富。目前，公司党组织已经升格为党总支，下设 5 各党支部，共有中共正式党员 102 名、预备党员 4 名。公司党总支多次被成都青羊区委组织部表彰为"先进基层党组织"，2017 年 7 月曾国勇本人被成都市青羊区表彰为"党建之友"企业家。

## ▶ 以人为本，民主管理

为了营造读书求知的氛围，曾国勇不但重视自身学习，参加了四川联合大学工商管理系企业管理专业研究生学习，还十分重视以"品德、知识、能力、业绩"全面发展为目标，开展《职工再教育工程》，对职工进行"创新能力、管理能力、经营能力、技术能力和办事能力"的全面培训。他不惜重金请专家教授到企业授课培训，让员工走出去拓展视野提升能力，目前公司员工中研究生学历 5 人、大专以上学历 333 人，按计划分批次组织各类专业培训 300 余人次，135 人获得各类专业技术等级证书。不少员工深有体会地说："入职巨能最大的体会是曾总不是把我们当劳动力使用，而是把我们当人才培养。"

同时，为了科学规划企业发展路径，确保巨能沿着合法合规的方向前行，曾国勇主导在成立监事会时，成立了由 4 名专职律师组成的法律事务部。在重大决策之前，能够广泛听取员工意见，能够从法律要求角度去研判分析问题，能够得到监事会的有效监督指导。通过民主管理和民主监督，建立长期、公开的信息交流，切实维护员工的合法权益，构建了和谐的交流平台，增强了员工当家作主的责任感。

## ▶ 开拓创新，多元发展

在以曾国勇为核心的高管团队领导下，四川巨能天然气股份有限公司始终坚持用发展的眼光来看待产业结构调整。公司已经成长为一家包括燃气业务、成品油业务和金融投资业务的大型民营企业集团。集团公司现拥有 16 家全资子公司、7 家参股公司、10 家控股公司，业务广泛分布于四川、山东、内蒙、黑龙江、河北、新疆、安徽、海南等 11 个省（区）。尤其是引进生物质高新科技燃气能源，把企业发展构想融入区域的发展规划，发挥和整合行业商会的各类优势资源，培养和引进科技创新人才，增强企业整体创新意识和核心竞争能力。目前巨能已经形成燃气、成品油、生物质能源三大板块于一体，覆盖西南、东北、华北三大业务区域的发展格局。

## ▶ 致富思源，回报社会

近年来，四川巨能天然气股份有限公司积极参与光彩事业，成绩突出。自2000年以来，对于公司覆盖范围内"城镇最低生活保障家庭和贫困家庭"减免天然气初装费和气费总额高达1500多万元。自2015年至今，在国家精准扶贫政策引领下，积极参与四川省开展的"广元行""凉山行"等项目，累计向贫困地区捐款捐物200余万元，社会反映良好。曾国勇一贯倡导致富不忘回报社会，积极履行社会责任，其支持公益慈善的行动得到社会各界高度评价，多次受到国家和省级表彰，先后获得"全国就业与社会保障先进民营企业""四川省'万企帮万村'精准扶贫行动先进企业""'沿着总书记足迹，重走凉山扶贫路'活动先进企业""四川省'万企帮万村'消费扶贫爱心企业"等殊荣。

曾国勇带领四川巨能天然气股份有限公司走过风雨21年艰辛历程，有付出更有回报，有挫折更有收获。站在新的历史起点，他更加坚定信念、保持定力，积极对接先进科技，努力开拓新型能源市场，持续扩大巨能的社会知名度和影响力，谱写巨能新的篇章，开创巨能新的辉煌！

## 人物名片

漆贵春，男，汉族，中共党员，1965 年 12 月出生，四川省政协委员、工商联副主席，成都华建投资（集团）有限公司党委书记、董事长。

他高度重视公司党建工作，以党建凝聚人心，以党建引领企业文化。作为省、市、区建筑协会会长，他积极为建筑行业的发展建言献策。他带领公司积极参加公益活动和精准扶贫，近年来累计捐款近千万元，每年为大量农民工提供就业岗位。集团荣获"全国'万企帮万村'精准扶贫行动"先进民营企业等称号。

# 漆贵春：
## 凝聚人心兴企业，传递爱心助社会

说话语速极快，做事雷厉风行，这是成都华建投资（集团）有限公司党委书记、董事长漆贵春给人的第一印象。在位于华阳的办公楼里，窄窄低低的小门，仅能容一辆车勉强进入，小小的院落也略显平素，漆贵春一身白色衬衫、黑色西裤的工装搭配，简单却又不失精神，胸前佩戴的党员徽章更是熠熠生辉。

## ▶ 回首成长之路

21 岁那年，漆贵春走出乡村来到当时的成都市华阳建筑工程公司，成为一名工地施工员。他卖力地翻弄着水泥沙石，日复一日。

一个人的格局，在他还是一名普通施工员的时候就已经初见端倪。漆贵春除了努力完成任务，还拜师学习木工，让自己除了纯粹出卖体力之外，还能掌握一门好手艺。于是他的表现引起公司的注意，成为重点培养对象。从 1986 到 1989 年，漆贵春用了 3 年时间，从一名施工员晋升为成都市华阳建筑工程公司项目经理。

那时候，公司刚刚实行项目承包责任制，他第一个出来吃螃蟹。在承包第一个项目期间，遇到了全国建筑材料普遍涨价，成本费用大大超出承包费用。重挫之下，他没有撂挑子跑路，而是变卖了自己心爱的摩托车和所有家里值钱的东西，想尽办法发出了员工的工资，付清了材料费用，度过了危机。

虽然损失不小，但也不是没有意义。项目总算顺利完成，而作为责任人，他在甲方、材料商和员工们心中树立起勇敢担当、诚实守信的形象。

## ▶ 领航企业发展

在随后的 30 年里，漆贵春先后担任成都市华阳建筑工程公司项目经理、成都市华建装饰工程有限公司经理、成都市华建房地产开发有限责任公司总经理、成都市华阳建筑股份有限公司总经理、成都华建投资（集团）有限公司党委书记兼董事长等职务。果断决策的管理风格和恪守承诺的优秀品质，使得漆贵春受到华建人的尊敬和爱戴。在他周围，就像有一个巨大的磁场，凝聚着一支精诚团结、廉洁务实、与时俱进的团队，带动华建公司快速发展。

"党员徽章"在华建是一个特殊的存在，公司每一名党员员工的白衬衣胸前都佩戴着一枚。红与白的交相辉映，让徽章的颜色更加鲜艳夺目。漆贵春坚持以党建为引领，凝人心促发展的工作思路，以党建引领企业提质增效。他们承担的省市一号重点工程——纬创成都制造基地项目，工期短，任务重，为确保工期与质量，公司成立了指挥部，由党员干部带头，喊出了"我是党员，向我看齐"的行动口号。党员干部自觉担任项目建设责任区内生产、质量和安全的监督员，主动承担"危、难、急、险"任务，忘我工作、奋力拼搏的精神激励着公司所有职工，经过6个月的攻坚克难，该项目顺利通过验收。

在漆贵春的带领下，华建集团发扬"坚持、实干、担当、奉献"的企业精神，坚持"质量是生命，安全作保证，诚信为根本，开拓求发展"的企业宗旨，坚持"以人为本，构建和谐企业，回报社会"的企业价值观，创建"勤学文化""铁军文化""家园文化"融会贯通的企业文化，树立了"铸造华建品牌，打造百年老店"的企业愿景，促进了企业的持续、健康、稳步发展。

漆贵春深知，在新的历史时期，建筑行业正面临着转型升级、"深度洗牌"的挑战。为了能够适应新的经济形势，公司不断加强内部管理，提升建筑专业化水平，进一步开拓市场，实现"稳中求进"的目标。公司每年都会组织管理层和技术骨干"走出去"实地学习先进的管理经验和生产技术，并将所学运用于实际中去，在部分项目上试点成功后，将新技术、新工艺、新材料推广到各项目部。近年来，公司深入研究BIM技术，现已在一些重点项目进行试点工作，公司投资的装配式生产基地也已顺利投产。同时，公司投入大量资金研究信息化建设，利用最新的信息平台实现项目管理升级。

通过这些措施，促进公司与时俱进、开拓创新，实现可持续发展。2018年，公司荣获"四川省优秀民营企业"称号，受到省委、省政府表彰，并在四川省庆祝改革开放40年大会上荣获"四川民营企业100强"称号。

## ▶ 勇担社会责任

发展为了什么？除了让员工们生活得更好，还有没有其他要求？这是漆贵春时常思考的问题。出生于农村家庭的漆贵春，从小就体会到了生活的艰辛与苦涩，成为他努力打拼的动力，也让他对公益慈善事业充满了热情。帮助他人，对于他来说，是一件义不容辞的事。漆贵春在把企业做大做强的同时，也让爱心深入华建人的骨髓。

汶川地震时捐赠 100 万元，玉树地震时捐款 100 万元，芦山地震时捐款 100 万元……每当灾难发生，公司总是第一时间组织捐款，组织志愿者奔赴一线，为受灾同胞送去救灾物资。

华建人还积极参与"万企帮万村"精准扶贫行动，为帮助巴中市通江县沙溪镇大林坡村脱贫致富，公司累计投入资金 207 万元。除了在大林坡村长期定点帮扶外，华建集团还积极参与凉山、甘孜等地的精准扶贫行动，长期资助双流区及天府新区贫困学生、困难群众，近年来累计捐款 1000 余万元。

此外，华建集团党员志愿者服务队还积极开展关爱农民工、关爱留守儿童、环保宣传、捐资助学、植树造林等志愿服务活动，不断向社会传递正能量。在漆贵春的领导下，华建集团坚持致富思源，自觉履行社会责任。传递爱心暖社会，华建人永远在路上。

征程漫漫，求索惟艰。在漆贵春的带领下，全体华建人不忘初心，牢记使命，面对无限广阔的未来，将更加团结一致、求真务实，踏上新征程，书写新篇章。

## 人物名片

　　熊光兴，男，汉族，生于1961年，四川绵阳人，四川大学经管专业本科毕业，高级经济师。现任四川家福来实业集团有限公司董事长兼总经理，还担任四川省政协委员、省工商联常委，绵阳市人大代表、市工商联副主席，游仙区人大常委，中国家用电器商业协会副理事长，四川省民营经济协会副会长等职务。

　　他先后荣获中国家电领军人物、家电流通行业"功勋人物"，四川省五一劳动奖章、第三届四川省优秀中国特色社会主义事业建设者、优秀青年企业家，绵阳市优秀企业家、绵阳市十大商业经济领袖、绵阳市十大经济人物等。

# 熊光兴：
## 视诚信如生命，创百年企业

　　1987年，26岁的熊光兴在四川绵阳创办涪兴五交化电器商店。在他的带领下，其团队紧跟时代发展，开拓创新，辛勤耕耘，克服重重困难，企业实现迅猛发展。1997年，涪兴五交化电器商店迁址临园路，更名为兴达家电商场，再到1999年成立家福来电器商场，熊光兴的企业规模越来越大。

　　回首创业初期，可谓困难重重，曾数次面临失败的考验，但他却从没有退缩过，以执着的精神和坚强的信念，经受了市场经济和市场环境起伏多变的重大考验，应对了家电零售行业销售模式转型和线上经济对线下经济的冲击，在激烈的行业竞争中，练就过硬本领，积累起丰富的管理经验。

　　1999年，家福来电器商场成为四川省首家营业面积超过5000平方米的家电专业卖场；2000年，成立专业电器维修公司——绵阳市家齐美电器维修服务中心；2001年，成立专业仓储配送服务公司——绵阳市顺捷物流公司；2003年，成功注册"家福来"服务商标，随后家福来电器迅速布局全省，覆盖川西北各大城市；2007年，成功中标国家商务部、财政部实施的家电下乡试点工作四川商贸流通渠道商。家福来电器连续4年保持全省第一的销售业绩，名列全国前五名。2012年，四川家福来实业集团有限公司正式成立，历经31年发展壮大的家福来集团，拥有专业家电卖场30余家，经营面积超5万平方米，累计实现营业收入1000亿元，累积纳税10亿元以上，在职员工达3000余人，正在向集团化、多元化发展奋勇前行。

## ▶ 砥砺前行

　　当前，家福来实业集团零售企业以连锁经营家用电器为主，专业经营电视机、音响、冰箱、洗衣机、空调、厨卫、小家电、通讯产品等，高中低兼顾，国产、合资、进口品类齐全。批发企业则以区域家电代理为主，主要代理格力空调、小家电系列，海尔空调、冰箱、洗衣机、电视机系列，三洋、西门子、松下、夏普、惠尔普等合资系列，美的环境电器、小家电系列，容声冰箱等国内外著名品牌。一直以来，熊光兴以诚信为本，本着真诚合作、互惠互利的原则，与众多国内外知名家电制造商达成长期战略合作协议。

诚信，是一个企业的根本所在。在熊光兴的长期经营中，可谓"视诚信如生命"。熊光兴极其重视品牌形象的树立和维护，始终坚持严于律己，带头践行高效做事、低调做人的领导风格，对管理层团队高标准、严要求，始终坚持不断学习，以锲而不舍的精神，把行业地位站得更稳、品牌唱得更响、团队抓得更强、文化育得更深、经验学得更实。他们始终坚持诚信经营，将"家福来"品牌作为企业无形资产，将品牌形象根植于用户心中，成为名副其实的客户首选。

谈及为何能赢得客户的首选？熊光兴直言，家福来把为客户提供高质量服务作为核心竞争力，始终以服务为导向，以为顾客提供更加满意的服务为目标，从公司创立之初就把建立完善的家电售前、售中、售后服务作为重点。现在集团拥有省内超大规模专业家电客户服务中心，有面积 30000 平方米的物流配送中心，有 24 小时全国统一服务热线，实行 80 公里内免费配送，及时快捷地为消费者解决后顾之忧。

同时，熊光兴还坚持把"创造先进的管理模式和先进的企业文化"作为发展目标，坚持创新管理，让企业与员工从聘用制转变为合伙股份制，真正实现所有权、经营权、监督权相互分离的管理模式。他牢记"创百年企业、树百年品牌"的企业使命，不断提升企业现代化管理水平，发扬优秀企业家精神，奋力打造中国一流的大型集团公司。

家福来集团在长期的经营中，视诚信如生命，永远不欺骗消费者，绝不做损害消费者利益的事，决不做虚假广告，绝不销售不合格商品，所销售的商品永远对消费者负责，永远追求价格更低服务更好……经过 30 多年的辛勤耕耘，家福来已成为四川知名商业品牌，其影响力随着市场的开拓不断加强。作为家电业的领军者，家福来集团记录了本土家电行业的发展轨迹，家福来人深感骄傲与自豪。

## ▶ 感恩奉献

不忘初心，回报社会。熊光兴不但是一个成功的企业家，还是一个胸怀感恩之心、勇担社会责任、热衷于公益事业的慈善达人。在企业发展壮大的过程中，他始终怀着一颗感恩的心，以"不求回报，投身公益"的原则和低调谦逊的态度积极回报社会。家福来集团设立了爱心基金，对家庭遭遇突变的困难员工实施帮扶，他带领企业先后捐赠现金物资，用于扶危济困、帮老助残等各项"温暖工程"，他率领公司及公司员工，共计捐赠 1000 多万元。

在教育方面，熊光兴先后捐资 20 多万元，资助多名贫困学生。公司累计帮助1700 名下岗职工实现再就业，为建设和谐社会做出了突出贡献。

熊光兴表示，经过 30 多年的发展，家福来始终致力于"为每个顾客和家庭提供更满意的优质商品和优质服务"，不断提升企业品牌形象，树立了电器行业领航者的地位。未来，家福来将继续努力，坚持务实创新、开拓奉献的精神，做一个真正让员工追随、让顾客满意、受社会尊重的企业。

**人物名片**

　　蔡明顺，男，生于 1965 年 12 月，中共党员，成都市晋江福源食品有限公司创始人、总经理。现任成都市第十四届人大代表、成都市工商联常委、四川闽南商会名誉会长、金堂县政协常委、金堂县工商联副主席，被成都市慈善总会授予成都市慈善家称号、五一劳动奖章获得者，被评为金堂县优秀民营企业家。

# 蔡明顺：
## 治企如"种庄稼"

距成都东北方向 39 公里的花园水城金堂县，为成都"东进"主战场，长江的重要支流沱江蜿蜒其间，如今的金堂物华天宝。但 20 年前，这里因交通闭塞，经济还比较落后。来自福建省晋江农村的蔡明顺，在沱江边上租下简陋的厂房，建起了一家不足百人的泡菜加工厂，开始了他的创业。

二十年默默耕耘，二十载励精图治。中澳合资福建盼盼集团成都分公司、成都市晋江福源食品有限公司创使人蔡明顺像诚实勤劳的农夫，从 1998 年 3 月创办公司，不断开发新产品以适应市场消费者，率领公司开发的泡菜、膨化休闲食品、薯片、蛋黄派、煎饼等"盼盼"系列食品，受到千家万户的欢迎。昔日简陋的泡菜加工厂，已被现代化厂房、领先世界的生产流水线取代，员工有上千人。

特别是从 2003 年始，在蔡明顺的领导下，成都市晋江福源食品有限公司在多元化发展之路上越走越宽，先后成立了成都宝龙房地产实业有限公司、成都盼盼永安汽车检测有限公司、成都福山园林有限公司、成都市福星园养老服务中心；先后入股成都农商银行、自贡村镇银行、金堂汇金村镇银行、新都桂城银行及金堂商会大厦。成都宝龙房地产实业有限公司更是异军突起，在花园水城金堂，在淮口古镇，筑起来了座座标志性建筑。

近年来，他领导的成都市晋江福源食品有限公司纳税额度连续位列金堂县民营企业前十位，且一直遥遥领先，公司和主打产品先后被评为国家"农业产业国家化龙头企业"、四川省"农业产业化经营重点龙头企业"、"四川省名优农产品"、"四川省无公害农产品"、"农业产业化扶贫先进单位"、"成都市农村农产品营销大户"、"成都市非公有制民营企业示范点"，被金堂县评为"重点企业""纳税十强民营企业"等。

### ▶ 党建引领企业健康发展

蔡明顺出生在素有"泉南佛国""滨海邹鲁"美誉的福建晋江，他少年时代正处于国家计划经济体制下，落后的乡村经济在他幼小的心灵中烙下了深深的印记。他的成长伴随着改革开放，晋江城乡翻天覆地的变化，他既是见证人，又是参与者，使他对中国共产党有了一种特殊的感情。2000年春他加入中国共产党，在党组织的培养教育下，使他对党在改革开放事业中的核心地位和作用有了更加深刻的认知和感悟。目前，公司建有两个党支部，他是支部书记之一。

蔡明顺说："我们这一代人亲身经历过改革开放前后的对比，对改革开放的进程非常了解，中国这么大，国情又很复杂，解决13亿人的温饱问题就非常不容易。作为企业负责人，一定要不忘初心，一定要按照党的要求去做，才不会迷失方向。"为了加强党对企业的领导，在金堂县委组织部门的指导下，各种活动有序开展，党支部在企业中的核心领导和保障作用发挥好，党员在企业中的先锋模范作用强。

蔡明顺认为，企业抓党建与企业抓生产经营完全可以做到有机结合，相辅相成。通过企业党组织，可以把党的方针政策及时传达到企业，保证党的领导在企业落地，这对企业坚持正确的经营方向非常重要。2017年7月，他们开发建设了一个楼盘，为了打造精品，他经常顶烈日、冒酷暑，当别人都准备就餐休息时，蔡明顺却带领党员顶着骄阳在工地上巡回检查，坚持要把项目做到极致，他用实际行动诠释了一名共产党员应具备的素养。

## ▶ 农夫精神打造企业"航母"

蔡明顺认为做企业讲求一个"实"字，企业家不能唯利是图，不要去追求那些形式上的华而不实的东西。在金堂经营企业近20年，他与金堂这块改革发展的热土结下了不解之缘。论年龄，蔡明顺已过了知天命的年龄，也有经济基础享受安逸闲适的生活，但他仍辛勤劳作，奋斗不息。

把当年一个不足百人的小厂，能快速扩张到现在的规模，让人不得不认为是一个奇迹。在谈到经营企业有什么经验时，蔡明顺这样说："做企业实际上不需要高深的学问，你把自己当成一个庄稼汉，把企业当成是一块田地，什么时候翻地、什么时候下种、什么时候育苗、什么时候杀虫、什么时候施肥，按农时季节用心去做就好了。"这些话说起来虽然很简单，但要做好真不容易。

蔡明顺不仅仅埋头耕耘苦干，更坚持抬头望天。他爱学习，凡上级出台的方针政策，他都要认真地进行研读。他说："党的路线、方针、政策，是经营企业的法宝和定海神针。只有自觉接受和服从党的领导，企业才会在市场的风浪中不迷航。"

蔡明顺爱交朋友，他说做企业多个朋友多条路，朋友多了信息多。虽然有时感到体力透支，他仍然对朋友以诚相待，亲自迎来送往，在金堂工作近20年，他乡音未改，浓重的闽南客家口音丝毫不影响他与各行各业朋友之间的交流往来。

蔡明顺勤于思考，对企业发展的目标、流程、细节胸中有数，按流程做好每一个环节，把好每一个关键的节点，达到事半功倍的效果。做好这些，他就有了"决胜千里之外"的胆略和气魄，该出手时就以迅雷不及掩耳之势抢占先机，把闽南人那种精明的行事风格展现得淋漓尽致。

蔡明顺认为，市场经济变化因素多，"船小好调头"的陈旧观念已不适应社会化大分工和集团化、规模化经营要求，企业发展必须要打造能够抵御风浪的"航空母舰"。晋江福源由过去单一的蔬菜加工业，逐步向房地产开发、金融服务等产业成功转型延伸，这充分证明蔡明顺在经营上的独到眼光和决策，更是他把金堂作为第二故乡，扎根西部、服务西部的一种情怀。

## ▶ 不改初心，积极回报社会

"平易近人，又很有威信"是公司员工对总经理蔡明顺的评价。还记得公司初创时，员工上夜班，蔡明顺也不闲着，给大家买水果提到车间，给大家煮面条加餐；装卸工特别辛苦，蔡明顺就同吃同住、密切配合；他与销售人员骑自行车到小店卖货，一点一点拓展市场。细节决定成败，蔡明顺从细节入手，成功打造出了一支有情有义、齐心协力的公司大家庭，带领大家致富奔小康。

蔡明顺常常挂在嘴上的一句口头禅：企业经营是自主的，但财富是属于社会的。作为一名共产党员，一个农民的儿子，蔡明顺把国家、社会的命运与企业挂钩。他像一个庄稼汉，引领企业不停地向前进，不断创造财富，又源源不断地把财富回馈给国家和社会。公司把每年的5月9日，定为感恩日，公司除积极缴纳税费外，在参与社会公益事业方面也从不含糊，把爱心直接送到困难群体的心坎上。汶川地震灾害发生后，公司第一时间组织"百万食品到汶川"捐赠活动，并派出专业队伍赶赴现场抢险救灾。2019年6月中旬，公司又派人把数十万元现金送到甘孜州藏区，资助那些急需救助的藏族同胞，为增进民族团结做出了贡献，受到当地党政领导的好评。2005年至今，蔡明顺带领公司在抗震救灾、捐赠助学、扶危济困等方面累计捐款捐物达3000余万元。

## 人物名片

　　颜泽文，男，汉族，中共党员，1963年3月出生，四川省第十、十一、十二届人大代表，四川省政协常委，四川省政协科技委副主任，全国工商联第十二届执委，四川省工商联副主席，四川省茶业集团股份有限公司党委书记、董事长。

　　他率先在中国茶行业建成"一站两院两中心"科研创新平台，被科技部表彰为"国家科技创新型星火龙头企业"。2018年，中共中央组织部、国家人力资源和社会保障部授予他为"国家高层次人才特殊计划领军人才"。他积极参与"万企帮万村"精准扶贫行动，通过产业帮扶15731户贫困户，实现年人均可支配收入6000元以上，提前2年脱贫。

# 颜泽文：
## 打造代表中国民族品牌的世界名茶

四川是茶树原产地之一，是人类种茶、制茶、饮茶的发源地，四川茶叶历来以数量大、品种多、分布广、品质好、声誉高而著称，自古就有"蜀土茶称圣"的美誉。

颜泽文是躬耕茶园 30 年地地道道的茶农，2005 年在人民大会堂被授予"全国劳动模范"荣誉称号。他是一家年产茶万余吨、销售收入数亿元的企业负责人，被评为中国茶行业十大杰出企业家、第三届四川省优秀中国特色社会主义事业建设者、改革开放 40 年四川省百名杰出民营企业家。

多年来，颜泽文以茶发源于中国，发展于中国，弘扬于中国的高度文化自信，以一个匠人的执着，以一代茶人的品格，始终坚守党的理想信念，大力弘扬企业家精神，努力修炼优秀企业家品质，将四川省茶业集团股份有限公司打造成为国家、省、市三级农业产业化优秀重点龙头企业和中国茶产业创新发展、融合发展、共享发展的典范企业。2018 年，企业被四川省委统战部、省工商联表彰为"四川民营企业 100 强"。

### ▶ 企业党建强核心，筑牢堡垒聚合力

2014 年 11 月，中共四川省茶业集团股份有限公司委员会成立，目前下设 6 个党支部，116 名党员分布在全茶产业链关键环节和关键岗位。川茶集团党委成立以来，颜泽文高度重视党建工作，自发带头学习宣传党的十九大精神和习近平新时代中国特色社会主义思想，带头贯彻落实省委十一届三次、四次全会精神，切实提高政治站位，树牢"四个意识"，坚定"四个自信"，坚决践行"两个维护"，自觉在思想上政治上行动上同以习近平同志为核心的党中央保持高度一致。同时，为不断提高思想认识，颜泽文积极开展党的政策方针宣讲活动，企业中形成了爱党、爱国、爱产业、爱企业、爱茶农的良好精神风貌和干事创业工作氛围，川茶集团党委也先后被四川省委组织部、省委两新工委、宜宾市委组织部表彰为"非公企业五星级党组织""四川省先进基层党组织""四川省民营企业党建工作示范企业"。

## ▶ 企业文化强氛围，同心同德促团结

颜泽文历来重视企业文化建设，通过多措并举，不断提高企业核心竞争力和文化软实力。努力推动文化宣传传播常态化，及时反映公司发展大事要闻，适时推出有思想、有温度、有品质的作品，增强文化宣传的吸引力和感染力。重视对党工团各类文化活动的宣传，对公司举办的"茶山绿·党旗红""12·4法制宣传日""我是'川茶名片'技能比武"等特色主题活动进行宣传报道，强化活动意义，讴歌企业发展，赞美高尚情操，弘扬奉献精神，让川茶员工在活动中受到陶冶、促进团结，有效提升企业文化的传播影响力，为企业的可持续发展和高质量发展注入不竭的精神动力。自觉构建和谐劳动关系，严格遵守《国家安全生产法》《食品卫生法》和国家对食品从业人员有关规定，定期组织员工进行健康体检，确保员工身心健康和产品质量安全。

## ▶ 认真学习强管理，提质增效激动力

2017年9月25日，中共中央国务院联合下发《关于营造企业家健康成长环境弘扬优秀企业家精神更好发挥企业家作用的意见》，颜泽文在认真学习后，要求全体管理人员要以贯彻落实"促进两个健康""开展法律三进"等各项工作部署为契机，健全现代企业管理制度，筑牢法治思维，秉持守法诚信，将习总书记对企业家的关心爱护转化为企业提质增效的动力和活力。

同时，颜泽文加强引资引智，成功搭建了包括中国茶行业目前唯一的国家认定企业技术中心在内的"一站两院两中心"科研平台，引进了以中国茶行业目前唯一的工程院院士陈宗懋在内的专家团队，承担多项国家、省、市、区各类科研项目，主持和参与制定中国茶行业标准51项，被科技部授予"国家科技创新型星火龙头企业"，"产学研用"科技创新能力位居行业领先。他现已入选国家第三批"万人计划"，并和企业技术研发中心负责人成为全国茶标委委员和全国知名的评审专家。

通过聚集更多市场要素，加快推进川茶集团"五化"工程建设，即标准化、规模化、品牌化、资本化、国际化，引领川茶集团全茶产业链高质量发展。企业被四川省人社厅、四川省财政厅联合授予"四川省会计工作先进集体"，完成了全国工商联上规模民营企业调研，获得全国工商联资质认证。2017年11月，颜泽文还当选为全国工商联第十二届执委，成为宜宾首位进入全国工商联执委的企业家。

## ▶ 品牌打造强宣传，提档升级促发展

在各级党委政府和相关部门的关心支持下，颜泽文牵头打造中国茶行业首个省级大区域品牌——"天府龙芽"，并以"雪山之水润天府，天府之气催龙芽"为之正名，凝炼出川茶"浓香干烈"的品质特色。2017年5月，在农业部主办的首届中国国际茶叶博览会高峰论坛上，颜泽文作为唯一的民营企业代表发言，向来自47个国家和国际机构的260多名外宾、国内各级茶叶主管部门领导以及上千家茶商宣传"天府之国"和"天府龙芽"，得到与会人员一致好评和多家主流媒体高度关注。2018年3月，"中国好茶·天府龙芽"登上纽约时报广场大屏，并进行了相关品牌推广周活动，这是中国茶叶品牌首次在纽约时报广场亮相，成为中国茶品牌建设的创举。截至目前，"天府龙芽"先后成为G20财长行长（成都）峰会、第22届世界航展人会、西部国际博览会等重大活动的唯一指定用茶，获得"百年世博·中国名茶金骆驼奖""最具国际竞争力品牌"和"世界名茶"等多项殊荣，带动川茶品牌进入全国知名品牌第一方阵。

## ▶ 脱贫攻坚强实效，助农增收惠民生

多年来，颜泽文自觉树立"致富思源、富而思进"的大局观念和价值取向，勇于承担社会责任，积极参与"万企帮万村"精准扶贫、光彩事业、公益慈善事业，积极组织"川茶党建1+1""奥运冠军进川茶，精准扶贫千万家"等活动。通过创新机制，为农户增收提供保障；建好基地，为农户增收创造条件；融合发展，为农户增收拓宽渠道；搭建平台，为农户增收提供支撑；党建引领，为农户增收打开思路等富有成效的举措，引领带动广大茶农持续增收致富奔小康，受到各级党委政府高度肯定。企业被四川省工商业联合会、四川省扶贫和移民工作局等联合授予"万企帮万村精准扶贫行动试点企业"，被原四川省委农工委授予"四川省带动脱贫攻坚明星农业产业化龙头企业"，颜泽文先后获得"全国茶界十大扶贫人物""宜宾市脱贫攻坚奉献奖"等称号。

站在新的历史起点，颜泽文表示，将坚决贯彻执行中央、省、市统战部和工商联各项工作部署，牢牢把握政治方向，以身作则，修身律己，做到政治过硬、信念过硬、责任过硬、能力过硬、作风过硬；以擦亮四川农业这块金字招牌、培育"精制川茶"产业体系为契机，充分发挥自身优势，提振企业综合实力，在企业迈向高质量发展的同时，以"万企帮万村"为重要抓手，全力为扶贫攻坚最后的收官战役、贫困地区乡村振兴、同步全面建成小康社会做出更大的贡献。

## 人物名片

　　戴学斌，男，汉族，1979年12月出生，现为四川省人大代表，四川省总商会副会长，蓝润集团有限公司董事长。

　　他带领的蓝润集团产业涵盖养殖加工、医疗康养、供应链服务、地产开发运营、酒店管理、物业服务等多个产业，控股上市公司运盛医疗、龙大肉食，员工12000余人。集团2017年产值395.283亿元，入选全国工商联发布的"中国民营企业500强"，排名第128位。2018年，集团实现主营业务收入560亿元。他积极参与各项社会公益事业，开展了富民"油牡丹"、"暖冬行"、"让爱回家"等多个特色公益项目。

# 戴学斌：

## 守望初心，实业报国

戴学斌，1979 年年底出生在美丽的川东北小城大竹县。

从最初的农产品贸易，到承包建筑工程，再到持续入榜"中国企业 500 强""中国民营企业 500 强"的蓝润集团，戴学斌的故事朴实而传奇。

如果说一家企业的成功，离不开团队的努力；那么一家企业的持续成功，则更离不开领航人的个人魅力和他所树立的企业文化。戴学斌和他的蓝润集团，就这样相辅相成，稳健前行。回望戴学斌的创业之路，他始终坚持两样"法宝"，一是勤奋和诚信的经营理念，二是对时代大势和市场机遇的敏锐洞察。这两样法宝，在创业的历程中，潜移默化地融入了企业精神，推动企业不断跨越发展。

能力越大，责任越大。作为一名成功的创业者和实干型的企业家，戴学斌深知，企业的发展壮大得益于国家和社会的支持，他也一直守望初心，不忘家国责任，坚持回馈社会。

### ▶ 磨炼：由猪肉和苎麻批发而崭露头角

1993 年，十几岁的戴学斌便开始创业，年少的他选择从批发猪肉做起。每天，他都要到 17 公里外的屠宰点，批发上百斤的猪肉后，再原路返回县城，寒来暑往、风雨无阻。天生乐观的戴学斌既不怕吃苦、踏实勤奋，又善于学习、乐于思考。因此，他边卖肉边学习，边思考边总结，不断锤炼商业嗅觉，不断发现新的商机。

戴学斌很快就发现了苎麻贸易的商机。苎麻是一种优良的纺织原料，是自然界的天然纤维之王，被誉为"中国草、中国宝"。大竹是"中国苎麻之乡"，大竹人已种植苎麻 3000 余年。20 世纪 80 年代，大竹的苎麻种植达到顶峰，苎麻产业催生出了大量"万元户"，至 90 年代中期，苎麻贸易虽有起伏，但始终蕴藏商机。

由于缺乏资金无法囤货，戴学斌就牢牢抓住苎麻产地通讯落后、信息不畅的特点，通过"守电话"通晓市场行情，一旦看涨，他就马不停蹄下乡收麻。当时交通不便，为了收麻，戴学斌经常要起早贪黑、爬坡上坎，因此踏实、厚道的戴学斌很快赢得了麻农的信任，麻农逐渐放心地把苎麻赊销给他，这不仅让戴学斌的苎麻业务量大大提升，也让他收获了终生受益的诚信之道。

那一年收麻季，戴学斌总共挣了 50 万元。这第一桶金，除了带给他"本钱"之外，更带给了他信心。随后的戴学斌在不同行业中持续磨炼，他的商业嗅觉和经商天分得到极大开发，他自身也逐步走向更大的舞台。

## ▶ 蜕变：从大竹"荷花池市场"扬帆起航

1997 年，是戴学斌真正意义上的创业元年。

这一年，亚洲金融危机呼啸而至，猛烈冲击中国经济，无数巨人企业折戟沉沙；这一年，出现房地产企业创立大潮，诞生了数不胜数的标杆企业。而这一年的戴学斌，瞄准大竹"荷花池市场"改建这一机会，进入了建筑领域。

大竹的"荷花池市场"之前由于规划较差、环境脏乱，不仅影响了周边群众正常生活，其自身也难以持续经营。因此，大竹县相关部门决定公开出让，引入社会资本经营管理。

彼时经营困难的"荷花池市场"，犹如烫手山芋无人敢接，只有戴学斌抓住机会、果断出手。他以发展的眼光、不破不立的思路，决定先全面改造，再投入运营。戴学斌投入了半年的时间，跳出"荷花池市场"的已有布局，化整为零、重新规划，不仅改造了菜市场的立面形象，还重新布局了菜市场的功能分区、货运通道，经过精心的酝酿修整后，"荷花池市场"以全新的形象重新亮相，随即受到市民的热烈欢迎，成为菜市场的典范。

戴学斌以此为契机，创立了蓝润集团，并带领蓝润集团与改革开放时代大潮相呼应，步步为营，全面发展。蓝润集团的第一个十年，从开发建设品质住宅到城市生活配套，再到参与区域交通枢纽建设，不断积蓄能量；蓝润积极参与国企改革行动，重点在能源、建材领域发力，为相关国企注入了活跃的市场经济基因。蓝润集团的第二个十年，将集团总部迁址到西南地区中心城市成都，突出"健康生活""舒适生活""品质生活"的导向，不断夯实基础，招贤纳士，厚积薄发。

## ▶ 成长：事业成功不忘家国情怀

如今的蓝润，业务遍布上海、广东、四川等20余个地区，涵盖养殖加工、医疗康养、供应链服务、地产开发运营、酒店管理、物业服务等多个领域，共有员工12000余人。蓝润集团先后获得了"中国民营企业500强""中国企业500强""四川省优秀民营企业"等荣誉。作为领航者，戴学斌也获得了"四川省优秀民营企业家""四川省优秀中国特色社会主义事业建设者"等荣誉称号。

随着蓝润集团不断成长壮大，戴学斌时刻不忘家国责任，坚持扶助贫苦、回馈社会。他带领蓝润集团积极投身社会公益事业，全力践行社会责任，争当优秀企业公民，着力将企业发展、员工进步与民生改善、社会和谐融为一体，协同推进。

2008年，汶川特大地震发生后，戴学斌在震后第一时间做出决定——到前线去！他召集了120名员工，连夜调运挖掘机、吊车等救灾装备前往灾区，并一直奋战到救灾结束。他还为灾区捐款捐物，助力受灾群众渡过难关。

不仅如此，戴学斌还带领蓝润集团，为芦山地震灾区捐赠了救灾资金，对口援助色达基建升级，资助宣汉县幼儿教育基础设施，为大竹黄滩中学修建教学楼，为达州万源县、巴中通江县等地的贫困家庭捐赠了爱心物资。

戴学斌始终说："积极履行社会责任，既是企业从事生产经营活动与生俱来的使命担当，也是实现社会可持续发展的时代要求！"

## ▶ 梦想：描绘更大的发展舞台

来自外界的认可和赞誉并没有让戴学斌浮躁，他深刻认识到，时代的脚步从未停歇，旦夕停留都可能让企业面临掉队的危险。他认为，如果没有梦想作支撑，蓝润或许会迷失在时代的惊涛骇浪中，绝不会有今天的事业舞台。

戴学斌用六个字对蓝润的企业文化做出最精炼的概括——"梦想成就卓越"，在他的构思中，蓝润拥有三个梦想。

第一个梦想是所有蓝润人的共同梦想——与企业一起成长，通过企业发展促进员工价值提升，以员工成长支持企业持续发展壮大。

第二个梦想是蓝润集团作为一个企业集团所拥有的梦想——专注实业运营与价值创造，致力于成为受人尊敬的卓越企业。

第三个梦想是蓝润集团作为经济社会的一分子所拥有的梦想——为国家经济社会发展、民生改善作出新的更大贡献！

## ▶ 展望：坚持扎根实业、报效祖国

让戴学斌倍感温暖的是，在 2018 年中央及地方各级党委、政府召开民营企业座谈会后，各级政府不断解决制约民营经济发展的困难瓶颈，为民营经济发展营造出更为广阔的空间。戴学斌曾在不同场合说到，民营企业在战略方向上要保持正确站位，在产业规划上要坚持"以人为本"，在资源整合上要始终以市场为导向，这样才能保持前进的姿态。

站在新时代的起点上，戴学斌时常想起 1993 年刚开始创业时的情景，回顾过往的经历，他坚信：唯有守望初心、扎根实业，通过不断付出，才能实现自己心中的理想；唯有万众一心、奋发图强，才能朝着宏伟的目标阔步迈进，从而完成时代赋予的崇高使命，通过企业的健康发展推动经济的高质量发展。

# 第三篇

## 开拓创新  义行天下

新蜀商

XINSHUSHANG

## 人物名片

　　丁文军，男，汉族，生于 1964 年，四川眉山人，四川省政协委员、全国创业之星、四川省优秀青年企业家、四川省泡菜协会会长、四川省吉香居食品有限公司董事长。

　　立足于中国泡菜产业，以扶残助残为发展使命，安置残疾人就业 450 余人。创新性探索并成功创建"庇护性"就业模式，安置 120 余名智力障碍残疾人及重度肢体残疾人，成为全国领先、四川省内唯一的残疾人就业模式。

# 丁文军:
## 肩扛责任，特色产业挑"大梁"

四川眉山是中国泡菜城，承载着四川泡菜发扬光大，让中国泡菜走出国门的发展使命。多少年来，无数仁人志士为这一使命不懈努力、奋发图强，潜心打造着这一传统美食的特色产业。

四川省吉香居食品有限公司，就是这个行业中的代表。丁文军，就是这个行业中的代表人物，他肩扛责任，主动挑起特色行业发展的大梁。

### ▶ 扎根泡菜产业，与三农结缘

60 年代出生于农村的丁文军，深知当时农村现状及改变现状的渴求，不论自身从事哪个行业，处于哪个领域，每每想到一幅幅农村画面、一张张熟悉的村民面孔，内心深处总有几丝的不平静和不安分。也正是因为如此，他注定走上一条无法割舍的"三农"路。

吉香居以"蔬菜基地＋农户＋专业合作社＋公司"的模式应运而生，在泡菜领域开启了永不止步的探索。公司先后发展万亩蔬菜种植基地 10 余个，以订单种植模式，从选址到品种、从管理到技术、从播种到采收，形成了惠及千家、拉动万人的蔬菜种植加工模式。以良种推广和科学种植，实现亩单产翻倍增长，同时充分开展轮播及交叉种植，实现冬季泡菜原料每亩比同期经济作物增收 400 ~ 500 元，夏季泡菜原料比同期经济作物增收 1200 ~ 1800 元，特别是豇豆每亩收入达 5000 ~ 6000 元左右，远远超过种植传统农作物的经济收益。稳定的订单模式，不仅解决了农户的后顾之忧，同时依托技术指导和扶持，增加了农民经济效益，形成了相互依托、共同发展的长效模式，有效带动农民脱贫致富，增产增收。

伴随公司不断发展和规模扩大，吉香居作为当地纳税大户，有力助推地方经济发展。尤其近些年来企业不断转型升级，提高品牌影响力，打造差异化核心竞争优势，实现年均 20% 以上销售增长，有效拉动上下游产业发展，为 2000 余人提供了良好的就业保障，解决了农村剩余劳动力，帮助农民脱贫致富，助推地方经济建设和社会稳定。

## ▶ 肩扛社会责任，用爱心回馈社会

泡菜产业历经近 20 年的工业化发展，已经在生产技术、机械设备、自动化等方面取得了飞速的发展，但吉香居始终保留了部分传统的工艺，接纳了一个特殊的群体，他们就是生产一线上 450 多名残疾人员。

"只要有心，就有所为"，这是公司在残疾人安置上，丁文军给整个管理团队的要求。也正是这样明确的要求，打消了管理团队的懈怠，在公司形成了独有的残疾人就业安置模式。

**用设计思维解决残疾人就业安置矛盾，形成规模化安置残疾人的典范。** 在公司刚开始接纳和安置残疾人就业初期，公司安置残疾的方式是先看看岗位用人条件，再筛选符合这个岗位要求的残疾人。这样做让很多残疾人被拒之门外，很多有就业渴求的残疾人带着希望而来，带着失望而归。因为场地、设备、工具、配套设置等都是按正常人的标准和要求来设计的，根本就不符合残疾人的生产条件要求。针对这种情形，丁文军要求管理团队从设计入手，每个车间、每个工序、每道工艺，都要考虑残疾人就业的需求，从设计阶段就将残疾人就业纳入规划范围。这种做法一度没有得到管理层、设备供应商的理解和支持，有的供应商甚至拒绝与公司合作，他们不愿意为此花更多的时间和精力。然而，经过公司近 10 年来不断的变更设计和改造，目前已经形成了专门针对残疾人的前处理生产线，从设备的高度、流水线长度、场地、物料周转，到配套的更衣消毒、卫生设施，都符合和满足残疾人需求。仅前处理工序，一次性安置残疾人近 200 人。另外，公司的绿化团队、食堂保洁团队、宿舍管理团队全部是残疾人的用人模式。近期，丁文军又提出要求，要求各部门管理岗位，也要优先安置残疾人员。

**用创新思维解决安置中的不可能，开创全省唯一的残疾人就业模式。** 2013 年上半年，公司安排人力资源总监陪同眉山市残联领导赴广州等地进行为期一周的残疾人就业安置模式考察。在人力资源总监返回公司向丁文军报告考察情况，谈到外地残疾人就业安置的效率、管理及模式时，人力资源总监肯定地告诉了他，这种模式在公司不可能推行。丁文军提出在公司推行残疾人"庇护性"就业的想法后，同样遭到了管理团队异口同声的反对。

"企业发展到一定阶段，企业的发展很重要，但企业发展的同时，我们不能忘掉一些我们不该忘掉的东西。"丁文军所说的不该忘掉的东西，那就是社会责任。

成立残疾人庇护车间，安置智力障碍残疾人和重度肢体残疾人，成为经营团队又一重要任务。如何让智力障碍残疾人和重度肢体残疾人进入公司，能有固定的工作，能做好自己能做的事情？如何适应公司管理，让大家行为得以规范，融入吉香居这个大家庭？如何形成长效机制，让这种模式稳步推行，不会半途而废？从2013年2月组建庇护车间以来，公司安置了130余名智力障碍和重度肢体残疾人，开展一些辅助性工序、半成品生产，建成了全省独创的残疾人"庇护性"就业长效模式。虽然过程是辛苦的，面对层出不穷、各种各样的困难和问题，管理团队从不懈怠，用心解决难题，让庇护车间正常运行超过6年。真正解决了残疾人从受到歧视、生活不能自理、成为社会的负担和累赘的问题，让他们找到了归属地，找到了生活的自信，成为一名有价值的社会人，达到了安置一人、幸福一家、带动一片的良好社会效益。

## ▶ 只有做大做强，一切才能恒久

在别人的眼中，吉香居发展到目前的状态，企业具有良好的口碑，产品畅销全国各地外加出口，公司规模不断扩大，应该是一件幸福和满足的事情。然而在丁文军眼中，他不仅不这样认为，甚至为此承担了更多的压力，付出了更多的心血。

前行中没有退路，只有勇往直前，只有付出更多的努力和艰辛，才能让一切得以恒久。或许，这就是吉香居在各重要场所悬挂"居安思危"大牌匾带来的不懈动力源泉。

功夫不负有心人，付出一定就有回报，在这个泡菜特色产业，丁文军带领全体吉香居人，用行动谱写了成功，用肩膀扛起了大梁。历经19年发展，吉香居成为行业领导品牌，产品畅销全球各地，每年实现20%以上快速销售增长。他们独家起草了国内泡菜行业标准（SB/T10756），填补了国内泡菜行业标准的空白。

他们攻克了泡菜加工自动化设备、高效降解亚硝酸盐、泡菜乳酸菌的筛选及其应用、泡菜现代生产高效节水（减排）技术集成研究及应用、自动自控乳酸菌泡菜加工关键设备集成等多个一直困扰行业发展的难题，参与了方便榨菜、调味泡菜、盐渍调味菜、泡酸菜等标准制订工作。组建了"四川省泡菜工程技术研究中心"，获批设立"博士后创新实践基地"，实现泡菜领域科技研发与成果转化、人才—项目—产业的对接，产业快速发展。

授人以鱼，不如授之以渔。丁文军以开放包容的姿态，不仅把泡菜文化演绎成国际时尚，让中国泡菜走出国门、走向全球，还肩负责任，勇往直前，印证了川商"执着果敢、百折不回，明礼诚信、厚德务实，开拓创新、义行天下"的时代精神。

## 人物名片

　　于少波，男，满族，中共党员，1968年4月出生，四川省总商会副会长、绵阳市工商联副主席、四川东材科技集团股份有限公司董事长。他带领企业努力进行管理创新和技术创新，主动参与科技城建设，牵头成立绵阳市科技装备业商会，为绵阳市民营企业搭建军民融合平台，鼓励和推动民营企业积极投入到军民深度融合中，为科技城发展贡献力量。荣获四川省科学技术进步二等奖、绵阳市科学技术进步一等奖、绵阳市劳动模范、绵阳市优秀共产党员等荣誉。

# 于少波：
## 中国电工绝缘材料行业里的领军者

1966 年，四川东材科技集团股份有限公司的前身——国营东方绝缘材料厂内迁至四川盆地一个不起眼的小镇——汉旺。在那个激情燃烧的岁月，军工企业响应国家号召，在三线建设期间纷纷迁往内地，这是一家原国家机械工业部所属大型国有骨干企业，生产的产品绝大多数供应军队。80 年代，改革开放的春风吹遍神州，吹进了四川这个偏远的小镇。受冗员多、机构多、效率慢、投资分散等问题困扰的东材企业犹如一艘动力不足的航船，在海面上正蹒跚前行。

### ▶ 二次创业，在改革开放的春风里成长

改革迫在眉睫。企业要发展、要生存，就需要一场从人员到思想的转变和解放。2005 年，广州高金集团全资收购四川东材企业集团有限公司，完成了国有产权改革。于少波临危受命，走马上任东材科技，凭借其优秀的企业管理能力，敏锐的市场嗅觉，带领东材科技迎来了发展的春天。

在认真分析了企业亏损的原因和发展前景，于少波提出了"发展主业，收缩辅业，整合优势资源，做强、做大绝缘材料，把公司的优良资产推向上市"的发展方向，开启了东材科技的二次创业。他们收缩战线，集中资金发展优势主业，以产品站稳市场；关、停、并、转企业中重复、效率低下的部门，分流怠工、窝工的人员，留下研发、技术骨干、一线熟练生产工人，降费率，提速度，缩短产品完工期，以时间抢占市场份额。于少波以破釜沉舟、壮士断腕的勇气，迈出了改革的第一步。

改制后的第一年，东材科技实现工业总产值 10.3 亿元，同比增长 34.5%，企业扭亏为盈，实现利税 5600 万元。自此，东材科技在于少波的带领下，驶入了全面发展的良性轨道。

2006 年，经四川省人民政府等七部门联合认定，东材科技被评成为"四川省 30 家创新型试点企业"，同年又获得中国工业经济联合会授予的"2006 年中国工业行

业排头兵企业"称号，被绵阳市市委市政府评为"2006 年度绵阳市民营企业销售十强"和"2006 年度绵阳市民营企业纳税十强"。2007 年，被评为"四川省企业技术创新能力建设先进单位"。

## ▶ 扬帆起航，在世纪之初的曙光下腾飞

2011 年，东材科技在上海证券交易所 A 股挂牌上市，成为中国电工绝缘材料行业第一家上市公司。上市后，公司资本实力得到显著增强，资产结构得到极大改善，完善的法人治理结构和健全的内控制度体系，使东材科技综合经济指标连续多年位居全国同行业前列，先后被认定为国家技术创新示范企业、国家高新技术企业、国家火炬计划重点高新技术企业、全国企事业知识产权试点单位、中国化工行业技术创新示范企业。

2012 年 8 月，东材科技在华东的生产基地江苏东材新材料有限责任公司成立；2014 年 3 月成功收购天津中纺凯泰特种材料科技有限公司全部股权，实现了军品领域新突破；同年，东材科技增资入股郑州华佳新能源技术有限公司，持有该公司62.50% 股权；2015 年，公司又收购太湖金张科技股份有限公司 51% 股权，东材科技正在不断的完善产业链。

如今，东材科技已是一家专业从事新材料研发、制造、销售的科技型上市公司，旗下拥有 8 家子公司。重点发展新型绝缘材料、光学显示材料、环保阻燃材料、电子材料等系列产品，服务于发电设备、特高压输变电、智能电网、新能源、轨道交通、消费电子、平板显示、5G 通讯等诸多领域。

2018 年，在产品结构升级、原材料价格上涨、环保政策风暴及国际市场竞争等因素的影响下，东材科技仍保持稳步增长，全年完成工业总产值 23.85 亿元，实现利税 1.14 亿元。

早在 2007 年，于少波以独具前瞻的眼光，组建了全国唯一的国家绝缘材料工程技术研究中心，他深知"科技立企，实干兴业"是当下企业发展的安身立命之本。在积极引进民营企业先进的管理理念和灵活的运作机制的同时，于少波大刀阔斧地对企业进行管理创新和技术创新，坚持走自主创新之路，着力于创新平台和研发团队的建设。目前，东材科技拥有国家认定企业技术中心、国家绝缘材料工程技术研究中心、发电与输变电设备绝缘材料开发与应用国家地方联合工程研究中心、博士后科研工作站、四川省院士（专家）工作站等创新平台。在 2017 年度四川省企业技术创新发展能力评比工作中，名列第一位，并在 2018 年入选四川民营企业 100 强。

14 年风雨历程，曾经濒临破产的国营东方绝缘材料厂，在于少波的带领下，历经二次创业，奋力拼搏，已成长为一家专业从事新材料研发、制造、销售的科技型上市公司，中国电工绝缘材料行业里的领军企业。公司重点发展新型绝缘材料、光学显示材料、环保阻燃材料、电子材料等系列产品，服务于发电设备、特高压输变电、智能电网、新能源、轨道交通、消费电子、平板显示、5G 通讯等诸多领域，致力于推动化工新材料行业技术升级，为全球客户提供更加安全、环保的产品，为社会创造更加幸福、和谐的生活。

## ▶ 感恩回报，参政议政履行社会责任

2018 年 5 月，于少波当选为东材科技党委书记。他提出"党企共振"工作理念，成立党员先锋志愿队，打造党建工作阵地和党建文化走廊，开展形式丰富的党员活动。坚持用习近平新时代中国特色社会主义思想指导自己的工作，始终重视党组织的领导作用，发挥党员的先锋模范作用，使党建工作不断走上新台阶。

于少波积极履行政协委员职责，提交了《关于加快启动绵阳九寨沟高速公路工程建设》《建立国家科技重大专项地方资金配套机制》《进一步明确国家经济开发区法律地位等问题》《进一步拓宽规模以上工业企业电力直购电试点范围和条件等建议》等多项提案，充分发挥政协委员政治协商、民主监督、参政议政的职能。

于少波不仅把企业发展作为自己的努力方向，而且以主动履行企业社会责任为己任，孜孜以求。在"百企联百村"精准扶贫行动中，于少波多次前往江油金石村跑山鸡养殖户实地考察，帮助建立销售渠道，逐步解决产销困难，在不到两年的时间内帮助养殖户成功脱贫。

东材科技始终不忘回馈社会，在捐资助学、关怀青少年成长、助贫济困、支持残疾人事业等各项活动中，累计捐款近 10 万元。2019 年 6 月，公司再次向凉山州美姑县牛牛坝乡阿波觉村爱慕小学捐款 10 万元用于新建学生食堂。2018 年，于少波个人捐款 20 万元用于资助"中国光彩事业凉山行"精准扶贫公益项目。

一路风尘，一路凯歌。从三线建设的汉旺小厂到中国电工绝缘材料行业第一家上市公司，回首过去，东材科技前行的脚步从未停歇，展望未来，东材科技正以她独特的方式演绎一个百年企业的不朽传奇。于少波以极强的事业心和创新精神，将带领东材人再一次书写出壮丽辉煌新篇章！

## 人物名片

　　王荔，女，汉族，生于1970年，四川成都人，现任四川天策知识产权服务集团董事长。现为四川省人大代表、四川省工商业联合会常委、四川省新阶联常务理事、四川省社会主义学院客座教授、四川省工商业联合会参政议政智库专家委员会常务委员、四川省光彩促进会常务理事、四川省知识产权服务与创新发展促进会会长、成都市人民代表大会常务委员会智库成员。

　　2012年被评选为四川省三八红旗手，2016年荣获"魅力女川商"荣誉称号，2018年荣获"改革开放40年四川省百名杰出民营企业家"称号。

# 王 荔：
## 弄潮知识产权事业的川妹子

每个第一次见到王荔的人，都会被她身上散发的热情所感染。她讲话语速很快，逻辑清晰，思维敏捷；她很爱笑，笑起来像个天真的孩子。但在知识产权行业，王荔和她创办的成都天策商标专利事务所拥有很高知名度。

### ▶ 不灭的梦想，成就大事业

1998 年 9 月，怀揣梦想的王荔，创立了成都天策商标专利事务所。那时的王荔没想到，当初靠着一腔热情踏上的知识产权之路，最终成为她事业奋斗的方向。

知识产权行业是一个专业知识密集的特殊行业，对从业人员的专业知识要求极高。20 年来，王荔凭借自己的勤奋努力，亲自为天策培养了一大批专业精英，为四川不少知名企业提供了优质的知识产权服务。

在天策长期合作的客户名单上，有长虹、地奥、九洲、科伦药业、四川烟草、东方电气等大型企业，也有不少创新型的小微企业，以及各类行业协会等社会组织。在王荔的带领下，天策人凭借扎实的专业知识、全面周到的贴心服务，赢得了客户的信任与认可。

20 年沐风栉雨，20 年砥砺前行。如今的天策已成为四川较大的知识产权服务机构，并成为国际商标协会会员单位、中华商标协会理事单位、四川省专利代理工作先进单位，积极参与行业发展建设。

近年来，天策屡获殊荣，连续 10 年被评为全国优秀商标代理机构，2015 年获评国家知识产权分析评议服务示范创建机构和中国地理标志十大优秀代理机构，2016 年成为第二批全国知识产权服务品牌机构……天策代理的案件，多次入选中华商标协会评选的优秀代理典型案件，彰显出较高的专业水准。2018 年中国国际商标品牌节期间，天策沙龙基于《商标法》的修法热点、引入惩罚性赔偿机制、是否取消商标相同近似审查等话题，以新颖的辩论形式，为主管部门收集和提供了多方面的意见和建议。

## ▶ 为创新助力，为行业发声

伴随着企业的发展，王荔逐渐成为四川省内有名的女川商，也承担了更多的社会责任。她不仅是四川省知识产权服务与创新发展促进会会长，还先后成为四川省政协委员、四川省人大代表。

担任政协委员期间，王荔积极参政议政，参加省政协组织的各种调研考察活动。带着对知识产权的情怀，她在调研中格外关注四川省推进全面创新改革试验中有关知识产权保护的情况。

2018 年四川省政府工作报告提出，"加强知识产权保护和运用，加大研发投入，支持科技创新"。此时，王荔带来了《关于加强我省品牌创建和战略实施的建议》，在这份建议中，她建议四川省出台品牌建设实施意见，建立一套科学公正的品牌评价指数体系，发挥各个行业商协会的作用，推动四川省商标品牌战略深入实施，更好地服务四川省经济高质量发展。

知识产权是企业发展的核心资产，是创新的活力源泉。作为一名企业家，王荔特别关注民营企业。自 2018 年 6 月起，王荔应邀在知识产权助推民营企业创新发展专题轮训活动中宣讲。该活动由四川省工商业联合会、四川省知识产权局主办，四川省知识产权服务与创新发展促进会承办，该项活动有力增强了四川民营企业的知识产权保护意识。几个月时间，王荔辗转省内多个城市，多次宣讲"中国品牌商标健康指标体系"，受到民营企业的热烈欢迎。

## ▶ 打造"知擎者"，进军新领域

在知识产权行业打拼多年，一路走来，王荔不断观察和思考未来的发展，希望在迅速变化的时代，始终傲立在行业发展的潮头前沿。

在 20 年的实践中，王荔一直在琢磨一件事：商标代理人的很多时间和精力被海量的信息检索分析所消耗，不仅工作效率低，而且也是浪费人才。近年来，我国商标申请数量飙升，大量重复性工作让一线商标代理人不堪重负，已成为制约行业发展的"痛点"和瓶颈。

做事雷厉风行的王荔下决心改变这种情况，提升知识产权代理行业的工作效率。

如今，互联网蓬勃发展，大数据和人工智能方兴未艾，王荔本能地想到开发一款基于互联网的智能产品，不仅可以检索信息，还能分析检索结果并作出结论，从而解放代理人。

心动不如行动。王荔在2015年年初组建了技术开发团队，准备挑战行业内数十年固有的工作模式。然而，在知识产权领域堪称专家的王荔，这次完全成为外行，从产品逻辑到市场定位，再到商业模式等，她都要从零学起，而她对产品的种种设想，也由于技术问题被团队屡次否决。

虽然出师不利，但王荔并没有放弃。2016年，她毅然将初期团队转化为成都中知慧智公司，人才短缺就引进人才，技术不懂就学习技术，资金不够就投入资金，王荔带领团队在摸索中前行，在学习中尝试。

经过一次次的争论、尝试、失败、修正，不知不觉中，王荔从最初的外行成长为可以把开发流程、数据模型、算法逻辑当成日常用语熟练讨论的专家。

终于，契机来了。王荔提出的"中国品牌商标健康指标体系"，在经过专家学者的深入研讨后，逐渐蜕变、完善。看着自己的学术成果问世，正被产品大数据算法的逻辑基础搞得焦头烂额的王荔忽然意识到，这正是自己苦心追求的产品的核心要素。

思路打开后，产品定位和开发路径迅速清晰。2017年11月17日，商标大数据智能平台——知擎者1.0内测版上线。随后经过优化和升级，知擎者2.0正式版迅速上线，并很快拥有了第一个付费用户。今年中国国际商标品牌节期间，王荔带着她的"知擎者"刚一亮相就引发广泛关注。"解放商标代理人，赋能品牌管理者"的产品价值观，让众多商标代理人、知识产权律师和企业品牌管理者产生了强烈共鸣。

党和国家高度重视知识产权保护工作，重视为民营企业营造良好的营商环境。作为一名知识产权行业的民营企业家，王荔深感振奋，对未来发展的信心更足了。她将带着"知擎者"，通过整合知识产权服务全产业链条，打通代理、诉讼、培训、数据、许可、技术、金融各环节，致力构建知识产权所有者、运营者、服务者和投资者之间的桥梁。

## 人物名片

　　王明理，男，汉族，中共党员，1981 年 5 月出生，巴中市工商联副主席、四川七彩林业开发有限公司总经理。

　　自 2011 年起，他就扎根大巴山，致力于光雾山彩色苗木产业化开发，积极探索"绿色＋"特色产业扶贫帮扶模式，研究成果获得国家专利授权 46 项，取得植物新品种权 2 项，建立地方标准 4 项。

# 王明理:

## 为"增花添彩"的梦想而执着前行

光雾山红叶可与北京的香山红叶媲美,但由于地理位置等原因,开发较晚,知名度不高,连四川省内的人都很少知道。

### ▶ 美丽邂逅,点燃博士创业梦

2011 年,王明理受创业伙伴之邀来到了被誉为"中国红叶之乡"的巴中市南江县光雾山。经过对光雾山实地考察,他了解到拥有 580 平方公里红叶景观的光雾山景区地处南北气候交界带,生物多样性明显,彩色植物资源品种丰富,堪称"彩色植物基因库"。通过对国内苗木行业及市场进行广泛调研,深入分析彩色苗木的市场前景,他发现尽管当时国内的苗木市场非常红火,但却几乎没有专门从事彩色植物研发和生产的企业。看到市场潜力的他果断选定了创业方向,并立即与创业伙伴组建团队,探讨确立了"由龙头企业进行品种选育、技术研发、示范种植、苗木营销以及应用,当地农户利用土地和劳动力优势,负责中端生产培育,二者构成利益共同体"的彩色植物产业化发展思路,并于 2011 年 10 月 17 日在南江县注册成立了四川七彩林科股份有限公司,正式拉开了彩色苗木产业发展的序幕。

"当时国内并不像现在一样,到处都在提美化、绿化,我们的想法也很简单,就是想把光雾山中美丽的景色搬下来,让人们在日常生活环境中也可以欣赏到。"王明理说。让他没想到的是,自十八大提出美丽中国后,各地对彩色苗木需求量急剧增加,造成了彩色苗木供不应求的局面。

### ▶ 科技创新,走出七彩路径

王明理始终坚持科技创新是企业的生命力和核心竞争力,企业也一直秉持"科技彩化生活"的发展理念。经过综合分析研判,公司率先成立了全国首家彩色植物研究院和彩色景观设计院，建立了四川省名特优新彩色苗木繁育工程实验室、四川省彩色林木工程技术研究中心和四川省企业技术中心等科技研发平台，创办了国家级"星创天地"。公司科研团队共有 48 人，其中博士 3 人、硕士 11 人、中高级职称21 人，彩色植物研究院院长谢松林 2018 年成功入选四川省引进海内外高层次人才"千人计划"并被授予特聘专家称号。公司与中国农大、四川农大、中科院成都生物研究所、省林科院、西华大学等国内知名科研院所建立了良好合作关系。目前，公司已申请国家专利 84 项，获得国家专利授权 46 项、省级科技成果认定 4 项、四川省地方技术标准 4 项、植物新品种权 2 项，成为彩色苗木领域专利数全国第一、组培技术世界领先的科技型企业。他们建立了 2000 余种的彩色景观植物品种资源库，产品体系从以槭树科植物为主，拓展到彩色乔木、灌木、草本、花卉、藤本等各种类型。其中公司的拳头产品珊瑚阁—红火树、光雾山金枫、梦幻—橙之梦在多次全国权威展会上荣获"产品金奖"。公司先后获得"国家林业重点龙头企业""国家高新技术企业""国家林业标准化示范企业""全国十佳优秀园林企业"等殊荣。2018 年，公司获评"四川省创新能力百强"第 20 名。

运营公司多年来，王明理不断开拓创新，突破传统苗木和园林业态，探索出一条七彩路径。

创新采用彩色产业风景区的模式，该模式以社会主义美丽新村、美丽城市建设为契机，在美丽新村建设中，在乡村打造一村一品、一社一景、各不相同的大地景观主题，同时将农房改造为旅游接待设施，农村变景区，农民变居民，实现持续增收。在美丽城市建设中，特别是在城市公园建设中，又创新采用"公园苗圃化"施工模式，该模式将传统公园与苗圃景观结合，在保证了公园景观效果的基础上，既增加了土地的利用率，又极大地降低了政府打造公园景观的造价成本。创新推行"彩色产业公园为点、多彩通道建设为线、彩色产业风景区为面"的建设模式，聚焦生态建设，为城乡生态环境增花添彩。光雾山风景名胜区、清江七彩世界、蒲江彩色茶林等 10 个 AAAAA 级景区的彩化提升效果显著，切实优化了乡村人居环境，同时有效拓宽了产业发展增收路径。

## ▶ 自带扶贫基因，勇担社会责任

王明理作为巴中市工商联副主席，积极参与光彩事业，履行社会责任。他经常挂在嘴边的一句话就是"企业始终要把贫困农户当作重要的、平等的合作伙伴，并与其形成利益共同体，努力开创贫困群众增收与企业自身发展双赢的局面，才能让企业发展之路越走越宽"。由于公司成立的时间与国家扶贫日为同一天，所以他开玩笑说，企业自成立开始就带着扶贫基因。

企业以"做给农民看、带着农民干"的方式，秉持"帮着农民赚、惠民可持续"的主旨，率先探索出以党建扶贫为灵魂、林业扶贫为基础、金融扶贫为核心、旅游扶贫为支撑、公益扶贫为补充、提升创业就业能力为宗旨的"五扶一提"扶贫模式，开启了产业扶贫之门。

企业始终把增强贫困户的造血功能，实现贫困户持续稳定增收作为产业带动的重要任务。在发展过程中，农户通过土地流转、基地务工、林下经济、彩林经营获得直接经济收益，利用特色彩林景观带动乡村旅游发展和土特产品销售，实现间接增收，形成了"四直两带"的稳定增收渠道。

8 年来，通过"公司 + 基地 + 合作社 + 小农户"的产业发展模式，已建成彩色苗木基地 3.5 万亩，覆盖全省 4 个市、13 个县区、37 个乡镇、91 个村，培育新型经营主体 484 个，领办专业合作社 31 个，其中南江彩叶苗木专业合作社获批"服务精准扶贫国家林下经济及绿色产业示范基地"和"国家农民合作社示范社"。公司每年培训农户超 2 万人次，推广彩色苗木嫁接等实用技术 10 余项，使贫困农户蜕变成产业工人，每年提供用工量近 30 万个，农户获得务工收入达每年 2200 万元，农户年平均增收约 1.6 万元，人均增收 4700 元，参与产业发展的 1776 户建档立卡贫困户全部脱贫。企业扶贫工作得到了社会各界的一致好评，被全国工商联评为全国"万企帮万村"精准扶贫行动先进民营企业，并在全国"万企帮万村"推进会上作经验交流发言。

作为一名"80 后"年轻民营企业家，王明理近年来在彩叶苗木产业和扶贫领域所做贡献得到了各级政府和社会人士的一致认可，先后荣获全国园林绿化优秀企业家、第一批国家农业农村创业导师、第三届四川省优秀中国特色社会主义事业建设者、四川省绿化奖章、巴中市 2017 年度脱贫攻坚扶贫爱心人士等荣誉，这更加坚定了他将彩化之路走下去的决心。

作为行业的先行者，王明理坚信在美丽中国的大环境下，彩色苗木细分领域未来一定有其无法替代的市场空间。企业下一步将继续加大研发投入，不断培育彩色植物新品种，开发更多的优势产品，并应用于市场，同时为全国各地的客户提供彩色环境打造服务，力争成为中国彩色苗木细分行业的领军企业。更重要的是，他们期望通过发展大规模的彩色产业风景区，带动更多的贫困人口实现脱贫增收，为"美丽中国"和"乡村振兴"贡献微薄之力。

**人物名片**

　　刘汉元，男，1964年12月生，四川眉山人，北大光华管理学院EMBA，高级工程师。现任通威集团董事局主席、十一届全国政协常委、全国人大代表、全国工商联执委、中国饲料工业协会常务副会长、全联新能源商会执行会长、中国林牧渔业经济学会副会长、中国光伏农业产业技术创新战略联盟联合主席、川商总会联席会长等。

　　自公司成立以来，他情系民生，饮水思源，用真情和爱心回馈社会各界的厚爱，积极参与社会公益事业、光彩事业和思源工程，迄今为止，捐款捐物总额已超过4亿元。

# 刘汉元：
## 发展始终都是硬道理

改革开放 40 年来，我国从一个积贫积弱的农业国，发展成当今全球第二大经济体，综合国力不断增强，全球话语权大幅提升，全国人民实现了由温饱到全面小康的跨越式转变。

川商，作为我国重要的商帮之一，同时也是我国民营经济的重要组成部分，从无到有、从小到大，为经济社会发展提供了强劲动力，助推我国创造了一个又一个发展奇迹。作为川商的杰出代表，通威集团董事局主席刘汉元参与并见证了这一重要的历史进程。

1983 年，刘汉元尚在眉山市水电局从事科研工作，发明了渠道金属网箱式流水养鱼技术，创造了当时四川单位面积养鱼产量纪录。此后，国家科委和农业部分别将该技术列入"星火计划"和"丰收计划"向全国推广。1986 年，他在眉山成立了西南第一家鱼饲料厂——眉山渔用配合饲料厂，即通威的前身，生产"科力牌"鱼饲料，取"科学技术是第一生产力"之意，凭借创新配方和过硬的质量时常供不应求。此后，通威的发展步入了快车道，养殖技术先后荣获四川省"水产行业技术进步一等奖"、农业部"科技进步二等奖"，通威也由一间小作坊逐步成长为全球最大的水产饲料生产集团，不断推动我国水产养殖业转型发展，让鱼、虾、蟹等水产品走进了寻常百姓家，让最健康的动物食品进入了千家万户的餐桌。目前，全球所有养殖鱼类中每 5 条就有 3 条是中国人养殖的，中国人每养的 3 条鱼中就有 1 条与通威有关。

在企业发展壮大的过程中，刘汉元于 1987 年被评为当时四川最年轻的工程师，1992 年被评为四川最年轻的高级工程师，并先后当选为县政协常委、市政协常委、省政协常委，以及全国政协委员和最年轻的全国政协常委。

2002 年，刘汉元在北大光华管理学院就读 EMBA，毕业以后连读 DBA 工商管理博士期间，选择了"各种新能源比较研究与我国能源战略选择"这个课题进行研究，并形成了太阳能光伏发电将成为未来清洁能源主要发展方向的研究成果。此后，他带领通威于 2006 年正式进军光伏新能源产业，并一路成长为全球光伏行业的核心参与者和主要推动力量。

经过多年的跨越式发展，在新能源产业链上游，通威旗下永祥股份经过四次技改升级，已形成 8 万吨高纯晶硅产能，位列全球前三，产品质量、各类消耗水平和成本处于行业领先水平，打造出全球单体规模最大、综合能耗最低、技术集成最新、品质最优的高纯晶硅生产线。公司产品可全面满足 P 型单晶、N 型单晶的需求，达到电子级晶硅标准，真正实现高纯晶硅"中国制造"，替代进口产品，彻底改变全球高纯晶硅行业竞争格局。

在产业链中游，通威太阳能深度切入太阳能发电核心设备和产品的研发、制造和推广。目前，通威太阳能电池片最高平均转换效率达到 22.15%，品质达到行业一流，成本水平实现行业领先，各项技术指标已达世界先进水平。公司已成为全球光伏行业工艺技术和生产设备最先进、自动化和智能化程度最高、规模最大的晶硅太阳能电池生产企业，获得了国家级"智能工厂"、"绿色工厂"等重要奖项。2017 年 9 月 20 日，通威太阳能世界首条工业 4.0 高效电池片生产线正式投产，标志着通威制造正式步入工业 4.0 时代。随着公司成都三期 3.2GW 和合肥三期 3.2GW 项目于 2018 年 11 月 18 日、2019 年 1 月 8 日先后竣工投产，通威太阳能电池总产能超过 13GW，连续 3 年成为全球产能规模和出货量最大、盈利能力最强的太阳能电池企业。未来 1～3 年，通威太阳能高效电池片产能将超过 30GW，进一步夯实其全球最大、最具竞争力和影响力的太阳能电池片生产企业地位。

在产业链终端，通威将光伏发电与现代渔业有机融合，于全球首创"渔光一体"发展模式。目前，通威正在全国各地推广和建立"渔光一体"基地，优质而清洁的光伏电力正源源不断地惠及千家万户。作为中国乃至全球唯一一家同时涉足农业和新能源光伏产业的龙头企业，通威真正实现了农业和光伏高效协同发展，并将最终成为全球领先的绿色农业和绿色能源供应商。

作为全程参与了改革开放历史进程的川商代表，刘汉元谈到，我们高兴地看到现在丰富多样的水产品，已经较好地满足了国人既要吃得好、又要吃得健康的需求。同时，我们也看到以煤炭、石油为主的能源生产和消费方式已不可持续，大气污染、全球气候变暖等问题愈发严重。2018 年 12 月 3 日，联合国秘书长古特雷斯在新一轮气候大会上指出，当前各国的自主减排承诺已不足以实现《巴黎协定》设定的 2030 年气候目标，需将现有水平提升 3 倍，才能实现将全球升温控制在 2 度以内的目标，若想实现 1.5 度目标，各国的自主减排承诺则需提升 5 倍。因此，加快推动以光伏为代表的可再生能源发展已迫在眉睫。

他谈到，近代以来，欧美掌控了两次工业革命进程，引领了一两百年来人类文明的进步。在本轮能源革命中，我们欣喜地看到中国和中国的光伏企业已牢牢站在全球最前列。无论是解决国内雾霾问题、环境和资源不可持续问题，推动我国高质量发展，还是通过"一带一路"倡议走出去，帮助欠发达国家跨过"先污染后治理"的老路，光伏产业都必将成为中华民族伟大复兴过程中的重要推动力量，成为当前及未来中国乃至全球经济的主要牵引力和增长点，其对人类的影响将不亚于前两次工业革命。

2018年11月1日，习近平总书记在京主持召开民营企业座谈会并发表重要讲话，刘汉元参加了当天的会议，并作为10名企业家代表之一，围绕光伏产业和能源转型进行了发言，提出了相关建议。听取他的汇报后，总书记指出，十八大以来我们提出了"五位一体"总体布局和"创新、协调、绿色、开放、共享"五大发展理念。十九大报告中，我们也提出要推动能源转型，减少煤炭消费，坚定不移推进清洁发展。在2019年召开的G20峰会上，习总书记指出，各方应不折不扣履行在《联合国气候变化框架公约》和《巴黎协定》中的承诺，强化2020年前行动力度，推动全球绿色低碳转型。

回顾改革开放40年来的成功经验，刘汉元谈到，在党和政府的正确领导下，我们始终坚持以经济建设为中心，各种所有制经济共同发展，取得了当今举世瞩目的辉煌成就。因此，无论是总结过去还是展望未来，从经济、社会、政治等各个角度看，如何形成更广泛的民族共识，团结一切可以团结的力量，投身到中华民族的伟大复兴事业当中，都是我们面临的最大客观需要。今天，当我们重温历史，再谈解放思想、实事求是，再谈"发展才是硬道理"仍然非常必要，具有十分重要的现实意义，可以说发展还是硬道理，发展始终都是硬道理！

**人物名片**

　　刘国能，男，汉族，生于1959年8月，浙江泰顺人，大专文化，高级经济师，民革成员。现任国盛基业投资集团董事长，并担任四川省第十二届政协常委、四川省工商联副主席、四川省巴中市慈善总会副会长、江苏省南通市人民政府高级经济顾问、四川省雅安市人民政府招商投资顾问、中国石材行业协会副会长、四川省"一带一路"贸促会建材家居专委会会长等职务。

　　他先后被评为四川省优秀中国特色社会主义事业建设者、改革开放40年四川省百名杰出民营企业家等。

# 刘国能：

## 践行使命，奉献西部

    他是浙商在西部投资兴业的典范，他以颇具前瞻性的商业眼光，怀着满腔热情积极投身西部建设，他根植于西部欠发达地区，为西部发展贡献自己的光和热，为四川构建"一干多支、五区协同"区域发展新格局，作出了积极贡献。四川是他的第二故乡，扎根四川近 20 年，总投资额超过 100 亿元，上缴税收 6 亿多元。他，就是国盛基业集团董事长刘国能。

### ▶ 潜心耕耘，缔造商贸帝国

    刘国能于 1997 年在上海创建恒大公司（国盛基业集团前身），从事专业商贸市场、购物中心、商业综合体等开发运营。多年跨地区、连锁化快速发展的开发管理经验和深厚专业积淀，铸就了企业在品牌、渠道、资金、人才、管理上的核心优势，成为中国商贸流通领域集项目研究、规划设计、营销策划、开发建设、招商销售、管理运营于一体的标杆企业。

    刘国能一直秉承"专业专注、诚信共赢"的企业家精神，实施"专业运营、高效服务、立足上海、面向全国"发展战略，以市场需求为导向，以规范管理出效益，以规模经营促发展，积极拓展全国市场，在上海、江苏、河北、湖南、四川、重庆等地开发管理的项目超过 8000 余亩，商业面积 1000 多万平米，年交易额突破 500 亿元，提供数万个工作岗位。公司开发运营了上海亿联全球家居建材中心、上海恒大石材建材交易中心、南通国盛义乌城、无锡新东国际广场、湘西国盛商贸城、巴中西部国际商贸城等众多城市综合体。与全国家居知名品牌居然之家、宝龙广场、韩国纽莱茵建立全面的合作关系，进一步完善城市商业及服务业功能，促进相关产业发展、提升生活品质，以规模化、集群化、专业化优势，推动各地商贸服务业和社会经济发展。

## ▶ 与时俱进，成就东西部协作典范

在国家提出西部大开发战略后，刘国能积极响应政策号召，投身开发西部、建设西部的热潮，为西部的跨越发展作出了卓越贡献。2004 年刘国能进入四川，以大手笔造城，以大平台促大发展，现在四川已规划建设项目总投资超过 100 亿元，上缴税收 6 亿多元，带动就业 5 万多人，成为推动西部地区商业经济提升发展的重要引擎。

从 2004 年开始，刘国能相继在德阳开发运营了四川恒大国际装饰建材城、德阳恒大五金机电汽配城、德阳恒大国际商贸城、居然之家德阳店。2008 年，汶川地震后，开发运营绵竹恒大国际商贸城、恒大·塞拉维、中润·江油恒大国际商贸城、江油宝龙广场和中润·阆中国际商贸城，增强灾区造血功能，推动灾区产业重建和恢复经济。2011 年，投身巴中革命老区脱贫攻坚，投资 60 多亿元建设 130 万平米西部国际商贸城和居然之家巴中店，彻底改变川东北革命老区传统商业模式，带动巴中及周边现代服务业、城市建设和经济发展。2013 年，芦山地震后，在雅安援建大型商贸城和居然之家雅安店，助推灾后重建，为雅安的城市建设、行业发展和经济腾飞做出了贡献。2015 年，在成都设立集团总部，将发展重心定位四川，构建集团未来发展新蓝图。2016 年，积极响应习主席精准扶贫号召，在凉山州雷波县、会理县投资帮扶现代农业，开展产业扶贫，参与光彩事业，竭力所能帮助凉山脱贫。2019 年 3 月，与韩国知名权威美容整形医院合办的成都纽莱茵医疗美容医院开业，推动成都医美产业和美丽经济发展，为打造"医美之都"积极贡献力量。2019 年 5 月，经国家市场监管总局批准，成立川藏药材城有限公司和巴药药材城有限公司，拓展医疗康养产业，充分挖掘雅安、巴中乃至西部的中药材资源优势，进一步服务地方经济、社会发展，弘扬中华医药做出积极贡献。2019 年 7 月，开启在雷波开发运营国盛城市广场的序幕，为雷波的精准扶贫、城市建设和经济发展服务……

## ▶ 开拓创新，树行业标杆

刘国能时刻抱有危机意识，不断创新进取，在激烈的市场竞争中乘风破浪、稳步前进，企业规模和实力不断壮大，成功实现了企业的二次创业和转型升级，带领企业完善了以董事会为核心的治理结构，建立健全了各项管理制度。

2011 年，在刘国能的审时度势、高瞻远瞩下，成立了国家级企业集团——国盛基业集团，注册资本 1.2 亿元，建立了以董事会为核心的集团公司治理结构，完善现代企业制度，以提高开发水平、增强运营能力为基础，带动品牌价值不断提升，并在上海和成都设立了总部，发展成为一家从事专业商贸市场、购物中心、商业综合体、住宅、医疗美容、中药材产业等投资开发和管理运营的大型商业集团。

刘国能重视人才，唯才是用，关爱员工，为员工提供广阔的发展空间和良好的晋升机会、福利待遇，企业聚集着一批来自全国各地的各类专业人才。公司先后荣获国家级守合同重信用企业、中国建材企业 500 强、中国建材服务业 100 强、中国民营建材企业 100 强，上海市浦东新区先进企业，四川民营企业 100 强、纳税百强企业、四川省优秀浙商纳税贡献奖、优秀民营企业、四川省三化建设示范市场、"百城万店无假货"示范市场、四川省质量信誉双优单位等荣誉称号。

## ▶ 致富思源，回报社会

刘国能致富思源、富而思进，积极开展修桥铺路、捐资助学、关爱孤寡及留守儿童、困难家庭救助等慈善活动，投身汶川地震、雅安芦山地震、浙江"莫兰蒂"台风等救灾工作，以及支持教育文化体育事业、新农村建设等，累计捐款捐物捐建达 1035 万元。

在国家"万企帮万村"的精准扶贫行动中，刘国能深入凉山州雷波县、会理县调研，开展特色农业产业扶贫，带动近 20 个贫困村脱贫致富。除产业扶贫外，他还重视智力扶贫、观念扶贫，捐赠 30 万元设立了雷波教育基金。雷波致力于开发建设城市综合体，改善了城市面貌和商业配套，提高商业档次，增加就业机会，提升老百姓的生活品质和幸福指数。在巴中，发展农村电商扶贫，在 268 个村提供了近 1 万人次的电商培训，为扶贫提供智力支持。

以实际行动赢得了社会赞誉，公司先后荣获"汶川地震"抗震救灾先进单位、四川省"万企帮万村"精准扶贫行动先进企业、残疾人体育事业特别贡献单位、慈善公益奖等荣誉。

刘国能被任命为巴中市慈善总会副会长，荣获四川省优秀中国特色社会主义事业建设者、改革开放 40 年四川省百名杰出民营企业家、中华慈善突出贡献奖等殊荣。

## ▶ 认真履职，不忘初心跟党走

刘国能重视和支持企业的党建工作和工会工作，让党建工作与企业发展相统一，被评为"实现伟大中国梦，建设美丽繁荣和谐四川"教育活动先进人士、支持党建工作先进个人，公司党支部被评为先进基层党组织，还被中共德阳市委两新组织工委定为党建工作联系点。

刘国担任了很多社会职务，在他看来这是自己应尽的社会责任，能为经济发展和社会进步贡献自己的绵薄之力，心甘情愿。从德阳市政协委员、德阳市人大代表，到四川省政协委员、省人大代表，再到四川省工商联副主席、省政协常委，他总是兢兢业业、认真履职。

回顾创业和发展历程，面对已经取得的优异成绩和杰出贡献，刘国能总是非常淡然和本真，他说："作为中国民营企业家中最普通的一份子，我有幸置身于实现中华民族伟大复兴的历史使命中，踏实做人、诚信做事是我们应有的初心，共同富裕、回报社会是我们的责任使命，我们将以更饱满的热情投入到工作中去，为祖国的经济建设作出更大的贡献。"

**人物名片**

　　刘荣富，男，汉族，生于 1949 年，四川成都人，成都彩虹电器（集团）股份有限公司董事长、党委书记。现任成都市第十三次党代会代表、成都市慈善总会副会长、中国轻工业联合会特邀副会长、中国家用电器协会常务理事、中国日用杂品工业协会副理事长。

# 刘荣富：
## 力挽狂澜铸"彩虹"

在我国轻工行业，有一位知名的民营企业家——成都彩虹集团党委书记、董事长刘荣富，他带领彩虹人经过 30 多年的艰苦奋斗和改革创新，将一个濒临破产倒闭的集体小企业发展成为产值销售超过 10 亿元，实现利税 2 亿多元的龙头骨干企业，走出了一条独具特色的"彩虹之路"。刘荣富曾被四川省委、省政府授予"四川省优秀民营企业家"，并在 2012 年 11 月党的十八大和 2014 年 5 月第五次全国自强模范暨助残先进表彰会上受到习近平总书记的亲切接见。

成都彩虹集团的前身是成都钻床附件厂，这个成立于 20 世纪 50 年代的集体小企业，原名成都美光角梳生产合作社。1971 年 7 月，刘荣富作为待业青年，被分配到以染纸、牛角梳和农用打米机为主导产品的角梳生产合作社。刘荣富从普工做起，努力钻研技术，使自己成长为一名技术骨干。他在厂党支部的领导和支持下，经过 3 年的努力，利用生产打米机的一些机械加工手段，成功试制出当时比较紧缺的 6 毫米钻夹头，使企业走上了生产机械产品的道路。1974 年，经上级批准，成都美光角梳生产合作社改名为成都钻床附件厂。

1978 年，国民经济调整以后，轻工产品增多，机械产品收缩，钻夹头配套计划被取消，而老产品染纸和牛角梳早已没有市场，工厂面临没有产品，发不出工资的困境。从 1980 年到 1982 年，企业连续 3 年大幅亏损。3 年间，二轻机械设备公司 3 次派出工作组，前后更换了五任领导，都无力回天，反而让企业一步步陷入绝境。

1983 年 4 月，成都钻床附件厂被二轻局列为成都市首批试行经营承包责任制改革试点企业，全厂职工在二轻机械设备公司的主持和监督下，实行无计名投票选举经营承包负责人。87% 的赞成票，34 岁的刘荣富临危受命，走上了成都钻床附件厂改革发展的舞台。设备公司向企业下放了生产经营管理权，由企业在市场竞争中自主经营，自负盈亏。

经营承包后，刘荣富在工厂党支部的支持下，打破"大锅饭"，分车间单独核算、除本计酬、利润分成。在生产上坚持多劳多得，按劳分配，在销售上联销计酬，下不保底，上不封顶，调动了员工的积极性。面对市场他审时度势，下狠心调整产品结构，停止生产没有市场前景和技术支撑的产品，集中有限的资源，抓住家用电器产品需求扩大的机遇，根据四川冬季阴冷潮湿，没有供暖的实际，在当时成都家电研究所的帮助下，全力开发和生产投资少、市场潜力大的电热毯、电熨斗等小家电产品。他们组织召开营销座谈会，租车跑遍全省县市推销产品，迅速打开了销售市场。生产的电热毯供不应求，承包第二个月就停止了亏损，全年产值由 1982 年 40万元增长到 1983 年的 140 万元，抵减亏损后仍盈利 6 万多元。

1984 年，刘荣富正式当选为成都钻床附件厂厂长。在生产经营中，他始终牢记，家用电器产品事关消费者的生命和财产安全，提出了"产品质量是企业生命"的经营方针，始终把产品质量放在企业的第一位。通过以质取胜，提高了彩虹牌电热毯的美誉度，提高了产品的竞争力，使企业销售额连年翻番。1985 年，成都钻床附件厂正式更名为成都电热器厂。

1986 年，刘荣富在引进技术人员的帮助下，与日本住友合作，生产出新一代灭蚊产品——电热蚊香片，引起市场轰动，产品供不应求。从此，公司形成了冬夏两季产品互相支撑的合理组合，奠定彩虹集团今天两大主导产品的发展基础。1989 年，在兼并锦江陶瓷厂，并进行厂房和技术改造后，公司搬迁至九眼桥新厂区，扩大了生产规模。1992 年，工厂产销上亿元，利润上千万元。

1993 年 12 月，在刘荣富主持下，成都电热器厂联合成都百货站等九家商业企业，共同发起创立了成都彩虹电器（集团）股份有限公司，定向募集近 2000 万元资金，开始实施现代化企业管理制度，并利用募集的资金引进先进设备生产电热毯双层螺旋线，在全国生产出第一条全线路安全保护电热毯，使"彩虹"牌电热毯率先达到国际标准。同时和日本住友商事、日本阿氏公司合资成立中外合资泉源卫生杀虫用品公司，努力吸收日本企业的技术和管理。

刘荣富具有强烈的社会责任感，在企业发展过程中，长期坚持回报社会。他深知残疾人就业的困难，在龙泉驿西河工业园建立了福利企业——彩虹集团科技环保公司，解决了 100 多名残疾人的就业问题。2008 年以来，刘荣富组织公司和员工向汶川地震灾区、芦山地震灾区和青海玉树灾区捐款捐物达 340 万元。先后通过青少年基金会向贫困学生捐资助学 120 余万元；设立"四川音乐学院彩虹奖学金"，每年捐资 10 万元；设立员工金秋助学基金，资助考上大学的困难员工子女；还通过"慈善一日捐"向社会捐款 500 多万元。

进入新世纪后，公司的发展出现停滞不前，经济效益不断下滑的情况，刘荣富意识到只有继续深化改革，才能实现公司的可持续发展。2003 年，公司经过职代会决定，把公司主体电热器厂的集体资产量化到个人，实现全体员工持股，使员工真正成为企业名副其实的主人。企业的发展触及到员工的切身利益，极大地调动了广大员工的积极性。接着，公司整体搬迁至武侯新城，极大地提高了生产能力和技术水平。同时，公司正确制定了"集中资源，发挥优势，扬长避短，全力做大做强优势产品电热毯等取暖器具和电热蚊香等卫生杀虫产品"的发展战略，聚焦优势，强化品牌，清晰市场定位，再次迎来了企业快速发展的新局面。

2013 年至 2017 年连续 5 年暖冬，在全国取暖器具行业大幅下滑的情况下，面对产能过剩的压力，刘荣富坚持转型升级和创新驱动的发展战略，大力实施质量升级和产品二次开发，持续推进卓越绩效管理，先后推出了户外灭蚊产品和负离子、除螨等保健型电热毯，保持了企业的稳定增长，进一步提升了产品在全行业的市场占有率，成为全世界最大的电热毯生产企业。2018 年，集团实现产值 11.2 亿元，销售额 10.7 亿元，利税 2.68 亿元，创造了历史最好水平，为公司的高质量发展奠定了坚实的基础。

36 年过去了，我国发生了翻天覆地的变化，成都彩虹集团也凤凰涅槃，成为我国轻工小家电行业一道"绚丽的彩虹"。

是党的改革开放政策彻底改变了成都彩虹集团的命运，也成就了优秀民营企业家刘荣富光荣的岁月，他先后荣获成都市、四川省、轻工部、全国劳动模范，全国企业文化建设先进个人、四川省优秀共产党员、四川省优秀民营企业家等光荣称号。当选为四川省人大代表、政协委员和党的十八大代表。

彩虹事业在发展，刘荣富的奋斗仍在继续，他决心带领彩虹人为实现"百年老店"的彩虹梦再创佳绩。

展望未来，刘荣富充满信心地表示："我们彩虹集团员工要按照习总书记提出的要求，不忘初心、牢记使命、埋头苦干、努力拼搏，坚持全心全意依靠职工办企业，员工与企业共建共享的发展宗旨，以昂扬的斗志，继续将彩虹集团的改革创新推向前进，实现彩虹集团 2020 年产值销售达到 12 亿元的目标，努力为中华民族走向伟大复兴，实现伟大的中国梦，完成'两个一百年'奋斗目标作出新的贡献。"

**人物名片**

安治富，男，汉族，生于1949年，四川绵阳人，高级经济师，现任绵阳市工商联名誉主席、四川富临实业集团有限公司董事长。曾任全国工商联常委、四川省政协常委、四川省总商会副会长、绵阳市人大常委、绵阳市工商联主席、四川省企业联合会和四川省企业家协会理事会常务理事、四川省企业信用协会副会长等社会职务。

富临集团2018年实现销售收入71亿元，是四川省重点培育的大企业大集团，位列"2018年四川企业100强"第44位、"2018年四川服务业企业50强"第16位。

# 安治富：

## 改革春潮润巴蜀，乘风破浪创大业

作为国家经济重要组成部分的民营经济从无到有，一大批民营企业家以自己的企业家精神，抓住历史机遇，实现了企业发展，为实现中华民族伟大复兴，贡献了不可磨灭的非公经济力量。

富临集团从创立初始就以"发展实业，造福社会"为企业宗旨，将民族复兴和富临人的事业梦想，通过奋斗紧紧地连在了一起。

回望来路，不改初心。富临集团董事长安治富的创业故事，正是始终高举改革开放理论旗帜的成功范例。

### ▶ 与时代同频共振，引领企业发展方向

1986 年，当时在绵阳市群众运输联合社工作的安治富，毅然辞去公职，筹资3000 元，在绵阳市永兴镇开办了一家设备极其简陋，员工仅 10 人的羽绒加工厂。历经 30 年奋斗，把一个作坊式的羽绒加工厂，打造成如今拥有 170 亿元资产的多元化企业集团，拥有全资、控股公司 50 余家，其中 1 家国家级高新技术企业及上市公司（富临精工）、1 家参股上市公司（华西证券），先后向社会公益事业累计捐赠 2.3亿元。

在发展的每一个阶段，安治富始终不断探索、调整创新，企业发布的每一个五年战略规划及年度集团经营管理方针，都体现了安治富在探索中建成了一种与时代发展同频共振、统筹推进的战略规划机制。

2006 年，在安治富的带领下，富临集团"一五规划"提出"以房地产、运输业、工业为支柱产业，医疗业、商业稳健发展的多元化产业新格局"的目标。2011年，富临集团"二五规划"提出，要主业突出、多元驱动、协同发展，积极进入战略新兴产业和城市公用事业。"二五规划"和产业结构重大调整的大背景是在国家"十二五"期间提出经济增长速度为7%，较"十一五"期间有所放缓。安治富敏锐

意识到，应该立即进行产业结构调整，要符合国家注重经济增长质量、产业结构调整、淘汰落后产能的政策要求。

从富临集团的产业结构变化中可以清晰看到，2011 年到 2015 年期间，富临集团将产业发展重点放到国家工业结构优化升级的重点产业（能源、高新技术）以及战略新兴产业（新能源、新能源汽车、高端装备制造业和新材料）上，在 2010 年形成"房地产业、运输业、工业为支柱产业，医疗业、商业稳健发展的多元化发展"格局基础上，到 2015 年，富临集团从原来以房地产业为主的发展格局，调整为以工业、现代服务业为主，房地产业协同发展，同时积极涉足金融业、能源业的发展新格局。在 2016 年实现了富临精工产业结构突破，成功并购湖南升华科技，正式开启富临精工进军新能源汽车产业之路。

### ▶ 抓时代发展机遇，实现实业报国梦

改革开放后，很大一批人放弃"铁饭碗"，带着热情、雄心、活力、梦想前仆后继地奔向南方、奔向创业。那时的他们有一种难以理解但与生俱来的使命感，时代发展改变了他们的命运，让他们的梦想种子开花结果。

安治富创业故事的重要节点缘于邓小平同志的南方谈话。那是 1992 年的春天，他从《中国青年报》上看到了记录邓小平同志南方谈话的那篇文章《东方风来满眼春》。当时，他热血澎湃、难以平静。从文章里，他敏锐地感到，中国的改革开放正向纵深发展，正在提速，在这个时候，只要抓紧机会，就可以干一番事业。

从安治富创建创业团队开始，大家始终保持精诚团结，以对企业和事业的无限忠诚、高度负责的工作态度和坚持创新的精神，见证企业的发展，抓住改革开放带来的机遇。关闭川江羽绒厂、发展汽车制造、组建富临运业并上市、推动新能源汽车发展等一系列转型升级，在当时的经济背景下，很多决定和目标被曾看成"痴人说梦"。在梦想和现实之间，"与时俱进"这个四个字，让富临集团创业团队始终占据着一定高度，始终具有超前的眼光和过硬的执行力。

"与时俱进"要落实到行动上，对于民营企业至少涉及两个方面：一是企业发展方向与国家战略同向，二是企业战略规划与国家目标同步。富临集团是四川省重点培育的大企业大集团，也是在中国科技城绵阳崛起的民营企业排头兵。安治富从未停止过探索与前行，正如他常说："富临已不再是我一个人的企业，而是所有富临人的企业，更是社会的企业。'发展实业，造福社会'不是一句空谈，而是一种具体

而实在的价值观，是一种文化，是企业的立足之本。"

## ▶ 永不停歇，面向未来，继续远征

十八大以来，党中央就继续推进改革开放事业已经作出了一系列决策部署，站在历史的新征程上，继续解放思想、推进改革开放是对历史的最好纪念，也是企业实现跨越式发展的新阶段。

顺应形势，面向未来。在安治富的率领下，富临集团主动谋划、有序引导，根据集团最新战略规划，正确处理企业发展速度、质量和效益之间的关系。富临集团在产业发展上，将优化结构、强化创新、推动转型升级作为重点。2017 年以来，在保持工业企业发展态势的基础上，加强对新项目的推进，同时强化质量管理，在产品品质方面做到精益求精，如富临精工的汽车发动机零部件和变速箱精密零部件的研发、生产、销售，以及在新能源电池正极材料、上游锂矿业的发展。现代服务企业进一步追求新产业突破，注重商业模式及管理创新，如富临物业推行"智慧家园"、富临能投进驻石棉县等。房地产企业注重开发模式、管理方式、营销手段等方面的创新，新开盘绵阳"绵州水郡"、安岳"龙湾半岛"等获得市场好评。

"有伟大的时代，才有伟大的事业，是国家的发展带着民营企业进步。"安治富豪情满怀地说，"随着中国特色社会主义进入新时代，光荣与梦想仍在继续，富临集团始终与伟大祖国同频共振。我们未曾辜负改革开放以来的 40 年，也不会辜负这个前所未有的新时代。时间已经证明并还将证明，在中华民族伟大复兴进程中，富临集团将紧跟时代潮流，不断调整和优化战略规划，凝心聚力，奋力拼搏，向着更高的目标勇敢奋进，这既是爱党爱国的体现，也是一个企业的责任和使命！"

## 人物名片

李进，男，藏族，中共党员，1970年5月出生，四川省人大代表、四川省总商会副会长，阿坝州商会会长，理县芦杆桥水电开发有限责任公司董事长。

他致富不忘回馈社会，开创了弘扬民族文化、扶贫扶智并举的"唐古拉风艺术团文化扶贫藏区行"活动，2015年以来累计公益演出360余场次。他积极发挥示范作用，带领会员关注社会弱势群体、捐资助学、扶危济困，响应"万企帮万村"号召，积极参与"凉山行"系列，个人出资及组织捐款捐物1758万元。

# 李 进：
## 为雪域高原送去欢乐，让贫寒之地充满温暖

习近平总书记指出"要坚持扶贫同扶智、扶志相结合，注重激发贫困地区和贫困群众脱贫致富的内在活力，注重提高贫困地区和贫困群众的自我发展能力"。这给了李进很大的启发——扶贫，不仅仅是要让老百姓在物质上富裕起来，更要在精神上"富裕"起来。如何引导贫困群众转变思想、提升智慧、激发内生动力，这成了李进的唐古拉风艺术团的核心任务。

### ▶ 乡亲们眼里的"扶贫团长"

李进在贫困群众眼里是不折不扣的"扶贫团长"。他创办四川省唐古拉风艺术团，亲自担任团长，利用自身优势，用文化助力脱贫攻坚。艺术团本着"把党的温暖和关怀吹进雪域高原村村寨寨、千家万户"的宗旨，着眼于传递党的扶贫政策，丰富贫困群众精神文化生活，激发内生动力，立足四川多民族融合实际，深度挖掘藏、羌、彝、蒙、回各族原生态文化特色，让文化扶贫更加贴近贫困地区民心。在李进的指导下，艺术团通过生动鲜活的文艺形式，演绎了一个个感人励志的扶贫故事，内容丰富多彩，既有扶贫政策又有生产技能，巧妙地将"扶志"与"扶智"结合起来，在雪域高原上唱响了一支支动人的文化扶贫之歌，成为四川少数民族聚集区文化"扶志扶智"的特色品牌。

李进作为先富起来的党员企业家，始终不忘共产党员为民谋福的初心，他深感自己肩负"回馈社会"的责任重担。近年来，他带领艺术团大力开展文化公益和文化扶贫救助活动，他们不畏极端严寒与道路艰险，到贫困山区为群众免费演出，所到之处覆盖甘孜、阿坝、凉山等的 17 个深度贫困县，惠及贫困人口 21.3 万人，累计演出达 1000 余场，老乡们都亲切地称呼李进为雪域高原的"扶贫团长"。

李进积极投身抢险救灾和赈灾义演募捐活动。他曾参加过汶川特大地震、甘孜藏区雪灾、丹巴泥石流、阿坝州理县泥石流、青海玉树地震等自然灾害的抢险救灾

和赈灾义演募捐活动，成功举办了"民族团结心连心、手拉手，共建温馨和谐家园"等大型公益活动。近年来，李进个人及他的艺术团累计捐款捐物达 1700 万元，在中国民营艺术团中位列第一。

2019 年春节期间，在高原自然环境最恶劣的时节，他亲自带领上百人团队进入海拔 3000 米以上的高原藏区，他们不惧风雪严寒，不畏高原缺氧，走进若尔盖、红原、阿坝等县，把精彩的表演、党的关怀送到贫困的藏区百姓家中。连续 7 年，李进的除夕夜都是和艺术团的成员们在贫寒之地的演出中度过。

为了更形象更精准地传递党的声音，艺术团在李进的带领下，跋山涉水，深入藏区、地震灾区、板房社区、居民安置点、军营、学校、建筑工地开展公益文化惠民活动，将党的政策与温暖传遍四川山山水水。每到一个贫困县，李进都会亲自与当地党委、政府对接，带领编导深入乡村农户调研，了解群众在想什么、在干什么，思考编排的节目怎样才能贴近当地百姓生活，如何才能打动和感染贫困群众。由于节目形式多样、表演内容接地气、思想内涵丰富、充满正能量，深受各族群众欢迎，所到之处各族群众都是盛装参加，场场爆满、座无虚席。现场群众纷纷通过微信、微博广泛转载传播，中央电视台、四川康巴卫视等媒体多次录播，取得了良好的社会效益，受到各界高度赞扬。

## ▶ 商界人士眼中的"扶贫家"

李进在商界里有个"扶贫家"的美誉，李进常说："只要我的帮扶对象还有一家一户乃至一个人没有解决基本生活（两不愁三保障）问题，就没有完成党交付的任务，就不能安心地睡觉。"

李进在率团演出时，采取"边演出、边发现、边吸收、边培养"的方式，在汇演互动中，注重从贫困群体中发掘能歌善舞的"好苗子"，吸纳进艺术团进行专业训练，团里包吃包住，人均每月能领到 3800 元的固定工资。他们的演出，通过贫困演职人员讲自己的脱贫故事，在贫困群众中弘扬自尊、自爱、自强精神，破除"等靠要"等不良习气，不断激发贫困群众脱贫的内在动力，变"要我脱贫"为"我要脱贫"，让更多的贫困群众增强了脱贫的信心和致富的希望。

艺术团至今已吸纳和培养贫困歌手 200 多名、贫困舞蹈演员 800 多名，大多来自四川、西藏、甘肃、青海、云南等省深度贫困地区，占演职人员总数的 90%，其中包括藏、羌、彝、蒙、回、汉等多个民族，达到了"一人参演，全家稳定脱贫"

的目标。

　　李进自身就是从深度贫困区走出来的，他深知贫困给老百姓带来的疾苦，毫不吝惜地拿出自己多年奋斗攒下的财富，为乡亲们修建了一条条道路，建造了一幢幢新居，为孩子们赠送了一笔笔学费、一本本书籍。个人累计出资、捐款捐物近 2000万元，募集、带动各类扶贫资金近 2 亿元，源源不断地投入到高原藏区、凉山等深度贫困地区的脱贫攻坚事业中，惠及建档立卡贫困户 4000 余户，贫困人口 2 万余人。李进用行动践行着习总书记"在全面小康的路上，不落下一个民族一个地区，不落下一村一户一人"的要求，见证了一名共产党员的本色和初心。

## ▶ 产业帮扶的"实干家"

　　授人以鱼不如授人以渔，李进也是位实事求是的"实干家"。他深知幸福不会从天降，好日子是干出来的，脱贫致富终究要靠贫困群众用自己的辛勤劳动来实现。他通过建构有利于帮扶地产业发展的基础条件，引导贫困人口参与其中，注重调动扶贫对象的积极性主动性创造性，提升其自身发展能力，不仅在经济上使贫困人口摆脱了贫困，而且在精神上使贫困人口远离了贫困。

　　李进依托自身旅游开发公司的产业优势，在对特殊困难群众给钱给物、采取救济方式扶贫的同时，注重对有劳动能力的贫困群体进行产业帮扶。李进用一名企业家卓越的经济前瞻视野，积极探索帮扶地的区域优势，搞好规划，扬长避短，不简单大包大揽，真真正正地把党的关怀落实到为贫困群众解决实际问题上。

　　李进利用家乡阿坝州绿水青山的独特资源优势发展特色旅游业、中药材种植业、农畜产品加工业。他投资 10.86 亿元，建设孟屯河谷风景区，提供就业岗位 500 余个，直接惠及上孟、下孟、薛城等乡镇 200 多户贫困户、近 1000 名贫困人口实现增收脱贫。他还发挥担任阿坝州商会会长的优势，动员商会会员加入到扶贫队伍中来，目前共计有 15 家民营企业结对帮扶了阿坝州 16 个贫困村，落实帮扶资金 1.23 亿元，扶贫项目涉及中药材种植、农畜产品加工，以及教师培训和医疗卫生等，惠及 1800余户贫困户、9000 余名贫困人口。

　　李进坚定践行共产党员的初心和使命，他决心在 2020 年前，将唐古拉风艺术团的文化扶贫活动推向甘阿凉三州所有的深度贫困县，实现全覆盖；他还将继续加大对扶贫地区的捐资力度，并探索如何做好脱贫攻坚与乡村振兴战略的有机结合，帮扶更多贫困群众脱贫致富，与贫困群众一道，共同书写更加幸福美好的未来。

## 人物名片

　　李伟成，女，1967年4月生，大学学历，九三学社四川省委常委，高级经济师，四川省川联美容美发协会会长、成都美丽一生健康科技有限公司董事长（诗丽堂品牌创始人），被评为"改革开放40年全国美业先锋个人""四川百名杰出民营企业家"。

　　她在美容业辛勤耕耘20多年，作为中国美容业的拓荒者、推动者和传播者，她在"传播爱、缔造美"的责任中传承着中华民族的美德和梦想，在"砥砺奋进，实干追梦"的行动中成就了企业的辉煌和美容业的未来！

# 李伟成：
## 把爱与美的事业进行到底

成都，一座充满梦想和创新的城市，挥洒着创业者青春洋溢的热血，无数奇迹在这片热土诞生。

"如果没有来到成都，我的人生将不会如此精彩。"李伟成曾不止一次这样说过。1999 年，辞去工作的李伟成从家乡齐齐哈尔不远千里来到天府之国这片热土，那时美容业处于起步阶段，凭借着一腔热血，在一无资金、二无人手、三无技术的异乡，凭着对改革开放经济形势的精准研判、女性天生的爱美直觉和对美的追求，她义无反顾，坚定投身于美容行业，并选择以成都为事业的起点，创办了诗丽堂。

### ▶ 从不足 40 平方米到连锁店 600 余家

一间不足 40 平米的门店，一个说话做事直率的女老板和 7 个从未涉足美容业的"门外汉"，这些看似不那么完美的条件组合在一起，却产生了奇妙的化学反应。最初的几年，李伟成带领着"七仙女"团队从选址、装修、搬运货品、服务顾客、售后、培训等，无不亲力亲为。"一次门店开业，又遇到停电，我们打着手电，爬了通宵楼梯，才搬完了第二天开业的全部物资。"在李伟成看来，创业初期接连出现的问题，反而激发了她更大的能量。

诗丽堂的事业发展日益向好，得益于李伟成敏锐的市场眼光和对美容行业的坚定信心，面对行业发展初期的各种恶性竞争和不诚信行为，李伟成始终坚持以品质为本、顾客至上的信念。正是因为对服务品质的极致要求，逐渐赢得了顾客的信任，诗丽堂的事业逐渐蒸蒸日上。

通过把控市场脉搏，积极转型升级，诗丽堂逐渐形成了完整的生活美容、医学美容、抗衰研究、集美中心、智能美容、化妆品生产、美业互联网平台等全美产业链。渐渐地，诗丽堂走出成都，从一家门店，七八名员工发展成遍布全国 30 多个省市地区、近 600 家门店、上万名从业人员的专业美容美体连锁机构，赢得了市场和顾客的赞誉。

## ▶ 引领美业风向，"传播爱、缔造美"

回顾诗丽堂 20 年发展历程，有几个重要的发展里程碑。1999 年，诗丽堂首家门店在成都开业，标志着诗丽堂品牌正式成立；2000 年，诗丽堂美容美发技能培训学校成立，后于 2006 年正式更名为成都诗语美容美发技能培训学校，为企业造血，输送人才；2016 年，成立互联网业务平台，进行互联网化探索；2016 年 4 月，第一家医美连锁店开业，标志着在医美领域的布局正式展开；2017 年 9 月，以美丽一生为基石，开始探索集团化经营管理。

那么，这些年诗丽堂发展的"方法论"是什么？

"传播爱、缔造美"是李伟成坚守的企业文化，在企业成立发展的道路上，她深刻懂得，这里凝聚了顾客、员工共同的努力和支持，她必须和她们共同出发、坚持、互助、发展，要让所有女性都能绽放人生的光彩，这是一份所有女性共同的事业。

2003 年，在高标准打造了专门服务于诗丽堂顾客的丽妍工坊之后，李伟成没有停下脚步，她立刻着手制定了更为长远的十年发展蓝图——诗丽堂迈向专业化、标准化的现代企业，同时打造满足于女性多层次需求的多元化美容产业生态链。2007—2010 年，诗丽堂连续获得"中国最佳美容连锁机构""美丽中国年度特别成就奖中国专业美容引领品牌""华山奖·中国美容业 10 大创新品牌""中国美容市场最爱消费者欢迎美容机构""建国 60 年中华美业 30 年最有影响力美容连锁机构""建国 60 年中华美业 30 年 20 大科技创新品牌"，被四川省人民政府授予"四川名牌"。

## ▶ 担当社会责任，创造更大价值

美的事业虽蓬勃发展、蒸蒸日上，但创业精神和斗志在李伟成身上从未改变，那份朴素的对待顾客至真至诚的初心，为社会创造更多爱和美的担当从未改变。不同的是，这份初心经过 20 年风雨兼程、砥砺前行的积累，已经成为全体诗丽堂人共同秉持和坚守的价值观——发现美好、创造美好、善待美好。

在诗丽堂人心目中，董事长李伟成不是一个精明的商人，而是一个非常有人情味的大姐。在艰难的起步阶段，李伟成每天关注的不是销量数据，而是把让员工每天能吃上肉当做头等大事来抓。"要让每一个员工都吃上肉，不管什么时候，工资必须准时发放。"

时至今日，诗丽堂全国各地近万名员工，90%的管理者是从基层美容师成长起来的。每年公司周年庆典上，李伟成都会亲自为一批又一批超过10年工龄的员工颁发"小蜜蜂"金质奖章，这些普普通通的女性，在诗丽堂从懵懂的少女成长为职场精英，从家庭主妇成长为业务能手，成为家庭的支柱、事业的骨干，活出了生命的光彩。

2008年，汶川大地震来临时，李伟成做了两件事：一是立即和成都的员工挨个打电话，联络灾区的员工，有困难的立刻开展救助；二是立即组织部分员工准备物资，向灾区进发。面对突入其来的灾难，她对员工说了一句："有我在，不要怕！"同胞受难，她心急如焚，将公司仓库里所有能用的物资取出，并安排人迅速采购大批生活物资，连夜赶往灾区，并在第一时间捐出50万元。

如今，诗丽堂每年向社会提供2000个以上的女性就业岗位，累计为社会、行业培养并输送10万多名美容服务人员和管理人员，帮助更多人成为自尊、自信、自立、自强的新时代女性。

## ▶ 致力脱贫攻坚，用大爱奉献社会

近万名女性员工的生活、成长、思想、工作、发展问题，是李伟成关心的头等大事，团队的凝聚力需要有效力量和思想引领。2008年，李伟成与成都市、区、街道的工会、妇联等单位广泛联络，诗丽堂成立了工会。

自工会成立以来，李伟成就以个人名义捐助资金，帮扶公司困难职工。2014年，李伟成联合工会发起专项"爱心基金"，每年向工会注入100万元专项帮扶款，用于帮助诗丽堂困难职工和家属，至今已累计发放专项帮扶款1000万余元。

党的十八大提出要在2020年全面建成小康社会，党和政府高度重视扶贫工作，打响了脱贫攻坚战，李伟成始终把脱贫攻坚作为最大的政治责任。

扶贫先扶智，2010年，李伟成开启了她的爱心责任——每年捐建一所"诗丽堂春蕾小学"，至今已在四川、贵州等贫困边远地区建成了8所春蕾小学并投入使用。

2003年11月，诗丽堂将大量的衣服和学习用品捐献给金堂县战斗村小学的贫困学生，并承担了部分贫困学生从小学到高中的一切费用。2006年3月，诗丽堂携手成都市残疾人联合会举办了"诗丽堂助残慈善义卖周"活动，捐出价值30多万元的产品，并为贫困残疾人提供医疗援助。2008年汶川特大地震发生以后，诗丽堂启动了"100万元教学就业援助行动"，为灾区年满18周岁的女性提供免费教育培训，并安排就业岗位。2009年，李伟成被四川省委统战部表彰为"抗震救灾先进个人"。

　　抗震救灾、资助教育、建桥修路、精准扶贫、员工帮扶，这些年来，诗丽堂为社会公益捐款达1000万余元，帮扶困难员工1000余名。从只身一人来到成都，到白手起家创造一个享誉全国的美容品牌；从当年的几名员工，到如今庞大的诗丽堂团队；从过去40平方米的小店，到如今遍布全国的美丽殿堂，李伟成最初的那份真与善的信念在奋进的事业中不断升华，在不懈的追求和拼搏中，她对美的初心绽放出日益耀眼的光芒。

## 人物名片

　　杨铿，男，汉族，生于1961年，祖籍山东。先后担任第十三届全国人大代表、中国房地产协会副会长、四川省工商联副主席、四川省川商总会联席会长、四川光彩事业促进会副会长、成都市房地产业协会会长。历任第十、十一、十二届全国政协委员，第九、十、十一届全国工商联常委，蓝光投资控股集团有限公司创始人，现任蓝光控股集团董事局主席、四川蓝光发展股份有限公司董事长。

　　2015以来，蓝光发展连续四年荣膺中国十大最具投资价值上市房企，蝉联"中国房地产公司品牌价值TOP10"，荣获"中国社会责任特别大奖"。2019年，荣膺中国房地产百强综合实力第21位，百强房企成长性第4位。

# 杨铿：

## 公益是企业家精神的体现

杨铿是多面的，他是蓝光的掌舵者，是民营企业家，是公益慈善者，还是全国人大代表。每一面，都各不相同。作为蓝光的掌舵者，他是果敢的，带领这家上市企业迈入千亿元大关；作为民营企业家，他是热忱的，只因希望民营经济、营商环境变得更好；作为公益慈善者，他是善良的，累计捐款超过3亿元；作为全国人大代表，他又是尽责的，每年3月的北京，都能看见他对于食品安全、污染治理等社会民生的关注。

### ▶ 掌舵者：青年蓝光的"川藏线"

29岁那年，杨铿创办了蓝光。彼时，这个汽配生产厂的老板，或许从未想到，自己的公司有一天会拥有多个主业，会迈入千亿元规模。正值青年的蓝光，和所有同时代的民营企业一样，也面临机遇和挑战。

在蓝光的一次内部会议上，杨铿告诉员工，进入房地产行业的最近几年，公司是在高速路上行驶，但是当我们面临供给侧调整改革的时候，非常像是在川藏路上前行，既充满挑战，又有美丽风光。"这就要考验驾驶技术，考验团队的能力和本事。如果你在川藏路上开得很好，在这种崎岖的环境中发展得好，成长能力就起来了，这就会成为你的优势。"

在川藏路上，蓝光将如何驾驶？杨铿直言，虽然房地产企业正面临困难，但民营企业的本色就是在适应中生存发展。他告诉记者，蓝光的适应能力很强，在房地产市场处于下行期时，企业本身也要创新转型，从过去高速度变成高质量，依靠优质产品来取胜。

在杨铿看来，特殊时期就得"练内功"，譬如蓝光战略4.0的不断升级，这就是他们的高质量发展。他告诉记者，蓝光的创新转型要打造高质量的财务战略、高质量的产品战略、高质量的人才战略、高质量的品牌战略、高质量的内部IT和AI战略，这些战略落地后，企业的运营质量就高了。"技术好的驾驶员在川藏路上来来回回几十年，照样能够创造奇迹。蓝光也要增强适应能力，应对不同的市场环境。"

杨铿喜欢把民营企业看成是自然界的森林，随着自然环境的变化而变化，在热带，它是阔叶林，而在寒带，它就是针叶林。转型中的蓝光，依托"人居蓝光＋生命蓝光"双擎驱动，在全国正积极布局同心多元化产业生态链，涵盖物业、商业、生态、文旅、互联网、智能科技等多个重要领域。

杨铿直言，今后城市的升级换代，一定和人居相关，而人居早已不是简单的房地产开发，蓝光是有生命的蓝光。

## ▶ 企业家：民企看中营商环境

2018年11月1日，中央召开民营企业座谈会，各省份民营经济促进政策也纷纷出台，让民营企业吃下一颗"定心丸"。19天后，四川省民营经济健康发展大会正式召开，不仅表彰了100名四川省优秀民营企业家、100家四川省优秀民营企业，还出台了"民营经济20条"。

在这两份表彰名单内，杨铿和蓝光均位列其中。

在商海摸爬滚打数十载，杨铿对民营经济发展有着自己的理解。他认为，民营经济的发展与当地营商环境密不可分。"营商环境是个很大的概念，它具体到市场化、法治化、透明度等。"他说，"如果一个地方的市场化程度高、政府服务多干预少，营商环境就非常好，这样的地方，也就是我们投资的重点区域。"

他曾在多个场合表示，四川省民营经济健康发展大会为四川民营企业家们鼓舞了士气、增强了信心、坚定了决心。杨铿告诉记者，2018年以来，四川省委省政府更注重强力打造营商环境，从上到下，久久为功，四川的经济一定会发展得越来越好。

为了让记者更清晰理解营商环境的意义，杨铿特意举了一个例子。他说："比如一条街上有几十家餐馆，但其中只有几家生意好。顾客前往就餐时，肯定要挑味道好、收费合理的，在不知道哪家餐馆好时，肯定选排队的餐馆。好的餐馆，就算排队，你也会经常去，而不好的餐馆，你肯定只会去一次。这就是市场的选择。"

"四川一直在提高发展质量，我们如何真正实现高质量发展呢？除了开放程度，另一个指标就是民营经济的活跃度。"他认为，民营经济和国有经济并驾齐驱，各有各的优势，如果很多民营企业朝某个区域聚集，那就意味着该区域开放度更高、市场化程度更高、法制环境更好。"一旦民营企业集聚，发展活力增强，营商环境的打造自然就成功了。"

## ▶ 慈善者：公益是企业家精神的体现

杨铿的办公室里，摆满了自己和家人的照片，沙发背后的墙上挂了一幅书法作品，上面写着"慈生我心，善行天下"八个字。和很多人知道的杨铿不同，他一直低调地做好公益慈善，甚至在蓝光刚成立时，这颗善行天下的种子，就已经发芽。据统计，蓝光已累计为各项慈善事业捐款超过 3 亿元，捐赠药品物资价值超过 4000 万元，捐建学校 30 余所，成立的"蓝光助学基金"是中国房地产界最早获得官方认可的助学基金。

对待公益慈善，他曾说："自己是芸芸众生中的一员，能为社会做这些事，是一种幸福，一种自我价值的体现。"他也认同多样的慈善形式，形式没有好坏之分，都出自一片善心。他不反对高调的慈善理论，因为这能激发、吸引更多人关注和参与慈善事业。

杨铿告诉记者，企业有社会属性，民营企业更是来自于社会，服务于社会，四面八方的老百姓来到这里，一起把企业做大做强，这就是取之于社会，用之于社会。在他看来，自己是一名企业家，必须要有企业家精神，而慈善就是企业家精神中非常重要的内容，没有公益心的企业家绝不是真正的企业家，有爱心的企业家人格才完整。"如果不是发自内心去回报社会，而是简单应付一下，这不叫慈善。"

能力越大，责任也就越大。杨铿的想法很简单，作为企业的掌舵人，他在对员工、对客户有责任的同时，对社会也有着责任，这份责任在他看来，是由心而生的，就跟孝敬父母一样，不需要刻意的培养和强调。同时，企业的社会责任也随着企业的壮大而增加，因为你能做的事情越来越多。杨铿解释道，当一个企业有几千万时，可能会为了继续生存而打拼，当壮大到上百亿、上千亿后，基本生存要求早已满足，能回馈社会的能力就越来越大。

## 人物名片

　　邱伟，男，汉族，1975年10月出生，全国工商联执委、四川省政协委员、四川省总商会副会长、域上和美集团有限公司董事长。邱伟重视企业党建和工会工作，公司党组织荣获"蓉城先锋"基层示范党组织。他热心公益事业，公益慈善捐赠达2000万元。他荣获光明日报评选的"2016中国文化产业十大年度人物"，2018年入选"成都市新经济百名优秀人才"。

# 邱 伟:
## 打造文化自信标杆

近年来,域上和美集团及旗下域上和美文旅股份公司,先后荣获中国文化产业创新企业、四川省旅游投资领军企业、四川省"万企帮万村"精准扶贫行动先进企业等殊荣。作为全国工商联执委、西藏自治区政协委员、四川省政协委员、四川省工商联(总商会)副会长、域上和美集团及文旅股份公司董事长邱伟,先后被评为中国文化产业十大年度人物、中国文化产业十大创新人物、改革开放 40 年四川省百名杰出民营企业家、四川省优秀中国特色社会主义建设者。

域上和美集团为什么能得到政府的充分肯定、社会的高度赞誉,特别是经得起市场效益持续发展的检验? 域上和美集团董事长邱伟给出了答案。美术专业出身的邱伟,具有独特的艺术审美自觉,怀揣着抹不去的文化情怀。采访中,邱伟充满自信、健谈幽默、做事目标明确。

## ▶ 借力市场手段,推动文化创新

邱伟自豪地告诉记者,域上和美集团出品运营的藏文化大型史诗剧《文成公主》,已累计实现演出收入 7.7 亿元。史诗剧《文成公主》以文成公主入藏和亲的天路奇缘为主题,以世界屋脊的壮美山川为背景,综合运用大唐歌舞和流传久远的藏舞、藏戏、佛号念唱等艺术形式,吸纳了数十种藏族非物质文化遗产元素,把戏剧、音乐、舞蹈和现代舞美融为一炉,现已经成为世界各地游客到西藏旅游的共同选择,白天登布达拉宫、逛八廓街、晚上看《文成公主》,成为进藏旅行的"标配"。

"中国历史文化源远流长,有很多传统的、经典的文化 IP,过去曾经以小说、连环画、动画片等形式简单展现,但随着科技的进步、社会的发展,已经不能满足人们越来越高的精神需求,怎样用市场的手段去激活创新,把经典历史故事、经典文化,挖掘开发推向市场?"邱伟一直思考和践行着。

2008 年,从西南师范大学(现西南大学)美术系毕业后创业多年的邱伟,凭着对文化产业的敏锐嗅觉，果断关停和转让了自己的广告创意、装饰设计和景观设计等公司，转型升级专注于文化产业。2013 年，《文成公主》在拉萨首演，影响力逐年上升。他认为，史诗剧《文成公主》的成功正是顺应新时代的需要，从社会层面生动展现藏族文化，促进当地农牧民就业，把文成公主这个家喻户晓的人物搬上舞台，植入到旅游产业中去，同时赋予新颖、好看、有趣的市场元素，游客能从中深刻体验感受到藏文化的博大精深。

邱伟感叹说："党的十八大以来，习近平总书记提出了'文化自信'，国家当前正大力推动的文旅融合，文化产业真正的春天来了，这说明我当初的直觉是正确的。"

## ▶ 注重跨界融合，瞄准国际拓展

邱伟说，做文化产业既要有文化初心，也要有经济初心，所以商业模式很重要。

域上和美集团作为四川本土民营文化企业，经过 10 多年的探索发展，目前已经成为从文旅产业的策划规划、投资建设、运营管理、品牌推广和文创衍生品开发全产业链贯通文化企业。

域上和美集团作为一家文化旅游投资企业，旗下拥有域上和美文化旅游股份有限公司、域上和美文化旅游产业规划设计院等 40 余家分（子）公司和单位，所有子公司都是与文旅产业配套的，从项目前期的文旅产业研究院，到规划设计院、广告策划公司、文化产创意产品公司，从文化产业前端到末端，能够把整个产业链贯通起来。集团按照"轻重并举、跨界融合、国际拓展"的经营战略，保持公司高效运转，"轻"指轻资产输出，如策划、规划设计、运营管理、衍生品开发等，既可对内服务，对外也可以为政府部门、国有企业、企业团体等服务；"重"指重资产投入，如主题剧场、配套开发、商业街区，对重要文化 IP，一定大资本投入，做大做精，做成经典文化 IP。"跨界融合"指做好本业的同时，注重内容跨界，参与影视、动漫游戏、视频、移动客户端开发，文旅企业要有强大的内容生产能力，必须要和其他产业跨界融合，才能产生化学反应。如古城建设、古村落保护项目，就需要强大的内容支撑。"国际拓展"是指投身国家"一带一路"倡议，布局境外大型文化"走出去"项目，在尼泊尔加德满都启动《尺尊公主》喜马拉雅文化旅游创新发展项目、在柬埔寨吴哥窟推进《梦幻吴哥》文化旅游可持续发展项目。同时，注重"引进来"工作，如2019 年是美国铁路横贯东西 150 周年，当时 14000 多名勤劳坚毅的华工参与施工并做出了巨大牺牲，比原计划整整提前了7年贯通，公司与美国百老汇制作人共同创作《开路先锋》，由美国人承担编导制作，很多中国演员参与演出，让美国人来讲中国人勤劳智慧的故事。

## ▶ 注重研发，厚积薄发

邱伟告诉记者，域上和美集团非常看重研发能力，现有员工近3000人，90%以上员工为大专以上学历，技术骨干人员均为研究生及以上学历，集团高管兼任重点大学相关学院执行院长及研究生、博士生导师。域上和美集团储备了非常多的优质文化IP项目，两三年左右会成熟一个推出一个，不强行上马，不贪大求洋。他们在获取资源，进行文化IP储备、研发方面就全面撒网，挑选好项目，科学进行论证。如策划出品《英雄三国》主题剧，打造武侯祠·锦里三国文化体验街区，凉山州西昌建昌古城历史文化街区保护提升项目。

"2020年将是域上和美实现跨越的一年，从档次、规模、体量、文化含金量，到文化研发能力、内容创新能力，都将会走上新的台阶。域上和美集团携手故宫博物院联合打造的《紫禁城》大型史诗剧项目，已于2019年1月29日签约，2020年是紫禁城建成600年，该剧将在北京首演，然后到上海、广州、成都、杭州、香港、台北等城市巡演，然后到日本、新加坡等国演出，最后长期驻场北京，未来登长城、逛故宫、观《紫禁城》、买故宫文创产品，将成为到北京旅游的新时尚。"邱伟高兴地介绍着。

成都市的锦里、宽窄巷子两条街，因地方特色文化挖掘得好，每年吸引两三千万的中外游客到访，这就是文化产业的魅力所在。他认为，做文化产业的核心是要静得下心来，要有足够的情怀和耐力，要耐得住寂寞，经得住诱惑！

**人物名片**

　　邹光友，男，汉族，生于1960年，四川三台人，四川光友薯业有限公司董事长、方便粉丝发明人、绵阳市政协委员。

# 邹光友：
## 粉丝让人生更精彩

1960年12月13日，在四川省三台县谭家沟邹家大院诞生了一个小男孩，那是一个非常贫困的年代，又恰逢三年困难时期，由于贫穷落后，当地人都靠吃红薯生活，他靠吃红薯得以成长。这个小男孩就是后来的方便粉丝发明人、方便粉丝专家，四川光友薯业有限公司董事长邹光友，他一生与红薯结下了不解之缘。

邹光友出生时全家7口人，每年分红薯4200多斤，他从小靠吃红薯长大，吃到9岁时吃出了胃病，让他对红薯又爱又恨。

在邹光友的记忆里，童年生活的情景总是难以忘怀。他第一次走出出生地谭家沟时正好8岁，由于家里养不起这么多孩子，父母决定把他送到江油小溪坝的小姨家。看见了饭馆，他很好奇，原来世上还有各色各样的饭菜，他朦胧意识到黄牛不是力气最大的，红薯不是最好吃的。

### ▶ 艰苦创业，"光友粉丝"获国家专利

怀揣着自己的梦想，邹光友考上了西南农业大学，专修食品茶叶专业。1982年，大学毕业后的邹光友先后到安县和三台建设区工作。1989年，邹光友当上了绵阳市三台县建设区科技副区长，此时区内生产的红薯，卖五分钱一斤都卖不出去，乡亲们家里面堆的全是红薯。红薯都堆积在墙角，人吃三分之一，猪吃三分之一，烂掉三分之一。

他通过总结发现，红薯越多的地方就越穷，越穷的地方就越产红薯，他看到薯农们将红薯制成粉条，获取薄利来维持生活。如何将红薯变成金子？如何让红薯带动薯农致富？

由于工作关系，邹光友会经常到乡下给农户做技术指导，也研制出了一种精白红薯粉丝，就是在加工淀粉的时候把里面的泥沙、色素等其他杂质全部通过水除掉，得到精白淀粉，然后再做成粉丝，就成了精白粉丝。

1992 年，邓小平发表南方谈话后，神州大地春潮涌动，邹光友毅然辞去公职，怀揣 500 元钱，只身来到绵阳，踏上了他的"红薯创业之路"，在一间不到 20 平米的小房子里，开始了他艰辛的创业历程。

当时邹光友找到一位从日本回来的西南农业大学同学，借了 5000 块钱，租了一个村办的粉丝厂搞加工。他们晚上睡在工厂，吃饭的时候就用三块砖撑起一口祸，再买一瓶辣椒酱就着饭吃。

经过艰苦试验，1997 年 10 月 18 日，邹光友终于发明了以红薯为原料的"方便粉丝"，并荣获"中国发明专利"，为纪念这一发明，他取名"光友粉丝"。光友粉丝一问世，就以健康、方便、美味迅速风靡中国大小城市，凭着柔软、劲道、滑爽的品质，光友粉丝走进了千家万户，有口皆碑。

## ▶ 自我革命，追求卓越

邹光友严格要求自己，始终坚持科技创新、自主研发，率先在中国粉丝行业掀起粉丝五次革命。1992 年第一次革命，发明精白红薯粉丝，把粗黑的"黄脸婆"打扮成"俏姑娘"，使原本价格低廉的红薯登上了大雅之堂，消费者有了卫生的红薯粉丝。从 1992 年至 1997 年之间，精白红薯粉丝的年加工能力为 2000 吨，每年实现销售收入 1000 余万元。

1997 年第二次革命，发明方便粉丝，光友粉丝跻身于快餐行列，像方便面一样，适应了快节奏的时代生活，受到广大消费者的青睐。从 1997 年至 2000 年之间，方便粉丝的年加工能力为 5000 吨，每年实现销售收入 5000 余万元。

2000 年第三次革命，邹光友亲自组织团队，发明无明矾粉丝。由于明矾对消费者的健康有危害，于是光友薯业一改要加明矾才能生产粉丝的常规技术，研发出一种全新的工艺技术，生产出安全的无明矾方便粉丝，从而畅销海内外。从 2000 年至今，无明矾粉丝的年加工能力上万吨，每年实现销售收入 1.5 亿元。

2003 年，邹光友组织成立了"光友全薯粉丝"科研项目组，经过不懈努力，2005 年，邹光友团队发明全薯营养粉丝，实现了粉丝的第四次革命。同年，邹光友斥资建成了中国首条万吨方便粉丝生产线，方便粉丝一举步入了工业化、规模化生产的崭新时代。不仅如此，光友粉丝在包装方式上创新了碗装、袋装、杯装和量贩包等，使得粉丝第一次走进超市和便利店。从 2005 年至今，全薯粉丝的加工能力上万吨，每年实现销售收入超 2 亿元。

邹光友怀着对产品质量永无止境的追求，2015 年发起第五次革命，发明了非油炸薯类方便面。以红薯、马铃薯为原料，开发出马铃薯方便面、红薯方便面、光友9999 重庆小面、紫薯面皮等系列薯类健康美味方便主食，并获得"中国方便食品创新奖"。

如今的四川光友薯业有限公司是一家以薯类深加工为主的高新技术型、科技产业型民营企业，公司发明了精白红薯粉丝、方便粉丝、无明矾粉丝和全薯粉丝，目前光友薯业拥有自主知识产权的 70 项专利技术，其中 22 项发明专利。公司也牵头制定了方便粉丝的地方标准和方便粉丝机的国家标准，公司连续 4 届被评定为"农业产业化国家重点龙头企业""全国食品工业优秀龙头食品企业"，2012 年获"食品安全示范单位"。

作为光友粉丝的创始人，四川光友薯业有限公司董事长兼总经理邹光友先后荣获"改革开放 40 年四川省百名杰出民营企业家""改革开放 40 年'举旗致富路'创业典范""全国创业之星""新中国成立 60 周年'三农'模范人物""中国改革开放30 周年创新人物""全国食品行业质量管理优秀领导者""全国食品工业先进科技进步管理工作者""中国发明协会发明创业奖"，被国家科技部、农业部评为"星火计划先进个人"，他被誉为"红薯大王""中国方便粉丝之父""方便粉丝专家"。

"致富思源、富而思进、扶危济困、乐善好施、义利兼顾、德行并重、发展企业、回馈社会"是邹光友长期坚持的"光彩精神"。在芦山地震中，他带领公司积极抗灾，为灾区捐赠达 300 万元，多次为新疆和西藏等地的灾区捐款捐物，共计达 280 万元。截至目前，已累计捐款捐物达 1000 余万元。

## 人物名片

张华，现任四川省乐山市福华农科投资集团董事局主席。1999年，他从一家造纸厂起家，先后涉足农化、种业、金融等领域，公司现为四川省百强企业，并连续四年位列"中国民营企业500强"。

2018年，张华被评为改革开放40年四川省百名杰出民营企业家、第三届四川省优秀中国特色社会主义事业建设者，并被聘为四川省工商联参政议政智库专家委员会副主任。

# 张 华:

## 以创新精神缔造民族品牌

历经 20 年艰苦奋斗、开拓创新,从一家造纸作坊做起,发展成以农作物保护产业为主,集特种化学品及新材料、种子与生命科学产业、特色消费品于一体的四川省百强企业,并连续 4 年位列"中国民营企业 500 强",占据中国农化板块草甘膦行业的龙头。回望四川福华农科投资集团崛起之路,张华将自己的成功归结为:牢记"服务全球农业、创造美好生活"的初心和使命,践行"尽责才有认同,付出才有收获"的企业价值观,开辟了"自主研发 + 联合开发"两条腿走路的研发模式,以及"绝不在环保上省一分钱"的环保理念。

### ▶ 科研创新赶超国际水平

张华认为科研创新能力是现代化工企业不断发展的原动力,他高度重视技术创新,带领企业坚持两条腿走路,一方面不断提高自身的自主研发能力,另一方面积极与优秀的研发机构、跨国企业进行联合开发。

在自主研发方面,张华坚持创新管理模式。多年来,张华一直鼓励公司员工踊跃进行技术创新,公司拥有各项发明专利 47 项,取得省级科技成果 5 项。他提倡开放合作理念,吸引了一批国内外的科研院所、企业实验室参与福华研发计划,以合伙人制度引进人才,以市场端需求为导向的研发模式,保证研发成果能够迅速产业化。在破解草甘膦母液这一世界性难题上,他先后主持开展了"12 万吨草甘膦清洁生产创新技术集成应用研究""草甘膦母液资源化处理分级回收""甘氨酸法草甘膦循环技术开发及产业化应用研究"3 个项目并荣获奖项,个人拥有 3 项发明专利,2014 年荣获中国发明协会第八届"发明创新奖人物奖"。2016 年,福华集团成功申报四川省"有机磷除草剂废副产物循环利用技术"工程实验室。2018 年,公司自主研发的草铵膦绿色制造关键工艺突破与系统集成应用工艺,打破国际垄断,赶超世界先进水平,被工信部评定为绿色制造系统集成项目。

在联合开发方面，张华主张创新研发模式，与国内科研院校建立联合实验室、博士后工作站。此外，他带领企业先后与多家跨国公司建立了战略合作关系，取得了显著成效。跨国企业纷纷向福华集团伸出合作的橄榄枝，希望在特种化学品、化学助剂以及废弃物综合治理等方面进行合作。2018 年 3 月，福华集团在上海发布了与跨国企业合作的两大系列 14 个高附加值产品。

张华相信，在联合研发上取得的成功，为福华集团下一个十年的转型升级奠定创新基础。他说："正是因为创新，福华集团才能够在短短 20 年的时间里，从一个年产 1000 吨草甘膦的小企业，发展成为中国农化领域的领军企业，从偏居西南一隅到产品远销全球 127 个国家和地区，从仰视跨国巨头到与拜耳、陶氏、赢创等跨国企业合作发展。"

近年来，张华的商业版图覆盖全球，他建立了一支国际化、专业化的海外营销团队，成立了北美、拉美、欧洲、大洋洲、亚洲、中东非洲营销大区，在各区域实行本地化、差异化管理和营销模式，借此快速进入国际市场，提高专业农化产品营销能力，实现从"制造业"向"高端制造业 + 服务"的成功转型，为福华集团在国际市场占有一席之地打下坚实基础。

2012 年起，张华开始筹划在海外设区域总部。历经几年发展，福华集团在全球设立 17 个海外分支机构，市场渠道遍及全球 127 个国家和地区，并取得 95 个国家的农药（含原药及制剂）登记。福华集团与全球前 20 强的农化企业，如纽发姆、富美实等跨国农化公司建立了长期的合作关系，实现渠道共享，合力开拓市场，分享市场利润。目前，张华逐渐参与到行业全球标准制定过程中，2018 年 9 月，在第九届中国国际石化大会上，张华作为中国农化行业杰出企业家代表，与全球化工百强企业 CEO 一起，探讨全球化工发展的新特征、新问题和新趋势。

## ▶ 绿色环保打造循环产业链

福华集团自成立以来，始终坚持"绝不在环保上省一分钱"的环保理念，保证企业安全绿色生产。张华也常在公司各种重大场合提到"绝不在环保上省一分钱"，他说："只有始终坚持绿色发展，我们才能一直走下去。"福华集团每年 3% 的销售收入用于环保科研工作，先后投入近 20 亿元用于环保技术开发及建设。

作为四川省人大代表的张华，多次呼吁并推动行业标准的健全和改善，并身体力行促进全球行业技术交流，为行业健康发展保驾护航。2018 年 4 月和 7 月，在中国石化联合会、四川省经济和信息化厅和四川省化工行业协会的协助下，张华邀请了 20 多家跨国公司的卫生安全部门和技术团队到成都与四川化工企业进行面对面的技术交流，现场落地环保、技改等 4 个项目。

在张华的积极倡导下，福华集团形成了以碳、氯、氢、磷、钠等元素的循环利用链。2015 年，福华通达公司被评定为中国绿色环保示范企业、四川省循环经济示范企业。2016 年，张华被中国石化联合会、中国化工环保协会授予"全国石油和化学工业环境保护优秀经理（厂长）"荣誉称号。2018 年，福华集团新建成的 20MKW 热电联产实现超净排放，被工信部认定为"绿色工厂"和"第一批清洁生产示范企业"。

## ▶ 党建引领不忘初心

作为一名无党派人士，张华始终坚决拥护中国共产党的领导，始终与党中央在思想上和行动上保持高度一致，做政治上的明白人，做事业上的带头人，做人格上的清白人。

2009 年，福华集团就成立了党委，是乐山市较早成立党组织的民营企业之一。10 年来，集团的党员规模扩大了 10 多倍。据统计，福华集团党委现有党员 256 人，下设 1 个子公司党委和 7 个党支部。

2017 年 8 月，张华当选为新一届四川省总商会副会长，他认真贯彻落实习近平新时期中国特色社会主义思想，在企业内部大力倡导学习之风，让每一位干部职工牢固树立并主动践行"党旗红、事业兴"的理想信念。2018 年 12 月，中共福华集团党委被中共四川省委非公有制经济组织和社会组织工作委员会确定为首批 50 家"四川省民营企业党建工作示范企业"之一。2019 年 2 月，福华集团下属企业福华通达成立党委，形成"一个企业、两级党委"的政治格局，标志着福华集团党建工作迈上了新的台阶。

在党的思想引领下，福华集团积极贯彻"尽责才有认同，付出才有收获"的企业价值观，坚守社会责任，践行分享文化。张华带头建立了福华集团责任关怀委员会，建立一整套制度和机制来确保责任关怀落到实处。在他的大力支持下，福华集团先后成立了"福华更生扶助基金会""福华慈善基金"和"福华爱心助学基金"，使公益事业制度化、规范化和常态化。2017 年 8 月，张华响应四川省工商联号召，为"光彩事业凉山行"活动捐款 30 万元。2018 年，张华积极参加四川省工商联"万企帮万村"精准扶贫行动，定向帮扶凉山州普格县黎安乡沙里村。

面对未来，张华表示，将带领福华集团继续发扬艰苦奋斗的工作作风和工匠精神，打造值得骄傲的民族品牌，为员工谋幸福，为国家和社会经济的发展做出更大贡献。

## 人物名片

张宏伟，男，1968年3月出生，汉族，华东交通大学毕业，四川宏洲新型材料股份有限公司董事长。现任金堂县政协委员、金堂县总商会副会长、成都市建材协会理事，被评为金堂县优秀民营企业家。

# 张宏伟：

## 科研是企业腾飞的翅膀

2019 年 1 月 19 日，金堂县委县政府隆重召开"金堂县民营经济健康发展暨返乡创业促进大会"，在受到表彰的 20 名优秀民营企业家中，一位年龄四十开外、相貌英俊的获奖者特别引人注目，在胸前大红花的映衬下，他的脸庞更显得精神焕发，充满着活力，他就是张宏伟，四川宏洲新型材料股份有限公司的董事长。

### ▶ 开拓创新，科研先行

20 世纪 90 年代，从小在河北唐山长大的张宏伟，以优异的成绩毕业于华东交通大学，被分配到中铁十六局。5 年后，年仅 27 岁的他，就成为全局承建大工程建设项目（四川省图书馆建设工程）的总工程师。两年后，当大家都觉得张宏伟正处于踌躇满志的人生阶段时，他却选择了另外一条奋斗路径，向领导提出辞职，毅然跳出体制的束缚，和几位好友一起下海创业。"我当时在感情上也很复杂，但我觉得国企不太适合我，我想体验一下自己创业，哪怕要走许多弯路。"张宏伟如是说。

从国企出来，怀揣着仅有的 800 元钱，张宏伟来到四川广安，从建设火电厂干起，开启了他的创业路。在学校读书成绩优异、在国企工作业绩突出的张宏伟，干个体也同样身手不凡，他的团队所承建的工程无论大小均达到了质量优良，很快在行业内有了好的口碑，从而成功实现了第一次创业。

尽管张宏伟的团队初战告捷，但他却不满足于现状。2008 年 6 月，他又创办了四川宏洲管桩有限公司，并落户于天府水城金堂（后改制更名为四川宏洲新型材料股份有限公司）。后来，宏洲管桩成了成都市著名商标，是四川省行业内唯一连续入选 2014—2018 年《成都市地方名优产品推荐目录》、唯一入选 2015 年《四川省地方名优产品推荐目录》、唯一取得 GB/T19001–2008/ISO9001 和 GB/T50430–2007 双认证的企业，进入了四川省专精特新企业名库和成长型企业名库。

第三次创业则始于 2013 年，张宏伟致力于研发新型智能化装配式生态挡墙，公司与中铁二院和西南交通大学共同研发，以此替代传统的重力式挡土墙。凭借所研发的新型智能化装配式生态挡墙这款创新产品，宏洲新材于 2015 年正式登陆新三板。

传统的重力式挡土墙，是依靠重量进行挡土，所以又厚又重，原材料与能源消耗非常大，且质量控制困难。张宏伟研发的智能化装配式生态挡墙，则是利用结构体系进行挡土，颠覆了传统的设计理念，不仅具备挡墙的支挡功能，还具备景观绿化和灾害预警等功能，实现了"装饰环境、保护生命"的理念。该项技术目前在国内属于独创，实现了标准化设计、工业化生产、装配化施工、生态化装饰、智能化预警，既符合国家建筑装配化的产业政策，也符合国家绿色环保与节能减排的产业政策。

张宏伟说，智能化装配式生态挡墙项目的开发历时 5 年，期间克服了种种困难和障碍。经过了工厂内的大型实体力学试验，建立了力学计算体系和力学计算模型，获得了省部级科研成果鉴定，鉴定结论为"国际先进、国内领先"水平。目前，该项目成功应用于交通部重点工程九寨沟川九线旅游公路、中铁总公司重点工程渝昆高铁和四川省重点工程川南城际高铁泸州高铁车站、成都市重点工程龙泉山城市森林公园等项目。

三次创业，一次比一次成功，是与他的理念、追求和情怀分不开的。比如，两次大地震灾害的经历，让张宏伟始终把产品质量放在第一位，作为企业的生命线，必须做到最优。

这就要求严把原料采购质量控制关。PHC 管桩桩身为 C80 高强度混凝土，其中砂石的质量是原材料质量控制的薄弱环节。张宏伟走访了成都、德阳、绵阳等地130 多家砂石原料厂，最终选择了符合要求的供应商。

张宏伟坚持进行管桩离心工艺与产品配方的试验与研究，大量制作 2 米试验桩并钻芯取样进行试验，经过半年多的努力，终于克服并改善了离心成型混凝土中骨料分层的缺陷，提高了桩身混凝土的有效厚度，也提高了管桩成品的质量和耐击打性。

这就要求严把管桩施工过程质量控制关。张宏伟自豪地说："绵阳万达广场、广元军分区培训中心、绵阳三江国际丽城、绵阳地球卫士、广元东合时代、宜宾上力理想城等项目，都是同行企业利用低价竞争中标，进场打完试桩后，因管桩产品质量或施工质量等问题，又被甲方清出现场，最后由四川宏洲新型材料股份有限公司进场施工，并一次性验收合格。"

张宏伟虽然拿到了高级工程师和国家注册一级建造师职称，但他丝毫也没有放松学习，他坚持晚上工作学习到凌晨 2 点，早上 7 点半准时起床的作息时间。他说：企业家其实连生病的权利也没有，为了提高身体的抵抗力，10 多年来一直坚持每天起床后都用冷水洗头，神清气爽、精力充沛地开始一天的工作和生活。

## ▶ 与时俱进，跨越发展

为了自己的企业能够成功实现创新转型和发展壮大，张宏伟从未停下刻苦钻研、不断学习、追求进步的脚步。他说："求变是企业发展与壮大的唯一出路。变，就是要改变企业的产品结构，改变企业的商业模式，改变企业的融资渠道，让企业生产经营走上良性循环与发展壮大的道路。总之一句话，就是要创新！"这是与时俱进、开拓创新的企业家才会有的深刻见地。

张宏伟深有感悟地说："我想要高飞，但我需要飞翔的翅膀。这对飞翔的翅膀，一只是创新的产品与商业模式，一只是资本与资金杠杆支撑。这个时代无疑是我们民营企业和小微企业的春天，我相信，春天既然来了，就一定是百花齐放、百鸟齐飞。"

张宏伟很喜欢"创业要实"这句标语口号，他兴奋地说："国家未来 20 年的铁路规划已经出台，其中 70% 左右集中在西部地区，而西部地区山脉多的地质条件决定了智能化装配式生态挡墙的市场空间非常巨大。借助国家大力推广铁路建设的东风，四川宏洲新型材料股份有限公司一定会进入发展的快车道。"

在张宏伟的努力下，宏洲新材公司已于 2015 年 9 月 20 日在"新三板"成功挂牌，借助资本市场的力量，利用创新的产品与商业模式，助推企业良性发展，这就是张宏伟的与时俱进、开拓创新精神！

## ▶ 满怀信心，迎接新时代

"改革开放只有进行时，没有终点站，四川宏洲新材过去 10 多年的快速成长靠的是不断创新与国家改革开放政策的支持，以及良好的营商环境。在新的起点上，我将和我的团队一如继往，继续沿着改革发展和创新的路子执着前行。要趁着成都'东进'发展的大好机遇，努力抢占先机，不断发展壮大自己"。谈到未来的打算，张宏伟信心满满。

他的确很忙，平时的工作日程都排得满满当当，他无暇与朋友聚会，无暇照顾家人。征途尘未洗，整装又出发。为了宏洲新材的发展壮大，为了践行"装饰环境、保护生命"的理念，公司聘请了资本市场的资深专家团队，为公司做主板市场的上市规划和辅导，启动了主板上市之路。张宏伟又踏上了新的征程！

## 人物名片

　　张建明，1963年6月出生于四川南充，明宇集团创始人。现任明宇实业集团有限公司董事长、全国政协委员、四川省工商联副主席、四川省对外投资企业商会会长、四川省川商总会常务副会长。

　　张建明先后被评为"中国优秀民营企业家""改革开放40年四川省百名杰出民营企业家""四川十大杰出民营企业家"等。张建明积极担当社会责任，聚焦精准扶贫和公益慈善，向各级扶贫协会、红十字会、慈善会、教育基金等公益组织捐款5500万元。

# 张建明：
## 开创中国民族酒店品牌的国际化道路

他是从川东北小镇走出来的草根企业家，28 年前，他以一间五金家电小店开始了自己的创业生涯。他致力于发展中国民族高端酒店品牌，以"立足成都、根植西部、布局全国、迈向海外"的战略格局，让中国本土品牌走向国际，以东方情怀礼遇世界。

如今，他的企业已经发展成为以酒店文旅为主业，涉足商务不动产、高端物业管理、金融投资等领域的综合产业集团，资产管理规模超千亿元。

他就是第十三届全国政协委员、四川省工商联副主席、明宇实业集团有限公司董事长张建明。他的故事、他的观点，让我们领略到奋斗者的创业轨迹和新时代的"川商精神"。

### ▶ 变革与坚持，是奋斗者共同的成色

"新时代的川商精神，我认为首先应该是敢于拼搏，第二应该是善抓机遇敢创新，第三就是坚韧。"张建明如是说。60 年代出生的张建明，有着川商的共同特质：敢拼敢干，头脑敏捷肯吃苦。

张建明长于四川省南充市高坪区会龙镇的农村，从小就是个思维活跃、不安于现状的人。1981 年初中毕业，他就在家乡的山路上每天骑行往返 30 公里卖冰糕。他喜欢无线电，一般人用 3 个月学习，他只用 40 天就出师摆摊，开始创业。1990 年，张建明和伙伴带着 7500 元来到南充市，租下一间 20 平方米的铺子，开始"前店后床"的创业之路，从家电维修转向五金交电经销。1996 年，张建明成立南充明宇贸易有限公司，并迅速发展成为"川东北家电大王"。

因为诚实守信和经营有方，他成为当地农业银行的优质客户，当他发现银行有一栋楼能租下来做酒店时，果断抓住机会。1999 年，南充第一家民营三星级酒店——明宇大酒店正式开业，当年开业，当年实现盈利，张建明从此由家电经销进入酒店业。忆及当年的转型过程，张建明说："机遇很重要，但是有准备的人才能发现并抓住它。"

在 20 年的时间里，张建明聚焦于"酒店 + 写字楼"为核心业态的商务不动产

模式，在全国投资建设了 11 座 150 米以上商务地标，开发面积超过 1000 万平方米，酒店也从成都开到了北京、长春、平潭、无锡、巴黎、曼谷……直营及签约管理酒店达到 65 家。

## ▶ 执着酒店情怀，成就中国民族酒店品牌骄子

"房地产和金融更赚钱，但我选择坚守酒店主业，酒店是我热爱并愿意为之毕生奋斗的事业。"张建明说。在明宇大酒店开业至今的 20 年中，明宇集团深耕酒店行业，始终坚持以酒店文旅为主业，一手建设和培育自有民族酒店品牌，一手培养和锻造自有酒店管理团队。经过 20 年的积累和沉淀，明宇集团已发展成为西部规模最大、效益最优的民营酒店管理集团、西部饭店业龙头企业，连续 6 年入选"中国饭店集团 60 强"。

这样一份靓丽的成绩单，与明宇集团掌舵人张建明浓浓的酒店情怀是分不开的。曾有人问张建明，房地产和金融两个行业的盈利能力比较强，而酒店业的投资回报周期过于漫长，为什么还坚持把酒店当做主业？

"明宇是一家专注酒店业发展，致力于打造中国民族酒店品牌的企业，酒店是我毕生奋斗的事业。同时做房地产、金融和酒店的企业很多，但是像我们这样把酒店作为主业的，全国都屈指可数。明宇的房地产开发和金融投资，都是为了更好地服务于酒店。"张建明的回答永远都是这样的。中国酒店总量与美国持平，但中国是 14 亿人口，美国是 3 亿人口，未来的发展空间很大。有需求就有市场，有市场就一定能培育出一批优秀的酒店企业。对酒店产业的情怀，让他坚信，中国本土酒店品牌终将具备与世界品牌比肩的能力和实力。

近几年，明宇集团稳扎稳打，不急不躁，抓住了酒店业蓬勃发展的机遇，在星级酒店运营领域走在了前面，明宇的豪雅、尚雅、丽雅等子品牌也成为备受业主欢迎的输出品牌。明宇集团也先后获得了"最具投资价值民族酒店品牌""中国最佳酒店管理集团""中国最受欢迎民族酒店集团"等殊荣。2018 年，张建明被中共四川省委统战部、四川省工商联评为"改革开放 40 年四川省百名杰出民营企业家"，明宇集团被评为"四川民营企业 100 强"。

## ▶ 对标国际水准，开创高坪效高回报的发展之路

"明宇提供的产品是本土化、特色化的，但服务的理念和标准是国际化的。"酒

店业是国际品牌进入中国最早、最强势的行业之一，至今牢牢占据着中国高端酒店市场的主流地位。但是高端酒店看似欣欣向荣的背后，却是大面积的亏损以及业主苦涩难言的进退两难。随着中国经济的高速发展，消费群体的本土化、年轻化以及互联网化，中国酒店市场发生了深刻改变，为明宇集团这种将国际化和本土化充分融合的中国本土酒店品牌的迅速崛起和发展壮大创造了条件。

明宇集团坚持与国际水准持续对标，在品牌体系、管理体系和服务品质上对标。明宇集团建立了完整的品牌分级体系，既有尊雅、豪雅、尚雅、丽雅等五星级酒店品牌，也有天府雅庐、雅居、雅舍、宇豪、丽呈等中端酒店品牌，并针对各类品牌建立了系统化的标准体系，包括品牌技术标准、运营管理标准、人力资源标准、线上技术标准等。标准化的管理体系与明宇的中央预定系统、数字分销系统、收益管理系统、忠诚会员系统等八大系统相辅相成，为明宇集团卓越的酒店运营管理能力提供了强有力支撑。

明宇集团坚持总成本领先的投资经营理念，"为消费者提供最佳性价比产品和服务"和"为股东创造最佳投资回报"是总成本领先理念的核心价值。张建明在2019年全国"两会"期间提交的提案中指出，国内部分高端豪华酒店长期处于亏损、低效状态，很大程度上是投入和产出出现了比较严重的不对等情况。明宇投资管理的酒店，从建设期间的规划设计、空间布局、动线组织、机电配置，到经开业阶段的市场定位、产品定位、人员编制，以及运营过程的系统导入、服务品质、直销分销、成本控制等，都紧紧围绕坪耗降低和坪效提高这一核心而动。从实际成效来看，明宇经营管理的酒店，其经营效益、资产利润率均处于同行业前列。

在国内市场稳健发展的同时，明宇集团还加快了国际化步伐。2018年，明宇集团与全球著名的酒店管理集团美国凯悦结成战略伙伴，成为凯悦集团在中国唯一的高端酒店品牌授权管理方。与此同时，还与法国雅高酒店集团合作，携手经营管理北京索菲特大酒店。这是中国企业实力被国际认可的证明，有力地促进了明宇酒店品牌的高质量发展，在全球生态下更好地成长。

新时代新经济，风起云涌，潮起潮落，呼唤着坚定初心的奋斗者，也成就着创新变革的奋斗者。2019年，四川省委十一届三次、四次全会提出"把文化旅游经济打造成为四川的支柱产业，加快建设文化强省、旅游强省"。对此，张建明表示，四川文旅产业迎来了历史性的黄金发展时期，将催生一批文旅产业的大品牌、大企业。明宇集团有责任、有信心以特色文旅酒店为先行，以高端的酒店形象和优质的服务水平，推动四川文旅服务设施建设，充分释放文旅经济活力，将四川建设成"世界重要旅游目的地"。

## 人物名片

陈素清，女，汉族，生于1964年，广东普宁人，现任全国工商联第十二届执委、四川省人大代表、四川省工商联常委、成都市工商联副主席、四川鑫电电缆有限公司董事长。

2018年企业实现销售收入7.4亿元，是四川制造业百强企业之一。

她在致力于企业自身发展的同时，积极履行社会责任，至目前，累计捐资捐物975万余元。

# 陈素清:

## 创造卓越品牌，铸就百年鑫电

1949 至 2019，70 年风云际会，70 年砥砺奋进，70 年辉煌巨变！70 年来，中国从一个积贫积弱的国家，一跃成为当今世界第二大经济体，综合国力的历史性跨越令世人瞩目！以改革开放为重要历史节点，作为时代发展的见证者，这 40 年来，四川鑫电电缆有限公司董事长陈素清见证了中国从贫穷到小康，从落后到先进，从封闭到包容的成长！

作为中国民营经济发展的参与者，陈素清说："这 40 年来，在新中国改革开放浪潮中诞生、成长、壮大的四川鑫电电缆有限公司，也映射出了中国民营经济由无到有、由小到大，由弱到强的繁荣发展！"

1978 年至 1991 年，中国民营经济在探索中前行的这一时期里，四川鑫电电缆有限公司于 1991 年在美丽的天府之国落地生根。当时厂房占地两亩多，只有几台生产设备和十余个工人，陈素清与工人们同吃同住同工作，任何事情都亲力亲为。尽管历尽了创业的艰辛，但因心怀梦想，再苦再难也坚持了下来。

随着国家市场经济制度的确立，民营企业迎来了发展的黄金十年。陈素清抓住了这一良好的发展窗口期，坚持质量第一、讲究信誉、周到服务，脚踏实地一步一个脚印前进，销售业绩从几十万元，上升至数百万元，经过 7 年时间已在成都电线行业中崭露头角。

1998 年，国家实施西部大开发，大力进行城乡两网改造，为把握这次发展机遇，陈素清做好了市场分析，对企业战略进行了大调整，主攻方向进行了大转移，向高新技术进军，以新产品占领市场。于是在陈素清的带领下，进行了企业第一次整体技术升级改造，购置先进的成套设备，自主开发适销对路的新产品，从原来单一的室内安装电线增加了室外安装电缆，优化了产品结构，丰富了产品种类，公司产品极大地满足了西部地区两网改造需求，有力支援了国家建设，同时也使"鑫电"有了突飞猛进的发展。

2001 年至 2012 年，随着经济全球化发展，市场竞争逐渐激烈，民营企业纷纷开始寻求转型升级，通过增强自主创新能力，从劳动密集型向技术密集型转变，提高企业竞争力。在机遇与挑战同在的这个时期，"鑫电人"敢为天下先，陆续完成了第二次、第三次技术改造升级。

陈素清自豪地说："经过28年的发展壮大，公司已由当初占地仅2亩多、员工十余人、年销售收入数十万元的小厂发展为现在占地80亩、拥有员工300余名、产品种类达150多种，近4万个规格，年生产能力15亿元以上，集各种电线电缆产品设计研发、生产、销售和服务于一体的国家高新技术企业，是能够为客户提供电线电缆整体解决方案的专家！"

致富思源，回首四川鑫电电缆有限公司曲折发展的28年，陈素清感恩伟大的党和祖国，并且以实际行动，积极投入到社会责任履行中：经营好企业，是企业发展的第一责任。一直以来，四川鑫电电缆有限公司始终坚持"诚信、品质、责任、共赢"的核心价值，牢牢践行"为社会提供优质、环保的电缆产品与服务"的企业使命，向着"创造卓越品牌，铸就百年鑫电"的美好愿景不懈奋斗。

陈素清说："员工是企业的基础，是企业发展的需要，也是企业成功的关键。"为此，四川鑫电电缆有限公司一直将"以人为本，关爱员工"作为企业重要工作之一。公司目前提供就业岗位300余个，吸纳了大量本地农村富余劳动力和国企下岗工人。公司秉承"快乐工作，幸福生活"的企业精神，以《员工手册》为准则，以《鑫电风采》内刊为宣传平台，将"鑫电家文化"贯穿到企业上上下下，每年组织开展"春节员工父母慰问"、三八妇女节慰问、"五一劳动奖"评选表彰、六一儿童节慰问员工子女、重阳节敬老等关心员工生活、关爱员工子女及父母、关注安全生产等活动，以"家文化"增强凝聚力，以关爱员工践行社会责任，让员工真正感受到"家"的温暖，为解决社会就业问题，创建和谐企业、和谐社会做出了重要贡献！

四川鑫电电缆有限公司作为四川省光彩事业促进会副会长单位和成都市光彩事业促进会副会长单位，坚持做有社会责任感的企业，始终不忘党、国家、社会对企业的支持、培育与帮助，努力行善，高扬感恩社会之旗，公司自1991年创办以来，在陈素清的带领下，积极开展捐资助学、参与地方建设和灾后重建、扶贫帮困、敬老爱幼等工作，尽可能地通过各种方式回馈社会，为社会多做贡献，并积极响应"精准扶贫"号召，先后前往渠县渠江镇珠山村、凉山州玉田镇阿寨村、凉山州昭觉县、甘孜州道孚县小各卡村和呷科村、攀枝花平地镇开展精准扶贫行动，以捐款捐物、项目帮扶、消费扶贫、教育扶贫等多种方式助力精准脱贫攻坚，累计捐资捐物共计75万余元。至目前为止，公司累计履行社会责任，向公益事业捐款共计975万余元。

近年来，四川鑫电电缆有限公司受到社会各界的认可，在行业中率先通过并获得质量、环境和职业健康安全三体系整合认证；先后获得了中国驰名商标保护；连续多届获得国家高新技术企业和四川省级企业技术中心认定；荣获四川省优秀民营企业、国家和四川省知识产权优势培育企业、全国质量诚信标杆典型企业、四川省守合同重信用企业、全国用户满意企业和产品、四川省用户满意企业和产品及四川省质量信用等级 AAA 级企业、四川省"精准扶贫"先进企业等荣誉。陈素清个人被授予"全国优秀企业家""四川省优秀创业企业家""四川省优秀中国特色社会主义事业建设者""改革开放 40 年四川省百名杰出民营企业家""成都市光彩事业突出贡献奖"等荣誉称号。

如今，中国民营经济已进入高质量发展新时代，作为中国民营企业家，以质量促民族振兴已成为最高责任和神圣使命！陈素清表示，将继续深入学习贯彻习近平新时代中国特色社会主义思想，树牢"四个意识"，坚定"四个自信"，坚决做到"两个维护"，不忘初心，牢记使命，传承红色基因，感党恩、听党话、跟党走，充分发扬企业家精神，勇担责任，敢于担当，用创新、创业、创造来推动社会发展，共同为实现中华民族伟大复兴的中国梦不懈奋斗！

**人物名片**

　　陈祥平，男，汉族，生于1973年，四川自贡人，四川省政协委员。

　　2018年企业实现销售收入18.7亿元，荣获"四川省质量信誉双优品牌房地产开发企业""守合同重信用企业"。

　　他积极投身慈善事业，近年来，向关爱留守儿童项目专项资金、妇联春蕾计划、四川省"万企帮万村"精准扶贫行动、四川省扶贫基金会、贫困助学工程等捐款捐物价值121万元。

# 陈祥平：
## 敢为人先立潮头，与时俱进谋发展

在"盐之都、龙之乡、灯之城"的自贡，自古以来商贾云集、经贸发达，涌现过众多的盐商精英和工业奇才。四川鸿山实业集团有限公司董事长陈祥平，从有着厚重历史文化底蕴的家乡——自贡出发，靠自身的不懈努力和艰苦奋斗，成就了一番事业，成为改革开放后第一个在云南瑞丽成立公司从事进出口贸易的自贡商人，他创建的鸿山建材成为自贡市首批预拌混凝土企业之一，他创建全国连锁"玉和祥珠宝"品牌，振兴国家级非遗"自贡扎染"，使其焕发生机，入驻自贡东部新城，打造城市标志性建筑……

陈祥平创立并发展了四川鸿山实业集团有限公司，风雨兼程十四载，企业规模持续扩张，经济效益稳步提升，已发展成为集国家级非遗"自贡扎染"和翡翠珠宝的生产经营、投资及对外贸易、商品混凝土及建材产品生产、房地产开发等多元化发展的集团公司。旗下的鸿山商砼、玉和祥珠宝、自贡扎染、银海房产、福万家超市等已成为具有极高知名度和美誉度的品牌。公司荣获"守合同重信用企业"、"四川省质量信誉双优品牌房地产开发企业"、自贡市总商会"第四届十佳会员企业"等荣誉称号。

少年时代的陈祥平生活艰辛，学习刻苦用功。1992年，从原自贡市财经学校市场营销专业毕业后，到自贡市经济技术协作总公司任职。1993年，陈祥平被公司派往昆明、瑞丽等地，从事进出口贸易工作，经营的商品有机电、机械、化工、五金、建材、海产品、纺织品等。当时，自贡的边贸工作处于起步阶段，公司业务千头万绪，工作任务繁重而艰辛。陈祥平与同事们一道，通过多年的努力，最终为自贡地方产品进入国际市场做出了较大贡献。其间，陈祥平也得到历炼，积累了丰富的经验和优质的客户资源。

1997年，随着改革的不断深入，自贡市经济技术协作总公司改制，陈祥平选择辞职下海，开始了创业之途，到云南瑞丽从事边境贸易和玉石生意。创业之初，陈祥平带领新成立的公司，把自贡的"鹤牌"化工产品、"大西洋"焊条、"箭牌"钢锹等名、优、特产品出口到东南亚。在 20 世纪 90 年代初，公司出口到缅甸的自贡化工产品占到当地同类产品的 90% 以上，并且占据了东南亚过半的市场份额，创下了年产值 1 亿多元的骄人业绩。创业阶段，陈祥平凭借着"诚信、正直、仁义"的为人处世之道，逐渐在云南瑞丽的边贸市场和玉石市场站稳了脚跟，闯出了一片天地。

2004 年，怀着对家乡的一片赤子之心，陈祥平毅然回到自贡投资成立了自贡思达贸易有限公司。追忆往事，他满怀深情地说："'思达'是英文 Start 的音译，寓意为开始，选择返乡创业对我来说是一个新的开始、新的起点，我坚信在家乡这片热土上，同样可以成功。"

陈祥平长期在瑞丽从事玉石珠宝经营，将缅甸翡翠资源引进国内加工，创立属于自己的珠宝品牌，是他的又一兴业理想。2005 年，四川玉和祥珠宝有限公司成立，经营总部位于成都，生产总部位于广州，经过十几年的打拼，公司已发展成为集翡翠原石采购、设计、研发、雕刻、加工生产、订制，以及玉文化推广于一体的珠宝批发零售品牌企业。在广州、北京、上海、云南、成都、重庆、自贡等各大中型城市开设多家珠宝旗舰店和连锁店。"玉和祥珠宝"在珠宝行业已建立较高的声誉和品牌影响力，成为自贡市古玩珠宝收藏商会会长单位，四川省珠宝玉石首饰行业协会副会长单位，被中国珠宝玉石首饰行业协会授予"放心示范店"称号，荣获"中国匠心品牌""四川省质量信誉双优品牌""四川省产品质检合格·消费者放心选购品牌"，并且登上美国纽约时代广场，代表东方传统文化走向世界。

在改革开放的大潮中，陈祥平勇于做时代的弄潮儿，带领企业与时俱进，不断发展。在市场摸爬滚打中，也磨炼了他准确研判、善抓机遇的能力。进入 21 世纪，自贡房地产市场迎来了黄金时代。然而，当时自贡大部分建筑工地施工，都是现场搅拌混凝土。陈祥平敏锐地从中发现商机，抓住机遇，投资 5000 万元成立自贡鸿山建材有限公司，建起标准化厂房，生产预拌混凝土，并以亏损的价格签下了自贡市公安局 110 指挥中心施工所需商品混凝土的合同，这也是自贡市第一单预拌混凝土供应合同，开启了自贡预拌混凝土行业先河，公司生产的"鸿山商砼"迅速占领了商品混凝土市场。

随后，陈祥平又果断将产业版图延伸到房地产开发，2010 年，组建了自贡银海房地产开发有限公司。深耕自贡 14 年，陈祥平始终奉行"品质一流、服务一流、效率一流"的开发理念，公司已成为"四川省质量信誉双优品牌房地产开发企业"，先后成功开发了"金域国际""金域华府""金域龙湖""金域翡翠""鸿山·翡翠城"

等楼盘，曾荣获"四川省建筑结构优质品牌楼盘""四川省结构优质工程""省级建筑施工安全文明标准化工地"等荣誉称号，其中"金域华府"还获得了四川省建筑行业最高奖——"四川省建设工程天府杯"金奖。

近两年，陈祥平又在谋划抢占文化旅游产业"制高点"。2016年年底，陈祥平基于强烈的责任感和使命感，整体收购全国民族用品定点生产企业、国家级非物质文化遗产单位——自贡市扎染工艺有限公司（成立于1955年），投入巨资支持传统工艺技术革新、产品设计研发、创新人才培养、扩大生产规模、积极开拓市场，促进自贡非遗文化产业转型升级发展。两年来，自贡扎染公司从濒临破产、员工仅7人，发展为拥有专业技术人才40余人，累计产值达1200万元，累计产量达10万平方米。创建了自贡扎染传习中心、产品研发设计部门，与四川理工学院签订教学实习基地，研发了7个系列、30余个品种、300余种文创产品，产品更加多元化，设计图案、扎制技法、染色技法均实现突破。从过去仅有自营门店，拓展到景点代销点、超市及淘宝网、工行融E购等电商平台，形成线上线下同步销售，产品远销美国、英国、日本等国家。

陈祥平常说："企业的发展得益于改革开放的好政策，我们要饮水思源。"他始终奉行"报效祖国、服务社会、感恩桑梓"的理念，积极投身公益事业。近年来，向关爱留守儿童项目专项资金、妇联春蕾计划、四川省"万企帮万村"精准扶贫行动、四川省扶贫基金会、贫困助学工程、市老年文化中心等累计捐款上百万元，并获得自贡市"扶贫助学贡献奖"。

2018年年底，陈祥平被四川省委、省政府授予"四川省优秀民营企业家"称号，被四川省委统战部、省工商联评选为"改革开放40年四川省百名杰出民营企业家"。国家、省、市一系列支持民营经济发展的重大决策部署，推动民营经济走向广阔舞台，提振激发了民营企业家的信心活力，陈祥平和他的企业转型发展规划也更加清晰宏大。他这样描绘企业规划蓝图："鸿山集团将从房地产主业转向文旅产业、珠宝产业，将建造一个非遗文博园，把国家级非物质文化遗产，省级、市级文化类非遗梳理整合，打造一个自贡特色的文化类产业博览园区，为自贡市打造国际文化旅游目的地、建设'国家文化出口基地'做出积极贡献。"

## 人物名片

　　沈根莲，女，汉族，1967 年 12 月出生，江苏泰州人，研究生学历。1990 年大学毕业后即开始创业，现任成都环龙工业用呢集团有限公司董事长、四川环龙新材料有限公司董事长，还担任全国工商联纸业商会副会长、成都市青羊区政协常委、青羊区工商联副主席、眉山市人大代表。

　　她先后荣获成都市劳动模范、成都市"关爱员工优秀民营企业家"、"眉山市优秀中国特色社会主义建设者"、"十大卓越女性管理创新人物"、"中华蔡伦奖·新锐人物"、"四川省第七届劳动模范"、"中华蔡伦奖·领军力量"、"第三届四川省优秀中国特色社会主义事业建设者"、"眉山市优秀民营企业家"等荣誉称号。

# 沈根莲：
## 极致创新引领，成就领先品牌

环龙集团旗下的四川环龙技术织物有限公司成立于 2007 年，现拥有成都温江、上海金熊等两大生产研发基地，经过近 30 年的持续发展，目前已成为亚洲领先的造纸网毯研发、生产与销售的龙头企业，国家级高新技术企业，成都市新材料企业。公司目前拥有"GOBEAR"、"vanov"两大品牌、数十项发明专利及实用新型专利，与东南亚、南美、中东等国家造纸行业的头部企业建立了长期稳定的业务合作关系。

在竹纤维新材料产业方面，环龙集团旗下的四川环龙新材料有限公司，成立于 2011 年，目前为中外合资企业，拥有西龙基地、丹妮基地、安州基地，以及成都品牌营销中心等，搭建了从原料林建设、生物质竹纤维材料、环保本色生活用纸研发及生产、品牌营销为一体的极具竞争优势的产业链。公司以创新的竹纤维精炼技术及其应用为核心，以"简单适度、绿色发展"为品牌理念，于 2014 年开创了"斑布 BABO"竹纤维本色生活用纸品牌，开辟了国内竹纤维本色生活用纸新品类，并迅速拓展经营为国内领军品牌，电商渠道销售额连年翻番，线下渠道已经进入全国3 万多家卖场，并远销加拿大、美国、丹麦、新加坡等数十个国家和地区。沈根莲以一张小小的生态竹纸，掀起了一场从"白"到"黄"的生活用纸变革，体现了"既要金山银山，更要绿水青山"的绿色发展要求。

### ▶ 斑布——这不是普通的生活用纸

斑布的诞生源于沈根莲所坚持的"以生物质精炼为核心"的绿色发展理念。她自 2005 年在眉山青神投资竹产业以后，一边投入资金做技术改造，提升企业治污能力，一边积极寻找生态环保的原料和技术，因此瞄准了一项当时还不完全成熟，但很有发展潜力生物质竹纤维精炼技术。该技术与传统造纸技术有很大差异，当时仅仅是一项实验室技术，尚未得到外界的认可，也尚未形成工业化，甚至公司内部资深技术人员也持怀疑态度，但是沈根莲却力排众议，大刀阔斧地组织开展了上万次的技术试验。

在沈根莲的坚持下，公司本着对社会负责、对环境负责、对消费者负责的原则，坚持全部只使用可再生竹资源，坚持生物法提取竹纤维，生产过程中不添加任何有害化学物质，不使用漂白剂，不向环境排放任何污染源，废液综合利用再回到土地作养料，从而实现了生产过程中对环境的极致保护，真正实现了环境友好的目标。将第一产业与尖端产业相结合，为生态效益和经济效益之间架起了一座桥梁，为可持续发展提供了更多可能。

公司发挥全产业链优势，从竹种研究及培育开始抓起，掌握区域内丰富的可再生竹资源优势，从原材料进行严格把关，对产品品质给予有力保障。斑布产品通过了美国 FDA 食品级和欧盟 AP 食品级认证，斑布全部以原竹生产，并最大程度保留竹纤维的抑菌性能，具有与众不同的体验感，"原生态、无杂质、不掉粉、不掉渣、吸水性好"，可以一纸多用，消费者体验感好。斑布目前已开发出"base 系列""功夫熊猫系列""本色湿巾""本色竹柔巾""厨房用纸"五大系列，近 200 个品项的产品，更多消费者因为使用斑布，而参与到环境改善的努力中来。

目前公司与东华大学建立了"竹纤维材料研究中心"，为中国科学院生物质（竹）全价利用示范基地，是西南科技大学农学院、生命与科学工程学院教学科研实践基地，公司建设了省级研发中心，不断提升产学研应用水平。公司目前是国家林业标准化示范企业、四川省农业产业化省级重点龙头企业，并于 2018 年被国家工业和信息化部评定为绿色工厂，斑布被评选为绿色设计产品。斑布品牌先后荣获"2017 消费者满意诚信单位""2018 最具品牌影响力品牌""2019 极具成长力品牌""绿色领跑产品"等荣誉称号。

2018 年 11 月，斑布受邀参与了在比利时布鲁塞尔举行的全球创新与可持续发展大会（G-STIC），沈根莲代表斑布与来自全球各地的嘉宾分享斑布的社会价值、生态价值和产品理念，将来自中国的可持续制造产品和造福社会的理念带上了联合国级别的舞台。

公司持续打造竹纤维生物质全价利用产业链。2019 年 6 月 27 日，四川新材料有限公司"斑布 20 万吨生物质精炼项目"开工仪式在眉山市青神县西龙镇隆重举行，该项目占地 1500 亩，总投资近 35 亿元，建设周期 36 个月，其中一期工程预计 2020 年底投产试运行。公司奉行清洁、环保、绿色、生态的建园原则，将打造为世界一流、中国最具特色的百亿竹资源全价循环利用产业示范园。整个项目建成达产后，公司总销售收入将达 60 亿元，带动相关产业收入 40 亿元，每年贡献税收达 5

亿元，可解决就业 5000 余人，带动竹林种植达 200 万亩，惠及约 100 万农户，助农增收近 10 亿元。

## ▶ 积极行动，回馈社会

沈根莲曾说："我作为改革开放的弄潮儿、尝新者，是这个时代的幸运儿、受益者，我遇上了最好的时代，因此我们要心怀感恩，有责任通过企业的持续发展和价值创造，让自己的员工过得更好，为当地提供更多的就业机会，为属地创造更多的税收贡献，顺应国家政策法规的可持续发展，让企业为社会创造更多的美好。"

在她的带领下，公司积极参与光彩事业、"万企帮万村"精准扶贫行动。公司在眉山青神当地，先后投入资金在山区荒地上建设竹林基地，为当地竹农免费发放竹种，定期开展竹子种植培训，免费提供加工设备，修建山区道路等，通过一系列的投入，带动当地竹农脱贫致富。在她的带领下，公司每年重阳节均要出资慰问附近 10 多个村社的老人，并为部分村社添置了健身器材、LED 显示屏等公共活动设施。公司每年均要出资开展助学活动，资助贫困儿童和留守儿童。公司还积极参与眉山市委统战部组织的"千企帮千村"活动，结对帮扶金川县贫困村；积极参与成都市青羊区对口支援甘孜州得荣县的扶贫活动，捐资为当地修建道路。公司在公益事业方面的贡献得到了社会各界的高度认可，先后荣获四川省栋梁工程扶贫助学爱心单位、四川省社会扶贫工作显著成绩企业、四川省万企帮万村精准扶贫先进企业等荣誉称号。

沈根莲在企业不断成长的同时，也持续投身于行业领域的共同发展中。环龙集团目前是全国工商联纸业商会副会长单位、中国造纸协会理事单位、中国造纸学会副理事长单位、中国产业用纺织品行业协会造纸用纺织品分会会长单位、四川省造纸行业协会和四川省造纸学会副理事长单位、成都市知识产权试点企业等。

**人物名片**

　　林德凤，1947年4月生，女，汉族，金堂县金裕大酒店董事长。现任成都市工商联执委、金堂县人大代表、金堂县企业家协会监事、金堂县赵镇商会会长、金堂县淮口商会副会长、金堂县清江商会副会长、四川省民生研究会妈祖文化研究中心主任。

# 林德凤:
## 一位商界"大姐"的大爱情怀

　　林德凤的父亲是一名医生，由于医术高明，在金堂赵镇杨柳桥一带闻名遐迩。林德凤年轻时也跟着父亲学了几年医药，后来被招进集体药店工作，爱人在成都青白江的四川化工厂上班，随着两个女儿逐渐长大，生活的压力也随之而来。林德凤一人在家既要照顾老小，还要天天赶着上班，那时交通极为不便，爱人厂里管得又严，每个星期只能回一趟家。想起当年的那些日子，林德凤就感到很辛酸。

　　20世纪90年代初，林德凤为了家人的生计和女儿能够就业，不得不办理了停薪留职，借钱在金堂的清江街上开了一家名为"康民堂"的药店，并通过刻苦自学和到成都的大医院进修，在50岁时拿到了《执业医师资格证》。由于林德凤行医讲求医德医术，加之待人热情，很快就在当地有了好的口碑，慕名前来求医的患者络绎不绝。林德凤除能够治疗一般常见病、多发病外，还擅长治疗老年性支气管炎等疑难杂症。在开办诊所的日子里，林德凤用自己的专长为病人解除痛苦，用她的爱心抚慰每一名前来求诊的患者。对那些家庭经济确实困难的病人，还慷慨减免医药费，体现出了一名医生的仁爱之心。

### ▶ 经营酒店讲诚信，行业之中树美名

　　20世纪90年代，金堂的发展还比较落后，一个人口近百万的大县，却没有一家像样的酒店，县里经常为招商引资接待发愁。2001年春，林德凤在县领导的鼓励下，联络另外两位朋友自筹资金3000余万元，建起了金堂首家星级酒店，改善了金堂的对外招商接待条件，其高标准管理成为金堂酒店业的"领头羊"。

　　由于行业竞争激烈，金裕大酒店同样面临生存发展的压力。林德凤坚持守法经营，讲求质量和信誉，使酒店在行业竞争中成了"不倒翁"。林德凤说："我的经营理念很简单，就是把酒店当成自家请客吃饭的场所，像对待亲朋好友一样对待客人，宁可亏了自己，也不怠慢客人。酒店在食材采购、菜品搭配、烹饪加工方面实行全

流程质量管理，物价涨了标准不降。别人可以将就，酒店却来不得半点马虎，即使利润薄点，也不能把星级酒店的牌子砸了。"

## ▶ 年迈领衔挑重担，事事较真受点赞

林德凤是一个"老来俏"，她每天除认真打理自己的公司外，头上还顶着成都市工商联执委，以及3个乡镇商会正副会长的头衔。她先后担任过成都市人大代表和连续三届的县政协委员以及县工商联的副会长，至今仍然是县人大代表。每年她都要抽出一些时间搞社会调查，为县里"两会"撰写提案、议案，积极反映社情民意。由于她人品好，德高望重，去年她还被族人推举担任了四川省林氏宗亲会的会长。2019年5月，林德凤还主持举办了"首届中国西部妈姐文化交流会"，为弘扬和传承中华文化以及促进海峡两岸文化交流作出了积极的贡献。

2015年3月，68岁的林德凤被推举为金堂县赵镇商会会长。林德凤说当商会会长很操心，并道出了当初她为何没有把这个会长推掉的原因。"金堂县赵镇商会推选会长时，我都68岁了。当时赵镇党委安排两名领导找商会会员'一对一'进行座谈，进行民主推荐。两位领导后来把考察结果告诉我，说是多数人的意思要推我当会长，当时我觉得自己年纪太大，已不适宜再担任这个职务。在领导的一再鼓励下，我只好硬着头皮接了下来。我觉得自己这么大岁数了还能为社会发展进步做一点事情，也是自己人生中的一件乐事。"

林德凤小事事事较真，她领导的赵镇商会工作制度健全，活动开展经常，服务会员贴心。为了帮助会员单位协调解决疑难问题，她经常让70多岁的老伴当驾驶员，开着自家的车子跑东跑西。林德凤平时像对待家人一样关心会员，无论哪位会员家里有事或生病住院，她都会在第一时间赶去看望。在林德凤的努力下，赵镇商会不仅有了正式的办公场所，还建起了"金堂商会文化展示室"，并编印了《商会文化展示资料画册》，全面介绍党对工商联工作的指导方针、金堂商会百年发展历程，以及金堂商会的重大事件。金堂县工商联认为她在商会工作上敢于创新，并夸赞"赵镇商会是县工商联工作的一面旗帜，也是县工商联工作的重要支撑"。2016年12月，赵镇商会被评为2013—2016年度四川省工商联系统先进商会，受到四川省工商联的表彰。

林德凤曾长期担任县工商联（总商会）副会长，每年她都提前交清会费。有一年冬天她去交会费，恰逢工商联机关人员外出办事不在，她就在门外踱步等一个多

小时，硬是把会费交了才走，会机关人员对此很受感动。林德凤说："商会是我们企业的'娘家'，交点会费都拖拖拉拉，那就太不像话了。"

## ▶ 不忘初心守信念，回报社会走在前

当林德凤从《华西都市报》上得知甘孜州某县的藏族儿童因家庭经济拮据上学难时，便毅然寄去 3 万元，以后坚持数年，帮助那些藏族儿童顺利完成了学业。2019 年 6 月中旬，已是 72 岁高龄的林德凤不惧高原反应，自费 15 万元购买了 10 台高原饮水机，亲自送到甘孜州理塘县，解决了该县部分县级部门、医院、学校的日常饮水问题，为增进民族团结做了一件值得称道的事。每年的重阳节，她都要到当地敬老院看望老人，捐款捐物；每年的春节，她都要和当地政府一起去慰问困难群众；凡县内组织慈善公益活动，她都积极参与。她说："不管捐多捐少，做人尚有一颗仁爱之心就好，大家都过得好，我也觉得开心。"林德凤用她的行动诠释了新时代企业家的责任与担当。

林德凤在谈到参与社会公益活动的感想时说："我们这辈人生在旧社会，长在红旗下，经历过六七十年代的困难时期，什么苦没吃过？现在我能当上老板，不是自己有多大能耐，完全得益于党的改革开放政策好。现在吃的、住的、用的、花的，啥都不缺，追根溯源都要感谢共产党，感恩这个时代。抚今追昔，我们以前拥有的家庭财产跟现在的财富相比，连零头都达不到。如果我们每一位老板都能拿出自己财富的一部分来做公益，让有困难的人能够及时得到帮助，我们这个社会就会更加和谐，也会更加美好。再说，我们自己拿出那一点点钱来回报社会，既理所应当，也不会伤筋动骨，更不会影响自己的生意，我们在帮助别人的同时，从中也能够充分享受到助人的快乐。让大家都过得好一点，我们自己也心安理得，何乐而不为呢？"

## 人物名片

　　罗宇龙，男，汉族，现任四川省政协委员、省工商联（总商会）副会长、超宇集团有限公司董事长、飞天投资控股集团董事长。

　　他带领的超宇集团旗下有20多家分公司和10多家子公司，产业涉及金融投资、影视传媒、医疗健康、房产开发、工程建设、文化旅游等方面。他牵头创立了跨界融合的"四川省产业与金融发展促进会"，推动实体经济与金融紧密融合。他热心社会公益，积极参加光彩事业，累计捐款捐物约500万元。

# 罗宇龙：
## 创新转型发展，勇担社会责任

第十二届四川省政协委员、第十一届四川省工商业联合会（总商会）副会长、四川省光彩事业促进会副会长、中国建筑装饰协会副会长、四川省产业与金融发展促进会会长、四川省川商总会副会长、天府新区商会常务副会长……这位履行众多社会职务的人，便是超宇集团、飞天投资控股集团董事长罗宇龙。

16 年来，沐浴着改革开放的春风，伴随着砥砺奋进的步伐，两大集团抢抓新一轮发展契机，积极改革创新、转型升级，努力开辟新的经济增长点，实现集团健康、持续、高质量发展。当前，两大集团已由单一的传统产业向金融投资、医疗健康、影视传媒、文化旅游等新兴产业成功转型，逐步形成新旧动能转换的强大合力。

16 年来，两大集团坚持稳中求进，开创了发展史上一个又一个里程碑，集团第一产业连续 8 年荣膺"中国建筑装饰百强企业""中国建筑幕墙百强企业"，曾获得建筑行业最高奖项——"中国工程建设鲁班奖"，获得四川省守合同重信用企业、改革开放 30 年建筑装饰行业发展突出贡献企业、2018 四川民营企业 100 强等众多殊荣。

2013 年"四川十大杰出民营企业家"、2014 年"四川十大杰出民营企业家年度人物"、2018 年"改革开放 40 年四川省百名杰出民营企业家"、2018 年"四川省优秀中国特色社会主义事业建设者"……罗宇龙董事长身上更有着数不清的光环，这些光环背后是他多年来为推动地方经济发展而表现出来的热忱。

他注重战略与战术，推动企业在战略上保持沉稳定力，在战术上主动作为，以改革创新、转型升级开拓经济增长新空间；他注重审时度势，在经济新常态与残酷的市场博弈中，勇敢应对，成功突围；他注重管理与创新，积极履行作为民营企业家助力地方经济发展的责任和使命；他注重和谐与奉献，展示了一名新时代新川商的良好形象，积极承担社会责任，让更多的人有获得感和幸福感。

## ▶ 改革创新发力，转型升级加速

在改革开放的浪潮中，在中国经济转型升级的战略节点上，罗宇龙认为，作为企业而言，不仅要做改革开放这一伟大历程的亲历者、实践者和受益者，更要成为新一轮改革创新的拥护者、实践者和推动者。

2003年，超宇集团正式成立，迈开了发展的铿锵步伐；2010年，超宇注册成立集团公司，开启了多元化发展的新篇章；2013年，超宇整合旗下房产开发、工程建设、金融投资、影视传媒、医疗健康、文化旅游等产业，成立飞天集团，正式采用两大集团并行发展的战略模式。经过16年的发展壮大，两大集团现已成为拥有10多家子公司和20多家分公司的大型产业集团。

当前，中国经济已经从高速增长阶段转向高质量发展阶段，四川已处在转型发展、创新发展、跨越发展的关键期。在经济新常态下，罗宇龙意识到产业必须和金融结合才能迸发出更大的能量，于是积极布局金融版图，寻求集团的改革突破。集团于2013年12月投资入股仪陇农村商业银行股份有限公司，2014年9月投资入股宜宾商业银行，成为重要大股东。2017年6月，成都飞天環宇投资基金管理有限公司应时而生，主要投资于影视、PPP、医疗、环保以及高新技术等优质项目。

2016年，瞄准国家影视文化产业发展的前景，集团牵头成立飞天盛宇影视传媒股份有限公司，开启影视行业新的征程。公司成立伊始就提出"两部双驱"发展战略，分别设立北京、成都两大运营中心，联通两地资源，发挥地域优势，搭建从北京到成都的全国产业布局。目前，公司投资的第一步院线电影《你的世界如果没有我》已经拍摄完毕，并计划于2019年年底在全国院线同步上映。其余《大美凉山》《金融风暴》《冒牌月老》等优质项目正在孵化中。

2018年，瞄准大健康产业的无限潜力，紧抓大健康产业的黄金发展期，超宇集团从多家投资方的激烈竞争中脱颖而出，签署"川北医学院国际医院"投资合作协议，成为仅有的两家投资股东之一。川北医学院国际医院是一家综合性三级甲等医院，未来将构建医养结合模式，投资开发1500亩，集医疗、健康、养老、养生、文化、教育、旅游等产业为一体的大健康产业新城！

拥抱新时代，改革再出发！

在罗宇龙看来，四川是中国创新创业最为活跃的地区之一，新兴产业与金融创新的深度融合、双轮驱动，将引领四川在中国经济新常态下进一步抢占资源制高点、战略制高点、改革创新制高点。

## ▶ 传承川商精神，践行社会责任

2018 年，罗宇龙参加"沿着总书记足迹，重走凉山扶贫路"活动，与凉山喜德县极度贫困村——拉达村签署对口帮扶协议，在产业帮扶、商贸帮扶、就业帮扶、捐赠帮扶、智力帮扶等方面抓好立体扶贫，并连续两年率领扶贫工作组深入到拉达村现场帮扶。作为两大集团的董事长，罗宇龙在全力经营好企业的同时，仍把政治责任、社会责任系于一身。

罗宇龙认为，在中国发展的新时代，最需要的是弘扬企业家精神，企业家精神是最稀缺的资源，是创新的源泉。"作为川商代表，我认为，我既传承了老一辈川商坚韧不拔、敢为人先、勤劳务实等精神特质，也具有新时代的勇于担当、敢于作为、持续创新的精神。"

多年来，罗宇龙董事长始终积极践行企业家的社会责任，认真履行职责，奉献拳拳爱心，演绎着作为政协委员的时代风采。长期以来，向灾区、贫困山区、希望小学捐款，还在家乡母校专门设立了"宇龙帮学助教基金"。他发扬光彩精神，积极投身多种形式的公益慈善活动，至今累计捐款捐物 500 余万元。

当前，面对充满希望的新时代，作为企业掌舵人更应该正确认识国内外市场的变化，认真规划未来集团的发展方向和目标，从而精准有效地引导企业走提升产业层次的转型发展之路、提升竞争优势的创新发展之路、提升质量规模的跨越之路，苦炼内功，实现凤凰涅槃。

笃定自信，逐梦前行！

畅想未来，信心百倍！

罗宇龙说："我们将始终站在时代发展的前沿，与时代发展同频共振，冷静面对挑战，科学谋划发展，转变发展理念；我们将始终坚持发扬集团优良传统，以全新的格局和视野，精准施策，有效发力，超越自我，追求卓越，为打造百年强企而不懈奋斗！"

## 人物名片

　　罗启泽，男，汉族，民建成员，1967 年 8 月出生，现为四川省政协委员、省总商会副会长、民建四川省委联络委副主任、四川中桂川中燃气投资有限公司董事长、射洪丰泽天然气有限公司董事长。

　　他带领的川中燃气是一家综合性天然气投资公司，在落实四川省委省政府打通南向通道的工作部署下，前往广西北海市合浦县参加洽谈投资，已签署了川港合作园、汉代文化小镇、中国北海川商文旅生态城三个项目，总投资 636 亿元。他积极投身社会公益事业，累计捐款捐物 323 万元。

# 罗启泽：

## 有感恩之心的企业家才是合格的企业家

敢于拼搏、不怕挫折的创业风范，在罗启泽身上体现得尤为充分。创业之初，他从最基层的员工做起，对工作热情、执着和勤奋，特别是涉足天然气行业后，他更加脚踏实地、敢闯敢拼、过关斩将。企业由小变大、由弱变强、由少变多，从1999年起，先后在青海、射洪、广西、甘肃、英德、徽县、海南、成都8个地区成立天然气投资开发公司，成为专注于经营民用、商业、工业天然气和 CNG 加气站、LNG 加气站、LNG 液化厂、天然气管道工程施工建设、天然气技术咨询与技术服务等天然气产业的综合体。

多年以来，企业在罗启泽的带领下，秉承"正气、朝气、大气、和气"的企业精神，坚持"管理创造价值，服务提升优势，安全铸就幸福"的发展理念，以高度的责任感和事业心，为国家推进新能源建设、大力发展清洁能源战略做出了积极贡献，成为四川省百强企业。公司先后荣获"射洪县工业经济发展突出贡献单位""民营企业纳税大户""爱心奉献企业""2018年四川民营企业100强"等殊荣。

纵观世界，全球经济发展放缓，中国经济也逐渐步入新常态。巴黎气候大会之后，低碳发展已成为全球共识，而高效清洁的天然气发展潜力巨大。在燃气市场稳步发展的态势下，罗启泽多年以来一直从事绿色能源的推广与实施工作，始终将创新改革、发展壮大、服务社会作为自己的责任和使命。他们不断深化改革，锐意进取，提出了"三年一大步，五年一跨步，十年一飞跃"的发展思路。作为四川省知名企业家，他坚持以习近平总书记新时代中国特色社会主义思想为指导，全面贯彻党的十九大精神，深度融入到"一带一路"建设、长江经济带发展中。

四川省委十一届三次全会通过了《中共四川省委关于全面推动高质量发展的决定》，四川省委书记彭清华也明确提出四川新的发展方向，拓展四川开放型经济发展新空间，"突出陆海新通道，加快南向开放，主动融入国家新合作机制"。2018年8月，罗启泽作为四川企业代表，在四川省政协副主席陈放和广西自治区政协副主席陈刚的见证下，于广西合浦签署了三个投资框架协议。2018年9月19日，在第十七届中国西部国际博览会开幕前，协助四川省人民政府与广西壮族自治区人民政府在成都签署《深化川桂合作共同推进南向开放通道建设框架协议》。2018 年 9 月 20 日，在四川省、广西壮族自治区和北海市各级党委政府的关心支持下，正式签订"川港产业合作园""川商生态农业观光城""汉代文化旅游城"投资建设协议，率先牵手北部湾，通过开园借港，打造四川南向通道中转站，实现三星拱月，助推合浦高速发展。面对南亚、东南亚地区这个拥有 23 亿人口的巨大市场，在国家大战略背景下，在四川省委、省政府和广西自治区区委、区政府的关心与支持下，罗启泽带领四川企业背负着"兴川"重任，借着政策的东风，将全面投入"一带一路""南向通道"的建设中，抢抓国家战略机遇，优化企业结构、转换企业布局，为川桂两省的经济建设做出自己的努力和贡献。

事业上的不懈追求和历练，把罗启泽锤炼成为一位成熟的企业家，他视野开阔，眼光独到，做事沉稳睿智，为人豪爽大气，只要和他接触过，都会被他的热情、真诚所感染，被他的人格魅力所折服。事业上的成功和辉煌，从未改变过他回报社会、扶弱济困的大爱情怀。他常说，一个企业要做大做强离不开国家和社会的支持和帮助，一个没有社会责任感、没有感恩之心的企业家不是合格的企业家，他是这样说的，也是这样做的。

2008 年 5 月，在汶川地震中捐款 20 余万元；2010 年 4 月，青海玉树地震捐款 60 余万元；2015 年 11 月，参加"光彩事业通江行"，为通江革命老区捐款 5 万元；2016 年 2 月，再次参加"光彩事业通江行"，为通江革命老区捐款 10 万元，为沙溪中学捐款 2 万元；2016 年 7 月，在"万企帮万村·光彩凉山行"活动中捐款 20 万元；2017 年 5 月，为通江田坝村扶贫项目捐款 5 万元；2017 年 8 月，参加"光彩事业凉山行"精准扶贫公益项目，捐款 50 万元；2018 年 5 月，为乐山马边彝族自治县消费扶贫 3 万元；2018 年 6 月，参加"沿着总书记足迹，重走凉山扶贫路"活动，援建凉山州"中央厨房"捐款 10 万元；2018 年 10 月，为积极响应省政府脱贫攻坚、精准扶贫号召，罗启泽带领公司员工奔赴凉山州盐源县棉桠乡开展对口帮扶扶贫，向贫困户、贫困儿童捐赠物资和发放助学金，共计 22.97 万元。多年来，他一直在用他的一个个善举诠释着一个企业家对社会的责任和对贫困学生的大爱情怀，未来罗启泽也将一如既往，不忘初心，栉风沐雨，砥砺前行，全心全意为扶贫攻坚奉献自己的力量。

"铁肩担道义，妙手著文章"，在企业经营上，在扶弱济困道路上，罗启泽用他对社会的责任感，对困难群体的善心、爱心、睿智、豁达，用心用情向社会写出了一篇篇声情并茂、感人至深的好文章。

未来，罗启泽将带领企业员工以服务社会、回馈社会为理念，以打造川企"百年"品牌为目的，参与更多公益事业，成为一个创造和传播社会正能量的企业家。

## 人物名片

　　赵相苹，男，汉族，1966年12月生，四川省达州市达川区人，大学本科学历。现任四川省旭阳水泥有限责任公司、四川日日昇实业有限公司、四川省永盛丰农业开发有限责任公司、四川众缘堂商贸有限公司、马尔康恒通地产有限公司、北京市众缘堂文化有限责任公司董事长。

　　先后担任第十二届全国人大代表，第十一届四川省人大代表，第十二届四川省政协常委，四川省第九届工商联执委，第十届、第十一届工商联（总商会）副会长，四川省园林产业商会会长，达州市第三届、四届人大常委，达州市工商联第三届、四届副主席，达州市第二届、三届红十字会副会长，万源市虹桥乡"旭阳希望小学"名誉校长。

# 赵相革：
## 追求卓越，保持初心

20 世纪 90 年代初，当改革开放的春风吹遍神州，市场经济成为社会发展的大趋势，赵相革说服了家人，于 1997 年毅然辞去从事了 14 年的国税局工作，全身心投入商海，经过几年的辛勤付出，取得了不错的收益。

### ▶ 创业篇：胆大心细，不辱使命

2002 年，达川市洲河水泥厂由于生产工艺落后，环境污染严重超标，被四川省政府确定为限期治理重点污染企业，基本处于停产状态，数百名工人们领不到工资，生活无以为继，昔日一度红火的水泥厂也就成了烫手的山芋。

就在所有人都彻底绝望的时候，一个有胆识的人接手了这个烂摊子，他就是赵相革，那一年，他只有 36 岁。

对于赵相革这一举动，很多人甚至连他的亲朋好友都难以理解。的确，在当时的市场行情下，水泥价格日渐走低，同时要解决水泥厂 500 多名员工的生产生活及遗留问题，需要一笔很大的开支。在这样的情况下要想救活一个濒临倒闭的老厂，难度可想而知。

接手水泥厂后，赵相革不仅将原厂一线职工全部重新安排上岗，而且将自己以前赚下的钱全部投入到技改扩能和环保治理上。从请专家设计规划、购置新的设备、购买原材料组织生产开工，到开辟销售网络和市场，赵相革都亲历亲为。经过 3 年的努力，最终使这个基本处于停产状态的水泥厂重新焕发了生机。

这时候，有人说赵相革了不起，早就慧眼识金。面对外界的赞誉，他却始终保持着刚下海时的一份淳朴，脚踏实地做事业。

### ▶ 发展篇：真抓实干，树品牌促发展

四川省旭阳水泥有限责任公司得以不断做大做强，其实与赵相革打造优秀企业

文化，引进先进管理模式，以人品铸就产品、以产品实现效益、以效益促进发展，在实现公司发展的同时保证客户利益最大化的思路密不可分。他坚持"以人为本、科学发展、与时俱进、争创一流"为企业方针，以"质量第一，用户的需要就是我们的追求"为经营理念，紧紧围绕"发展"这个主题，以"环保、安全、质量、产量"为切入点，大力创新管理机制，以安全促生产、管理出效益为抓手，确保企业稳定、和谐发展。

"重质量树品牌，用口碑换市场"是赵相革经常对员工说的一句话。他深知，企业要发展，环境保护是根本，保护环境就是保护生产力，是促进企业可持续发展的先决条件。公司大力采购环保设施设备，全面实现了污染物达标排放，做到了清洁、文明生产。与此同时，运用科学的管理，建立长效机制，深挖内部潜力，狠抓了以粉煤灰、炉底渣等资源综合利用为主的节能降耗工作，确保了公司可持续发展，被认定为四川省资源综合利用企业。经过几年的建设和发展，公司以良好的业绩赢得了社会各界的肯定，先后被评为四川省"小巨人"企业和"十五"期间环境统计先进集体等。特别是成功改制重组五一煤矿和友谊煤矿后，让赵相革成为达州市国有企业改制的领军人物，荣获达州市改革开放 30 年"十大经济人物"称号。

作为企业掌门人，赵相革充分发挥企业党建的战斗堡垒作用，带领全体员工团结一致，坚定信心跟党走，振奋精神再出发。在巩固发展传统优势产业的同时，大力践行科技创新，先后组建了四川日日昇实业有限公司、四川省永盛丰农业开发有限责任公司、四川众缘堂商贸有限公司、马尔康恒通地产有限公司、北京市众缘堂文化有限责任公司等公司，旭阳集团现已发展成为集农业开发、能源和矿产开发、工业贸易、文化产业、建材、房地产开发、运输和商务服务等跨地区跨行业的综合性集团公司。近年来，集团已累计安置下岗职工 2300 余人、农村富余劳动力 1500 余人、残疾人 68 人、退伍军人 36 人，为缓解社会就业压力、带动地方经济发展做出了积极贡献。

### ▶ 奉献篇：致富思源，回报桑梓

赵相革认为，企业的发展离不开党和国家富民政策的指引，离不开社会各界的大力支持和热情帮助，企业不断发展壮大，意味着将承担更大的社会责任。

他先后当选为全国、省、市、区人大代表，四川省政协委员和四川省总商会副会长等职务，他紧跟党的步伐，积极参政议政，认真履职尽责，每一份提案、建议提出前，他都坚持实地调研，力求提出具有较强针对性和可操作性的高质量建议。对一些请他附议的议案，总是要在细致了解之后才郑重地签上自己的名字。从市人大代表到省人大代表，再到全国人大代表，赵相革从来不忘自己肩负的责任和使命，他在全国人民代表大会上提出"全面放开生育二胎"的议案，得到了全国人民代表大会的采纳落实。"作为人大代表，我要对人民负责，不能辜负人民的信任和重托，必须为人民鼓与呼。"赵相革说。

创业的艰辛不言而喻，在事业上取得成功的赵相革，并没有忘记生他养他的家乡，没有忘记回报社会。他常说："达州是孕育旭阳的土壤，树苗只有扎根土壤才能长成参天大树，造福乡里是我和旭阳人义不容辞的责任。"

在2018年四川省"万企帮万村"精准扶贫现场会上，赵相革作为代表发言说："脱贫攻坚工作是一项功在当代、利在千秋的伟大事业，任务艰巨，使命光荣。"按照达州市委市政府关于支持深度贫困村脱贫攻坚工作的统一部署，赵相革第一时间带队深入结对帮扶的深度贫困村万源市白果镇龙奔垭村进行实地考察，与镇、村两委和村民代表座谈，反复研讨制定了帮扶实施方案。公司先后投入帮扶资金维修村委会办公房、卫生室，新建村文化室并购置电脑和书籍；为每个贫困户家庭考上大学的学生资助2000元，给贫困户小学生捐赠衣物，赠送学习用品；帮扶该村产业发展，支持贫困户发展中药材种植，因地制宜实施黄精种植，从长远目标实现脱贫致富。在赵相革及公司的帮扶下，2018年龙奔垭村整村已退出贫困村行列。

达州市万源虹桥小学创办于1938年3月，经历几次搬迁，受汶川大地震的影响，学校校舍不同程度受损。时任四川省人大代表赵相革在调研中，看到万源虹桥乡中心校没有校门和院墙，以及学校教学设施条件较差的情况后，当即表示捐资助学，建起了"四川旭阳希望小学"。

在汶川地震灾区献爱心活动中，他先后捐款捐物38万多元；当达州市遭受特大洪灾的时候，他几次亲自带队，为受灾最为严重的达县、渠县、开江、通川区送去救灾水泥共计6600吨；当他得知达县和通川区在新农村建设中遇到资金和物资紧缺的情况后，毫不犹豫地为两地捐款46万元，陆续捐赠水泥3000多吨用于村村通、道路硬化工程……

截至目前，赵相革个人及公司为精准扶贫、抗震抗洪救灾、老区建设、新农村建设、资助贫困学生等社会公益事业捐赠财物累计达3300余万元。赵相革的行动得到了社会的好评，他先后荣获全国第七届、第八届创业之星，首届四川民营企业突出贡献人才奖、改革开放40年四川省百名杰出民营企业家、四川省汶川地震特别贡献奖、达州市首届慈善之星、达州市红十字会博爱之星、达州市抗震救灾先进个人等殊荣。

## 人物名片

赵思俭，男，汉族，中共党员，研究生学历，1962年出生于四川省南江县，创立四川开元集团并担任董事长，同时担任四川省和成都市两级工商联常委、巴中市政协委员、巴中市工商联兼职副主席、四川省光彩事业促进会副会长、川商总会副会长、巴商总会会长等职务。2018年被四川省委、省政府表彰为"四川省优秀民营企业家"，被四川省工商联评为"改革开发40年四川省百名杰出民营企业家"。

# 赵思俭：
## 深耕实体经济的"拓荒者"

赵思俭出生于 1962 年，如今他是四川开元集团的掌舵人。经过 15 年的发展，他创立的开元集团已经形成了农资连锁、旅游康养、矿产资源多元产业发展的格局，达到近 60 亿元的经营规模。

赵思俭的创业史充满传奇，从省属国企离职创业、出售当时收益良好的生产企业、控制海外重要的矿产资源、涉足国内刚兴起的森林康养……赵思俭的事业有过多次重大转型，而每一次都无一例外取得了成功。

### ▶ 从熟悉的农资领域出发

赵思俭出生于巴中南江县的大山里，家庭条件并不优越的他，通过自己努力取得了全县名列前茅的成绩，并成功考入中专。当时，这意味着他拿到了"学而优则仕"的通行证。

毕业后，他被分配到供销社系统，从普通职员一路晋升至省级公司的副总经理。

2004 年，赵思俭凭借在农资领域的多年积累，判断出包括化肥在内的大多数产品都将供不应求，扩大生产是行业发展的趋势。他决定下海创业，成立了四川开元集团。

以低成本扩张的方式，赵思俭先后收购三家濒临倒闭的上游化工生产企业，在专业团队调研评估和升级改造下，三年实现近 30 亿元营收。短时间内，开元的规模已经做到了全行业的十强，进入农资流通领域一流企业的行列。

2008 年，金融危机到来之前，赵思俭敏锐地察觉到，行业中的供需关系已经悄然逆转，整个市场产能过剩的形势将成为企业发展的风险和障碍。于是，他迅速做出调整，将集团旗下所有上游生产企业全部出售，转型成为轻资产公司。这个决定，并未被大多数人看好。

据赵思俭回忆，有朋友想要收购其中一家企业，被他拦下了，"比起只看见当前的经营效益，提前预判未来发展状况更重要"。

出售了上游重资产企业，赵思俭需要深思如何二次创业。

## ▶ 走出去的"开元速度"

有的企业崇尚"以不变应万变"，有的追求"因时而变"，开元集团则凭借超前思维，迈出更远的步伐，走在行业发展前列，抢占先机。

赵思俭长期深耕于农资行业，在金融危机中探索出企业二次创业的方向。钾肥是农业三大肥之一，中国是钾肥需求大国，每年施用量在 1200 万吨以上，但中国的钾资源非常匮乏，当时国内钾肥每年只能生产出 400 多万吨，三分之二的钾肥需要进口。而且，世界钾肥产能高度集中，掌握多数钾矿资源的俄罗斯、加拿大等国公司有很强的定价权，钾肥价格居高不下，国家号召中国企业"走出去"，到境外开发钾矿资源，以保障国内钾肥供应的长远利益。

2008 年，开元在老挝中部发现了 194 平方公里的钾盐矿，经过勘探，探明氯化钾资源量高达 4 亿吨，相当于中国境内所探明的钾矿储量总和。

对于企业发展的机会，赵思俭的决策是迅速而坚定的。随后的几年里，开元集团将重心投入到老挝钾矿开发上，全力打造老挝开元钾肥项目，最终在荒野深林中创造了"开元速度"。

按照常规速度，完成勘探报告、可行性研究需要一年。赵思俭与当时负责报告的地勘、设计单位商量，让团队转战成都，增加每日工作量，只花了两个月便完成了。工厂建设期间，赵思俭亲自到项目工厂的包装岗位，研究包装工人的岗位动作，通过改进机器和人的操作配合，岗位效率提高了一倍。

仅仅 4 年，从探勘到建成，开元实现首期 50 万吨钾肥的生产规模，德国钾盐公司评价，"这是我们无法想象的速度"。

开元的老挝项目是目前中资企业在海外最大的钾肥生产基地，该项目使开元集团整体发展又跃上了新台阶，在中国农资行业中产生了巨大影响，也为老挝当地经济社会发展作出了积极贡献，被老挝政府誉为"老中合作的典范工程"。2016 年，集团完成了在国内资本市场的重组上市，并计划通过三期建设，最终将年生产能力提高到 300 万吨，建成亚洲超大型钾肥生产基地。

## ▶ 反哺家乡的拓荒者

从农资行业切入、果敢卖掉尚在盈利的上游企业、在老挝开发钾矿……在创业的路上，赵思俭以预判经济形势为基础，根据行业情况进行创新，带领开元集团稳步前进。

当前，中国农业的主要矛盾由总量不足转变为结构性矛盾，化肥减量增效成为农业绿色发展的重要要求。在这种情况下，开元主动进行调整，联合科研院所，研发有机化肥产品，助力中国农业提质增效。

如何进一步让企业发展契合新时代中国乡村振兴的战略需求？赵思俭瞄准了康养旅游产业，并将首个康养项目选址定在老家巴中南江县，也是反哺家乡的新作为。

"2018 中国生命小康指数"调查显示，四川巴中入围"国人最向往的十大康养旅游目的地"。赵思俭看好巴中康养产业的发展，"这不仅仅是一个项目，应该当成一个产业来带动和培养"。

在开发康养产业期间，赵思俭依旧践行"外行变内行"的学习路径。他调研过不少地方，足迹遍布四川、北京、浙江、贵州、重庆、台湾，甚至出国到日本考察。

考察的康养项目被赵思俭按"1.0 模式""2.0 模式"分类，而他开发的巴中南江县"光雾和谷"项目，从理念上就是"3.0 模式"：依托国家 5A 级旅游景区的优势生态资源，打造集"医疗、文化、社群、运动、生态、美食、健康服务"于一体的康养旅游产品。

除了以行业振兴"反哺"家乡，赵思俭还积极带动巴商，甚至川商协同发展。2018 年 10 月 28 日，在巴中市委市政府的倡议下，巴商总会成立，赵思俭被选举为巴商总会的会长。

他说："巴中在外经商人员多达 10 万人，他们遍布全球，但不同于擅长'抱团取暖'的浙商，由于没有商会组织，巴商未形成凝聚力和影响力。"

巴商逐渐形成的凝聚力，也是赵思俭对于川商的美好愿景。"希望川商总会能引导川商更创新、更抱团。不仅仅局限于川商会员，而是集合所有四川商人，塑造更大的凝聚力。"

## ▶ 不忘初心，积极履行社会责任

赵思俭带领开元集团，10 多年来一直积极履行企业的社会责任，积极参与光彩事业、慈善事业，如脱贫攻坚、扶贫捐赠、修路搭桥、抗震救灾、捐资助学，以及支持科学、文化、体育事业等。

而作为一名通过读书改变命运的普通人，赵思俭始终心系教育事业，他坚信"授人以鱼，不如授人以渔"。特别是对家乡的教育事业，赵思俭更加倾心尽力，多年来坚持在南江、恩阳等地参加金秋助学捐款。对于母校付家乡小学，他倡议组织起校友会，每年定期组织举办助学活动，用于支持家乡的教育事业。

## 人物名片

闻涛，男，1960 年 5 月出生，中共党员，现任成都金房物业集团有限公司党委书记兼董事长、军蒂（北京）物业管理有限公司总裁、中国物业管理协会副会长、四川省总商会副会长、四川省工商联第十一届常委、四川省参政议政智库专家、成都市物业管理协会会长、北京大学特邀讲师。

他先后被评为"成都市物业管理行业新锐人物""成都市物业管理行业专家""四川省物业管理行业法制建设工作先进个人""四川省杰出民营企业家创新川商""社区共建党建引领榜样物业服务企业领军人物""改革开放 40 年四川省百名杰出民营企业家""第三届四川省优秀中国特色社会主义事业建设者"等。

# 闻　涛：
## 治企兴业，回报社会，尽显军人本色

物业管理行业是社会经济的重要组成部分，直接关系到人民群众的生活质量，同时又是最前沿的服务业窗口，企业的社会责任心会对广大业主产生较大的影响。

作为走在物业管理行业前例的企业，成都金房物业集团有限责任公司探索出了一条符合市场经济规律的发展道路，集团党委书记兼董事长、军蒂（北京）物业管理有限公司总裁闻涛更是获得"成都市物业管理行业新锐人物""成都市物业管理行业专家""四川省物业管理行业法制建设工作先进个人""四川省杰出民营企业家创新川尚""社区共建党建引领榜样物业服务企业领军人物""改革开放40年四川省百名杰出民营企业家""第三届四川省优秀中国特色社会主义事业建设者"等荣誉称号。

### ▶ 苦尽甘来，成为物业服务翘楚

1993年，有着16年军旅生涯的闻涛从部队转业后，先是在成都市金牛区房管局等政府部门工作，1996年毅然辞去公职，自主创业，白手起家组建了成都金房物业公司。经过20多年的发展，现在成都金房物业集团已经成长发展为成都地区物业行业领军企业、全国知名物业服务企业。

创业之初，刚迈入物业管理新兴行业的闻涛，一没有背景、二没有经验，创业初期的困难可想而知。可部队生活造就了闻涛不服输的性格，在没有任何开发商背景的情况下，闻涛亲自跑市场，在市场上找业务，靠接老旧小区、接二手盘开启创业之路。闻涛坦言，在创业刚开始的八年，所接的楼盘大多都是老旧小区。这种类型的小区几乎不挣钱，最艰难的时候，公司长达半年发不出工资。但是，他们并没有知难而退，立志"从别人嚼剩的甘蔗渣里嚼出水来"，军人不畏艰难的精神在这里得以充分展现。时间也终于给予了闻涛好的回报，自2010年开始，各项业绩和指标得以大幅提升，并得到了行业的认可。

目前，成都金房物业集团在管项目近500个，在全国各省市共成立分公司110

个，管理面积近 4000 万平方米，业务覆盖 21 个省、53 个城市，全公司员工达到 1 万多人。2018 年 12 月，被国家人力资源和社会保障部、全国工商联、中华全国总工会联合授予"全国就业与社会保障先进民营企业"荣誉称号。

## ▶ 不忘初心，勇担社会责任

从一个创业公司发展到如今全国知名物业服务企业，这些年来，在闻涛的带领下，成都金房物业集团在市场版图不断扩大的同时，还一直不忘勇担社会责任。

2008 年 5 月 12 日，汶川发生 8.0 级大地震，地震发生后，闻涛带着自己的团队第一时间赶到灾区，志愿承担了都江堰灾区"幸福家园"板房的物业管理工作，在没有任何经验可借鉴的情况下，探索出板房管理方法。在雅安庐山地震后，闻涛带领金房物业人员第一时间在现场疏散、安抚小区的业主，所管小区没有任何人员伤亡和重大经济损失。

不仅如此，员工们还自愿发起为灾区伤员献血、捐款活动，为灾区人民奉献自己的爱心。从汶川大地震为灾区搭建板房，到雅安芦山地震为灾区捐款，一直都有金房人的身影。

为了达到"众人拾柴火焰高"的社会效果，闻涛经常在各类培训和会议场合上，大力宣传国家的精准扶贫战略和物业服务企业积极履行社会责任的重要性，引导更多的企业积极履行社会责任，参与到精准扶贫的公益事业中来。在四川省工商联的带领下，闻涛积极参加"万企帮万村"精准扶贫活动，两年时间内 6 次到扶贫村考察调研，从经济建设和思想文化两方面着手，与平武县仙坪村建立了有效长期扶贫机制。

2018 年 7 月 30 日，在四川省"一带一路"经贸促进会现代物业管理专委会成立大会上，闻涛组织 50 多家企业成立了"精准扶贫联盟"，带领行业企业共同参与到精准扶贫工作中来。

同时，闻涛还坚持为西南民族大学彝学院学生开设各种讲座，并设立"闻涛励志奖学金"，连续 5 年为优秀学子颁发奖学金共 20 余万元。他号召公司员工每年赴甘孜、阿坝等少数民族地区，看望当地的贫困儿童，捐赠学习用品上千件，优先录用贫困学生到公司入职。

从设立奖学金，到为偏远山区学生送温暖，从支援地方精准扶贫，到帮助弱势群体改善生活条件，无不彰显金房物业集团的大爱情怀，闻涛在公益的路上也越走越宽，越走越远。如今，履行社会责任已经成为根植于公司血脉的一种企业文化。

正如闻涛倡导的"以德育企，德行天下"。

作为一位退伍老兵，闻涛一直心系国防，保持军人的情怀，成都金房物业自成立以来，坚持优先聘用退伍士兵，为退伍士兵创造就业、创业平台。目前，金房物业已吸纳退伍士兵 800 多名，其中 130 名担任项目负责人，15 名担任分公司负责人，集团总部一半以上管理层是退伍士兵。2018 年 4 月，军蒂（北京）物业管理有限公司成立，公司以"传承爱国拥军，支持国防建设"为使命，为退伍士兵就业创业提供全方位平台，最大限度发挥退伍士兵在企业发展中的价值与作用。这一系列工作也受到社会的认可，2017 年被授予首家"退伍士兵就业创业先进单位"。

## ▶ 党建引领，提升物业服务水平

党建工作是企业发展的助推器，是企业品牌信誉的充电器，是企业增强执行力、凝聚力、向心力，保持团结和睦的稳压器。

2017 年 8 月，中共成都金房物业集团有限责任公司委员会正式成立，共有 5 个支部，近 120 名正式党员。闻涛表示，在实践工作中，以党员的高标准严格要求自己，更能受到甲方、业主乃至社会各界的认同

企业党建好，企业发展才会更好。在日常工作中，闻涛要求员工加强理论学习，党员主动向业主提供服务，让老百姓拥有更多获得感。在项目部成立党支部和党小组，建立老兵之家、党员活动室……这一系列活动让企业党建工作充满生机活力，也让物业服务更贴近业主需求。

2018 年 7 月，闻涛被成都市委评为"优秀共产党员""成都社区共建党建引领榜样物业服务企业领军人物"。

多年来，在闻涛的带领下，金房物业集团公司取得快速发展，他们还积极投身到物业管理行业理论研究和立法研究工作。闻涛结合自己在企业管理方面的经验，以演讲和教学的形式，在行业内授课讲学，深受广大物业行业学员的欢迎。2015 年，闻涛受聘为北京大学继续教育学院物业管理高端研修班核心讲师，经过多年编写，于 2017 年 1 月出版了他的第一本物业行业理论研究著作《周易与物业管理》，在全国物业行业受到广泛关注。

面对未来，闻涛表示，当房地产市场进入存量时代，物业管理将成为新的增长点，将受到越来越多的关注。未来，成都金房物业集团将不忘初心，继续勇担行业使命，为更多的业主提供优质服务。

## 人物名片

　　洪思新，男，生于1952年11月，中共党员，高级工程师，现任四汇建设集团有限公司董事长、党委书记，德阳市工商联副主席，曾任四川省第十一、十二届人大代表。2018年荣获"改革开放40年四川省百名杰出民营企业家"称号。

# 洪思新：
## 创新引领，阔步发展

洪思新创建的四汇建设集团，在创新、创业的道路上攻坚克难，他用 20 多年的艰苦创业推动了企业的快速发展，使企业从一个做房屋维修、维护的小建筑公司，发展成今天拥有建筑施工、房产开发、创业园投资经营、酒店投资经营等业务，注册资本 3.06 亿元，年产值达 20 亿元的企业集团，走出了一条"为生产服务、为生活服务，做城市生活运营商"的企业转型升级之路。四汇集团是经国家工商总局核准注册的中国无区域性企业集团，"四汇"商标被评为四川省著名商标，企业获得"全国安全生产先进企业""全国重合同守信用企业"等 9 个国家级奖项，"四川省建筑先进企业"等 88 个省级奖项，德阳市优秀重点民营企业等 208 个市级奖项。企业一贯坚持诚信为本，依法经营，连续多年获得"全国重合同守信用企业"，被多家银行授予 AAA 信用等级，获得"中国房地产诚信企业"，连续多年被评为优秀纳税企业。

### ▶ 坚持技术创新，做强建筑施工主业

四汇集团始终坚持走技术创新之路，打造企业核心竞争力。他们与四川建院等多所高校开展校企合作，在技术发明、工艺创新、成果转换、专业人员培训、大学生就业等多方面开展了合作，取得了良好的成绩；建立了集团技术中心，取得了 2 项发明专利、16 项实用新型专利；参与了行业《建筑施工标准》《建筑施工工法》的编制工作；获得两项德阳市科技进步三等奖。

在德阳市民营企业中较早获得房屋建筑工程施工总承包、市政公用工程施工总承包、房产经纪等 12 项一级资质，同时拥有房地产开发、物业管理等 4 项二级资质，并在本行业率先通过三项国家权威认证。2000 年通过 ISO9001 质量管理体系认证，2004 年通过 ISO14001 环境管理体系认证和 OHSMS18000 职业健康安全管理体系认证。高效优质完成的德阳中学等近百项灾后重建房建工程，德阳海关、"庐山援建"

等一批工程受到了国家、省、市有关部门的肯定和表彰；高效优质完成了"长江路"等几十项灾后重建市政工程，承建了贵州保利公园等一大批民生工程。22 项工程获四川省优质工程"天府杯"奖，28 项工程获四川省结构优质工程，35 项工程获德阳市优质工程"旌湖杯"奖。由于建筑安全成绩突出，获得"全国建筑安全生产先进集体"，多次被评为"四川省建筑业先进企业""四川省工程建设系统质量管理优秀企业"。四汇集团还积极开拓外省市场，目前建筑业务已拓展到贵州、湖南、安徽、西藏、新疆、云南等地，积极争取与相关央企合作，积极参加"一带一路"倡议沿线国家和地区建设，拓展国际市场。

## ▶ 创新管理服务，提供服务综合解决方案

四汇集团坚持"建老百姓买得起的好房子"理念，坚持在价格相同的前提下建设高质量、高品质的商品房，在德阳首创整体现浇、同层排水、高层建筑大模板施工、迷你阳台、外墙防渗漏等新技术，在德阳率先推出精装房。四汇集团开发的"汇乐苑""汇乐馨苑""汇乐花城""汇乐月亮湾""汇乐雅新郡""汇乐国际"等小区，以优良的品质、创新的产品、诚实守信的企业精神、优质的服务配套打造出了"汇乐"房产品牌，得到了消费者的广泛认可，获得了良好的社会口碑，开发和管理的多个小区获省"绿色社区"、市"园林式居住小区"等荣誉。近年来，四汇集团已逐步实施了从开发到全方位服务的企业转型升级，取得了可喜的成绩。

## ▶ 瞄准孵化商机，成功拓展创业园

洪思新于 2004 年投资创建的四汇创业园现已形成了面积 36723 平方米的涵盖自控仪表、机械加工、钢结构制作施工、汽车销售保修等行业的创业园区，探索出一条"政府指导、民间投入、市场化机制、企业运作"的园区投资经营运作模式。目前，成功孵化 58 家企业（已孵化毕业 26 家，现有在孵企业 32 家），园区企业年总产值超过 3 亿元，安置就业 1000 多人。四汇创业园除向孵化企业提供生产、生活场地外，还建立健全了园区创业孵化八大服务平台，为园区企业提供全面服务。在为园区企业服务中，四汇集团为威卡仪表公司提供创业资金支持，使其当年正常投产、当年实现盈利，目前已发展成为年产值 4000 多万元的高新技术企业。同时，积极为大学生创业者提供创业平台及经营贷款服务。四汇创业园"一方投入、多方获益"的

模式受到了省市有关主管部门的高度肯定和认同，先后被认定为"国家中小企业扶持项目实施单位""四川省小企业创业示范基地""四川省生产性服务示范企业""四川省高校毕业生创业基地""四川省科技企业孵化器"。

## ▶ 创新发展战略，稳步转型进入旅游服务领域

四汇集团贯彻四川省三大发展战略和德阳市委、市政府"一三五八"发展战略，制定了全面转型现代服务业的企业转型升级发展战略。

2009年正式进军旅游服务业，投资3.8亿元建设的五星级酒店项目——汉瑞酒店，已于2012年3月16日奠基开工建设，2018年8月已进入试营业。该酒店各类设备齐全，提供专职管家全程跟踪服务，是商务会议、婚寿宴会以及各类活动的首选酒店。

2016年1月，集团成功并购德阳地标性建筑——德阳大酒店，并更名为四汇新德大酒店，不断学习国内外先进管理经验，全面提高质量管理。经过多年潜心经营和转型升级，酒店先后荣获"四川最佳星级饭店""银叶级绿色旅游饭店""四川餐饮名店""四川分餐制大赛一等奖""中国川菜大赛全能金奖""全国绿色餐饮企业"等殊荣。两大品牌酒店坐拥城中和城南核心商圈，体现四汇集团转型升级现代服务业，拓展旅游业和酒店业的决心。

## ▶ 加强企业文化建设，打造企业"精、气、神"

洪思新积极贯彻党和政府的方针政策，长期坚持企业文化建设，形成了"正面思维、阳光心态"，"不摆花架子、不搞两张皮"的企业文化，彰显了企业的"精、气、神"。四汇集团于2001年建立党支部，2013年升级为党委，党委多次被德阳市委、经开区党工委评为先进基层党组织，并于2017年获德阳市及经开区"四星级党组织"称号。企业工会成立于1999年，围绕"职工维权、促进和谐、关爱员工、共同发展"的中心职能，各项成绩突出，被全国总工会、全国工商联授予"全国双爱双评先进企业""模范职工之家"荣誉。2004年创造性建立了企业青年读书会，2011年升级为共青团委，企业青年读书会、共青团在企业发展、青年员工成长、企业文化建设等方面成绩突出。四汇集团的企业文化建设工作受到各级的肯定表彰，荣获"四川省民营企业文化建设先进单位"，企业文化成为推动企业健康发展的强大动力。

## 人物名片

桂勇，1965年4月出生，中共党员，研究生学历，四川永隆（集团）有限公司董事长，四川省人大代表、四川省光彩事业促进会副会长、四川省总商会副会长。

永隆集团曾先后获得"中华慈善奖""全国五一劳动奖状""全国民营企业文化建设先进单位""中华慈善突出贡献奖"等多项国家级荣誉，并被省委省政府授予"四川省优秀民营企业"称号，桂勇本人也荣膺"四川省十大杰出民营企业家""改革开放40年四川省百名杰出民营企业家""全国社会扶贫先进个人"称号。

# 桂　勇：
## 诚信铸品牌，爱心献社会

20 世纪 90 年代，我国市场经济开始起步，国家鼓励青年干部下海创业。1995年，30 岁出头的桂勇已经是广元市委组织部干教办主任，但他并不满足于"铁饭碗"，积极响应国家号召，毅然辞去公职，下海创办民营企业，永隆由此诞生。

在企业经营中，桂勇始终坚持用党的方针政策指导投资决策，用诚信经营、守法经营与严格自律发展企业，并热心于慈善公益事业，践行企业社会责任。历经 20余年创新发展，公司如今已形成以永隆实业为母公司，拥有凤凰连锁酒店、永隆精品百货、剑门蜀道旅游、永隆物业管理等多家子公司的现代民营企业集团，资产规模、运营能力、品牌声誉均位居广元民营企业前列。

## ▶ 打造精品项目，提升城市品位

城市的发展，离不开精品项目的推动。长期以来，桂勇始终坚持建设、运营精品项目，把项目品质作为城市品位的一部分来打造，在开发项目的同时也践行着城市推动者的责任，为城市建设贡献力量。在满足人民美好生活需求的同时，也美化着城市形象，完善着城市功能，为人居环境增色添彩。

坚持品质是永隆品牌屹立 20 余年的秘诀。在永隆集团的企业理念中，只有依靠品质和价值，赢得更多人更长久的热爱，才是对城市未来发展有推动作用的市场责任行为，这在永隆集团涉猎的多个行业，如房地产开发、精品百货、连锁酒店中已有印证。

永隆集团开发的滨利阳光精品项目，以其"改善型＋享受型"理念以及现房品质，赢得了客户、市场、同行的一致称赞，成为川陕甘结合部精品住宅的代表。永隆精品百货从开业第一天起，便致力于改善城市商业环境，提升市民购物体验，公司不仅无偿出资建设了商业中心广场，还将商场周边的人行道全部进行了升级改造，为消费者创造出更好的购物、休闲环境。凤凰连锁酒店成立之初，正值广元酒店行业快速发展时期，面对大好的市场形势，凤凰连锁酒店并未高速扩张，而是专注于做精产品品质、做细服务质量，稳扎稳打，走精品连锁酒店之路。

对品质的坚守，牺牲了一定的利润、速度、规模，这也是桂勇的取舍之道，他将更多精力放在了如何提升产品服务品质、如何为消费者带来更好消费体验、如何提升城市品位上面。利润上的"低"，却收获了产品品质上的"高"；速度上的"慢"，却收获了客户认同上的"快"；规模上的"小"，却收获了企业品牌形象上的"大"。

## ▶ 注重社会效益，践行企业责任

桂勇深知，一滴水只有融进大海才永远不会干涸，一家企业只有融入国家经济社会发展大局才最有前途。在企业经营发展过程中，他始终坚持将企业效益与社会效益相结合，积极融入地方经济产业发展战略，将消费升级、精准扶贫、落后地区城市配套建设等，视为企业发展的新机遇。特别是汶川地震灾后重建工作中，永隆集团在广元主城区投资建设了首家大型精品百货商场，结合剑门蜀道旅游投资了有4家分店的凤凰连锁酒店，还投资建成了大型书城、儿童城与数码广场等城市公共配套项目，并解决了1200多人的就业，其中有800多人来自农村贫困家庭。

在业务拓展和发展战略布局上，桂勇始终考虑贫困地区发展需要。2011年，考虑到朝天贫困县区城镇功能配套需要、当地农民工就业需要、古栈道特色旅游接待需要等诸多因素，永隆集团在川陕甘结合部的朝天区，投资近2亿元建设了星级酒店和购物中心，确保了川陕甘三省十二方旅游发展大会的接待服务，同时也解决了当地200多人的就业问题。

近年来，桂勇积极响应省、市推进脱贫攻坚的部署和号召，积极支持各项社会公益事业，促进脱贫攻坚。2017—2018年向凉山地区捐款40万元用于精准扶贫；与朝天区临溪乡结对帮扶，优先向村民提供就业岗位以及采购农副产品；向昭化区虎跳镇三公村捐赠扶贫资金10万元；向剑阁县盐店镇捐款50万元改善基础设施……

## ▶ 坚持捐资助学，千名学子圆梦

2005年，一名学生在永隆集团旗下凤凰酒店做暑期工，而且一直请求做两份工作，公司后来了解到这位学生刚参加完高考，因父母长期患病，为减轻家庭负担，这才自己出来打工挣学费。这件事引起了董事长桂勇的关注，对他触动很大，他从小在川北剑门山区农村长大，深知穷人家的孩子只有读书才能改变命运。那一年，正值永隆集团成立10周年之际，公司筹划举办一次10周年庆典，桂勇决定取消庆典，把资金拿出来成立了"永隆慈善助学金"，长期资助全市品学兼优、家庭贫困的大学新生，当年共资助91名寒门学子圆了大学梦，由此开启了永隆集团延续至今的捐资助学之路。截至2018年，"永隆慈善助学金"已连续实施14年，捐资总额超千万元，累计资助2600余名学子圆梦。

2014年，受经济大环境影响，永隆集团经营发展面临一定压力，流动资金周转比较困难，董事会提议暂停慈善助学，但桂勇仍然坚持。他说："公司没有钱可以融资，资金周转困难也只是暂时的，而贫困学生则可能因为无力负担学费而影响一生的命运。"在这种使命与责任的驱动下，永隆集团一直将慈善助学坚持了下来，14年来从未间断。如今，捐资助学已成为公司的一项传统，并潜移默化地感染着员工，也成为了永隆全体员工的自觉行动。

"百年大计，教育为本。大学生承载着未来的希望，我们14年的持续付出，就是想为广元教育事业尽一点绵薄之力，让孩子们能感受到社会的温暖，撑起希望的蓝天。"全国道德模范、永隆集团工会主席罗玮表示，"14年来，我们不计回报的付出，也收获了很多感动，那就是唤起了全社会对公益事业的关注。近年来，在永隆集团的带动下，越来越多的广元企业参与到慈善公益行动中来，将我们的爱心接力传递下去。"

对于家庭特别贫困的优秀学子，永隆集团还长期资助，直到其大学毕业，同时组织主要管理人员与学生结对帮扶，为贫困学子提供全面帮助。如今，永隆集团资助的2600余名学子中，大部分已经走上了工作岗位，有的已成为跨国公司高管、省级机关公务员，也有研制国产大飞机的工程师，还有年产值上亿元的创业之星……受助学生将感恩化为实际行动，在各自的岗位上，尽自己的能力为国家经济社会发展贡献力量。

20多年来，在桂勇的带领下，永隆集团经历了发展与转型的巨变，但桂勇创业的初心未变，始终坚持"诚信经营，回报社会"，以精品项目提升城市品位与市民生活品质，积极投身慈善公益事业。当年那个满腔热情的年轻人，如今激情依旧，而且更多了一份笃定与坦然，坚守理想信念，无私回报社会，桂勇正以其诚信理念和奉献精神，展现出新时代民营企业家的价值追求和公益情怀。

## 人物名片

　　郭一民，男，汉族，四川什邡人，1968年11月出生，1985年7月参加工作，大专学历，高级经济师，现任四川蓝剑饮品集团有限公司董事长兼总经理。

　　他和企业坚持听党话、跟党走，遵守国家法律法规，大胆创新、锐意改革、与时俱进，不断探索适合本企业发展特色的经营之路。他不忘初心、致富思源、回馈社会，累计捐款捐物超过1亿元。他始终坚持心怀感动、守望相助，坚持做健康事业，持续践行企业社会责任，坚持做一个让人感到温暖的企业，不断把健康和温暖送入千家万户和每一个世界角落。

# 郭一民：
## 做一个让人感到温暖的企业

"带着爱前行，奉献爱能驱走寒冬和冷漠，做企业也要有温度和温暖！"郭一民经常在公司会议上感言。

"城市再繁华，但如果没有爱，也形同沙漠。我们对公益慈善的坚持，就是想通过我们的行动，去倡导人们关爱这个世界。让每个人都有一颗爱心，从而使我们的世界不再冷漠，变得温暖，而蓝剑的最终目的是做一家让人感到温暖的企业。"蓝剑饮品集团董事长郭一民如是说。

### ▶ 关注健康事业，带领企业创新发展

1998年，郭一民提出"终端决胜论"，首创"逆向做渠道"营销模式，15天打败竞争对手，3个月完成收购。2000年在全国首创"数字化"整合营销传播模式，打造中国第一个数字化啤酒品牌蓝剑528，"蓝剑"品牌价值当时达到5亿元。2004年至2007年，郭一民亲自参与操盘蓝剑的二次资本运作，让员工股权增值100倍，上演了资本市场的"蓝剑传奇"，也体现了他提出的"同创造、共分享"的财富分享理念。

2001年，郭一民在全国率先提出并践行"我们只销售健康"的经营理念，毅然决定放弃彼时高盈利的纯净水、碳酸饮料、高糖饮料，大力发展健康的天然矿泉水和天然植物蛋白饮品，成功推出"唯怡"品牌。2013年蓝剑通过3年技术攻关成功研发并推出全球首款不添加任何食品添加剂的植物蛋白饮品——"唯怡9果原浆"，开创了中国饮品"0添加剂"时代，堪称世界饮料史上的里程碑。

2015年，郭一民带领集团正式进军健康产业，按照欧盟标准从源头到餐桌打造全产业链绿色安全食品。次年，蓝剑战略增资德阳农商银行，继续保持"第一大股东"地位，为集团的大健康产业发展提供金融支持，全力推进产融结合的发展战略。

秉承"共同创造、共同分享"的财富分享理念，蓝剑实行股权激励制度。2016年，

在郭一民的指挥下，蓝剑集团完成员工和经销商配股，计划通过资本运作及企业上市，让员工和合作者享受蓝剑发展的红利，目前股改工作正在积极推进中。

30多年来郭一民致力于推动中国饮料食品行业回归自然，蓝剑集团从西南啤酒王到西部饮品龙头，至今已发展成为集天然饮品、天然矿泉水、酿酒、超级农场、连锁酒窖、环球食品、生物制药、国际贸易、银行、基金等产融结合的综合型大健康产业控股集团。目前已跻身中国饮料工业前十强，排名四川省百强企业第55位、中国民营企业制造业500强第490位。集团旗下的天然矿泉水产销量连续9年居全国第一，植物蛋白饮品产销量连续数年居中国西部第一。

## ▶ 践行社会责任，积极担当奉献社会

奉献爱心，致力公益，多一份爱，就多一份温暖、感动和激情。多年来，郭一民一直坚持诚信经营、热心公益，在他的带领下蓝剑集团在教育、体育和扶贫助困方面，累计为社会公益事业奉献已超过1亿元。

1996年，蓝剑投入100万元创办了蓝剑继光希望小学，让上万名贫困山区的孩子享受更好的教育，并在2008年经受住了汶川大地震的考验，无一师生伤亡。1999年，蓝剑集团向四川总工会捐赠1000万元成立社会公益基金，帮助贫困下岗职工子女求学，累计已帮扶1.3万多个贫困家庭。2008年5月21日，汶川大地震后第9天，蓝剑集团果断决定向四川省希望工程捐赠1000万元，设立"蓝剑5.12灾区助学基金"，用于灾区的灾后助学。这是汶川地震后中国饮品行业最大的一笔善款！

2012年，在北京市对口支援下，什邡市灾后重建成果辉煌，参与重建人员付出了大量艰辛努力。郭一民带领企业10位高管以发起人身份捐赠200万元，设立北京感恩公益基金会，用于关爱志愿者、扶助进城务工人员及城市流动儿童和农村留守儿童等。2015年11月，郭一民在川商年会上倡议成立1亿元"川商留守儿童援助基金"，并率先认捐1000万元，专门用于帮扶留守儿童。

还有什邡山区暴雨泥石流、雅安地震、康定地震、阿坝茂县叠溪镇泥石流……哪里有灾情，哪里需要帮助，哪里就有蓝剑人。据不完全统计，蓝剑集团在历次抢险救灾中投入资金累计已超过2000万元。

郭一民带领的蓝剑集团对社会责任的大义担当，对慈善公益的无私付出，对社会民众的温暖爱心，得到了社会各界的充分肯定与褒奖。作为四川企业的唯一代表，蓝剑集团分别在2009年和2014年获得全国希望工程20年、25年最高荣誉——特

殊贡献奖和杰出贡献奖。2017 年 12 月，在首届"四川慈善奖"的评选中，蓝剑集团荣获"四川慈善奖·最具爱心捐赠企业"称号。

随着企业规模不断扩张，经济效益持续增长，蓝剑向国家上缴利税也以每年 20% 的幅度递增，成为当地纳税大户，为地方财政做出了突出贡献。在全球遭遇金融危机、就业形势严峻的情况下，蓝剑不仅没有裁员，反而用工需求持续增长，解决了当地上万人的生活和就业问题，为稳定地方经济、构建和谐社会做出了贡献。

与此同时，蓝剑充分发挥企业资金、技术、管理等优势，结对帮扶什邡市蓥华镇天宝村、中江县南华镇鱼池村、凉山州喜德县等，因地制宜结合实际制定规划，开发结对村的资源，提高生产力，提升附加值，带动贫困村经济发展。

在郭一民的生意经里，还富含"绿色发展"的理念。蓝剑秉承企业可持续发展战略，加强环境保护，在节约能源、合理配置资源、消除环境污染方面做了大量工作。公司严格执行环境影响评价和"三同时"制度，积极采用新工艺、新技术改造提升落后设备，确保治污设施与生产能力相匹配，并始终正常运转。通过强化环境管理措施，对各类环境要素进行有效控制，固体废弃物、废水、废气的排放均达到国家相关要求。公司内部倡导节俭经营，全面推动无纸化办公，积极提高全员的环保意识。

## 人物名片

　　黄玉蛟，男，汉族，香港蛟龙集团 CEO，成都蛟龙工业港管理委员会主任，著名民营企业家。

　　黄玉蛟先后担任四川省政协委员、四川省工商联副主席、成都市人大代表、双流县第十七届人大常委，被评为首届成都市"优秀中国特色社会主义事业建设者"、第二届四川省"优秀中国特色社会主义事业建设者"、第八届"四川十大财经风云人物"、第十二届"四川十大财经风云人物"。他成功创办全国首家民营工业园区——成都蛟龙工业港，发展成为"成都市工业集中发展示范区"。

# 黄玉蛟：
## 打造产城融合发展的成都蛟龙港

现为四川省工商联副主席、双流区工商联主席、香港蛟龙集团 CEO、成都蛟龙港管理委员会主任的黄玉蛟，曾在 2000 年 6 月到成都某开发区要 5 亩地办工厂被拒绝，这本来是一个不好的结果，却让他从中发现了无限商机。"何不专门为企业建厂，做一个企业生产要素的提供者？"于是黄玉蛟成为民营经济成功创办园区"第一个吃螃蟹的人"，先在青羊区试水先行，成功打造了全国首家民营工业园区——成都蛟龙港青羊园区。2004 年，在双流政府的邀请和支持下，黄玉蛟又在双流打造了成都蛟龙港双流园区，经过 10 多年的探索和发展，成都蛟龙港已连续 6 年荣登中国民营企业 500 强，具有产业支撑、特色业态、产城融合等多种城市功能配套，成为业界标杆、行业先锋。

### ▶ 敢为天下先，打造蛟龙模式

成都蛟龙港在黄玉蛟的带领下，经过近 20 年的发展，现已成功构建起以现代服务业为主体，以高端产业为引领，以先进制造业为支撑的现代产业体系，呈现现代制造业和现代服务业并重的良好态势。截至目前，园区共引进企业 2380 多家，常住人口突破 10 万人，其首个产业转型升级项目，国家 AAAA 级景区海滨城作为集办公、旅游、亲子、教育、美食、休闲、购物、娱乐等多功能于一体的"全国首家商业旅游综合体"，核心业态浩海立方海洋馆打破 2 项吉尼斯世界纪录，也是"四川省科普基地""成都市科普基地"。2018 年，海滨城景区年接待游客量突破 2100 万人次，并在 2019 年五一劳动节假期中接待游客量突破 40 万人次。在 2017 年成都市旅游局颁布的第一季度报告中，海滨城景区位列成都市 AAAA 级景区游客满意度调查第二名，成为四川省游客满意度极高的旅游景区之一，成为成都双流文化旅游的新地标。

同时，成都蛟龙港为了实现可持续发展，打造了完整的基础配套设施，建成了活水公园（污水处理厂）、110KV 变电站、防洪系统（地下管廊）、白河景观长廊、高标准道路、展示中心、文化中心、电影院、医院、九年制义务教育学校等基础设施和民生工程。

在各级党委政府的关心支持下，成都蛟龙港已连续 6 年进入"中国民营企业 500 强"，获得了"四川省优秀民营企业""四川民营企业 100 强""四川慈善奖最具爱心捐赠企业""四川省'万企帮万村'精准扶贫行动先进企业""2018 年度精准扶贫突出贡献奖"等多项荣誉称号，并被列为"成都市工业集中发展示范区""成都市非公经济统战工作示范点"，创始人黄玉蛟获得了"四川省优秀民营企业家"的荣誉称号，

## ▶ 创新无限，建设海滨新城

在经济新常态下，黄玉蛟带领蛟龙港团队和园区千家企业坚持以国家政策及省市区政府的发展思路为指导思想，从未停止过蛟龙港前行、进化的步伐。他们调结构、转方式，通过实施以开发为导向的公共交通 TOD 模式，将高密度居住、零售、办公、公共设施和开发空间相互混合，实现公共交通系统的规划、建设与城市空间开发的有效、高效结合。

黄玉蛟表示，为加快推进蛟龙港产业转型升级、优化提升，成都蛟龙港将启动规划建设蛟龙（空港）海滨新城项目，全力打造一片海、两座岛、三中心（产业聚集中心、文化旅游中心、CBD 中心），把生态价值作为转型升级的重要出发点、着力点和落脚点，不断注入新内涵、彰显新价值、构建新功能，从而推进产业持续、社会和谐、城市美丽。

产业聚集中心将建设 50 米高的立体产业城，可搭建 160 万平方米的厂房，容纳约 600 家企业入驻。汽车可以直接将生产物资运至工厂每个楼层，每层都是一楼，体现最大化的集中节约用地，为更多中小微企业搭建生产经营平台，促进传统产业及航空、电子、高科技产业入驻双流、扎根双流、发展双流，形成产业良性循环的集群效应。为打造更好的环境，他们将在整个立体产业城、建筑物的房顶上以及岛上种植大量的森林植被，真正建成宜居宜商宜业的公园城市。

文化旅游中心将在海的中央建设两座岛屿，规划建设海滨城海洋王国、海滨城海洋乐园，以"其实成都有片海"的理念，与国际顶尖设计团队合作，提炼运用全世界最好的游乐园的优质项目、设计理念和制造技术，打造国家 AAAAA 级旅游景区。届时，蛟龙（空港）海滨新城的海滨城海洋乐园、海洋王国两个文旅项目，再加上现有的国家 AAAA 级旅游景区海滨城，每年将接待游客量突破 3000 万人次，为推动四川加快建设文化强省旅游强省、成都加快建设国家中心城市、双流加快建

设航空经济之都提供强劲动能。

CBD 中心是城市经济发展的中枢，也是这个城市经济开放程度和经济实力的象征，是影响城市空间结构的重要因素，往往对城市空间起着主导或者核心的作用。凭借蛟龙港现有海滨城购物中心的优势，将在新规划的蛟龙（空港）海滨新城范围内打造 CBD 中心，建设约 100 栋写字楼，打造以总部经济为载体，集酒店、会议、会展、研发、设计、办公、综合体于一体的楼宇经济，推动商业发展高端化。

三大中心并非心血来潮、凭空想象，是黄玉蛟吸取已经建成并实现较好效益的国际知名项目的经验和教训后提出的规划。为了给市民提供更好的交通便利，营造更宜业宜居宜商的良好环境，三大中心将通过蛟龙港磁悬浮列车、蛟龙港地铁环线等现代化交通设施相互连通，并无缝衔接成都地铁。

"成都蛟龙港的一片海、两座岛、三中心，将主动适应未来环境建设要求，助推四川经济蓬勃发展，为成都建设国家中心城市分实基础，为双流建设空港门户城市、航空经济之都作出积极贡献。"黄玉蛟憧憬着说到。

## ▶ 致富思源，勇担社会责任

黄玉蛟不仅带领蛟龙港稳步健康发展，还积极投身于各项慈善事业，一直坚持弘扬民族精神，勇担社会责任。

成都蛟龙港从建园之初起，为实现园区企业务工人员子女能留在父母身边健康成长的目标，成都蛟龙港出资修建了蛟龙港九年一贯制五星学校，长期帮扶园区务工人员子女免费就读，为解决园区企业务工人员子女就学难题作出了巨大的贡献。

在成都市双流区援藏办、区工商联牵头主办的"双流区'千企帮千户'精准扶贫行动"启动仪式上，黄玉蛟向蛟龙港园区全体民营企业家发出倡议，为巴塘县精准脱贫做贡献。黄玉蛟调研了巴塘的人文市场和特殊地理环境，结合自身产业经验优势，参与捐赠并牵头实施建设甘孜州首家游乐园，让贫困群众入股，开启了精准扶贫新模式，让缺乏主导产业支撑、产业富民增收困难、集体经济收入低下的当地贫困地区群众早日脱贫，为贫困村脱贫增收开创了新路子。

自成都蛟龙港成立以来，积极践行光彩精神，他们结合自身优势，在"万企帮万村""巴塘学生格桑梅朵绽放工程""爱有戏义基金定向双流慈善项目""乐善航都会爱双流慈善活动"等多项社会公益活动中有突出表现。在抗震救灾、捐赠助学、扶危济困等方面累计捐款捐物 1.4 亿元。

## 人物名片

　　黄和昌，男，汉族，1966年5月出生，四川成都人，本科学历，高级经济师，民建成员，现为成都蜀虹装备制造股份有限公司董事长、江西蜀虹新材料有限公司执行董事。

　　黄和昌还担任政协成都市第十五届委员会委员、青白江区十八届人大代表、中国国际经济合作学会国际投资与合作委员会副主席、成都市机械制造业商会常务副会长、青白江区蓉欧工业商会会长，先后荣获"四川省优秀民营企业家""成都市优秀民营企业家""青白江区第三届道德模范"等。

# 黄和昌：
## 科技创新领跑全球

从 1988 年开始，黄和昌就与机械行业结下了不解之缘，从此脚踏实地、一步一个脚印从新都通用机械厂经营厂长做起，历经成都市青白江区新华机械厂经营厂长、成都市青白江区革新特种合金铸造厂厂长、四川化工机械厂革新分厂厂长、成都蜀虹机械设备有限公司董事长，现任成都蜀虹装备制造股份有限公司董事长、江西蜀虹新料有限公司执行董事。

30 多年来，黄和昌深耕于机械行业，从未离场，从最早做简单的瓶盖生产起步，到现在拥有 5 米重型数控立车 1 台、200 昆机数控落地镗 1 台、3×6 米定梁龙门加工中心 1 台、3.2×18 米四导轨重型卧车 2 台、数显 60mm 卷板机 1 台、数控火焰切割机 2 台、110 数显镗床 1 台、数控普车 4 台、1.2 米 ×0.6 米加工中心 1 台等不同设备总计 110 台（套），总资产达 2 亿多元，他践行着敬业、专注、精益、创新的"工匠精神"。

## ▶ 注重质量，建设品牌

在黄和昌的带领下，成都蜀虹装备制造已经发展成有色金属线材生产设备及技术系统集成方案的供应商，以研发、生产和销售有色金属线材连铸连轧系列成套设备为主业，主要产品包括电解铜竖式熔化炉（配套保温及预混气系统）、废铜固定式反射炉及倾动式精炼炉、环保系统、低氧铜杆连铸连轧生产线、无氧铜上引连铸生产线及冷轧机、铝（铝合金）杆连铸连轧生产线、铝合金锭轮带式浇铸生产线、成套设备的各种零部件。

他高度重视质量管理工作，坚持"质量为本、规范管理、持续改进、顾客满意"的方针，建立了质量管理体系，全员积极参与质量工作，

通过满足客户要求，不断增强客户的满意度，于 2018 年 8 月取得了新版的《质量管理体系认证证书》。

现在，蜀虹装备在注重质量的基础上，提高服务水平，占有 75% 的全国细分市

场，产品覆盖了除港澳台及西藏以外的 30 个省（市）、自治区。公司的连铸连轧成套设备通过了欧盟 CE 认证，达到欧盟环保和质量要求，产品远销出口至印度、土耳其等 20 多个国家和地区，是中国制造网的核心供应商、必联网中国核心供应商，并入选中国名优数据库优秀企业。铜杆、铝（合金）杆连铸连轧生产线被列入成都市地方名优产品推荐目录，"蜀虹"商标为"四川省著名商标""成都市著名商标"，公司"蜀虹"品牌于 2018 年 8 月第十二届中国品牌节大会上荣获"2018 中国品牌节金谱奖——专用设备制造业创新品牌"。

## ▶ 科技创新，独占鳌头

黄和昌说："创新是一个民族进步的灵魂，是一个国家兴旺发达的不竭动力，对一个企业来说，创新是企业生存发展的根本，蜀虹装备能够从成立之初只能从事简单来料加工的小作坊，发展为具有自主知识产权的现代化企业，始终把技术创新放在重要位置，在不多的利润中拿出经费来做技术研发，目前研发投入已占公司销售收入的 4%，每年还在不断增加。"

成都蜀虹装备制造股份有限公司单独建设了一栋建筑面积 4500 余平方米的 6 层楼作为研发中心，以及 500 平方米的现代化设备实验室，并组建了一支老中青搭配合理，既有"老骥伏枥、志在千里"的 70 多岁的高级工程师，也有踏出校门不久的青年才俊，还有各类专业骨干人才，构成了凝聚力和战斗力强的研发团队。

对技术研发人员实行弹性薪酬制度，按照项目管理责任制，每位技术人员都参与到具体项目，考核发放绩效激励，确保技术人员收入的增长速度不低于销售人员的增长速度，在同类企业处于前列。2003 年设立的公司企业技术中心，先后被认定为成都市企业技术中心、四川省企业技术中心，取得了 43 项授权专利，其中发明专利 3 项。

在不断加快自主研发的同时，积极引进高校的智力支持，于 2017 年 8 月与四川理工学院签订了校企合作协议，通过建立硕士、博士工作站，全面深化校企合作。2016 年，在通过成都市知识产权试点企业验收的基础上，被列为成都市知识产权优势培育企业，取得了 40 吨线材轧机装置、15 吨铝杆两辊连铸连轧机组装置等授权专利 40 余项，其中两项发明专利已进入实质审查阶段。

"我们研发的铜杆连铸连轧生产线，早在 2014 年 1 月 28 日就被四川省经济和信息化委员会、四川省财政厅联合认定为四川省重大技术装备省内首台（套）产品，填补了国内空白。"黄和昌自豪地告诉记者，"目前，全球只有美国南线、德国西马克·梅尔公司和蜀虹三家公司具备此项生产能力。"

借助国家创新驱动的春风，黄和昌满怀信心，他表示将进一步加大研发投入，鼓励创新，不断提高全员参与的积极性，继续与国家科研院所合作，共同建设四川工程创新中心。2019 年，将完成成都市级工程创新中心建设和四川省级知识产权试点认定工作，争取 2020 年完成院士工作站认定。

为了建立健全法人治理机构，规范管理，提高决策效率，降低决策风险，以及拓宽融资渠道，黄和昌说："2014 年 12 月蜀虹装备作为青白江区首家在全国股份转让系统完成挂牌的企业，在新三板成功挂牌上市，为公司下一步的健康持续发展奠定了基础。"

目前，成都蜀虹装备制造股份有限公司为中国国际经济合作学会国际投资与合作委员会副主席单位、四川省进出口商会会员、成都市机械制造业商会常务副会长单位、成都市青白江区红十字会理事单位。

近年来，公司先后被评为"科技创新企业""成都市百强民营企业"，黄和昌先后被四川省委、省政府评为"四川省优秀民营企业家"，被成都市委、市政府评为"成都市优秀民营企业家"。

## ▶ 引领会员，抱团发展

青白江是中国（四川）自由贸易试验区三大片区之一，从青白江始发的中欧班列，从 2013 年的 31 列到 2018 年的 1591 列，打造了 7 条国际铁路通道和 5 条国际铁海联运通道，已连接境外 25 个节点城市、国内沿海沿边 14 个城市，青白江已经步入了创新发展、跨越发展的新时代。

2019 年 4 月 28 日，在成都市青白江区蓉欧工业商会成立大会上，黄和昌当选为商会首届会会长。青白江蓉欧工业商会的成立，既顺应了时代发展的客观要求，也回应了广大工业企业家们的共同呼声，成为青白江工业企业通过蓉欧快铁迈向世界的新起点。

黄和昌表示，青白江区蓉欧工业商会目前已有会员单位 70 余家，他一定不负众望，牢固树立民主意识，依靠商会全体会员和商会领导班子成员，团结一心把商会建成民主、和谐、阳光的商会，使商会与时俱进，充满生机和活力；牢固树立服务意识，为会员企业多办实事，多办好事，引导会员提升自身素质，认真帮助会员排忧解难，把商会真正办成温馨和谐的会员之家，从而增加商会的号召力、创造力、凝聚力。如今，黄和昌正践行着当选会长时的承诺，带领会员抱团发展，为青白江经济的发展贡献着蓉欧工业商会力量。

## 人物名片

　　曹世如，女，汉族，四川成都人，中共党员，高级经济师。现任成都红旗连锁股份有限公司党委书记、董事长、总经理，四川国际商会副会长，四川省商业联合会副会长，成都市工商联副主席。

　　她带领的红旗连锁，在四川省内开设了 2900 余家连锁超市，现有员工 17000 人，是四川省及成都市"重要生活必需品应急保供重点联系企业"，是"云平台大数据＋商品＋社区服务＋金融"的现代科技连锁企业，是中国 A 股市场首家便利连锁超市上市企业，2018 年上缴税收和社保近 5 亿元。

# 曹世如：

## 用"互联网＋科技连锁"服务"好邻居"

2019 年 7 月 1 日，四川人身边的"好邻居"——红旗连锁超市的党委书记、董事长、总经理曹世如，被四川省委表彰为四川省优秀共产党员。

### ▶ 听党话跟党走，党建引领企业高质量发展

曹世如认为，作为一名民营企业家，今天取得的这一切成绩，都是党和国家提供的机遇和平台，要感恩 40 年改革开放。因此，她认为民营企业家要永远怀有一颗感恩的心，感党恩、听党话，坚定信心跟党走。

红旗连锁长期坚持五大建设——企业党建、企业文化建设、信息化建设、网络建设、物流建设，特别是将"企业党建"放在企业发展首位。坚持党建引领企业发展，提升党组织的政治领导力。19 年来，公司从 3 个党员发展到如今的千余名党员，在公司的高管和核心管理人员中，90% 以上都是共产党员，充分发挥出党委的核心领导作用和党员的先锋模范作用。曹世如也多次受邀走进学校、走进企业，为大学生、中学生、企业家讲党课，进行人生和职业规划指导。她认为，这与党对她多年的教育和培养分不开。

曹世如曾连续当选三届四川省人大代表，是四川省优秀党务工作者、全国妇代会代表和全国三八红旗手，获得 2007 "亚太最具创造力华商领袖·女企业家"奖、2010 东亚未来企业领袖大奖、中国杰出创业女性奖等多项荣誉。在她的带领下，2018 年红旗连锁实现营收和利润大幅增长，其中利润增长 96%。

此次当选四川省优秀共产党员，曹世如表示："我是一个企业家，但首先是个共产党员。作为一名党员企业家，我所理解的企业家精神就是负责任、有担当。"

### ▶ 创新发展，不断提升企业核心竞争力

在曹世如的率领下，红旗连锁不断创新和提档升级，运用大数据、云平台、智

能技术，打造智慧零售新模式，满足人们消费升级需求，助推现代服务业高质量发展。在 2018 年 11 月举行的首届中国国际进口博览会上，红旗连锁就与来自意大利、澳大利亚等多个国际企业达成深度合作，将引进更多优质进口商品，满足不同的消费需求。

红旗连锁目前为广大消费者提供上万种商品，还利用庞大的市场网络和信息技术资源优势，开展公交卡充值、火车票代售、福利彩票和体育彩票代销、成都市中小学费用代缴、成都交投停车费代收等近 80 种增值服务，助推成都打造"5 分钟便民生活服务圈"。

红旗连锁目前已上线自助收银、24 小时无人售货服务、人脸识别、掌静脉支付、IMP 综合营销平台、移动客户端、微商城、供应商智能结算系统、红旗自助扫码购等，为广大消费者带来更便捷贴心的服务。公司还与多家具有竞争优势的线上企业合作，实现线下线上融合发展。

2016 年年底，由红旗连锁作为主发起人筹建的四川首家民营银行——新网银行正式开业，目前已实现盈利，经营势头良好。

2017 年年底，红旗连锁与永辉超市达成了战略合作，双方优势互补，在生鲜、物流、定制商品、渠道整合、供应链金融等方面展开深度合作。目前，红旗连锁已新增 160 余家生鲜店，致力于打造社区生活新业态。

2019 年 4 月，公司宣布使用自有资金 2800 万元收购 9010 位于大成都地区的门店使用权及其门店设施、设备的所有权，以及 9010 名下所有合法有效商标的所有权和使用权。

## ▶ 勇于担当，服务社会，回报社会

曹世如说："对企业家来说，要为社会多创造财富，实现经济效益和社会效益相结合。抗灾救危、公益慈善、精准扶贫，作为企业家，只要有能力的，就应该尽力伸出援手，积极承担社会责任。"

一个优秀的企业必然是一个回馈社会的企业。汶川地震、芦山地震等重大自然灾害来临之时，曹世如都带头为抗震救灾及灾后重建努力，三大配送中心发挥了积极作用，协助政府、军队运送了大量救灾物资，成为保障供给的生命线。

汶川地震后，曹世如还冒着余震不断的危险，亲赴都江堰聚源中学、青城后山、映秀等地震重灾区慰问，为灾区送去急需的食品和药品。在曹世如的指挥下，地震后四川省内上千家红旗连锁超市都陆续开始正常营业。红旗连锁第一个在地震重灾区开店营业，被人们誉为"零售业中的红旗""地震中的商业奇迹"。曹世如和公司还获得了国家有关部委授予的"全国工商联系统抗震救灾先进个人""汶川地震灾后恢复重建先进集体"。

2019年6月17日晚22时55分，四川省宜宾市长宁县发生的6.0级地震，灾情牵动社会各方人心。地震发生后，作为四川省及成都市重要生活必需品应急保供重点联系企业，红旗连锁第一时间启动应急机制，捐赠了500箱牛奶、500箱方便面等物资，三大配送中心24小时待命，随时全力配合政府相关部门调运救灾物资。红旗连锁15个党支部，近千名党员积极行动，奉献爱心。

2019年6月26日晚19：00，由红旗连锁与四川广播电视台联合主办的"红旗在我心中"纪念中国共产党建党98周年文艺晚会，在S1演播大厅现场录制并网络直播。晚会上，曹世如个人向简阳市禾丰镇、泸定县红军飞夺泸定桥战前动员会旧址保护修缮项目、简阳市宏缘乡金盆村产业扶贫项目、简阳市老龙乡土地坳村产业扶贫项目，共捐赠150万元，红旗连锁全体党员，通过四川省慈善总会向宜宾地震灾区捐赠20.5万元。

扶贫帮困，红旗连锁在曹世如领导下总是走在前面。近年来，红旗连锁积极响应政府号召，在广元、巴中、凉山、甘孜、阿坝等多地开展产业精准扶贫项目、设立"四川扶贫"产品专柜专区、吸纳建档立卡贫困人员就业等方式，多举措助力贫困地区脱贫攻坚，得到了各级党委政府的认可，赢得了社会各界的好评。

红旗连锁成立后为社会捐赠5000多万元，曹世如个人向社会捐赠1000多万元，她还主导设立扶贫基金、扶贫产品专柜，不断加强农超对接，助力四川脱贫攻坚。

曹世如表示："不忘初心，砥砺前行，红旗连锁将以习近平新时代中国特色社会主义思想为指导，坚定不移听党话、跟党走，深入贯彻落实党中央、省委省政府重大决策部署，充分发挥上市公司引领作用，竭力为地方经济发展做出新的更大贡献。"

## 人物名片

寇汉，男，1975 年 5 月出生，四川达州人，清华大学经管学院 EMBA 毕业，现任成都哆可梦网络科技有限公司首席执行官，是四川省天府创业领军人物、成都新经济重点培育人才。

# 寇　汉：
## 书写数字文创新奇迹

从创业初期不足 20 人，到如今拥有近千名员工；从一款游戏亏损 7000 万元，到 2018 年营收突破 20 亿元；从电信增值服务，到网络游戏发行与研发，再到投资数字文创产业；从名不见经传，到成长为"潜在独角兽"，并以近 18 亿元估值被上市公司收购。这就是成都哆可梦网络科技有限公司创始人、CEO 寇汉带领团队一步一个脚印经过的创业历程。

寇汉表示，未来哆可梦将定位于国内领先的移动互联网文化创意公司，是一家以游戏研发与发行、IP 投资与孵化为核心的数字文创运营企业。

### ▶ 创业：从电信增值到网游研发

作为成都市新经济优秀人才，寇汉创业 14 年，成为网游领域的一匹黑马，成为青年川商的领军人物。

1995 年，寇汉大学毕业后，被分配到民航系统工作。1998 年，他加盟中国联通四川省公司，被派到达州筹建分公司。之后回到成都，主推"交保证金免费拿手机"的销售模式，此事还上了中央电视台"焦点访谈"，并成为后来各运营商广为运用的模式。

正当寇汉在公司发展上升之际，做出一个惊人决定，毅然辞职下海创业。2004 年 3 月，寇汉创建了通信网络公司，整个创业团队还不到 20 人。

"当时用户用手机只能打电话，其他增值业务基本没有，而用户对各种信息内容的需要量很大，我预感到手机增值业务即将爆发。"就这样，电信增值业务成为他创业的突破口。

那时候，他的营销团队不分昼夜地工作，前一天晚上 12 点开完会后，第二天早上 8 点钟又准时出现在各电信运营商门口。功夫不负有心人，到 2006 年，他们与中国电信 27 家省级分公司开展业务合作，公司年收入超过亿元。

2009 年，寇汉开始第二次创业，当时他是《传奇》的铁杆玩家，寇汉越来越相信网络游戏的市场前景非常广阔。2009 年 5 月，寇汉创立成都哆可梦网络科技有限公司。当时国内 3G 建设才刚刚起步，市场终端和网络对手机游戏的支持度不强，寇汉也做好连续几年亏损的最坏打算。

寇汉抱有很大希望的手机端游戏《神话大陆》，从 2009 年下半年开始立项，总投资达 7000 万元，原计划两年半的开发周期竟延长到 5 年之久。2013 年正式上线测试，瞬间聚集上万名在线用户，当时寇汉以为即将大功告成，于是又投入 2000 多万元做推广。但随着手机网络大幅提速，端游用户快速流失，甚至连推广费都投不起了。最后《神话大陆》仅收入 2000 多万元，给公司带来 7000 多万元的亏损。

寇汉在最困难的时候，将公司员工从 350 多人裁减到 50 多人，甚至一度打算放弃。"这次失利说明当时我对移动互联网的快速崛起，以及智能手机的快速普及，根本就没有吃透看懂。"寇汉至今回想起来仍有些自责。

## ▶ 创新：率先自建手游流量平台

"2014 年下半年，喧嚣过后成都的手游圈归于寂静。"寇汉回忆说，半年时间里，成都手游内容提供商的数量骤减至不足 300 家。面对此情此景，寇汉在深思。"当时的手游业过度依赖应用市场的流量分派，其主动权没有掌握在自己手里，我决定从这里杀出一条血路来！"

从 2015 年开始，公司选择流量自主化和精细化营销战略，同时重点打造具有自主创新能力的研发与运营团队。2016 年年初，哆可梦广州团队成立，主要从事基于大数据精细化营销的流量经营业务，与此同时全面启动平台化运营，创立国内及海外两个自有平台。广发招贤令后，腾讯、网易、IGG、巨人等行业知名游戏公司的人员纷至沓来。

依托高效的流量经营平台，公司既可以主推自己研发的产品，以远低于传统联运模式的成本获取游戏付费玩家，同时还可以代理其他游戏公司的优秀产品，获取代理收入。目前国内平台 9187.cn 和海外平台 yahgame.com 影响力日益扩大，每天营收呈稳定上涨趋势。

目前公司出品的《斗罗大陆》（神界传说）、《兽人战争》和《斩龙传》等获得国家文化部、国家广播电视总局颁发的诸多荣誉奖项，《神话大罗》《浩天奇缘》更是荣获被称为网络游戏行业"鲁班奖"的"国家民族网游工程大奖"。

在寇汉看来，公司创业获得成功也得益于政府营造的良好投资环境。成都市提出要打造成为"全球游戏产业高地"和"中国手游第一城"，哆可梦公司也持续看好成都，并提出三年冲刺"百亿企业"战略目标。

## ▶ 愿景：做生态型文创公司

寇汉深知，"项目＋资本"是公司发展壮大不可或缺的两大因素。在创业过程中，公司对资本架构进行不断优化。2014年，创办国金投资的林嘉喜成为公司合伙人股东，2017年1月，信中利赞信以4亿元的成本受让哆可梦公司22.43%的股权股份。

产业的发展为公司估值的提升奠定坚实的基础。2017年12月，A股上市公司深圳惠程以近18亿元的估值成功并购公司剩余控股股权，哆可梦成为其控股子公司，创中国西部地区移动互联网并购案之最，也成为2017年中国移动互联网的年度大事件，公司发展进入一个新的阶段。

"通过资本运作可以实现多元化尝试和探索，千万不能因为上市而放松业务，必须时刻保持危机感和紧迫感。"按照寇汉的规划，公司将继续坚持"四化"战略，即业务平台化、市场全球化、流量自由化，以及生态链泛娱乐化。

为什么要做业务平台化？因为传统的营销模式是企业进行游戏研发，产品交给游戏代理商运营，收益双方协商分配。"这等于将自己的命运主宰权拱手让了出去，我们公司不想依靠这种模式来生存。"

"在市场全球化方面，中国14亿人口中，移动用户数量达9亿以上，在全球60亿人口中，大约有16亿移动用户。这些用户都是移动游戏的潜在客户，有那么大的市场等我们去开拓，公司必须顺势而为，实施市场全球化战略。"寇汉说。

对于流量自有化，寇汉认为这也是在新手游发行时代的必然要求，让优质产品能力放大，用户寻味而来，通过打磨产品和流量运营，可以源源不断地获取用户，不会因为其他原因导致用户量忽升忽降，从而影响业绩。

展望数字经济的未来，寇汉说："哆可梦将整合业界一流资源，全面布局移动互联网、大文创产业，培育数字经济领域的独角兽，扎实构建行业领先的数字创意生态链，并将联合四川省的数字经济企业，共同发起四川省数字经济商会，加速推动数字产业化和产业数字化。"

**人物名片**

　　彭家琪，男，汉族，民建成员，1964年3月出生，现为四川省工商联常委、德阳市人大常委、德阳市工商联副主席、四川琪达实业集团有限公司董事长。

　　在他的带领下，公司2018年提供就业岗位850余个，完成销售收入18130万元，实现利税3639万元。他积极履行社会责任，热衷公益事业，对贫困村及贫困人员等进行帮扶，产业援建及捐款捐物累计3000余万元。他曾获得"四川省统一战线抗震救灾先进个人"等荣誉。

# 彭家琪：
## 做中国最好的服装

1978 年十一届三中全会召开以后，市场经济的春风渐暖大地，改革开放后的第一批弄潮儿，纷纷投身市场经济的激流，彭家琪正是其中一员。

## ▶ 做好一件衣服

彭家琪小时家境困难，17 岁时，为了给家里减轻负担，他开始东奔西走，忍受日晒雨淋，做起了摆地摊卖百货的生意。那正是观念和制度新旧交替之时，摆地摊不但被人看不起，还要担心被没收摊子，所以彭家琪的地摊生意做得并不顺畅，长期饱受有上顿没下顿的生活煎熬。年轻的彭家琪意识到，只有学一门真正的手艺才能过上安稳的生活。听中江县城里的老百姓介绍说，有一个姓刘的裁缝师傅手艺一流，彭家琪萌发了拜师学艺的念头，凭着执著的精神，先后几经周折，彭家琪终于拜刘裁缝为师，成为小裁缝，也从此开始了与"一针一线"的不解之缘。

"出师"之后，彭家琪晚上在家做衣服，白天就骑着自行车去街上摆摊卖衣服，起早贪黑的他心里想着怎样做更好的衣服，怎样把生意做大。1984 年，彭家琪注册了个体营业执照，花了 3000 元成立了琪达的前身——中江县飞燕服装厂，这个仅有 7 个人、7 台缝纫机的小作坊，当时却是四川省首家私营服装企业。

事业仿佛小有所成，但有一次他拿着样品到绵阳推销，商家听说是中江产品，连样品都不看就下了逐客令，这件事深深地刺激了彭家琪。彭家琪回到厂里，在墙上刻上"团结奋斗、走出四川"八个大字，这成了他当时最大的目标。

1990 年，"飞燕服装厂"正式更名为"琪达服装厂"。1992 年，彭家琪学习其它行业的先进经验，率先开办了国内首家连锁型的服装专卖店，统一产品的外包装和店面装修风格。产品从原来单一地进入商场销售，变为商场专柜和专卖店同时销售。经过几年的发展，到 1998 年时，琪达专柜及专卖店已经遍布四川、重庆、广西、甘肃、陕西、云南、贵州等西南、西北各省，达到 300 多家，琪达终于成功走出四川，走向了全国！

如今，琪达更是引进了世界先进的制衣设备，建成了智能化生产线，成为了国内著名的服装定制专家。

风云激荡，大浪淘沙，当年的第一批民营企业家们走到现在的已寥若晨星，而能够历经这场"洗礼"的企业家却拥有了时代所赋予的成长。凭着多年的执着和不断进取，当年的小裁缝彭家琪已成为一名优秀的企业家，其创办的琪达实业在改革开放 40 年之际被评为"四川省优秀民营企业"。时间弹指一挥，而其间的故事却意味深长。

## ▶ 三次跨越

第一批快速成长的民营企业，多数淹没在市场发展的激流中，能够生存和发展壮大下来的，是那些能随时代之潮不断奔走向前的企业。

总结琪达的发展历程，彭家琪深有感触。"琪达发展了 30 多年，这 30 多年来，光在德阳就前后出现了几十家服装厂，但后来都被市场经济的大浪淘沙淘尽了，只有琪达走到了现在，而琪达能走到今天得益于我们的三次跨越。"

第一次跨跃是从作坊式向工业化升级。1989 年之前，琪达都是小作坊式生产。从 1984 开始，彭家琪去上海学习先进技术，考察学习大型服装厂的工业化流水线生产。1990 年，彭家琪引进技术，成立了德阳首家工业化流水生产线服装厂，琪达也从此在全省打出了名气。

第二次跨跃是从工业化生产到现代化服装生产。工业流水线生产给琪达带来了很大的效益，琪达得以进一步发展。1995 年，琪达从中江迁至德阳市区的凯江路，建立了现代化服装生产线，这是工业化到现代化的转型。

第三次跨跃是从现代化生产到智能化生产。2008 年，琪达在德阳经开区建立新厂，引进了智能化生产体系，包括智能裁剪、智能缝纫、智能管理，琪达全面进入智能化生产时代。这种智能化生产给前来调研的四川省委书记彭清华留下了深刻的印象，他在四川省民营经济健康发展大会上不无感慨地说："前几天我到德阳的琪达调研，这是一个传统企业，但是用的是现代科技，智能裁剪、智能缝制，设计也是用云端大数据，达到符合用户需求的最佳裁剪。我到了生产车间，看到生产、管理都非常智能、非常精细。"

30 多年来，琪达洞悉时代的风向，用这三次跨越跑到了行业的前头，让一个传统企业绽放出蓬勃的新生命形态。正如彭清华书记点赞琪达时所说："看起来是一个传统的生产企业，但利用最先进的科技手段提档升级，就变成了一个科技型的朝阳企业。"

琪达三次跨越的背后，是琪达 30 多年心无旁骛，始终坚持"只为做好一件衣服"的工匠精神和勇于创新的开拓精神。

## ▶ 第三个春天

2018 年 11 月 20 日，在四川省民营经济健康发展大会的现场，胸戴大红花接受表彰的彭家琪心潮澎湃。彭家琪的激动，不仅是因为琪达的发展方式得到了认同和高度赞扬，而更是深切地感受到来自中央和地方、来自社会各界对民营经济健康发展的关注，而琪达也将借此时机，迎来更多更大的发展机遇。

彭家琪深有感触地说："1984 年，对我来说是一个春天，因为那时候中江可以办个体工商户了，于是有了我的小作坊。1992 年，邓小平发表南方谈话是第二个春天，让企业家吃了定心丸，我还记得当时市里组织全市的企业家看现场直播。而现在我认为是第三个春天，在第三个春天里，琪达仍然将坚持 30 多年的经营理念，以诚信为本，提升产品和服务质量，一心一意，一针一线，做中国最好的服装，做最优质的企业。"

潮平两岸阔，风正一帆悬。在琪达的第三个春天里，琪达将用 5 到 10 年的时间，推进企业实现"服装定制行业全国前三、服装行业全国二十强、西南和西北行业第一"的企业战略！

## 人物名片

蒋光宁，男，汉族，中共党员，1972年4月出生，四川省工商联常委，内江市人大常委、市工商联副主席、内江市公交集团有限公司党委书记、总裁。

他积极建言献策，多次提出有利于公共交通与服务的提案。他热心社会公益事业，号召员工为地震灾区捐款捐物累计150余万元，每年资助贫困学生、员工子女20余名，累计支出50余万元，曾获四川省光彩事业突出贡献奖。

# 蒋光宁：

## 肩负公益使命，勇担社会责任

城市公交是承担市民出行任务的城市基础设施，是关系国计民生的社会公益事业。内江市公交集团是内江城区唯一拥有城市公交特许经营权的交通运输企业，肩负着城区 90% 市民出行的重要使命。作为这家拥有 1700 余名员工的公益性民营企业的掌舵人，内江市第七届人大常委、内江市公交集团党委书记、总裁蒋光宁不忘初心，牢记使命，锐意进取，创新发展，引领着内江公交这艘巨轮破浪前行，为内江市经济社会发展，提升城市形象、助力脱贫攻坚做出了杰出贡献。

### ▶ 心系员工，情满基层，夯实企业发展基础

2002 年，蒋光宁离开了工作 15 年的自来水公司，进入市公交公司担任基层管理职务。凭着在自来水公司 10 余年的基层工作经历，他从入职伊始，便始终坚持"为一线员工服务"的管理工作理念，由心而发地关心关怀一线员工。因为他清楚，在城市公交这样的劳动密集型公益服务性企业里，一线员工就是企业发展的基石，只有切实解决关系员工切身利益的实际问题、难题，他们才能更好地为社会百姓服务，企业才能平稳健康的发展。

在这一原则的指导下，他与公交驾驶员一起在寒冬腊月啃着馒头、裹着棉絮，在加气站彻夜排队等候加气；他在大年初一寒风凛冽的清晨，亲自为一线员工送上丰盛的早餐；他每月抽出一天举行"书记总裁接待日"，与基层员工交流座谈，听取他们的建议和意见，了解他们的问题和困难，并马上安排解决；他先后五次修订公司《困难员工帮扶制度》，建立起特困员工家庭长效帮扶机制，困难员工帮扶资金已达每年 68 万元，平均每年递增 10.6%；他带头并号召全公司为大病致困的员工发起捐款，共计筹得善款 80 余万元，为 16 个员工家庭重新点燃了希望之火。

他心系员工、关心基层的一举一动有力凝聚了员工力量。2014 年至 2016 年，受经营困难影响，集团发展面临生死存亡的危急关头，为确保企业继续生存，他不得已作出了"全员降薪"的决定。危难时刻显人心，没有一名员工因为降薪而离开，也没有一

名员工因为降薪而滋事，他们反而更加团结一致，用更加辛勤的劳动换来企业全面好转。

滴水之恩、涌泉相报，常怀感恩之心的他也号召员工们要心怀感恩，要感谢党、感谢国家、感谢社会、感谢公司、感谢亲人、感谢同事，浓厚的企业文化氛围换来的是满满的正能量。集团 1700 余名员工从未发生一起刑事犯罪案件，也从未发生群体上访事件，每年涌现好人好事 1300 余件次。集团也先后荣获"全国模范职工之家""四川省文明单位""四川省劳动关系和谐企业""四川省民营企业文化建设先进单位"等一系列荣誉称号。

## ▶ 心系百姓，坚持公益，提升城市窗口形象

出生在公交家庭，又在两家公益性单位分别有 10 多年的工作经历，蒋光宁仿佛生来便与"公益"二字有缘，这也坚定了他"服务大众、奉献社会"的决心。作为一名拥有近 20 年党龄的共产党员，他始终牢记"为人民服务"的初心，将百姓的利益放在首位。

2008 年，内江城区公交迎来票制改革，由原来的阶梯票价改为一元一票制（部分车型两元）。这个票价一定就是十年，十年来，员工工资涨了 4 倍，各类原材料价格也成倍增长，连出租车的价格也涨了一倍，而唯一不变的就是公交车的票价。近年来，集团经营形势严峻，公司内部出现了"涨票价"的声音，但都被他一口否决。"公交车是大多数市民出行的工具，就算企业经营再困难，也不能把企业增加的成本加在老百姓头上，让他们出行难。"蒋光宁说道。

票制改革还为全市百姓带来一项"福利"，那就是"九免三减"惠民利民政策——针对九种群体免费乘车、三种群体优惠乘车。从 2008 年起，公交集团始终坚持承担这部分社会公益支出。随着免费群体（如 65 岁以上老年人）和优惠群体（以学生和普通市民为主）的逐渐增多，这部分支出从最初的每年 800 万元增长至 2500 余万元，企业逐渐无力承担。在全国各地都以政府补贴形式来负担这部分支出的时候，蒋光宁却一直坚持到 2015 年，从未开口向政府要一分钱补助，取而代之的是一句"既然选择了公益事业，那就要把做公益坚持到底"。

此外，蒋光宁还积极支持社会公益事业，号召员工为地震灾区捐款捐物累计150 余万元；成立公交志愿者分队，走进社区帮扶孤寡老人；坚持开展金秋助学、栋梁工程活动，每年资助贫困学生、员工子女 20 余名，累计支出 50 余万元，圆了 80 余名莘莘学子的大学梦。

城市公交的车厢是一道流动的风景线，是一座城市的形象名片，坚持公益行动，

帮扶有需要的人，积极传播公交正能量，带来的不仅是企业员工整体素质的提升，也带来企业气质的升华。在每年的市民行风评测中，内江公交集团都以稳定的成绩名列前茅，市民满意率也逐年上升。集团先后被授予四川省创先争优先进基层党组织、四川省光彩事业先进单位，蒋光宁也荣获了四川省促进两个健康工作先进人士、四川省城市公交抗震救灾先进个人、四川省光彩事业突出贡献奖等荣誉称号。

## ▶ 心系社会，助力脱贫，共建和谐社会

"企业家与商人的区别在于商人唯利是图，企业家则以国家、社会和百姓利益为先。"蒋光宁弘扬企业家精神，心怀国家，奉献社会，造福百姓，切实担起企业家应有的责任。

蒋光宁大胆改革、敢于创新，实现企业突破式发展，树立了"公交优秀、产业拓展、多元精进"的发展理念，多元产业并举，企业快速发展的同时，为社会多提供就业岗位400余个，招收大学生80余名，有效缓解了就业压力。为困难员工家庭提供后勤工作岗位50余个，让他们自力更生，摆脱贫困。

公交集团先后开行10余条冷僻农村线路，将公交车开进村镇，有效改善了当地居民出行条件，带动了农村经济发展。他开荒拓土，在东兴区顺河镇白云村建立生态养殖基地，不仅带动了当地经济增长，还修建了柏油公路，周边乡民拍手称快。

蒋光宁乐善好施、授人以渔，奋力推进社会进步，他以个人名义资助10余名贫困学生，不仅帮助解决学费生活费，提供就业实习岗位，还充当他们的人生导师，让他们树立远大理想，用心回馈社会。他力主研发适宜当地生长的经济鱼类品种，并积极进行市场推广，在获得良好市场反响的同时也帮助一批贫困农户实现了可观收益。

全国城市公共交通先进个人、四川省五一劳动奖章、四川省优秀青年企业家、内江市十大杰出青年、"影响内江"十大杰出创新人物、内江市首届"十佳"企业家……一系列的个人荣誉，是他奋勇拼搏、开拓进取的源源动力。四川省工商联常委、四川省青年企业家协会副会长、内江市人大常委、内江市委第七届党代表、内江市工商联副主席、内江市企业家协会副会长……一系列的社会职务，更加坚定了他勇担责任、奉献社会的决心。

进入新时代，内江公交集团将坚持以习近平新时代中国特色社会主义思想为指导，坚持以人民为中心，践行"人民公交为人民"的工作理念，努力打造惠民公交、绿色公交、智慧公交、人文公交，为建设幸福美丽内江做出积极贡献，奋力谱写新时代治蜀兴川内江实践新篇章。

## 人物名片

雷文勇，男，汉族，1964年7月生，四川剑阁人，无党派人士，研究生学历，博士学位，高级经济师。现任四川铁骑力士实业有限公司董事长，全国工商联执委，中国畜牧业协会副主席，四川省科协副主席，四川省工商联副主席，四川省政协常委、农委副主任，绵阳市工商联名誉会长，绵阳市政协常委。

雷文勇个人先后荣获"全国劳动模范""全国关爱员工优秀民营企业家""全国畜牧业优秀工作者""四川省十大杰出青年""改革开放40年四川省百名杰出民营企业家"等荣誉。

# 雷文勇：
## 做中国高端食品领导者的情怀与担当

四川铁骑力士集团经过 27 年的淬炼，坚持写好"农"字大文章，如今已发展成为拥有圣迪乐村、猪鸡鸭产业、食品精深加工为一体的全产业链食品龙头企业。放眼未来，董事长雷文勇坦言："我们的目标是做中国高端食品领导者，打造世界型食品企业。"

铁骑力士为何有这样的底气和自信？因为有雷文勇的情怀与魅力，解读下来即为企业家精神的外延，他身上展现出来的奋斗与担当、创新与实干、学习与分享正是贯穿于企业发展的基因，成为铁骑力士上下一脉相承的文化。

### ▶ 担当责任成就大我，匠心雕琢成就铁骑事业

四川铁骑力士集团"火"了。一则关于《四川铁骑力士集团社会责任报告发布》的消息刷爆了省内各大主流媒体，这是集团成立 27 年来具有里程碑意义的一件大事，为绵阳乃至省内的民营企业做了一个榜样。

一个做企业的商人，骨子里理应流淌着商业的基因、经营的思维，为何雷文勇却在践行社会责任、融入乡村振兴上花费如此多的精力与热情？但凡熟悉雷文勇的人都知道，这里面有他的情怀与担当，是他这多年孜孜不倦、满腔激情投身于国家精准扶贫和乡村振兴战略的生动诠释。27 年来，他如同一条稳健牢实的"线"，串起了铁骑力士发展史上"责任、担当、慈善、公益……"这些美丽动人的珠子，成为铁骑力士一脉相承的企业文化。

"作为一家农牧企业，铁骑力士集团既要让农民脱贫，也要践行国家乡村振兴战略方针。"作为绵阳市政协委员的雷文勇，在市政协七届三次会议小组讨论会上发言。他认为：产业扶贫是脱贫攻坚的最强引擎，企业在产业扶贫上责无旁贷，而乡村振兴得靠新时代的农民。他提交的三份提案几乎都和脱贫攻坚、乡村振兴有关，更是提出"要把有知识的农民留在土地上，要看见农民的微笑"等新颖观点。按照

雷文勇的规划，公益也是企业的社会责任，建立一个新型农民职业技能培训基地更是乡村振兴、完善乡村文化服务体系的一种方式。

## ▶ 创造共享价值，帮助年轻人实现创业梦

在铁骑力士集团的发展过程中，雷文勇一直坚持以问题为导向，承担社会责任，在创造就业与财富的同时也创造社会价值，并通过创新的手段传递与分配社会价值。

2019年5月11，位于绵阳高新区的铁骑力士办公大楼热闹非凡，这里迎来了南海公学首期总裁班的新学员，他们之中既有企业家、学者，又有怀揣着创业梦的年轻人。如何关注青年创业，为企业链接更宽泛更广阔的发展平台，是雷文勇被选为"国家双创导师委员会主席"后一直思索的问题。这些年，他与长江商学院师生共同研讨并建立了"南海公学"这一非营利组织，致力于用学习创造价值，帮助年轻人完成创业梦想。

"在铁骑的舞台上，人人都是主角。"雷文勇认为，做为一家社会企业，不仅要关注企业自身发展，还应兼顾社会需求，注重社会价值共享，铁骑力士的企业文化就是创造、价值、共享。

事实上，早在1992年，他就提出了"一人富不算富，人人富才算富，铁骑力士就是要确保你富我富大家富"，这不仅充分体现了铁骑力士集团的社会担当，更体现了雷文勇对价值创造与利益共享的执着。

## ▶ 开疆拓土勇创新，啃下大凉山产业扶贫硬骨头

"创造力是铁骑力士集团最宝贵的财富，铁骑力士人人都有创造力，这是我们最大的优势。"当被问及铁骑力士最引以为豪的是什么时，雷文勇曾这样回答。他说，敢于冒险并承担风险，是企业家区别于一般职业经理人的最大特点，前提是不断打破固化思维。

真正的开拓者，既要有敢叫日月换新天的豪气，也要有不达目的不罢休的执着。对内，雷文勇推动了持续改善小组的成立，运行5年多的微创新管理体系是他对创新的追求；对外，雷文勇亲自到贫困落后的大凉山考察，先后3次摸底调研是他敢于承担风险、知行合一的最好作证。

于是后来的一切似乎水到渠成，雷文勇果断将铁骑力士集团产业扶贫的目标锁

定大凉山，主动出击，迎难而上，在党和国家提出"精准扶贫，一户也不漏"的关键时刻，他将凉山州这块"最难啃的硬骨头"承接了下来。

2014 年，铁骑力士集团与三台县合作启动了"百万头健康生猪产业项目"。

2016 年，铁骑力士集团与凉山州签订了《220 万头生猪养殖园区项目战略合作协议》，计划投资 25 亿元，通过产业发展带动 2200 户贫困家庭致富。

2017 年，铁骑力士集团在贵州省松桃苗族自治县投资 60 万套蛋种鸡、200 万只青年鸡基地建设项目。

2018 年，铁骑力士正式成立企业社会责任研究中心。

2019 年，铁骑力士成立乡村振兴实验室，并发布社会责任报告……

创立铁骑力士之前，雷文勇只是四川粮食局的一名小职员，每天埋头研究技术。有一天下班路上，大雨滂沱，他突然看到一位身形单薄的老妇人全身淋得透湿，却将自己的雨具盖在竹篓上，雷文勇冲上前，递上雨伞，询问她背的是什么——背的是油盐酱醋，背的是下半年的指望。

原来，老妇人竹篓里面背的是一只刚刚从市场购买的小仔猪。这一幕深深地刺痛了雷文勇，那一刻，他下决心将知识用起来，用科技帮助农民，带领他们走致富路。后来，诞生了铁骑力士，也有了国家级技术实验中心冯光德实验室，他培养了一批优秀的技术人才，却始终坚持扎根于"三农"这片土壤。

2017 年，雷文勇提出要将铁骑力士集团打造成牧业的华为，坚持以奋斗者为本。2018 年，枫叶牧场、三台智慧农业园区和食品工业园区、凉山精准扶贫项目等多箭齐发，共同打造"铁骑力士中国最美养猪场"。2019 年，组建并形成了铁骑力士乡村振兴实验室，拟在绵阳、凉山、贵州铜仁、黑龙江青冈等地启动，通过乡村振兴示范村建设，找到一条政府主导、企业助推、农民参与的共赢之路，形成可复制的范本。

## ▶ 怀抱开放与学习心态，向着必成目标挺进

读书与读人，是雷文勇的两大爱好，他自己爱学习，并且一直致力于打造一支学习团队。

早在创业初期，他就十分注重将学习的习惯、读书的风气带到管理队伍中。有一个开着车灯学习的故事，老员工们都知道。那是创业初期，雷文勇邀请绵阳师范学院蒲永川教授到公司为员工们培训，中途突遇停电，雷文勇便把课堂搬到了教室

外，命人把车灯全部打开，就着车灯完成了整个培训。

这 10 多年来，雷文勇游学、读书、深入一线，走出去引进来，建立企业开放与学习的机制，这使他能更客观冷静地看待企业百年发展大计中的重大问题。

2019 年 6 月 18—25 日，雷文勇带领骑士学院在梓潼两弹城进行了今年的首期培训，邀请长江商学院副院长王一江给学员视频授课，并请来全球知名战略专家陈明哲教授、陈宇平教授亲自讲课，对于企业而言，无疑于又一场顶级"思想盛宴"。

雷文勇在与员工现场分享时谈到，铁骑力士将在持续转变商业模式中践行社会责任，反哺社会，重构一个全新的、开放的铁骑力士系统，要肩负起"做中国高端食品领导者"的使命，向着"百年铁骑力士、国际化食品公司"的目标迈进！

**人物名片**

潘祖高，男，汉族，1965年5月出生，现任四川众望安全环保技术咨询有限公司董事长、四川省工商"三并联"服务中心主任、四川省并联评价评审促进会会长、四川省棋牌研究会副理事长。

他带领的众望咨询现已发展成为国内大型综合技术咨询服务机构，实现了"一次委托、并联服务、成果共享"，促进建设项目快速落地。

# 潘祖高:

## 责德合活，守正出奇

潘祖高，1965 年出生在三峡库区核心地带的重庆忠县。80 年代毕业后，潘祖高就职于攀钢集团旗下热电厂检修车间。在生产一线的摸爬滚打，经过技术管理的实践历练，他很快成为技术骨干，担任车间主任。在平稳成长、步步上升之时，他又有了新的目标：自主创业，追寻自己"要创一番事业、报效祖国"的梦想。

今天，潘祖高缔造了享誉业界的众望咨询，在咨询服务领域的创业路上，他守正出奇，不断创新，成功开创了促进建设项目科学上马、快速落地的"三并联"模式（并联评价、并联评审、并联审批），将独立、客观的民间智库和政府审批部门无缝对接，打通了中介服务和政府审批的"最后一公里"，破解了建设项目"并联审批"难题。

### ▶ 勇立潮头，踏歌而行

2003 年 6 月，已经在经营一家压力容器、压力管道、锅炉等设备设计、安装、维修工程公司的潘祖高，在《攀枝花日报》头版头条看到市长为"安全生产月"的署名文章，文中"鼓励民营经济进入安全生产服务领域"的内容，给经营特种设备工程公司多年的他极大启发。他明白安全生产对于企业的重要性，而规范责任又是安全生产的关键，于是决定进入安全服务的相关领域。经过仔细研究《安全生产法》并且多方咨询和调研，2004 年年初，他创办了攀枝花众望安全评价有限公司。两年后，攀枝花众望迁址成都，更名为四川众望安全环保技术咨询有限公司。

潘祖高在进行安全评价业务时，他发现建设项目从立项到落地，需要经过包括安全评估在内的多种评价，面临周期长、环节多、费用高等痛点。他不断完善业务体系、提升服务质量、扩大技术团队，陆续取得了包括环评、安评、工程咨询、职业卫生、水土保持、地质灾害、军工保密资质等在内的多种评价资质。四川众望也由单一的安评机构转变为一个综合性的技术服务机构，由此开启了"并联评价"新模式。

2013 年 9 月，在潘祖高的倡导和推动下，四川众望安全环保技术咨询有限公司等 5 家单位联合发起成立了四川省并联评价技术研究会（后更名为四川省并联评价评审促进会），潘祖高当选为理事长，成为"并联评价第一人"。在进一步深化审批制度改革的大环境下，四川省并联评价技术咨询研究会助推政府行政审批制度改革，促进经济建设提速增效，推动技术咨询服务行业与时俱进转变。

众望咨询凭借"并联评价"优质高效的引领优势和"责任厚德"的事业底线，不断将其完善为覆盖建设项目全生命周期的"并联技术咨询"服务体系，包括建设前期、施工期及竣工阶段的相关评价（估）、监测、检测、监理及验收。帮助投资建设项目实现了"一次委托、并联服务、成果共享"，促成建设项目快速落地，减少中间环节，提高中介服务质量和效率，政府相关职能部门多次鼓励开展"并联评价"。

## ▶ 与时俱进，创新突破

在深入推进"放管服"改革过程中，潘祖高不断完善业务体系，提升服务质量，在四川雅安灾后重建项目、自贡高新区工业项目等项目中推广应用，推动了建设项目快速落地。全国相对集中行政许可权试点武侯区行政审批局、天津临港经济区管委会、忠县发改委等审批主管部门先后引入了"三并联"模式。

近年来，潘祖高收到了省内外多地政府审批部门及政府投资平台公司的合作邀请，众望咨询先后与德阳市建设投资发展集团有限公司、攀枝花建设（集团）有限责任公司、资阳市国有资产投资管理有限责任公司、眉山工业投资有限公司、南充市工业发展投资有限责任公司等国有企业分别组建了混合所有制公司。这些公司以"并联技术咨询"的优势，共同推动当地建设项目快速落地、科学上马，同时为优化当地营商环境做出了积极贡献。目前，众望咨询已经组建成立了 10 个这种类型的公司，潘祖高对混合所有制试点改革进行了有效探索，众望咨询也迎来了新一轮发展历史时期。

潘祖高认为新经济浪潮下，"互联网 +"平台势在必行，2016 年年底，他组建了软件研发团队，创办了成都众望智慧科技有限公司、成都众望云科技有限公司，取得增值电信业务经营许可证，投资千万元创新建设"阳光并联云平台"。现在"阳光并联云平台"被四川省科技厅列为四川省 2017 年科技服务业示范项目（第一批），有专利、软件著作权等知识产权 30 多项，其子系统"园区 EHS 云管家"项目入选 2019 年四川省数字经济与实体经济融合创新优秀产品和应用实例。

"园区 EHS 云管家"解决了企业及园区安全环保管理问题，帮助企业安全环保管理上云，实现数字化，已经成功服务于遂宁市大英县工业集中发展区、成都市天府新区视高园区、兴盛园区等百余个园区及企业。依托"阳光并联云平台"，四川众望正在转型升级为基于自主研发的，集环境（E）、健康（H）、安全（S）综合型技术服务为一体的互联网平台型公司。

## ▶ 不改初心，砥砺前行

众望咨询在潘祖高的带领下，聚集了以博士、硕士为主的专业技术团队近 500 人（其中国家级专家 7 人、博士 13 人、硕士 226 人、高级工程师 56 人），并与西北农林科技大学、重庆大学等知名院校建立了"博士生工作站"和实习基地。于 2014 年 9 月成立了中共四川众望安全环保技术咨询有限公司委员会，现有党员 156 名，被评为"成都市非公党建示范点"。

2018 年企业营收突破 1.7 亿元，连续多年被评为重点纳税企业，是四川省生产性服务业示范企业、四川政府采购诚信服务商、四川省环保产业创新十强、成都市军民融合公共服务平台（第一批）企业、成都市企业技术中心、青羊环保技术服务产业园的牵头筹建单位等。

在发展企业的同时，潘祖高还兼任四川省工商"三并联"服务中心主任、四川省并联评价评审促进会会长、成都并联评价咨询商会负责人、四川省棋牌研究会副理事长、西华大学校友总会副会长、重庆忠县商会常务副会长等。潘祖高时刻不忘作为企业家的使命，带领全体众望人践行社会责任，关注扶贫，彰显社会公德。

在潘祖高的带领下，众望咨询积极参与精准扶贫，帮扶凉山州木里县克尔乡宣洼村，每年定期为该村共捐赠各类学习用品和物资，组织会员单位购买当地特色农产品。先后在汶川地震、玉树地震、芦山地震后，积极组织公司员工义务献血、捐款捐物、培训受灾群众、帮助灾区灵活就业等。特别是芦山地震发生后，迅速以"三并联"的形式启动了雅安天泉 10 个乡镇卫生院灾后重建项目，助推灾后重建项目提速 60%。他们还积极投身地方公益事业，每年定期为园区企业开展公益安全环保应急管理讲座、职业病危害与防治宣传活动。

潘祖高说："在这样一个充满阳光、鼓励创新的伟大时代，在互联网新经济浪潮下，我们更需要以责任、规范、诚信的理念推动企业科学发展，我们更需要坚守'阳光、正气、奉献、和谐'的健康成长理念，责德合活，守正出奇，为这个伟大的时代做出自己的贡献。"

## 人物名片

　　熊建华，男，1963 年 9 月生，四川峨眉山市人，中共党员，大专学历，硅酸盐工程高级工程师，现任四川峨胜水泥集团股份有限公司董事长、总经理、党委书记，中国水泥协会副会长、四川省水泥协会名誉会长、四川省工商联执委、乐山市工商联副主席。

　　自 1986 年从事公司管理工作至今，熊建华勇于开拓，锐意进取，在主持企业重大技术改造、新科技成果与新工艺推广应用以及企业生产、经营、管理、改革等方面取得了卓著的成绩，并积极参加社会公益事业，为企业的发展壮大和振兴地方经济做出了积极贡献。

# 熊建华：
## 坚持创新发展，勇担社会责任

峨胜水泥，从一个年产仅 2 万吨、濒临破产的企业，发展成为四川省水泥行业单个基地规模最大、集中度最高、极具竞争力和影响力的集团企业，成为全国建材行业先进集体、全国模范职工之家、全国厂务公开和民主管理先进单位、四川省政府质量管理奖获得单位。

一系列骄人的成绩，离不开从 1986 年创业至今的"舵手"，四川峨胜水泥集团股份有限公司党委书记、董事长、总经理熊建华。30 余年来，在企业生产、经营、管理、改革等方面，熊建华运筹帷幄、身先士卒，在企业重大技术改造、技术研发、市场开拓、新工艺装备和技术推广应用以及安全环保等方面，带领企业实现"滚雪球"式高质发展。

### ▶ 坚持技术革新，促进企业发展

在历次升级改造中，熊建华始终具有前瞻性，带领项目团队赴国际、国内调研考察，与设计院密切沟通，研究项目选型和具体细节。

在熊建华的带领下，公司成功完成几次较大规模技术改造，实现跨越式发展。1999 年，公司生产规模从 2 万吨增至 70 万吨，成为当时四川省最大规模机立窑水泥企业。2001 年，公司积极响应国家水泥产业政策号召，调整发展方向，先后于 2002 年和 2005 年建成日产 1000 吨和日产 2000 吨的两条新型干法水泥生产线，产能增至 170 万吨。2006 年至 2016 年，公司充分发挥政策、市场、人才、技术等优势，在自备石灰石矿山附近大力发展大型新型干法水泥，先后建成 5 条日产 4600 吨和 1 条日产 3000 吨新型干法水泥生产线，实现千万吨规模发展目标，成为西南地区大型水泥名企。

2016 年起，在严峻的经济形势和市场环境下，结合供给侧改革相关工作要求，熊建华提出"改革求生存"，带领公司开展体制机制改革和工艺技术升级改造。一方面，优化机构设置和岗位编制，合理定编定员，调整和优化工作流程，完善考评和薪酬管理办法，加强配套制度建设，实现机构和人员精简高效。另一方面，引进国际国内最先进的技术和装备，实施工艺技术改造，有效提升公司自动化、信息化、安全环保等方面的综合管理水平。

## ▶ 加强自主创新，提升核心力量

熊建华始终坚持"科技是第一生产力，创新是企业发展的不竭动力"。2005 年，公司成立技术中心，熊建华任亲自担任主任，先后牵头实施了"新型干法微膨胀性中热水泥研发""石灰石矿山长距离带式输送机节能发电项目""大型辊压机在水泥生产中的应用""大型立磨在水泥生产中的应用"等多项工艺设备的创新研发工作。2009 年，公司技术中心被认定为省级企业技术中心。

2010 年 6 月，熊建华将峨眉山市人民政府奖励公司的千万元巨奖作为初始基金，设立"峨眉山市人民政府峨胜创新基金"。自创新基金设立以来，共拨出 400 多万元对高压风机变频技术改造、中热熟料在 $\Phi 4.8 \times 74m$ 回转窑生产应用研究、企业信息化管理平台、能源管理系统等多项技术和管理创新成果的团队和个人给予创新奖励，有力推动公司创新工作有序开展。

同时，熊建华还坚持与西南科技大学、绵阳职业技术学院等高等院校开展校企合作，共同进行课题研究，取得了显著成果。近期，公司与绵阳职业技术学院合作开展的"基于'需求定向＋能力本位'的高职建筑材料工程技术专业教学改革研究与实践"项目被四川省人民政府授予"四川省第八届高等教育优秀教学成果一等奖"。校企合作的有效开展为企业创新创造增添了活力，增强了企业核心竞争力。

## ▶ 狠抓节能减排，做好环境保护

熊建华带领公司以先进技术推动节能减排、循环经济和环境保护工作，增强企业核心竞争力，保护峨眉山市自然生态环境，公司先后被评为国家级"资源节约型和环境友好型"试点企业、"国家级绿色矿山企业"和"国家级绿色工厂示范单位"。

2008 年和 2010 年，公司分两次主动淘汰了 70 万吨机立窑生产线，每年直接节约标准煤 9350 吨、节电 6650 万千瓦时，减排二氧化碳 14 万吨、减排二氧化硫 840 吨、减排粉尘 300 吨。

从 2001 年起，公司陆续采用新型干法水泥生产线替代传统机立窑，每条新建生产线环保投资占到项目投资 20% 以上。仅公司的九里生产厂区各类大小收尘设备就达 200 多套，绿化面积超过 5 万平方米，粉尘排放量仅为每立方米 10 毫克，比国标低 60% 以上。工厂采用优化设计、安装消声器、修建隔音墙等措施，有效降低噪声；通过采用循环水系统，水资源利用率达到 95% 以上；应用高压变频技术和纯低温余热发电技术，减少 40% 的生产耗电；配套建设 SNCR 脱硝系统，脱硝效率达 60% 以上，年减排氮氧化物 7000 多吨；率先在乐山市范围内引进建成水泥窑协同处置城市生活垃圾系统，每年可处理城市生活垃圾 13 万吨，有效保护峨眉山市生态环境。

## ▶ 履行社会责任，做好扶贫攻坚

在做大做强企业的同时，熊建华主动响应政府号召，积极参与扶贫、助学、慰问等活动，努力营造和谐劳动关系和社企和谐氛围。

2017 年 10 月，峨胜向四川省扶贫基金会乐山分会主动捐款 2000 万元，被乐山市脱贫攻坚领导小组评为"助力脱贫攻坚特别爱心企业"。2018 年 6 月，参加"沿着总书记足迹，重走凉山扶贫路"活动，向凉山州捐款 20 万元用于建设"中央厨房"；积极响应政府"百企帮百村"号召，定点精准帮扶峨眉山市大为镇楠香村。

几十年来，峨胜坚持营造良好社企关系，对厂区周边村组开展慰问活动。2010 年至 2018 年间，公司共慰问峨眉山市胜利镇、九里镇、大为镇贫困村民近 400 人次，赠送慰问品、慰问金共计 100 多万元。持续参加栋梁工程，大力捐资助学，已累计捐款达 1400 余万元。其中，2017 年公司向峨眉山市教育基金捐款 1200 万元。

带领企业高质量发展，为中国水泥行业进步和地方经济发展做贡献，造福一方百姓，回馈自然和社会，这是熊建华的目标，也是他践行一生的使命和责任。

## 人物名片

缪克良，四川内江人，九三学社成员，1999年毕业于哈尔滨工程大学（原哈军工）计算机学院，清华大学 EMBA 学历，现任珠海迈科智能科技股份有限公司董事长兼总经理、珠海四川商会会长、珠海市第四届人大代表。缪克良先后荣获珠海市金湾区优秀企业家、四川在粤优秀企业家、十大杰出内江籍在外企业家、珠澳国际创业节创业十大榜样人物、2016省杰出青年川商等多个荣誉称号。

# 缪克良：
## 科技创新，实业报国

出生在四川内江的缪克良，通过多年打拼，已是珠海企业科技创新的成功典范，他创办的珠海迈科智能科技股份有限公司已成为全球专业的"云、管、端、控"一站式方案提供商及数字电视内容服务提供商。

他积极践行"走出去"战略，先后在阿联酋、泰国、法国及巴西设立分公司。

在"互联网+"时代，缪克良"既仰望星空，又脚踏实地"，既勇敢走向国际市场冲浪，抢抓"一带一路"沿线国家商机，又不忘回乡投资，反哺家乡父老。

### ▶ 艰苦创业，铸就品牌

1999年，大学毕业后的缪克良只身来到珠海，在一家台资企业从事音视频解码器的研发，2004年他决心放弃已有的优越条件，带着创业的梦想和勇气来到深圳，开始完全未知的创业征程。

2004年9月21日，缪克良和业内志同道合的6个伙伴合伙，东拼西凑了50万元，在深圳华强北租下一套不到70平米的小民房，在简陋的办公环境中正式起航。

没有周转资金，没有订单，没有任何创业经验，他们借助别人的加工设备做实验、搞研发，和绵阳有实力的四川九洲电器集团合作，经过不断开拓创新，到2007年，公司进入深圳同行业前3名，员工人数达80人，人均产值超过500万元，开始崭露头角。

2008年，缪克良与他的团队回到珠海，正式成立珠海迈科电子科技有限公司，专注于数字电视接收行业新产品、新技术的研发。2011年公司发展迈上新里程，珠海迈科智能科技股份有限公司第一工业园在红旗工业园区正式建成投产，年产可达600万台数字电视设备，并先后在深圳、广州、成都、香港，以及国外的迪拜、圣保罗、约翰内斯堡设立公司及办事处。同期，珠海迈科智能科技股份有限公司先后投资成立珠海星科塑胶制品有限公司，实现产业链上游整合，投资成立珠海迈越信息技术有限公司，主要从事软件研发及技术支持，并在香港投资成立迈科国际科技有限公司运营海外市场。

2013 年，迈科投资建成的江西井冈山工业园是迈科拓展国内市场的第三大基地。2014 年 11 月 6 日，珠海迈科智能科技股份有限公司在"新三板"正式挂牌，成为珠海市"新三板"挂牌龙头企业。2015 年，迈科第二工业园在小林工业园区逐步投产，致力于打造以大数据为基础的集社区医疗、智能家居、健康养老、远程教育、互动娱乐、安全防护等功能的智能终端及系统服务平台，实现数字视讯产品与智能生活的个性化融合和分享。

## ▶ 创新升级，独占鳌头

以科技创新、技术进步为主体的企业，才是民族振兴的动力源泉，是国家财富增加的支柱所在。

缪克良对视讯产品行业具有超前的、敏锐的市场和行业洞察力，多年前他就提出了"跨界、融合、互联"的战略构想，依托这一构想，迈科智能立足数字业务，不断布局智慧城市、智慧医疗、军民融合、汽车电子等多业务板块，逐步从传统的产品提供商发展成为集云、管、端、控为一体的运营服务商。

"我们一直在创新，我们的核心理念就是跨界、互联、融合，把平台做强，把终端产品作为传输媒介，最终产生服务的收益。"缪克良说，"唯有不断的创新和进步才是企业生存的法则。我是软件工程师出身，所以对技术的要求非常高。"缪克良骨子里的工匠精神决定了迈科对产品质量孜孜不断的追求。

以技术为导向的迈科智能公司，每年以超过 50% 的投资额投入到研发中心，为迈科智能持续、稳定、长期发展奠定了坚实的基础。近年来，迈科智能在自动化、信息化、互联网化以及在智能制造方面，都投入了大量的人力、物力、财力，公司研发能力也在不断增强。现在迈科智能已拥有 800 名工程师，而且每年会招收近百名优秀大学毕业生、研究生加入到迈科智能的团队，现拥有近百项技术专利和软件著作权，被评为国家高新技术企业。

"迈科能发展到今天，是我们在思想、方向、目标上始终保持一致，不断学习提升，这是迈科有更多发展空间的重要原因，也是迈科的希望所在。"缪克良十分感慨地说。

在迈科公司展示大厅，智能无所不在。涉及方方面面的智能产品包罗万象，一款无人驾驶的运输机器手让车间的产品运输完全实现自动化，一款供传媒人使用的点播器已经成为现实的重要工具等。缪克良介绍说："智慧家庭、智慧城市是一门综合性学科，是多方面融合的结果。随着中国社会以及全球经济的发展，人们的消费理念不断提高，希望拥有更高品质的生活，通过智慧化城市管理可以推进高品质的城市建设，为未来的智慧生活带来更好的服务。我相信随着生态圈的打造，未来我们的发展空间会更大。"

在缪克良眼里，自动化机器人在未来的二三十年将是一个非常好的产业，迈科集团正在做培育和孵化，将以翻倍的的速度发展。迈科智能目前已拥有珠海红旗总部、珠海小林智能制造、江西井冈山军民融合及成都西部总部四大战略基地。

2014 年成功挂牌"新三板"后，迈科智能有了质的飞跃，据 2015 年中报显示，缪克良当年就从资本市场上拿到 2 亿元投资，从而逐步实现公司从产品到运营、内容、服务的转型升级，成为目前珠海市"新三板"挂牌企业中体量最大的一家企业，并在全国"新三板"企业中排名前 100 名。

按照专业化、多元化的战略发展思路，通过不懈努力，迈科智能已成为全球专业的"云、管、端、控"一站式方案提供商及数字电视内容服务提供商，也是智慧生活的倡导和践行者，公司是目前国内最大的数字家庭智能融合终端成套产品出口商之一。

## ▶ 人性光辉，照耀未来

文化是基业长青的灵魂。在迈科智能，每个人都能实现全面发展，找到自身存在的价值，为有为的员工做出适合他们发展的人生规划，提供最好的舞台让他们快速成长，核心员工直接持有或通过持股平台间接持有公司股份。

不忘初心，回报桑梓。缪克良在布局迈科未来发展之路上，积极响应四川省委省政府号召，返乡投资兴业。2015 年 11 月 19 日，迈科智能与成都高新区签约携手，迈科智能投资逾 5 亿元打造西部总部基地。回家乡投资后，缪克良以他一贯的快速风格，先后收购、并购、参股、控股 8 家公司，成立了成都飞亚、四川飞亚、迈科创智、迈科创联、自动化机械等企业。他还在家乡内江市威远县投资生态农业项目——康桥旅游，希望能为家乡经济建设贡献一份力量。

作为珠海四川商会会长的缪克良，以公司化思维来运营和发展商会，商会会员单位已经超过 100 家，行业涵盖电子信息、建筑工程、广告咨询、劳务、教育、餐饮美食、商贸等多个领域，不少会员企业资产过亿。他要把珠海四川商会打造成川渝商界人士在珠海发展的平台、川渝粤三地经济交流合作的桥梁、促进川渝家乡发展的纽带，也要成为巴蜀儿女在珠海的家。

缪克良说："做企业要有自信和积极乐观的心态，同时要专注于核心产业，夯实做精。企业家要有高远的理想，更要有工匠精神，才能一步一个创造美好未来。"

## 人物名片

　　滕德素，重庆市潼南区人，中共党员。她是易田农村电商创始人、反向代理发明人、全国工商联"万企帮万村"消费扶贫平台负责人，现任四川易田电子商务有限公司董事长、四川省工商联常委、重庆市潼南区妇联副主席、重庆市潼南区政协委员、四川现代职业技术学院客座教授，被评为"2018年第三届四川省优秀中国特色社会主义事业建设者"。

# 滕德素:

## 情洒三农爱满怀，心系百姓助民富

1968 年，滕德素出生于重庆永安乡一个小山村中。她是一名普通的重庆妹子，但她不甘平庸，只身出外闯荡，这一闯就是 27 年，这一创就是大手笔。"她的闯，她的创"，不仅使她兑现了对家人的承诺，让家人过上了好日子，更使她为农业找到了联结城市的桥梁，开拓农业对外联结的渠道。

### ▶ 启程：无奈辞去妇女主任，只身外出打拼

当时作为村妇女主任的滕德素，带领着家乡百余名妇女用自己勤劳的双手织渔网、栽桑养蚕。后来，由于种种原因，滕德素辞去了妇女主任的职务，将一双儿女交给了父母，拿着东平西凑来的 3000 元，只身赴往贵州六盘水，迈出了创业之路的第一步。

经过一番考察，她决定从五金开始做起，从打工到自己尝试开店，说干就干，滕德素从不犹豫。6 年的坚持，从一件都卖不掉，到日销 6 万元，没有人知道这个普通的农村妇女经历了什么，每一个日日夜夜都见证了她勤苦学习产品种类和正确定价方法的身影。而这远不是滕德素商业之路的尽头，付出总会有回报，满腹生意经的滕德素迎来了第一个商业转折点。

### ▶ 创业：一个人富不算富，带领全民致富才算富

2001 年，渴望到大城市发展的滕德素转战成都，押上了自己全部的身家，在成都小家电批发市场转型做起了音响批发生意，诚信、激情、自信让滕德素年年成为销量夺冠。2008 年，滕德素结束了自己个体经营户的身份，成立了易田商贸有限公司，并立志打造一个全民轻松创业的平台。通过实体店连锁加盟模式逐渐整合零售商的资源壮大平台，让零售商们能得到互利共享的资源。到了 2008 年，互联网所衍生的电子商务让实体店变得越来越难，越来越糟糕，创新升级变成了当时必须要完

成的事。

电子商务对实体连锁的冲击并没有冲垮滕德素的希望，反而让滕德素看到了新的希望。转战电子商务可并不是滕德素擅长的领域，但勤奋好学的滕德素认定的事就会坚持到底，她用别人双倍的时间苦心钻研电子商务，脑子里全是如何搭建一个让所有零售商轻松转型升级、共享平台资源以及轻松跨入互联网的电商平台。在不断钻研学习中，她突然发现中国作为一个农业大国，农村市场依然是一个巨大空白，于是滕德素将眼光瞄准了农村市场。

2010 年，四川电子商务有限公司成立，公司定位于农村、服务于农村。通过构建同镇、同城一体化电子商务平台，采取"PC 端 + 移动端 + 购物机终端"三维立体式的销售模式，链接农村与城市，整合各方资源和优势，充分打通农产品进城、工业品下乡的畅通渠道。目前，易田已覆盖全国 25 个省市，16000 多个乡镇服务中心和服务站点，带动了 50000 多人创业就业，她终于实现了带领千万人创业的梦想。

## ▶ 创新：易者不走弯路，田者播种希望

10 年来，易田一直专注于农村电商，这与滕德素的经历有直接关系，从乡村群众中来，必定要到乡村群众中去。易田是一个全新的商业模式，是一个资源共享、融合共生、电子商务跟实体完全可以结合的平台。通过构建村村通、乡镇服务中心和县农品馆，从一镇一品到一县一馆，可以将农副产品输送至全国各地，全国每一个区县的农副产品都可以互买、互卖。每一个品牌进入平台，都会由易田带到农村去，由易田出售给乡亲们。对此，滕德素形象地描述电商为"天网"，而易田是"地网"。易田通过自己的物流网络，不仅打通了"最后一公里"，让农民通过网络买到心仪的产品，也使农民的土特产不再烂在地里，让优良的农副产品得以接触到广阔的世界。

不仅如此，易田还为农民提供直播平台，让大山深处的农特产品通过直播镜头飞出大山，进入众人的视野，帮助农民快速出售自身的产品。他们还为农副产品进行适当的文化包装，适当提高价格，使农民不再亏本销售。易田做的是情怀，是落地电商，让消费者享受网上的价格，享受门店的服务，通过"电商平台 + 实体门店 + 物流快递"完成工业品下行、农业品上行，解决乡亲们买货难、卖货难的问题。

滕德素的心早已生根农村，在她的带领下，易田落实乡村振兴战略，深耕农村市场。2017 年，易田成立了四川众民馨悦电器有限公司，主要瞄准农村厨卫市场。基于易田现有的战略布局，通过整合产品源头，组建优秀的市场销售团队和售后服

务团队，以用户为中心，为百姓量身定制厨卫品牌。易田厨卫立足于川渝市场，向全国辐射，以"农村包围城市"的战略方针，以乡镇为起点发展。目前网点已覆盖四川、重庆、河北、云南、山西、贵州等城市，仅用一年的时间，就发展了1000余家易田厨卫网点，产品主要走高性价比、差异化路线，得到了用户的青睐。

## ▶ 扶贫：坚定信心更党走，消费扶贫再出发

易田，作为农村与城市联结的桥梁，不仅仅是一个创造性电商平台，更是国内唯一的"万企帮万村"消费扶贫平台。消费扶贫，一头连着贫困地区，一头连着广阔市场，它的最大特点是运用市场机制，动员全社会力量，参与到扶贫行动中。

2018年，易田积极响应全国工商联"万企帮万村"精准扶贫行动，跟随全联调研组深入甘肃、云南、贵州、四川、重庆等地调研宣讲，开展一系列对接帮扶活动，并竞选成为全国工商联"联成e家"消费扶贫平台的运营方和技术提供方。

滕德素作为消费扶贫运营中心的组长，亲自带领扶贫团队，深扎偏远山区，一对一、点对点地对接扶贫产品，将贫困地区众多物美价优、知名度不高的农产品和手工艺品，放到消费扶贫平台进行宣传、展示和销售，并将建档立卡贫困户生产的部分优质无品牌产品，打造成"滕大妈"系列产品，并以"扶贫记"作为品牌营销全国。

易田的扶贫团队每到一处，就会受到当地政府与群众的热烈欢迎，因为这是真正有益于人民，有益于社会的事业。易田平台，惠农惠城，拉动消费扶贫。它让农民买得起好产品，让城市买得到好农副产品，它兼容包含每一个电商平台，以"联"实现共同发展，助力帮助贫困地区脱贫致富。

目前，"联成e家"消费扶贫平台线上交易额总计2700多万元，参与平台消费扶贫的商会31个、企业762家，对接贫困地区帮扶企业、合作社及销售公司300余家，上传扶贫产品3166个，直接受益贫困户16835家，间接带动9万多名贫困人员受益。2018年11月28日，"联成e家"消费扶贫平台在四川省工商联指导下，成功举办四川省"万企帮万村"消费扶贫推进大会，在短短12天内，众多爱心企业、爱心人士通过"联成e家"消费扶贫平台购买四川扶贫产品，总额达1333万元。

情洒三农爱满怀，心系百姓助民富。易田，在全国各地坚持不断地开出花朵，结出果实。易田公司将紧密结合自身实际，持续开展多层次、多渠道、多形式的扶贫助农工作，让消费扶贫工作有创新、有发展、有提高，助推消费扶贫上新台阶。